新完譯

淮南子(中)

劉 安 編著・安吉煥 編譯

明文堂

▲ 우왕(禹王) 묘 우왕은 순(舜) 임금의 선양을 받아 하(夏) 왕조의 기초를 세웠다. 치수(治水)의 조상이다.

◀ 동중서(董仲舒) 한 무제(武帝) 때의 재상으로 철학자인 동중서는 음양 철학을 통합했다.

▼ 황제(黃帝)와 싸우는 치우(蚩尤) 치우는 전설상의 마신(魔神)으로 황제와 싸우다 죽었다. 오른쪽에서 두 번째가 치우로 머리에는 쇠뇌[弩]를 달고, 손과 발에도 무기가 있다.

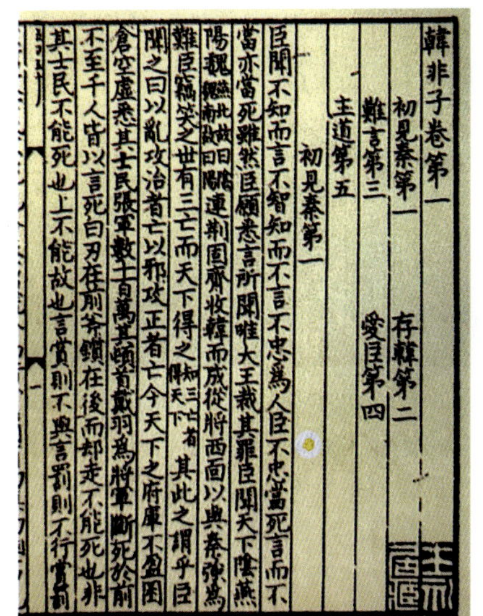
韓非子卷第一
初見秦第一　存韓第二
難言第三　愛臣第四
主道第五

初見秦第一

臣聞不知而言不智知而不言不忠爲人臣不忠當死言而不
當亦當死雖然臣願悉言所聞唯大王裁其罪臣聞天下陰燕
陽魏魏此故曰闔連荊固齊收韓而成從將西面以與秦強爲
難臣竊笑之世有三亡而天下得之其此之謂乎臣
聞之曰以亂攻治者亡以邪攻正者亡今天下之府庫不盈囷
倉空虛悉其士民張軍數十百萬其頓首戴羽爲將軍斷死於前
不至千人皆以言死白刃在前斧鑕在後而却走不能死也非
其士民不能死也上不能故也言賞則不與言罰則不行賞罰

▲ 한비자(韓非子) 앞부분 한비자에는
노마지도(老馬之道), 모순(矛盾), 수주
대토(守株待兎) 등의 성어가 나온다.

▲ 태공망(太公望) 중국 주(周)나라의 정
치가이자 공신으로 본명은 강상(姜
尙)이며, 흔히 강태공(姜太公)으로 알
려져 있다.

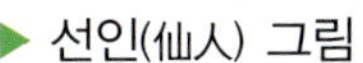

▶ 선인(仙人) 그림

▼ 경(磬)의 연주 광경 옛 중국 음악에는 다섯
가지 음[五音]과 여섯 가지 율[六律]이 있었
다. 경(磬)은 고대 중국의 석제 타악기로 은
(殷)나라~한나라 시대에 사용되었다.

▲ 예(羿) 원래 이름은 예(羿)로 나중에 왕
이 되어 후예로 불렸다. 후예사일(后羿
射日 : 후예가 해를 쏘다)로 표현되는 중
국 신화 속의 인물이다.

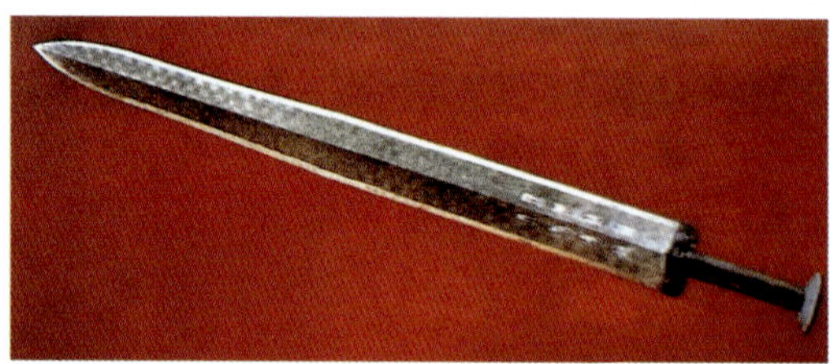

▲ 관중(管仲) 부국강병에 힘을 써
제 환공(齊桓公)을 패자(霸者)로
만들었다.

▲ 월왕(越王) 구천(句踐)의 검(劍) 오왕(吳王) 부차
(夫差)가 월왕 구천을 항복시키고, 구천은 복
수를 꾀하여 다시 부차를 패배시킨 와신상담
(臥薪嘗膽)의 고사가 있다.

▼ 걸왕(桀王)의 주지육림(酒池肉林) 하(夏)나라 마지막 왕인 걸왕은 은(殷)나라 주왕(紂
王)과 함께 폭군으로 알려졌다.

차 례

권 10

무칭훈(繆稱訓)

'무(繆)'는 '묶다'란 뜻으로서 도덕과 인의(仁義)의 제설(諸說)을 분석·정리하고 세상의 제사(諸事)를 모아, 이것들을 하나로 정리한다는 뜻이다. 또 '칭(稱)'은 '신명(神明)의 법도와 같게[同]'의 동(同)에 해당하는 것으로서 '적합하다' 또는 '귀일(歸一)하다'란 뜻이다. 여기서 신명(神明)이란 이 <무칭훈> 전반부에서 《역경(易經)》의 구절을 인용하여 결론짓는 형식의 글이 여러 조나 있는 것에 따른 것이리라.

어쨌거나 이 〈무칭훈〉은 제가(諸家)의 설을 설명해 나가는 데 있어 비유에 의해 설명한 곳이 많다. 그리고 전반적으로 보면 정치와 처세에 관한 단편적인 교훈을 복잡하게 나열하고 있다.

도(道)는 지극히 높아서 위가 없고, 지극히 깊어서 아래가 없다. 수평(水平)하기 준(準)보다 우수하고, 곧기는 승(繩)보다 나으며, 지극히 둥글기는 규(規)보다 낫고, 방정하기는 구(矩)보다 우수하다. 우주를 포용하고 있어서 표리(表裏)의 구별도 나타나지 않고 천지를 꿰뚫고 있어서 훼방하는 것도 없다. 이러한 도를 체득한 자는 슬퍼하지 않고 즐거워하지 않으며, 기뻐하지 않고 노하지 않으며, 앉아 있더라도 사려(思慮)하지 않고 누워 자더라도 꿈을 꾸지 않는다. 외물(外物)이 다가와 나타나면 식별하고 사태가 일어나면 응한다.

군주는 나라의 마음이다. 마음이 다스려지면 몸속의 마디마디는 모두 안정되고 마음이 흔들리면 마디마디가 모두 어지러워진다. 그런 까닭에 마음이 다스려지면 지체(肢體)를 의식하지 않고, 나라가 다스려지면 군신관계(君臣關係)를 의식하지 않게 된다.

황제(黃帝)는 '아스라이 까마득하게 하늘의 도에 따르고 근원의 기(氣)와 일체가 된다'라고 하였다. 그리고 지덕(至德)인 자는 하는 말이 요점에서 벗어나는 일이 없고 행위는 본지(本旨)에 위배되지 않으며 상하의 마음을 하나로 하여 곁길로 빠지거나 한눈파는 자를 없게 하고 사(邪)로 향하는 자를 막으며 선(善)으로 가는 길을 열어 백성들을 정도(正道)로 가게 한다. 그러므로 《역경(易經)》에 '들에서까지 사람을 화합시키면 대난(大難)을 넘길 수가 있다'라고 했다.

原文 道至高無上, 至深無下, 平乎準, 直乎繩, 圓乎規, 方乎矩, 包裹宇宙而無表裏, 洞同覆載而無所礙. 是故體道者, 不哀不樂, 不喜不怒, 其坐無慮, 其寢無夢. 物來而名, 事來而應.

主者國之心. 心治則百節皆安, 心擾則百節皆亂. 故其心治者, 支體相遺也. 其國治者, 君臣相忘也. 黃帝曰, 芒芒昧昧, 從天之道, 與元同氣. 故至德者, 言同略, 事同指, 上下一心, 無岐道旁見者,

遏障之於邪, 開道之於善, 而民鄕方矣. 故易曰, 同人于野, 利涉
大川.

註解   ○準(준), 繩(승), 規(규), 矩(구)─준(準)은 수준기(水準器), 승
(繩)은 먹줄, 규(規)는 컴퍼스, 구(矩)는 자. ○洞同覆載(통동복재)─'복
(覆)'은 천(天), '재(載)'는 지(地)를 가리킨다. ○芒芒昧昧(망망매매)─광
대한 모양. ○從天之道(종천지도)─〈태족훈(泰族訓)〉, 《여씨춘추》 〈유
시람〉 명류편에 똑같이 '황제왈(黃帝曰)'이라 하여 이 내용이 보이는데 그
곳에서는 그곳을 '인천지위(因天之威)'라고 했다. 또 《문자(文子)》 〈부
언편(符言篇)〉〈상인편(上仁篇)〉에도 '도왈(道曰)' '도지언왈(道之言曰)'
이라 하여 같은 예(例)가 보인다. ○故易曰(고역왈)……─《역경(易經)》
동인괘(同人卦)의 괘사(卦辭). 능히 사람이 도를 같이하여 야(野)에 이르
면 곧 이로써 대천(大川)을 건널 수 있다. 대천이란 대난(大難)이라고 풀
이한 학자도 있다.

도(道)는 만물을 이끌어 주는 것이며 덕(德)은 천성을 북돋아 주는
것이다. 인(仁)은 쌓여 온 은혜가 분명하게 나타난 것이고 의(義)는
인심에 따라 중인(衆人)에게 적합하게 하는 것이다. 이리하여 도가 무너
지면 덕이 쓰임 받게 되고, 덕이 쇠해지면 인의(仁義)가 생겨난다.
　그러므로 상세(上世)에서는 도를 체득(體得)하여 덕에 의지하지
않았고, 중세(中世)에서는 덕을 지키어 따르지 않았다. 그리고 말세
(末世)에서는 오로지 인의를 잃지 않겠다며 급급해하고 있다.
　군자는 인의를 떠나서는 살아갈 수가 없고 인의를 잃으면 살아가는
근거를 잃는다. 소인은 욕망을 떠나서는 살아갈 수가 없고 욕망을 잃
으면 살아가는 근거를 잃는다. 그런 까닭에 군자는 인의를 잃을까 겁
을 내고, 소인은 이익을 잃을까 두려워한다. 그 두려워하는 바를 관찰

하면 차이를 알 수가 있다. 《역경(易經)》에서는 다음과 같이 말하고 있다. '백성을 접하는 데 속여서는 안 된다. 만약 숲속으로 도망치는 일이 있더라도 결국에는 그대로 두는 것이 좋다. 만약 무리하고자 하면 인(吝)이 된다.'라고 ―.

베푸는 것이 두터우면 그 보응도 좋고, 원망하는 바가 심하면 그 받는 화(禍)도 깊다. 조금만 베풀고도 많이 받으면, 남의 원망이 쌓여나가다가 우환을 당하지 않는 일은 고금에 아직 예가 없다. 그러므로 성인(聖人)은 지난날을 관찰하여 장래의 사태를 안다.

성인의 도는 말하자면 십자로(十字路) 한복판에 술통을 놓아두는 것과 같다고나 할까? 길을 가는 사람은 퍼서 마시는데 많기도 하고 적기도 하지만 각각 적당한 양을 푸고 있는 것이다. 그러므로 한 사람의 뜻을 얻는 것은 곧 백 명의 마음을 얻는 것이다. 사람이 윗사람에게 바라는 것으로 아랫사람을 접하면 여러 사람이 추대한다. 아랫사람에게 바라는 것으로 윗사람을 섬기면 기뻐할 것은 너무나도 당연하다.

《시경(詩經)》에 '한 사람을 기쁘게 해주면 그 결과는 두터운 덕에 의해 되돌아온다'라고 했다. 신덕(愼德)은 큰 것이고, 한 사람은 작은 것이다. 작은 것이 좋으면 큰 것도 좋아진다.

原文 道者物之所導也. 德者性之所扶也. 仁者積恩之見證也. 義者比於人心, 而合於衆適者也. 故道滅而德用, 德衰而仁義生. 故上世體道而不德, 中世守德而弗懷也. 末世繩繩乎唯恐失仁義.

君子非仁義, 無以生, 失仁義, 則失其所以生. 小人非嗜欲, 無以活, 失嗜欲, 則失其所以活. 故君子懼失仁義, 小人懼失利. 觀其所懼, 知各殊矣. 易曰, 卽鹿無虞. 惟入于林中, 君子幾不如舍. 往吝.

其施厚者, 其報美, 其怨大者, 其禍深. 薄施而厚望, 畜怨而無患者, 古今未之有也. 是故聖人察其所以往, 則知其所以來者.

聖人之道, 猶中衢而致尊邪. 過者斟酌, 多少不同, 各得其所宜. 是故得一人, 所以得百人也. 人以其所願於上, 以交其下, 誰弗戴. 以其所欲於下, 以事其上, 誰弗喜. 詩云, 媚茲一人, 應侯愼德. 愼德大矣. 一人小矣. 能善小, 斯能善大矣.

註解 ○故道滅而德用(고도멸이덕용), 德衰而仁義生(덕쇠이인의생)-《노자》 제38장에 '그러므로 도를 잃은 후에야 덕이 드러나며, 덕을 잃은 후에야 인(仁)이 드러나고, 인을 잃은 후에야 의(義)가 드러나며, 의를 잃은 후에야 예(禮)가 드러나는 것이다(故失道而後德, 失德而後仁, 失仁而後義, 失義而後禮)'라고 되어있다. ○懷(회)-품어 오다란 뜻. ○易曰(역왈)……-《역경(易經)》〈둔괘(屯卦)〉육삼(六三)의 효사(爻辭). 즉(卽)은 취(就)이다. 녹(鹿)은 이로써 백성에게 논하는 것이다. 우(虞)는 사(斯)이다. 기(幾)는 종(終)이다. 백성에게 접함에 있어 이를 속이면 곧 숲 속으로 들어간다. 결국에는 이를 풀어둠만 같지 못하다. 이렇게 해서 끝내는 그 인(吝)과 같아질 수밖에 없다. ○中衢(중구)-구(衢)는 십자로(十字路)란 뜻. ○致尊(치준)-준(尊)은 술통을 뜻한다. ○詩云(시운)-《시경(詩經)》〈대아(大雅)〉하무(下武)의 구절.

군자는 (군주의) 과실을 보면 자신이 처벌받게 될 것을 신경 쓰지 않는다. 그러기에 간언할 수가 있다. 유현(遺賢)을 보면 (그 사람의) 신분이 낮은 것에 신경 쓰지 않는다. 그러기에 겸양할 수가 있다. 부족함을 보고는 빈궁함을 신경 쓰지 않는다. 그러기에 남에게 베풀 수가 있다. 마음속에 진정이 깃들어 있을 때라야 행동이 외면으로 나타나는 것이다.

본디 행동이 진정으로 일어난 것이라면 과실이었다 하더라도 원망을 사는 일은 없고, 진정에서 나온 것이 아니라면 헌신적인 것이라 하더라도 미움을 받게 된다. 후직(后稷)은 널리 천하에 은총을 베풀 었는데, 그래도 스스로 자랑하는 일이 없었고, 우(禹)임금은 모든 사 업에서 성공을 거두고, 모든 자재(資材)를 민생에게 도움이 되도록 했건만 그래도 자신에게 결함이 없는지 반성을 했다. 충만하더라도 아직 모자라는 것으로 생각하고, 충실해도 아직 비어 있는 것으로 생 각한다. 이것이야말로 (진정을) 다하는 것이다.

대저 사람은 각자 자기 마음에 드는 사람을 현인(賢人)이라 생각하 고 쾌감을 주는 것을 좋다고 생각한다. 어느 세상에도 현인을 추천하 지 않는 일은 없었건만 잘 다스려지기도 하고 문란하기도 하는 등 일 정치 않았던 것은 자신이 성의를 다하지 않아서가 아니라, 자신과 동 류(同類)의 인물을 구했기 때문이다. 자기 자신이 현명하다고 할 만 한 처지가 아닌데도 자신과 동류의 사람을 구하니 현인을 구하고자 바라도 도저히 거리가 멀다.

요(堯)임금에게 순(舜)임금을 평가시키는 것은 좋지만 걸왕(桀王) 에게 요임금을 평가시키는 것은 비유컨대 되[升]로 석(石)을 재는 것 과 같다. 이제 여우를 너구리라고 한다면 여우를 전혀 모르고 또 너구 리도 모르는 결과이다. 이는 여우를 한 번도 보지 못한 것일 뿐 아니라 너구리 또한 보지 못한 결과이다.

여우와 너구리는 다른 종류가 아니라 같은 종류이다. 그러나 여우를 너구리라고 하는 것은 여우도 너구리도 모르는 것이다. 그러므로 불초 자(不肖子)를 현명하다고 하는 것은 반드시 현명이 무엇인지를 모르 는 결과이다. 또 현인을 불초라고 하는 것은 반드시 불초가 무엇인지 를 모르는 것이고 ―.

성인이 위에 있으면 백성들은 그 치정(治政)을 즐기며, 아래에 있 으면 그 뜻을 사모한다. 소인이 위에 있으면 관문(關門) 위에서 잠을 잔다거나 누에고치를 햇볕에 말릴 때처럼 잠시의 평안함도 없다. 그런 까닭에 《역경》에 '말을 타고 가면서 고민을 한다. 피눈물을 흘릴 정도로 근심을 한다'라고 했다. 소인이 분수에 넘치는 자리에 있으면 오래 지속할 수 없다는 것이다.

물체 중 쓸모가 없는 것은 없다. 천웅(天雄)이라든가 오훼(烏喙)는 모두 약(藥) 가운데 흉독(凶毒)한 것인데 양의(良醫)는 그것으로 사람을 고친다. 주유(侏儒)와 고사(瞽師)는 사람 중 괴로운 처지에 있지만 군주는 그들에게 노래를 부르도록 한다. 즉 성인은 아주 짧은 재목을 공작(工作)하여 어떤 용도로든 쓰는 것이다.

原文 君子見過忘罰, 故能諫. 見賢忘賤, 故能讓. 見不足忘貧, 故能施. 情繫於中, 行形於外. 凡行戴情, 雖過無怨, 不戴其情, 雖忠來惡. 后稷廣利天下, 猶不自矜. 禹無廢功, 無廢財, 自視猶觖如也. 滿如陷, 實如虛, 盡之者也.

凡人各賢其所說, 而說其所快. 世莫不擧賢, 或以治, 或以亂, 非自遁, 求同乎己者也. 己未必得賢, 而求與己同者, 而欲得賢, 亦不幾矣. 使堯度舜則可, 使桀度堯, 是猶以升量石也. 今謂狐狸, 則必不知狐, 又不知狸. 非未嘗見狐者, 必未嘗見狸也. 狐狸非異, 同類也. 而謂狐狸, 則不知狐狸. 是故謂不肖者賢, 則必不知賢. 謂賢者不肖, 則必不知不肖者矣.

聖人在上, 則民樂其治, 在下則民慕其意. 小人在上位, 如寢關曝纊, 不得須臾寧. 故易曰, 乘馬班如. 泣血漣如. 言小人處非其位不可長也.

物莫所不用. 天雄·烏喙, 藥之凶毒也, 良醫以活人. 侏儒·瞽師, 人之困慰者也, 人主以備樂. 是故聖人制其剟材, 無所不用矣.

註解 ○行戴情(행대정)－대(戴)는 마음이 느끼는 바란 뜻이며, 정(情)

은 성(誠). ○后稷(후직)―주(周)나라 시조(始祖)로서 농사를 주관했던 기(棄)를 가리킴이다. 《상서(尙書)》〈순전(舜典)〉 등에 보인다. ○石(석)―100되〔升〕. ○則必不知狐(즉필부지호), 又不知狸(우부지리)―여우와 너구리, 이 두 짐승을 모른다. ○曝纊(폭광)―광(纊)은 견(繭). 견(繭)을 볕에 쬐면 번데기는 동요하여 쉬지 못해서 죽고 만다. ○易曰(역왈)……―《역경(易經)》 둔괘(屯卦) 상륙(上六)의 효사(爻辭). 반여(班如)를 곤난(困難)의 뜻으로 풀었다. 연여(漣如)란 눈물을 흘리는 형용이다. ○天雄(천웅)·烏喙(오훼)―모두 부자(附子)의 일종.《광아(廣雅)》〈석초(釋草)〉에는 '1년생을 측자(萴子), 2년생을 오훼(烏喙), 3년생을 부자(附子), 4년생을 오두(烏頭), 5년생을 천웅(天雄)이라고 한다.'라고 되어 있다. 즉 성장하는 연수에 따라 별칭으로 부른다. 독초인데 신경통·류머티즘·양기 부족 등에 특효약이라고 한다. ○侏儒(주유)·瞽師(고사)―주유(侏儒)는 난쟁이 예인(藝人)이며, 고사(瞽師)는 맹인 예인(藝人). ○剟材(철재)―단재(短材)란 뜻.

　용사(勇士)가 한번 호령을 하면 삼군(三軍)이 모두 그것에 따르는 것은, 그 호령하는 마음이 정성스럽기 때문이다. 반대로 외쳐도 호응하는 자가 없고, 꾀해도 실행하는 자가 없는 것은 마음에 와닿는 것이 없기 때문이다.

　순(舜)임금이 앉아 있는 채로 천하의 왕으로 군림했던 것은 오로지 자기 마음 다스리기에 힘을 썼기 때문이다. 즉 윗사람에게 교지(巧智)가 많으면 아래 백성들에게는 속임수가 많아진다. 몸이 구부러져 있는데 그 그림자가 똑바르다는 말은 아직 들어본 적이 없다.

　말로 설명할 수 없는 것은 얼굴 표정으로 나타낼 수가 있고 얼굴 표정으로 나타낼 수 없는 것은 마음의 정성으로 움직일 수가 있다. 마음

으로 느끼고 그것이 지(智)에 의해 밝혀지며 다시 모양으로 결실되는
것은 정(精)이 하는 일의 극치이다. 사람을 대할 때에는 자연히 배어
나오는 정성에 의해서 할 일이지, 말로 하는 고계(告誡)로 하지 말아
야 한다.

서융(西戎)이라든가 북적(北狄)의 말[馬]은 모두 승마하기에 적합
한데 그 중에는 가까운 곳에서 멎는 것도 있거니와 먼 곳까지 가는 것
도 있어서, 오직 조보(造父)만이 그 힘을 충분히 발휘시킬 수가 있다.

삼묘(三苗)의 백성은 모두 충성할 것을 맹세케 할 수 있는데 그 중
에도 현우(賢愚)의 차이가 있어서 오직 당우(唐虞)만이 그 아름다운
점을 고루 성취시킬 수가 있다. (이런 일들은 아주 미묘해서) 전(傳)할
수 있는 것이 아니다. 중행목백(中行繆伯)은 맨손으로 호랑이를 때려
잡았지만 생포할 수는 없었다. 즉 힘은 뛰어났으나 모자라는 점이 있
었던 것이다.

백 사람이 재능이 있다고 인정하는 자를 쓰면, 백 사람의 힘을 얻은
것이 되며, 천 사람이 경애하는 사람을 들어서 쓰면 천 사람의 마음을
얻는 결과가 된다. 예컨대 나무를 베어 그 근본을 뽑아낸다면 천지만
엽(千枝萬葉)이 모두 따르게 되는 것과 같다.

原文 勇士一呼, 三軍皆辟, 其出之也誠. 故倡而不和, 意而不戴,
中心必有不合者也. 故舜不降席而王天下者, 求諸己也. 故上多故,
則民多詐矣. 身曲而景直者, 未之聞也.

說之所不至者, 容貌至焉, 容貌之所不至者, 感忽至焉. 感乎心,
明乎智, 發而成形, 精之至也. 可以形勢接, 而不可以昭誋. 戎翟之
馬, 皆可以馳驅, 或近或遠, 唯造父能盡其力. 三苗之民, 皆可使忠
信, 或賢或不肖, 唯唐虞能齊其美. 必有不傳者. 中行繆伯, 手搏虎
而不能生也. 蓋力優而克不能及也.

用百人之所能, 則得百人之力, 擧千人之所愛, 則得千人之心.
辟若伐樹, 而引其本, 千枝萬葉, 則莫得弗從也.

註解 ○感忽(감홀)−정성된 사람을 움직이는 자. ○形勢(형세)−여기서
는 그것이 가지고 있는, 뭐라고 표현할 수 없는 취지를 가리키는 것이리
라. ○昭認(소기)−소(昭)는 고(告)하다. 기(認)는 계(誡)하다. ○三苗(삼
묘)−서남방(西南方)의 이적(夷狄). ○唐虞(당우)−요순(堯舜). ○必有不
傳者(필유부전자)−심교(心敎)의 묘미, 전할 수 없다. ○中行繆伯(중행목
백)−춘추시대 진(晉)나라의 순오(荀吳). 무용(武勇)으로 드날렸다. 《춘추
(春秋)》및 《좌전(左傳)》(특히 昭王條) 등을 참조. 〈인간훈(人間訓)〉에
도 그의 일화가 나온다. ○克不能及也(극불능급야)−극(克)은 덕(德), 급
(及)은 복(服)의 잘못으로 덕은 복종하기에 능하다라고 읽어야 한다.

자애로운 아비가 자식을 사랑하는 것은 보응을 얻기 위함이 아니다.
속 마음으로 끊을래야 끊을 수 없는 것이 있기 때문이다. 성인(聖人)이
백성을 기르는 것은 부역에 동원하기 위함이 아니다. 본성적으로 자연
히 그렇게 되는 것이다. 그것은 불이 원래 뜨겁고 얼음이 원래 차가운
것과 마찬가지여서 특별히 어떤 노력을 해서가 아니다. 자신의 힘을 믿
고 공을 세우려는 무리는 배〔船〕안에서 실화(失火)하는 것과 같다.
원래 군자는 처음을 보면 즉각 그 끝을 알 수가 있다. 중매인이 사
람을 칭찬한다 하여 그것을 덕이라고 생각하는 사람은 없다. 사람을
고용하여 억지로 밥을 먹인다 하여 고용인을 사랑하기 때문이라고 말
할 사람은 없다. 자애로운 부모도 마찬가지여서 무엇인가를 위해서 하
는 것이라면 그 은혜는 받아들여지지 않는다.
또 떠나는 사람을 보내주는 것은 오는 사람을 맞아들이기 위해서가

아니다. 죽은 사람을 후히 장사지내주는 것은 산 사람만을 위해서가 아니다. 정성(精誠)이 자신에게서 나아가면 그 감응(感應)은 멀리에까지 미치게 되는 것이다.

금수(錦繡)를 입고 묘당(廟堂)에 들어가는 것은 문(文)을 귀히 여기기 때문이다. 제사용 옥[圭璋]을 앞에 두는 것은 질(質)을 귀히 여기기 때문이다. 문(文)이 질(質)에 이기지 않는 것을 군자라고 한다. 1년 내내 수레를 만들더라도 3치의 비녀장이 없으면 달리게 할 수 없다. 목수가 문을 짜서 달더라도 1척(尺)의 빗장이 없으면 잠글 수가 없다. 그런 까닭에 군자는 그 종결까지를 꿰뚫어보고 행동하는 것이다.

마음이 정성된 사람은 그 정신에 의해 자연히 사람을 신화(神化)시킬 수는 있지만 교도(敎導)할 수는 없다. 눈이 정수(精秀)한 사람은 만상(萬象)을 꿰뚫어볼 수는 있지만 그것을 남에게 가르쳐 줄 수는 없다. (마음이) 혼명(混冥)한 상태에 있을 때 남에게 가르쳐 깨닫도록 할 수는 없는 것이다. 그런 까닭에 순(舜)임금은 앉은 채로도 천하를 다스렸으나 걸왕(桀王)은 폐(陛)를 다 내려오기도 전에 천하가 문란해졌다. 즉 정(情)은 큰 소리로 부르는 것보다도 그 효험이 두드러지는 법이다.

자기 자신에게 없는데도 남에게 그것을 요구한다는 것은 고금(古今)에 들은 적이 없다. 같은 말을 하더라도 (聖人을) 믿는 것은 말에 앞서 신(信)이 있기 때문이다. 같은 명령을 하더라도 (성인만이) 백성들을 교화시킬 수 있는 것은 명령 말고도 정성이 있기 때문이다. 성인이 위에 있을 때 백성들이 선하게 교화되어 가는 것은 정(情)이 제일 먼저 있기 때문이다. 위에 있는 사람이 움직여도 아래에서 응하지 않는 것은 정(情)과 명령이 배반 되기 때문이다.

그러므로 《역경》에 '윗자리에 올라갈 대로 올라간 군주에게는 후회만이 있을 뿐이다'라고 한 것이다.

태어난 지 3개월이 된 아기에게는 아직 이해관계 따위는 알 수가 없다. 그런데도 자모(慈母)의 사랑을 알 수 있는 것은 정이 서로 통하기 때문이다. 그런즉 언어의 기능이란 반짝반짝 빛나기는 하지만 이 얼마나 작은 것인가! 불언(不言)의 기능이란 이 얼마나 망막(茫漠)하게 큰 것이란 말인가!

原文 慈父之愛子, 非爲報也. 不可內解於心. 聖人之養民, 非求用也. 性不能已. 若火之自熱, 冰之自寒, 夫有何脩焉. 及恃其力賴其功者, 若失火舟中.

故君子見始, 斯知終矣. 媒妁譽人, 而莫之德也. 取庸而强飯之, 莫之愛也. 雖親父慈母, 不加於此, 有以爲, 則恩不接矣. 故送往者, 非所以迎來也. 施死者, 非專爲生也. 誠出於己, 則所動者遠矣. 錦繡登廟, 貴文也. 圭璋在前, 尙質也. 文不勝質之謂君子. 故終年爲車, 無三寸之鐧, 不可以驅馳. 匠人斲戶, 無一尺之楗, 不可以閉藏. 故君子行期乎其所結.

心之精者, 可以神化, 而不可以導人. 目之精者, 可以消澤, 而不可以昭誋. 在混冥之中, 不可諭於人. 故舜不降席, 而天下治, 桀不下陛而天下亂. 蓋情甚乎叫呼也.

無諸己求諸人, 古今未之聞也. 同言而民信, 信在言前也. 同令而民化, 誠在令外也. 聖人在上, 民遷而化, 情以先之也. 動於上不應於下者, 情與令殊也. 故易曰, 亢龍有悔.

三月嬰兒, 未知利害也. 而慈母之愛, 諭焉者情也. 故言之用者, 昭昭乎小哉. 不言之用者, 曠曠乎大哉.

註解 ○登廟(등묘)—등(登)은 입(入)과 같다. ○文不勝質之謂君子(문불승질지위군자)—문질(文質)의 논(論)인데, 여기서는 질(質) 쪽에 중점을 두고 있다. ○結(결)—종결(終決)의 의미. ○混冥(혼명)—사람의 마음속.

○蓋情甚乎叫呼也(개정심호규호야)−규호대어(叫呼大語)하더라도 심행진직(心行眞直)하는 것과 같음을 가리킨다. ○故易曰(고역왈)……−《역경(易經)》 건괘(乾卦) 상구(上九)의 효사(爻辭). 임금이 움직이기 극(極)에까지 이르러 상위(上位)에 오른다. 고로 후회만 있을 뿐이다. ○諭(유)−느끼게 하다.

군자의 말을 몸으로 행하는 것은 신(信)이다. 군자의 뜻을 마음속에 명심하는 것은 충(忠)이다. 충(忠)과 신(信)이 마음속에 형성되면 그 감동은 밖으로 반응한다. 그런 까닭에 우(禹)임금이 간(干)과 척(戚)을 들고 두 계단 사이에서 춤을 추었던바 삼묘(三苗)가 복종했다. 매가 강 위에서 날면 물고기와 자라는 물속으로 잠수하고, 새들은 높이 날아올라서 반드시 그 피해받게 되는 것을 피하고자 하는 법이다.

자식이 아비를 위해서 죽고 신하가 군주를 위해서 죽는 것, 그런 일을 하는 자가 세상에는 있다. 죽음으로써 명성을 얻고자 하는 것이 아니다. 은총을 느끼는 마음이 속에 있어서 난(難)을 스스로 떠맡게 되는 것이다. 즉 그들이 태연하게 사지(死地)로 가는 것은 굳이 그것을 원하는 것이 아니라 자연히 그런 상태에 이르는 것이다.

군자가 슬퍼하고 아파하는 것은, 겉을 꾸미는 것이 아니라, 자연스럽게 사람들로 하여금 느끼게끔 하는 것이다. 그것은 밖에서 들어가는 것이 아니라 마음속에서 용솟음쳐 오르는 것이다. 의(義)는 군주를 바르게 해주고, 인(仁)은 아비를 친애하게 해준다.

그러므로 군주는 신하의 사생(死生)을 주관하지만 안일한 명령에 의해 개죽음을 시키지는 않는다. 아비는 자식의 효심(孝心)을 깨우쳐주지만 심심한 우려를 하게 마련이다. 그런 까닭에 의(義)가 군주에게 이기고, 인히(仁)이 아비에게 이기면 군주는 존숭받고 신하는 충성되며, 아비는 자애로워지고 자식은 효도하게 되는 것이다.

原文 身君子之言信也. 中君子之意忠也. 忠信形於內, 感動應於
外. 故禹執干戚, 舞於兩階之閒, 而三苗服. 鷹翔川, 魚鱉沈, 飛鳥
揚, 必遠害也.

子之死父也, 臣之死君也, 世有行之者矣. 非出死以要名也. 恩
心之藏於中, 而不能違其難也. 故人之甘甘, 非正爲蹠也, 而蹠焉
往. 君子之慘怛, 非正爲僞形也, 諭乎人心. 非從外入, 自中出者
也. 義正乎君, 仁親乎父.

故君之於臣也, 能死生之, 不能使爲苟易. 父之於子也, 能發起
之, 不能使無憂尋. 故義勝君, 仁勝父, 則君尊而臣忠, 父慈而子孝.

註解 ○身君子之言(신군자지언)−군자의 말을 간직하고 행한다. ○故
禹執干戚(고우집간척)……−《한비자(韓非子)》〈오두편(五蠹篇)〉에 같은
이야기가 있다. 또 우(禹)임금이 삼묘(三苗)를 복종시킨 일은《묵자(墨
子)》〈비공편(非攻篇)〉하(下)에, 그리고 위고문(僞古文)이긴 하지만《상
서(尙書)》〈대우모(大禹謨)〉등에도 보인다. ○人之甘甘(인지감감)−한
편으로 낙락(樂樂)하여 이를 하는 것과 같다. ○蹠(척)−본디는 발길이 향한
다란 뜻. 거기에서부터 이르다·가다란 뜻이 되었다. ○蹠焉往(척언왕)−
자연히 발이 향하다. ○憂尋(우심)−우심(憂深).

성인(聖人)이 위에 있으면 그 화육(化育)의 영묘(靈妙)함은 신(神)
과 같다. (성인이 다스리는 治世의) 최고 단계에서는 '나 자신은 그저
자신의 본성 그대로 살아가는 것이로구나'라고 한다. 그 다음 단계가
되면 '그가 있었더라면 이렇게 살아갈 수 없었을 것을'이라고 한다.

그런데 《시경(詩經)》에 '고삐[轡]를 잡는 솜씨가 실을 다루듯 한 다'라고 했다. 또 《역경(易經)》에 '아름다움을 내포(內包)하여 올바르게 되라'고 했다. 신변 가까이를 수양하면 문미(文美)는 널리 성취된다. 밤중에 가는 모습을 관찰당하더라도 주공(周公)은 자신의 그림자에 부끄러워하는 일이 없었다.

즉 군자는 자기 한 사람의 몸을 신중히 다루는 법이다. 신변 가까이를 소략(疏略)하면서 광범위한 성과를 기대해 보았자 모두가 헛수고이다.

선(善)을 듣는 것은 간단하지만 그것에 의해 몸을 바르게 하는 것은 곤란하다. 공자(孔子)는 벼가 '나락으로부터 모, 모에서 벼로' 세 차례 변하는 것을 보고 탄식하며 '여우는 언덕을 향하고 죽거니와 나는 벼를 따르지 못한다'라고 했다.

즉 군자는 선(善)을 보면 자기자신을 엄격하게 반성한다. 가령 몸이 바르기만 하다면 먼 나라까지도 동경하게 만들기 쉽다. 그러므로 《시경》에 '몸소 친히 하지 않으면 민중(民衆)은 믿지 않는다'라고 한 것이다.

소인(小人)이 어떤 일에 종사할 때에는 '이익을 얻고 싶다'라고 한다. 그러나 군자는 '정의(正義)를 행하고 싶다'라고 한다. 구하는 내용은 같다 하더라도 기대하는 바가 다르다고나 할까. 물에 뜨는 배의 뱃전을 두드리면 놀라서 물고기는 잠수하고 새는 날아오른다. 똑같은 소리를 듣고도 그 동작은 달라지는데 놀라는 정(情)은 매한가지인 것이다.

희부기(僖負羈)는 한 그릇의 밥에 의해 그 이문(里門)에 표창되었고, 조선맹(趙宣孟)은 한움큼의 건육(乾肉)에 의해 그 몸에 닥친 위험에서 벗어났었다. 예물(禮物)은 많지 않았지만 은혜는 충분히 베풀어진 것이다. 인심(仁心)에 의해 움직여지면 이것을 감사하여 마음 깊이 감명(感銘)이 생긴다. 그런 까닭에 그것은 사람의 마음에 깊이 스며들게 해주는 것이다.

마찬가지로, 큰 소리를 쳐서 부르더라도 가로(家老)라면 은정(恩情)이 두텁다 하고, 빚쟁이가 부르면 싸움이 일어난다. 그러므로 다음과 같이 말한다. ‘무기(武器) 가운데 의지(意志)보다 참담한 것이 없기에 보검(寶劍)인 막야(莫邪) 따위는 보잘것없는 것이다. 외환(外患) 가운데 음양(陰陽)보다 더 큰 것은 없고 포고(枹鼓) 따위는 아주 작은 것이다’라고 ─.

原文 聖人在上, 化育如神. 太上曰, 我其性與. 其次曰, 微彼其如此乎. 故詩曰, 執轡如組. 易曰, 含章可貞. 動於近, 成文於遠. 夫察所夜行, 周公不慙乎景. 故君子愼其獨也. 釋近期遠塞矣.

聞善易, 以正身難. 夫子見禾之三變也, 滔滔然曰, 狐鄕丘而死, 我其首禾乎. 故君子見善, 則痛其身焉. 身苟正, 懷遠易矣. 故詩曰, 弗躬弗親, 庶民弗信. 小人之從事也曰, 苟得. 君子曰, 苟義. 所求者同, 所期者異乎. 擊舟水中, 魚沈而鳥揚. 同聞而殊事, 其情一也.

僖負羈以壺餐表其閭, 趙宣孟以束脯免其軀. 禮不隆, 而德有餘. 仁心之感, 恩接而慘怛生. 故其入人深.

俱之叫呼也, 在家老, 則爲恩厚, 其在債人, 則生爭鬪. 故曰, 兵莫慘於意志, 莫邪爲下. 寇莫大於陰陽, 枹鼓爲小.

註解 ○太上(태상)……其次(기차)……─태상(太上)은 최고, 지선(至善)이란 의미. ‘기차(其次)’는 차선(次善)의 뜻이다. 《노자(老子)》에 ‘뛰어난 이가 임금 자리에 있으면 백성들은 그가 존재함을 알 따름이다. 그보다 못한 임금이면 백성들은 그를 친근히 여기고 그를 기린다(太上 下之有之,

其次 親之譽之’라고 되어있는 것과 같은 내용이다. 태상(太上)·기차(其次)라 하여 가치적으로 등급을 붙여서 열거하는 용법은, 〈태족훈(泰族訓)〉에 ‘태상양신(太上養神) 기차양형(其次養形) 태상양화(太上養化) 기차정법(其次正法)’이란 구절도 있다. ○詩曰(시왈)……―《시경(詩經)》〈패풍(邶風)〉 간혜(簡兮)의 구절. 〈모전(毛傳)〉에 의하면 길쌈을 함에 있어 손끝으로 실을 잡고 조종하면 베틀에 베 모양이 짜여져 나오듯이 수레 위에서 고삐를 잡고 수레 밖에 있는 말을 교묘하게 조종하는 것. 신변 가까이에서 덕을 닦으면 이로써 먼 나라 백성을 다스릴 수도 있다는 군자의 비유이다. ○易曰(역왈)……―《역경(易經)》 곤괘(坤卦) 육삼(六三)의 효사(爻辭). ○夫子(부자)―공자(孔子). ○禾之三變(화지삼변)―삼변(三變)이란 벼(나락)에서 시작하여 모가 되고 모가 자라서 이삭을 이루는 것. ○狐鄉丘而死(호향구이사)―《예기》〈단궁편(檀弓篇)〉에 ‘고인유언왈(古人有言曰) 호사정구수(狐死正丘首) 인야(仁也)’라고 되어있다. ○我其首禾乎(아기수화호)―이삭은 패면 고개를 숙이어 뿌리 쪽을 향한다. 군자는 그 근본을 잊지 않는다. 즉 ‘나는 이삭에게서 배워 그 근본으로 향하리라’라는 의미. ○故詩曰(고시왈)……―《시경》〈소아(小雅)〉 종남산(終南山)의 구절. ○擊舟水中(격주수중)……―〈제속훈(齊俗訓)〉에서는 증자(曾子)의 말로 되어 있다. ○趙宣孟(조선맹)……―《좌전(左傳)》 선공(宣公) 2년조에 보인다. 조선맹(趙宣孟:趙盾)이 수양산에서 사냥을 하고 있을 때 영첩(靈輒)이란 사람에게 음식을 나누어 주었다. 후에 이 영첩은 진후(晉侯)의 위사(衛士)가 되었으며 진후가 조선맹을 죽이려고 했을 때 그를 도망보냈다. ○家老(가로)―집안의 장로. ○莫邪(막야)―명검(名劍)의 이름. ○枹鼓(포고)―전쟁할 때 두드리는 북채와 북.

성인(聖人)이 선(善)을 행하는 것은 명예를 구하기 위해서가 아니지만 자연히 명예가 따르고, 명예는 이익을 구한 것이 아니건만 이익도 또한 붙게 마련이다. 즉 사람들이 근심도, 기쁨도 스스로 구해서가 아니라, 자연히 그런 상태가 되는 것이다. 그런 까닭에 지지(至至)는 용자(容姿)를 꾸미지 않는다. 즉 먼지가 눈에 들어가면 눈을 자연히 비비고, 발이 미끄러지면 자연히 물체를 붙잡는 것과 같다.

성인의 통치(統治)는 막연하기만 하여 현명함을 나타내지 않는데 결국에는 그 위대함을 알게 된다. 그 상태는 태양이 회전하는 것과 비슷하여 그 멀리에까지 미치는 모습은 기기(騏驥 : 駿馬)도 경쟁할 수가 없다.

대저 밤중에 물건을 찾으면 마치 장님과 같지만 동이 터서 밝아오면 물건이 잘 보인다. 활동해서 이익이 생기면 손해도 그것에 이어서 일어난다. 따라서 《역경(易經)》은 '아무리 박락(剝落)하더라도 끝이 없다. 그러므로 이어서 복(復)을 가지고 하는 것이다'라고 한다.

얇은 것을 쌓으면 두꺼워지고, 낮은 것을 쌓으면 높아진다. 즉 군자는 매일같이 꾸준히 노력하여 마침내는 빛을 성취하고, 소인은 매일같이 스스로 타락하며 지내서 마침내 욕을 당하기에 이른다. 그러한 상황은 이주(離朱)라 하더라도 볼 수가 없다.

문왕(文王)이 선(善)한 일을 듣고는 도저히 실행할 수 없는 듯했었고, 불선(不善)을 보고는 내일로 미루는 것을 화(禍)를 당하듯 두려워했던 것은 그것을 할 날짜가 부족했기 때문이 아니다. 걱정하는 마음의 깊이가 그렇게 시켰던 것이다. 그러므로 《시경(詩經)》에 '주(周)는 옛날의 나라이지만 받은 천명(天命)은 새롭다'라고 했다.

[原文] 聖人爲善, 非以求名, 而名從之, 名不與利期, 而利歸之. 故人之憂喜, 非爲蹠, 蹠焉往生也. 故至至不容. 故若眯而撫, 若跌而據. 聖人之爲治, 漠然不見賢焉. 終而後知其可大也. 若日之行, 騏驥不能與之爭遠.

今夫夜有求, 與瞽師倂, 東方開斯照矣. 動而有益, 則損隨之. 故易曰, 剝之不可遂盡也. 故受之以復.

　積薄爲厚, 積卑爲高. 故君子日孶孶以成輝, 小人日快快, 以之
辱. 其消息也, 離朱弗能見也. 文王聞善如不及, 宿不善如不祥, 非
爲日不足也. 其憂尋推之也. 故詩曰, 周雖舊邦, 其命維新.

註解　○非爲蹦(비위록)－걸어가는 모양.　○至至(지지)－도(道)의 지극.
○眯(미)－먼지가 눈에 들어가는 것.　○動而有益(동이유익), 則損隨之
(즉손수지)－《역경(易經)》에서는 '손이불이필익(損而不已必益), 고수지
이익(故受之以益)'(序卦傳)이라 하여 손해→이익의 순서로 되어 있는데
한 가지의 상태가 극한에 이르면 동시에 그 반대되는 성질이 싹튼다는 것
은 《역경》을 관통하는 이념 중 하나이다.　○故易曰(고역왈)……－《역경》
서괘전(序卦傳)에 '물건은 나중까지 다할 수 없으니 박탈하는 것이 위에서
다하여 아래로 돌아온다. 그러므로 이것을 복괘(復卦)라고 한다(物不可以
終盡 剝窮上反下. 故受之以復)'라고 되어 있다. 박괘(剝卦 : ☶☷)에 나
타나 있는 박락(剝落)이 다해지면 복괘(復卦 : ☷☳)에 나타나는 일양(一
陽)이 싹터온다.　○消息(소식)－《역경》의 해석에서는 소장(消長)과 같은
뜻. 식(息)이란 생(生), 양(陽)이 쇠해져서 음(陰)이 진행되고 그것이 다
하면 음이 쇠해지고 양이 진행되는 그 순환의 이법(理法). 그 구체적인
내용에 대해서는 해석의 차이가 있다.　○離朱(이주)－옛날의 천리안(千里
眼).　○詩曰(시왈)……－《시경》〈대아(大雅)〉문왕(文王)에 있는 구절.

　참된 정(情)과 천성적인 질박(質朴)함을 품고 있으면 하늘도 죽일
수가 없고 땅도 매몰시킬 수가 없다. 명성은 천지간에 오르고 일월
(日月)의 빛과 어깨를 나란히 하며 그것을 기뻐하고 즐거워하게 되는
것이다. 만약 선(善)에 지향하면 잘못이 있더라도 두려워하지 않는다.
만약 선에 지향하지 않으면 충(忠)이 있더라도 환(患)을 초래한다. 그

런 까닭에 남을 원망하기보다는 자신을 원망하고, 남에게서 구하기보
다 자기에게서 구하여 얻을 일이다.

성망(聲望)은 스스로 끌어들이는 것이요, 용모는 스스로 만들어 내
는 것이며 명예는 스스로 부여하는 것이요, 문식(文飾)은 스스로 갖추
는 것인데 자기 자신에게서 나오지 않는 것이 없다. 창을 휘두르다가
찌른다거나 칼을 휘젓다가 베는 것은 남을 원망할 여지가 없다.

관자(筦子：管仲)는 문금(文錦)과 같아서 추했지만 묘당(廟堂)에
오를 자격이 있었다. 자산(子産)은 연염(練染)과 같이 아름다웠으나
존숭받지 못한다. 허(虛)하지만 충실하고 담백하지만 맛깔스러운 것
은 허름한 베옷〔褐〕을 입고 옥(玉)을 품은 사람이다. 즉 두 마음을
가지고는 한 사람의 마음도 얻지를 못하며, 한뜻으로 전심(專心)해야
만 비로소 백 사람의 마음을 얻게 된다.

남자가 난초를 심으면 아름다운 방향(芳香)을 뿜지 않는다. 양자(養
子)가 밥을 먹으면 살이 찌지만 윤기가 없다. 정(情)이 서로 통하지
않기 때문이다.

原文 懷情抱質, 天弗能殺, 地弗能薶也. 聲揚天地之閒, 配日月
之光, 甘樂之者也. 苟鄕善, 雖過無怨. 苟不鄕善, 雖忠來患. 故怨
人, 不如自怨, 求諸人, 不如求諸己得也.

聲自召也, 貌自示也, 名自命也, 文自官也, 無非己者. 操銳以
刺, 操刃以擊, 何怨乎人. 故筦子文錦也, 雖醜登廟. 子産練染也,
美而不尊. 虛而能滿, 淡而有味, 被褐懷玉者. 故兩心不可以得一
人, 一心可以得百人. 男子樹蘭, 美而不芳. 繼子得食, 肥而不澤.
情不相與往來也.

註解 ○懷情抱質(회정포질)－정(情)도 질(質)도 인위적으로는 가해지

지 않은 자연상태의 표현. ○聲自召也(성자소야)……文自官也(문자관
야)−서간(徐幹)《중론(中論)》귀험(貴驗)에 ‘자사왈(子思曰)’이라 하고
이와 유사한 글이 실려 있다. 한편《증문(證聞)》은 이《중론》에 따라 글
을 남에게 만들도록 하는 것이라 했다. ○筦子文錦也(관자문금야), 雖醜
登廟(수추등묘)−관자(筦子)는 제(齊)나라 재상인 관중(管仲). 그는 법도
를 밝히고 국형(國刑)을 심사했다. 성(聖)에 이르고 능(能)은 모자랐지만
한편으로는 문금(文錦)과 같았고 악하기는 했지만 묘당에 올랐다고 한다.
그런데 이 글과 다음 자산(子産)에 대한 기사는《어람(御覽)》에도 실려
있고 그 원주(原註)에《공자가어(孔子家語)》에서 이 글을 찾아볼 수 있
다고 했으나 현재의《공자가어》에는 없다. 문금(文錦)은 무늬가 있는 비
단. ○子産練染也(자산연염야), 美而不尊(미이부존)−자산(子産)은 정(鄭)
나라 재상. 은혜 베풀기를 먼저 하고 법을 뒤로 돌렸다. 한편 염색한 비
단옷〔練染〕을 입어 온후했으나 종묘복(宗廟服)으로는 맞지 않는다. ○故
兩心(고양심)……得百人(득백인)−《의림(意林)》및《어람》에 ‘자사자왈
(子思子曰)’이라 하여 유사한 글을 인용하고 있다.

　삶은 가(假) 주거(住居)이다. 죽음은 귀착해 가는 곳이다. 그런 까닭
에 위(衛)나라 홍연(弘演)은 오로지 인(仁)을 지키다가 즉사했고, 왕
자(王子) 여(閭)는 겨드랑이를 벌리지 않았다가 칼을 그 몸에 맞았다.
가(假)에 몸을 의탁하여 집착하다가 귀착하는 곳〔死處〕을 잃는 일이
없었던 것이다. 즉 치세(治世)에는 의(義)에 의하여 몸을 지키고 난세
(亂世) 때는 몸에 의하여 의(義)를 지킨다. 죽는 날〔日〕은 행동의 종
식이다. 그러므로 군자는 신중하게 대처한다.
　용기가 없는 자는 처음부터 두려워하는 것이 아니라 곤란한 일을
만날 때 마음의 수비(守備)를 잃는다. 탐욕한 자는 처음부터 욕심을

부리는 것이 아니라 이익을 보고 그 해악(害惡)을 잊는다. 우공(虞公)은 수극(垂棘)의 벽옥(璧玉)에 눈이 어두워 괵(虢)나라의 해(害)가 자신에게 미칠 것을 깨닫지 못했다. 그런 까닭에 지도(至道)의 사람에게서는 그 뜻을 빼앗지 못한다.

세상 사람이 영달을 바라는 것은 자기 자신을 위함이다. 남을 위해서 그러려는 자가 어디 있겠는가? 성인(聖人)이 의(義)를 행하는 것은 깊은 걱정이 마음속에서 우러나오기 때문이다. 자기를 위해서 그러지는 않는 것이다. 그러므로 제왕(帝王)이라고 불리는 사람은 많지만 삼왕(三王)만이 칭송을 받는다.

또 빈천한 사람은 많지만 백이(伯夷)만이 칭송을 받는다. 귀(貴)한 것으로 성(聖)을 정하기로 한다면 성자(聖者)는 많을 것이고, 천(賤)한 것으로 인(仁)을 정하기로 한다면 인자(仁者) 또한 많을 것이다. 그러나 만약 그러하다면 성인(聖人)·인인(仁人)은 어찌하여 적은 것일까?

도(道)에 전념하는 것은 그 얼마나 즐거운 일인가. 자아(自我)를 잊고 나날이 도에 전진하여 자신을 새롭게 해가며 늙은 몸이 나에게 미치는 것을 잊는다. 막내아우로부터 장형(長兄)에 이르는 것은 반드시 이전 적습(積習)이 있기 때문이다. 자기 자신을 속이지 않는다면 또한 남을 속일 수도 없다. 즉 외나무다리를 건널 때, 남이 없다고 해서 그 동작을 신중하게 하지 않을 수 없는 것과 같다. 그러므로 남이 나를 믿게 하는 것은 간단하지만 외관(外觀)을 꾸미면서 나 자신이 신(信)이 있는 것처럼 하기란 어려운 일이다.

原文   生所假也. 死所歸也. 故弘演直仁而立死, 王子閭張掖而受刃. 不以所託害所歸也. 故世治則以義衛身, 世亂則以身衛義. 死之日行之終也. 故君子愼一用之.

無勇者非先懾也, 難至而失其守也. 貪婪者非先欲也, 見利而忘其害也. 虞公見垂棘之璧, 而不知虢禍之及己也. 故至道之人, 不可遏奪也.

人之欲榮也, 以爲己也, 於彼何益. 聖人之行義也, 其憂尋出乎中也, 於己何以利. 故帝王者多矣, 而三王獨稱, 貧賤者多矣, 而伯夷獨擧. 以貴爲聖乎, 則聖者衆矣, 以賤爲仁乎, 則仁者多矣. 何聖仁之寡也.

獨專之意樂哉. 忽乎日滔滔以自新, 忘老之及己也. 始乎叔季, 歸乎伯孟, 必此積也. 不自遁, 斯亦不遁人. 故若行獨梁, 不爲無人不兢其容. 故使人信己者易, 而蒙衣自信者難.

註解 ○弘演直仁而立死(홍연직인이립사)−홍연(弘演)은 위(衛)나라 의공(懿公)의 신하. 적인(狄人)이 위나라에 쳐들어와 위공(衛公)을 죽여서 먹었다. 홍연은 스스로 자기 배를 째고 먹다 남긴 위공의 간(肝)을 그 속에 넣었다. 이 이야기는《여씨춘추(呂氏春秋)》〈중동기(仲冬紀)〉충렴편(忠廉篇)과《신서(新序)》의용편(義勇篇)에도 기록되어 있다. ○王子閭張掖而受刃(왕자려장액이수인)−왕자 여(閭)는 초(楚)나라 평왕(平王)의 아들인 계(啓). 평왕의 손자 백공승(白公勝)은 왕자 여를 왕위에 올리려고 했는데 여가 듣지 않았다. 그러자 백공은 여에게 칼을 들이대며 협박했는데 여가 끝내 듣지 않자 그를 죽이고 말았다.《좌전(左傳)》애공(哀公) 16년조에 이 이야기가 기록되어 있다. ○虞公見垂棘之璧(우공견수극지벽)……−괵(虢)나라를 치려던 진(晉)나라 헌공(獻公)이 우공(虞公)에게 수극의 벽옥을 보내면서 길을 빌려줄 것을 청했는데 우공은 그 수극의 벽옥에 눈이 어두워 길을 빌려주었다. 진나라는 괵나라를 친 다음 곧 우나라도 멸망시켰다. ○故至道之人(고지도지인)……−지도(至道)의 사람은 그 마음이 확고부동하여 이(利)를 보고도 그 뜻이 바뀌지 않는다. ○不自遁(부자둔)−둔(遁)은 속이다.

　정(情)이 먼저 움직인다. 움직이면 모두 내 마음과 일치된다. 내 마음에 일치되면 마음에 걸림돌이 없어진다. 걸림돌이 없어지면 그것으로 즐거워진다. 그런 까닭에 당우(唐虞 : 堯舜)의 행위는 정을 백성들과 똑같게 하려 했던 것이 아니다. 자신이 즐거워지게 해서 천하를 잘 다스렸다.

　걸주(桀紂)는 특별히 백성들의 정을 해치고자 했던 것은 아니다. 자신의 즐거움에 따라서 행동했다가 모두 실패했던 것이다. 기쁨과 미움이 나타나는 방법, 그것에 의해서 치란(治亂)의 갈림길은 생기게 마련이다.

　성인(聖人)의 행위는 만나는 곳도 헤어지는 곳도 없다. 비유컨대 북은 '특별히 조율(調律)하지 않는데도 어떤 음(音)과도 조율되는 것과 같다. 관현(管絃)·타악기(打樂器)는 소대장단(小大長短)의 유별이 있어서 음색(音色)을 달리하며 조화한다. 군신상하(君臣上下)는 관직의 차가 있으며 직무를 달리하면서 조화한다.

　베 짜는 사람은 하루하루 (북을) 앞쪽으로 하여 나아가고, 경작하는 자는 하루하루 (가래질을 하면서) 뒤로 물러난다. 방향은 반대이지만 그 공(功)은 마찬가지이다. 신희(申喜)는 거리의 노래를 듣고 비통한 생각을 했는데 나가 보니 어머니였다. 애릉지전(艾陵之戰) 때 부차(夫差)는 '이인(夷人)의 소리는 양(陽 : 吉)이다. 구오(句吳)는 머지않아 이길 것이다'라고 하였다. 같은 음성이면서도 그 생각이 달라지는 것은 그 생각이 정(情)에서 나오기 때문이다.

　그런 까닭에 마음이 슬퍼지면 노래도 즐겁지 않고, 마음이 즐거우면 곡성(哭聲)도 슬프지 않다. 부자(夫子 : 孔子)가 '현(弦)은 알 수 없지만 그 음색은 보통 것과 다르구나'라고 말한 것도 이것이다.

　原文　情先動. 動無不得. 無不得, 則無著. 發著而後快. 故唐虞

之擧錯也, 非以偕情也. 快己而天下治. 桀紂非正賊之也. 快己而百
事廢. 喜憎議而治亂分矣.

聖人之行, 無所合, 無所離.. 譬若鼓無所與調, 無所不比. 絲竽金
石, 小大脩短有叙, 異聲而和. 君臣上下, 官職有差, 殊事而調. 夫
織者日以進, 耕者日以却. 事相反, 成功一也. 申喜聞乞人之歌而
悲, 出而視之其母也. 艾陵之戰也, 夫差曰, 夷聲陽, 句吳其庶乎.
同是聲, 而取信焉異, 有諸情也. 故心哀而歌不樂, 心樂而哭不哀.
夫子曰, 紘則是也, 其聲非也.

註解 ○無耆(무군)－군(耆)은 묶다. 여기서는 '걸리다'란 뜻. ○申喜聞
乞人之歌(신희문걸인지가)……－이 이야기는 《여씨춘추(呂氏春秋)》〈계추
기(季秋紀)〉정통편(精通篇)에도 보인다. 또 〈설산훈〉과 《논형(論衡)》〈감
허편(感虛篇)〉에도 비슷한 기사가 보인다. ○艾陵之戰(애릉지전)……－
오왕(吳王) 부차(夫差)가 애릉에서 제(齊)나라와 싸웠을 때의 일. '이성(夷
聲)'이란 오나라 말이란 뜻이다. 오나라는 남쪽에 있는 까닭에 이렇게 말
한다. '양(陽)'은 길(吉)함을 나타낸다. 구오(句吳)는 오나라. 이 싸움에 대
해서는 《춘추(春秋)》 애공(哀公) 11년조 등에 기록이 있다. ○故心哀而歌
不樂(고심애이가불락)……－《북당서초(北堂書鈔)》의 기록에 〈자사자(子思
子)〉의 말이라며 비슷한 구절을 인용했다. ○夫子曰(부자왈)……－공자
(孔子)의 제자인 민자건(閔子騫)이 3년상을 치른 다음 금(琴)을 탔는데 이
것을 들은 공자가 평한 말이다. 《시경(詩經)》〈회풍(檜風)〉소관(素冠)의
모전(毛傳)과 《설원(說苑)》〈수문편(修文篇)〉에도 같은 이야기가 보인다.

문(文)은 외물(外物)에 접하는 수단이다. 정(情)은 마음속에 있으면
서 밖으로 나오려고 하는 것이다. 문에 의해 정을 멸(滅)하면 정을 잃
고, 정에 의해 문을 멸하면 문을 잃는다. 문과 정이 조화를 이루며 소

통하면 봉황과 기린이 이른다. 지덕(至德)이 먼 나라까지도 회유할 수 있는 것이다.

수자양(輸子陽)은 그의 아들에게 '양공(良工)은 구(矩 : 曲尺)와 확(矱 : 자)에 의해 연습하여 익힌다'라고 말했다. 구확(矩矱) 속에는 실로 모든 법도가 갖추어져 있다. 성인(聖人)은 (그것에 의해) 백성을 다스리고 조보(造父)는 말을 다루며 의락(醫駱)은 병을 고친다. 그것은 대본(大本)을 공유하고 있으면서도 갖가지가 각 방법에 따르기 때문이다.

윗자리에 있는 사람이 의도하는 바를 백성이 행하는 것은 마음속에 성(誠)이 있기 때문이다. 말하지 않아도 믿고, 부르지 않아도 오는 것은 앞서 통하는 것이 있기 때문이다. 자기가 세상에 알려지지 않는 것을 초조해하는 자는 자기 자신조차도 모르는 사람이다. 교만은 부족한 데서 생기고, 허식은 자신을 과장하는 마음에서 생긴다. 마음속이 성실한 사람은 즐기면서 조급해하지 않으니, 마치 올빼미가 자기 소리에 도취한다든가 곰이 직립(直立)하기를 좋아하는 것과 같다. 누가 교만하다고 할 것인가.

봄철에는 여성은 생각에 잠기고 가을철에는 남성이 슬픈 마음에 잠기는데, 이것으로 만사에 변화가 있음을 알 수 있겠다. 큰 소리로 통곡하는가 하면 조용히 흐느껴 울더라도 목소리의 움직임을 알 수 있다. 용모라든가 표정, 굴신(屈伸)이라든가 곡직(曲直)의 동작을 보고 마음의 진위(眞僞)를 알 수가 있다. 그런 까닭에 성인은 마음속으로 계신공구(戒愼恐懼)하고 그것에 의해 지극(至極)의 경지에 이르렀던 것이다.

공명(功名)이 이루어지는 것은 천운(天運)이며 이법(理法)에 따르고 거스르지 않는 것은 인도(人道)이다. 태공망(太公望)이나 주공단(周公旦)은 무왕(武王)을 위해 하늘이 태어나게 한 것은 아니다. 숭후

(崇侯)나 악래(惡來)는 하늘이 주왕을 위해 태어나도록 했던 것은 아니다. 그 세상이 되었기에 그런 사람이 나왔다.

原文 文者所以接物也. 情繫於中, 而欲發外者也. 以文滅情, 則失情, 以情滅文, 則失文. 文情理通, 則鳳麟極矣. 言至德之懷遠也.

輪子陽謂其子曰, 良工漸乎矩蠖之中. 矩蠖之中, 固無物而不周. 聖王以治民, 造父以治馬, 醫駱以治病. 同材而各自取焉.

上意而民載, 誠中者也. 未言而信, 弗召而至, 或先之也. 伋於不己知者, 不自知也. 矜怚生於不足, 華誣生於矜. 誠中之人, 樂而不伋, 如鴞好聲, 熊之好經. 夫有誰爲矜.

春女思, 秋士悲, 而知物化矣. 號而哭, 噭而哀, 而知聲動矣. 容貌顏色, 詘伸倨句知情僞矣. 故聖人栗栗乎其內, 而至乎至極矣.

功名遂成天也. 循理受順人也. 太公望・周公旦, 天非爲武王造之也. 崇侯・惡來, 天非爲紂生之也. 有其世, 有其人也.

註解 ○文情(문정)—정(情)은 문질(文質)의 질(質)로서의 성질을 가지는 까닭에 문(文)과 대치된다. ○漸乎矩蠖(점호구확)—점(漸)은 습(習). 구(矩：榘)는 방(方)이며 확(蠖)은 도법(度法). 공장(工匠)의 도구임과 동시에 전(轉)하여 법도・법칙이란 의미이다. ○聖王(성왕)……以治病(이치병)—구착(矩鑿)의 속, 각각 법도를 취한다. 혹은 이로써 백성을 다스리고 혹은 이로써 말[馬]을 다스리며, 혹은 이로써 병(病)을 다스린다. 의락(醫駱)은 월(越) 땅의 의사. ○民載(민재)—재(載)는 행한다는 의미. ○伋於不己知者(급어불기지자)—급(伋)은 급(急)의 뜻. ○矜怚(긍저)—저(怚)는 교(驕)란 의미. ○熊之好經(웅지호경)—경(經)은 직립(直立)하는 것. 〈정신훈〉에 이미 나왔다. ○詘伸倨句(굴신거구)—굴신(詘伸)은 굴신(屈伸). 거구(倨句)는 곡직(曲直)과 같음. ○崇侯(숭후)・惡來(악래)—숭후(崇侯)는 주왕(紂王) 때의 제후이며, 악래(惡來)는 주왕의 신하이다.

교화(敎化)는 군주에게 연원(淵源)하고, 소인은 그 은택을 입는다. 영리(營利)는 소인에게 연원하고 군주는 그 성과를 향수한다. 옛날 동호계자(東戶季子)의 치세 때는 길거리에 떨어져 있는 물건을 줍는 일이 없었고, 농기구라든가 수확하고 남은 것들은 밭둑에 방치했다. 군자도 소인도 각각 지분(持分)을 잘 지켜나갔다. 그러므로 군주 한 사람이 경복(慶福)을 얻으면 억조창생은 모두 그 음덕을 입게 되는 것이다.

대저 높은 자리에 있는 사람은 그 좌(左)를 귀히 여긴다. 아랫사람이 윗사람에게 '좌로 옮기시지요'라고 하는 것은 신하가 공경의 뜻을 나타내는 것이다. 아랫사람은 우(右)를 귀히 여긴다. 윗사람이 아랫사람에게 '우(右)로 옮기오'라고 하는 것은 군주가 겸양의 뜻을 나타내는 것이다. 따라서 윗사람이 좌로 옮기면 존의(尊意)를 표할 수 없게 되며, 아랫사람이 우로 옮기면 겸양을 표할 수 없게 된다.

소쾌(小快)는 도(道)를 거스르며 방편(方便)은 의(義)를 거스른다. 자산(子産)은 형서(刑書)를 만들어 비난을 샀거니와 (그러나 이것을 단행했으며 그 결과) 재판사건이 빈번하게 일어났는데 아래에서 사심(邪心)을 일으키는 사람은 없었다. 이 성(誠)을 잃었었더라면 세상 사람들의 힐문에 궁해질 수밖에 없었으리라.

나라를 다스리는 도(道)는 공인(工人)은 (하는) 일을 속이지 않고, 농민은 힘을 아끼지 않으며, 선비는 공명정대하게 행동하고, 관리는 법을 굽히지 않되, 예를 들자면 그물을 치는 자가 그물을 끌면 모든 그물코마다 펼쳐지는 것과 같지 않으면 안 된다.

순임금이나 우임금은 다시 하늘로부터 명을 받은 것은 아니다. 요임금·순임금이 대덕(大德)을 차례로 전수했던 것은 이미 소사(小事)에 나타나 있다. 내가 아내를 사랑하는 마음을 형제에게 미치게 하고, 또 나라를 남에게 물려주어 천하가 덕풍(德風)으로 변화한 것이다. 그런 까닭에 병(兵)은 대(大)를 가지고 소(小)를 아는데, 사람은 소(小)를 가지고 대(大)를 아는 것이다.

原文 敎本乎君子, 小人被其澤. 利本乎小人, 君子享其功. 昔東戶季子之世, 道路不拾遺, 耒耜餘糧宿諸畮首. 使君子小人各得其宜也. 故一人有慶兆民賴之.

凡高者貴其左. 故下之於上曰左之, 臣辭也. 下者貴其右, 故上之於下曰右之, 君讓也. 故上左遷, 則失其所尊也. 臣右還, 則失其所貴矣.

小快害道, 斯須害儀. 子産騰辭, 獄繁而無邪. 失諸情者, 則塞於辭矣.

成國之道, 工無僞事, 農無遺力, 士無隱行, 官無失法, 譬若設網者, 引其網而萬目開矣.

舜禹不再受命. 堯舜傳大焉, 先形乎小也. 刑於寡妻, 至于兄弟, 禪於家國, 而天下從風. 故戎兵以大知小, 人以小知大.

註解 ○東戶季子(동호계자)—상고시대의 성군(聖君)으로 생각된다. ○耒耜(뢰사)—쟁기의 자루[耒]와 쟁기의 보습[耜]. ○畮首(묘수)—묘(畮)는 묘(畝)와 같다. ○一人(일인)……賴之(뢰지)—《서경(書經)》여형(呂刑)에 '천자 한 분이 선덕을 행하여 경복(慶福)이 있으면 만민이 이를 의지하여 평안하다'라고 되어있다. ○凡高者(범고자)……失其所貴矣(실기소귀의)—좌(左)를 존귀하게 여기는 것은 고전(古典)에 자주 나온다. ○小快(소쾌), 斯須(사수)—소쾌(小快)는 도(道)에 근거하지 않는 쾌(快)란 의미로 작다는 뜻이 아니다. 사수(斯須)는 임시·일시적이란 의미로 보았고 방편(方便)으로 번역했다. ○儀(의)—의(義)와 같다. ○子産(자산)—춘추시대 정(鄭)나라의 대부(大夫), 공손교(公孫僑)의 자(字). ○騰辭(등사)—비난

을 받는다는 의미로 해석했는데 '형서(刑書)를 만들다'의 뜻으로 해석할
수도 있음.

　군자의 도(道)는 가까이에 있는데도 이르기가 어렵고, 낮게 있는데
도 오르기가 어렵다. 만물을 싣고도 그 임무를 잘 견디어 내고 시(時)
와 함께 아름다우며 갈수록 융성해진다. 이것을 아는 방법은 남에게
청해서가 아니라 스스로 터득할 일이다. 자기 자신을 미루어 두고 남
에게서 구한다면 멀어질 뿐이다.
　군자는 즐거움은 남아도는데 명성이 부족하다. 소인은 즐거움은 부
족하지만 명성이 남아돈다. 즐거움과 명성이 벌어지는 차이를 보면
군자와 소인의 차이는 역력하다.
　입에 물고 있는 것은 반드시 밖으로 토해내고 마음에 있는 것은 반
드시 밖으로 나타나는 법이다. 군자는 의(義)만을 마음속에 새기고, 이
익에 집착하지 않는다. 소인은 이익만을 욕심낼 뿐 의를 생각하지 않
는다. 공자(孔子)는 말했다. '똑같이 죽음을 애곡하더라도 "나는 당신
을 어떻게 할 수도 없구려"라고 하고, "어쩌라고 나만 버려두고 간단
말이오?"라고 한다. 슬퍼하기는 마찬가지인데 슬픔을 표현하는 방법
은 다르다'라고 ──. 즉 애락(哀樂)은 사람의 마음과 깊이 연관되어 있
다는 말이다.
　땅을 파게 했다가 덮게 하는 것은 단지 백성들을 고생시킬 뿐만 아
니라 그런 일에 의하여 난(亂)이 일어나는 수도 있다. 생각한 것은 (성
왕과) 마찬가지인데 백성들에게 미치는 영향은 다른 것이다. 당우(唐
虞 : 堯舜)는 날마다 열심히 노력하여 왕노릇을 했다. 걸주(桀紂)는
날마다 쾌락에 빠져서 몸을 망쳤고 후세 사람들로부터 희롱 거리가
되었다.

무릇 인정(人情)이란 괴로움을 벗어나면 즐거워하고 즐거움을 잃으면 슬퍼한다. 살아있는 즐거움을 안다면 반드시 죽음의 슬픔을 안다.

原文 君子之道, 近而不可以至, 卑而不可以登. 無載焉而不勝. 久而章, 遠而隆. 知此之道, 不可求於人, 斯得諸己也. 釋己而求諸人, 去之遠矣.

君子者樂有餘而名不足, 小人樂不足而名有餘. 觀於有餘不足之相去, 昭然遠矣.

含而弗吐, 在情而不萌者, 未之聞也. 君子思義而不慮利, 小人貪利而不顧義. 子曰, 鈞之哭也, 曰, 子予奈何兮, 棄我何. 其哀則同, 其所以哀則異. 故哀樂之襲人情也深矣.

鑿地洿池, 非止以勞苦民也. 各從其蹠而亂生焉. 其載情一也, 施人則異矣. 故唐虞日孳孳以致於王, 桀紂日快快以致於死, 不知後世之譏己也.

凡人情說其所苦卽樂, 失其所樂則哀. 故知生之樂必知死之哀.

註解 ○有餘不足之相去(유여부족지상거), 昭然遠矣(소연원의) - 군자도 소인도 유여(有餘)와 부족 사이의 떨어져 있는 것은 역연하다는 해석도 가능하다. ○蹠(척) - 원망(願望). ○孳孳(자자) - 열심히 노력하는 것. ○說(설) - 해(解)와 통한다.

의(義)가 있는 사람은 이욕(利欲)으로 속일 수가 없다. 용기 있는 자는 공포로 겁을 줄 수가 없다. 그것은 굶주리고 목말라 하는 자를 빈 그릇으로 속일 수 없는 것과 같다. 사람은 욕심이 많아지면 의(義)가 부족하고, 근심이 많아지면 지혜가 부족하며, 두려움이 많아지면 용기를 해친다.

오만은 소인에게서 유래되는데 만이(蠻夷)의 사람은 모두가 이를 행한다. 선(善)은 군자에게서 유래되며 그 아름다움은 일월(日月)과 빛을 다투는데 천하를 가지고도 그것을 멈추게 하거나 빼앗을 수가 없다. 그리고 잘 다스려지는 나라는 안태(安泰)의 원인이 되는 일을 즐거워하고 망하는 나라는 멸망의 원인이 되는 일을 즐긴다.

동(銅)이나 석(錫)은 용해되지 않으면 주형(鑄型)에 흘러들지 않는다. 군주가 걱정하더라도 성(誠)이 없으면 백성들을 법에 따르도록 할 수 없다. 걱정하는 일이 백성들을 위해서 하는 것이 아니면 백성들과의 유대를 끊게 된다. 군주가 근본으로 돌아와서 다스리면 백성들과의 유대는 굳게 유지된다.

지덕(至德)의 군주는 소절(小節)을 갖추어 대절(大節)을 행한다. 제(齊)나라 환공(桓公)은 대절에서는 볼 만한 면이 있었으나 소절에는 치밀하지 못한 점이 있었다. 진(晉)나라 문공(文公)은 소절에는 치밀했지만 대절이 부족한 면이 있었다. 진나라 문공 때 궁중(宮中)은 다스려졌지만 나라 안은 문란했고, 제나라 환공 때 궁중은 문란했지만 나라 안은 다스려졌다.

물은 아래로 흐르기에 광대해지며 군주는 신하에 대하여 자신을 낮춰야만 총명해진다. 군주가 신하와 공명을 다투지 않는 것이야말로 치세(治世)의 도(道)이다. 관이오(管夷吾 : 管仲)라든가 백리해(百里奚)는 경국(經國)에 나서서 성공은 했지만 제(齊) 환공(桓公)도 진(秦) 목공(穆公)도 잘 받아들였던 것이다.

미혹을 깨닫는 것은 예컨대 동쪽을 서쪽이라고 생각했었는데 해가 떠오르는 것을 보고서야 깨닫는 것과 같다. 위(衛)나라 무후(武侯)는 자기 신하에 대하여 "그대들은 과인을 노인이라 생각하지 말기 바라오. 오히려 과인을 어리석다고 생각하고 과실이 있거든 반드시 고해 주오.”라고 말했다. 이것은 무후가 자신을 어리석은 자로 생각하지 않으면 진짜 어리석은 자가 되고 말 것인즉 늙었더라도 받아들이려고 했던 것이다. 존망(存亡)의 도리에 통하는 점이 있었다.

原文 有義者不可欺以利. 有勇者不可劫以懼. 如飢渴者, 不可欺以虛器也. 人多欲虧義, 多憂害智, 多懼害勇.

嫚生乎小人, 蠻夷皆能之. 善生乎君子, 誘然與日月爭光, 天下弗能遏奪. 故治國樂其所以存, 亡國亦樂其所以亡也. 金錫不消釋, 則不流刑. 上憂尋不誠, 則不法民. 憂尋不在民, 則是絶民之繫也. 君反本而民繫固也.

至德小節備, 大節擧. 齊桓擧而不密, 晉文密而不擧. 晉文得之乎閨內, 失之乎境外, 齊桓失之乎閨內, 而得之本朝. 水下流而廣大, 君下臣而聽明. 君不與臣爭功而治道通矣. 管夷吾百里奚經而成之. 齊桓秦穆受而聽之.

照惑者以東爲西, 惑也見日而寤矣. 衛武侯謂其臣曰, 小子無謂我老而羸我, 有過必謁之. 是武侯如弗羸之, 必得羸. 故老而弗舍. 通乎存亡之論者也.

註解 ○誘然(유연)—아름다운 모습. ○金錫(금석)—동(銅)과 석(錫). ○消釋(소석)—용해하는 것. ○流刑(유형)—주형(鑄型)에 흘려 넣는 것. ○憂尋(우심)—심(尋)은 계속이라는 의미. 계속 걱정하는 것. ○百里奚(백리해)—우(虞)나라 사람. 자(字)는 정백(井伯). 진(秦) 목공(穆公)을 섬기어 재상이 되었으며 그 패업(霸業)을 도왔다. ○照惑(조혹)—조(照)는 효(曉). ○衛武侯(위무후)—서주(西周) 말기에서 동주(東周) 초기에 걸쳐 살았던 사람. 주나라 유왕(幽王)이 견융(犬戎)에 의해 죽임을 당한 다음, 군사를 이끌고 견융을 쳐서 큰 공을 세웠다. ○羸(리)—열(劣).

　사람은 (聖人처럼 가르침을) 만들 수는 없지만 실행할 수는 있다. 실행할 수는 있지만 스스로 이룰 수는 없다. 사람은 실행하고 하늘이 이루는 것이다. 한평생 동안 선(善)을 행하더라도 하늘의 뜻이 아니면 번영할 수가 없고, 한평생 동안 악(惡)을 행하더라도 하늘의 뜻에 의하는 것이 아니라면 망하지 않는다. 즉, 선을 행할 것인지 행하지 않을 것인지는 나에게 관계되는 일이지만 화복(禍福)은 나의 밖에 있다. 그러므로 군자는 자신에게 관계되는 것에만 전념하는 것이다.

　성(性)이란 하늘로부터 받은 것이며, 명(命)이란 때의 만남에 달려 있다. 재능이 있어도 시세(時世)를 만나지 못하는 것은 하늘에 달린 것이다. 태공망(太公望)은 어느 정도의 능력을 가지고 있었다는 말인가? 비간(比干)은 어느 만큼의 죄과(罪過)가 있었단 말인가? 성(性)에 따라 뜻을 펴나가면서도 한쪽은 해(害)를 입었고 한쪽은 이익을 얻었다.

　성공하기를 구하는 데에는 도(道)가 있는데, 얻느냐 얻지 못했느냐는 명에 따른다. 따라서 군자는 선을 행하여 얻거니와 반드시 복을 얻는다고는 할 수 없으며, 불선(不善)을 행할 수는 없지만 반드시 화를 면한다고 할 수는 없다.

原文　人無能作也, 有能爲也. 有能爲也, 而無能成也. 人之爲, 天成之. 終身爲善, 非天不行, 終身爲不善, 非天不亡. 故善否我也. 禍福非我也, 故君子順其在己者而已矣.

　性者所受於天也, 命者所遭於時也. 有其材不遇其世天也. 太公何力, 比干何罪. 循性而行指, 或害或利. 求之有道. 得之在命. 故君子能爲善, 而不能必得其福, 不忍爲非, 而不能必免其禍.

註解　○人無能作也(인무능작야)－여기서 ‘작(作)’이란 성인(聖人)이 예

악(禮樂 : 넓은 의미로는 人倫)을 만드는 것. 《예기(禮記)》〈악기편(樂記篇)〉에 '예악의 정(情 : 마음)을 아는 사람은 능히 만든다(창작한다). 예악의 문(文 : 美)을 아는 사람은 능히 말한다(祖述한다). 작자(作者 : 만드는 사람)를 성(聖)이라 하고 술자(述者 : 말하는 사람)를 명(明 : 賢人)이라 한다. 명성(明聖)이란 술작(述作 : 말하고, 만드는 사람)을 가리킨다'라고 되어있다. ○無能成也(무능성야)―'성(成)'이란 여기서는 화복(禍福)을 이른다는 의미. 행위의 결과로서 혹은 복을 얻고 혹은 화를 얻는데 그것은 하늘(운명)이 시키는 바에 의해 나타난다고 한다. 선인선과(善因善果), 악인악과(惡因惡果)를 부정하는 생각이다. ○太公(태공)―태공망(太公望) 여상(呂尚). 주(周)나라 문왕(文王)·무왕(武王)의 스승. 무왕을 도와 은(殷)나라를 멸망시키고 제(齊) 땅에 봉해졌다. ○比干(비간)―은나라 주왕(紂王)의 숙부. 왕에게 간언했다가 왕의 노여움을 사서 가슴을 찢겨 죽임을 당했다.

군주는 근간(根幹)이며 신민(臣民)은 지엽(枝葉)이다. 근간이 좋지 아니한데 지엽이 무성하다는 말은 아직 들어본 적이 없다. 유도(有道)의 세상에서는 사람을 나라에 내보내지만 무도(無道)한 세상에서는 나라를 사람에게 주고 만다. 요(堯)임금은 천하에 왕으로 군림했는데 걱정이 끊이지 않았고, 순(舜)임금에게 넘겨주고 나서야 걱정에서 해방되었다. 걱정하면서도 천하를 유지해 나갔고, 현인에게 넘겨주는 것을 기뻐했으며, 최후까지 천하의 이익을 내 것으로 삼는 일이 없었다.

대저 만물은 그 쓰이는 곳만 있으면 아무리 작은 것이라 하더라도 도움이 된다. 쓰이는 곳이 없으면 벽유(碧瑜 : 寶玉)도 분토(糞土)와 마찬가지이다.

인정은 해로운 일에 있어서 다투어 작은 쪽을 택하고, 이로운 일에서 다투어 큰 쪽을 취하는 것이다. 따라서 똑같은 맛의 고기를 먹는데도 두꺼운 고기를 골라서 먹는 것은 반드시 그것이 맛있을 거라고 생각하기 때문이다. 같은 스승에게서 배우더라도 다수의 무리 가운데 뛰어난 것은 반드시 그 도(道)를 즐겼기 때문이다. 맛있을 것으로 생각하지도 않고 즐기는 일도 없건만 두드러지는 존재가 되는 일 등은 지금까지 들어본 적이 없다.

군자는 때를 만나면 세상에 나아가는데 의(義)에 의해 지위를 얻기까지, 그 사이에 호운(好運) 따위는 있을 수가 없다. 또 때를 만나지 못하면 물러나고 의(義)에 의해 남에게 양보하기까지, 그 사이에 불운(不運) 등은 있지 않다. 그러므로 백이(伯夷)는 수양산(首陽山)에서 굶어 죽었어도 후회하지 않았다. 천한 것〔不義〕을 버리고 떠나 귀한 것〔義〕을 몸에 지녔기 때문이다.

복이 싹트는 모습은 면면(綿綿)하여 발견하기 어렵고, 화(禍)가 생겨나는 모습은 분연(紛然)하게 흐트러져서 찾아내기 어렵다. 더구나 화복이 싹트기 시작할 때는 아주 미세한 까닭에 사람들은 경시(輕視)하여 생각하지도 않는다. 단, 성인(聖人)만이 그 시작을 찰지(察知)하고, 또 그 끝을 통찰할 수가 있다. 그러므로 전서(傳書)에는 '노(魯)나라 술이 싱거웠기 때문에 한단(邯鄲)은 포위당했고, 양고기 국을 주지 않았다가 송(宋)나라는 위난에 빠졌다'라고 했다.

原文 君根本也, 臣枝葉也. 根本不美, 枝葉茂者, 未之聞也. 有道之世, 以人與國. 無道之世, 以國與人. 堯王天下而憂不解, 授舜而憂釋. 憂而守之, 而樂與賢, 終不私其利矣.

凡萬物有所施之, 無小不可爲, 無所用之, 碧瑜糞土也.

人之情於害之中爭取小焉, 於利之中爭取大焉. 故同味而嗜厚縳

者, 必其甘之者也. 同師而超羣者, 必其樂之者也. 弗甘弗樂而能
爲表者, 未之聞也.

君子時則進, 得之以義, 何幸之有. 不時則退, 讓之以義, 何不幸
之有. 故伯夷餓死首陽之下, 猶不自悔. 棄其所賤, 得其所貴也.

福之萌也緜緜, 禍之生也分分. 禍福之始萌微. 故民嫚之. 唯聖
人見其始而知其終. 故傳曰, 魯酒薄而邯鄲圍, 羊羹不斟而宋國危.

註解 ○以人與國(이인여국)—요(堯)·순(舜)·우(禹)의 선양(禪讓)을
요·순이 순·우라는 성현(聖賢)들을 그 나라에 주었다고 풀이한 것. ○以
國與人(이국여인)—탕무(湯武)의 방벌(放伐)을 걸왕(桀王)·주왕(紂王)
이 그 나라를 탕무에게 주었다고 풀이한 것. ○碧瑜(벽유)—푸르고 아름
다운 옥(玉). ○伯夷(백이)—은(殷)나라 말기, 주(周)나라 초기의 사람. 무
왕이 은나라 토벌에 나서는 것을 옳지 않다고 간했으나 받아들여지지 않
자, 주나라의 녹을 먹는 것을 부끄럽게 생각하고 수양산(首陽山)에 들어
가 고사리를 캐 먹다가 굶어 죽었다고 전한다. ○緜緜(면면)—가늘고 길
다. ○魯酒薄而邯鄲圍(노주박이한단위)—노(魯)나라와 조(趙)나라가 초
(楚)나라 조정에 술을 바쳤다. 노나라 술은 싱겁고 조나라 술은 진했는데
초나라에서 술을 주관하는 관원이 조나라에 술을 요구했으나 바치지 않았
다. 초나라 관원은 화가 나서 조나라가 바친 술을 초나라 왕에게 바칠 때
노나라의 싱거운 술과 바꿔치기를 했다. 초왕은 조나라 술이 싱거운 것으
로 생각하고 한단(邯鄲 : 조나라 도읍)을 포위했다. 요컨대 노나라 술이
싱거웠던 것은 조나라와는 아무 상관도 없는데 그것으로 인하여 조나라
도읍 한단이 포위당하는 사태를 초래했다는 데서, 화(禍)란 뜻하지 않은
곳에서 일어날 수 있다는 비유이다. ○羊羹不斟而宋國危(양갱부짐이송국
위)—'양갱(羊羹)'은 양고기 국. 송나라 장군 화원(華元)이 정(鄭)나라와
싸울 때, 양을 잡아서 군사들에게 회식을 시켰는데 어자(御者)에게까지
돌아가지는 못했다. 이 일로 원한을 품게 된 어자는 전쟁이 시작되자 화

원을 병거(兵車)에 태운 채 정나라 군단 속으로 돌진했으므로 화원은 사로잡히게 되었고 송나라는 위난에 빠졌다. 《좌전(左傳)》 선공(宣公) 2년 조에 보이며 그곳에서는 양짐(羊斟)을 어자의 이름으로 적고 있다.

명군(明君)의 상벌(賞罰)은 자신을 위해서 시행하지 않으며 나라를 위해 시행한다. 자신의 마음에 든다고 해서, 나라에 공적이 없는데도 상을 주는 일은 없고, 자신의 뜻에 거역했다 하더라도 나라에 유익함이 있으면 벌을 주지 않는다.

그러기에 초(楚)나라 장왕(莊王)은 신하인 공옹(共雍)에게 '덕이 있는 사람에게는 과인의 작록(爵祿)을 줄 것이고, 공이 있는 자는 과인의 전택(田宅)을 받을 것이다. 이 두 가지 모두가 그대에게는 없네. 과인이 그대에게 줄 것은 없구려'라고 말했다. 실로 도리에 맞는 태도라고 해야 할 것이다. 거절하는데도 전혀 주지 않는 것은 아님을 나타내고 있다.

주(周)나라의 치정(治政)은 도(道)에 이르렀고 은(殷)나라의 치정은 선미(善美)를 요지로 삼았으며, 하(夏)나라의 치정은 실직(實直)을 요지로 삼았다. 그러나 하나라처럼 실직을 주로 했고, 은나라처럼 선을 아름답게 이루었던 것은 주나라의 지도(至道)에는 결코 미치지 못하였다.

즉 지도지세(至道之世)의 사람은 실직을 사모하지 않으며 선(善)에 부끄러울 것도 없다. 마음에 덕을 품고 도를 행하며 상하가 서로 즐거워하되 그러면서도 왜 그러한지조차도 모르고 있는 것이다.

나라를 영유(領有)했던 자는 수없이 많은데 그중에서 제(齊)나라 환공(桓公)과 진(晉)나라 문공(文公)만이 유명하다. 태산(泰山)의 정상에 70제왕(帝王)의 봉단(封壇)이 있거니와 그중에서 삼왕(三王)만이 널리 전해온다.

군주가 신하에게 요구했던 바도 아니고, 신하가 군주에게 빌려주었던 바도 아니다. 가깝게는 자기 자신을 수양하면 그 덕이 먼 곳에까지 퍼지는데 이렇게 해서 후세인들도 그 위대함을 칭송하게 되었다.

그 덕은 울타리를 넘지 않더라도 이웃 마을에까지 밝히 들렸는데 미치는 자가 없었기 때문이다. 효기(孝己)의 예절은 흉내 낼 수는 있더라도 그 명성에 따를 자가 없는 것은 반드시 그 속에 간직하고 있는 마음을 얻을 수가 없기 때문인 것이다.

原文　明主之賞罰, 非以爲己也, 以爲國也. 適於己而無功於國者, 不施賞焉. 逆於己便於國者, 不加罰焉. 故楚莊謂共雍曰, 有德者受吾爵祿, 有功者受吾田宅.

是二者女無一焉. 吾無以與女. 可謂不蹴於理乎. 其謝之也, 猶未之莫與. 周政至, 殷政善, 夏政行. 行政善善, 未必至也. 至至之人, 不慕乎行, 不懇乎善, 含德履道, 而上下相樂也, 不知其所由然.

有國者多矣. 而齊桓晉文獨名. 泰山之上有七十壇焉. 而三王獨道. 君不求諸臣, 臣不假之君, 脩近彌遠, 而後世稱其大. 不越鄰而成章, 而莫能至焉. 故孝己之禮可爲也. 而莫能奪之名也, 必不得其所懷也.

註解　○楚莊(초장)―초나라 장왕(莊王). 제(齊)나라 환공(桓公), 진(晉)나라 문공(文公) 등과 함께 춘추시대의 패자(覇者) 중 한 사람. ○周政至(주정지), 殷政善(은정선), 夏政行(하정행)―‘행(行)’은 난해한데 문질설(文質說)에서 하나라는 질(質)을 떠받들고 은나라는 문(文)을 떠받들었다고 하므로, 선(善)을 문(文)에, 행(行)을 질(質)의 뜻으로 취했고,

‘주정지(周政至)’를, 문질(文質)을 합친 지상(至上)의 치정(治政)이란 의미로 풀었다. 《논어(論語)》의 ‘문질빈빈(文質彬彬)이 연후(然後)에 군자(君子)니라(바탕과 외식이 잘 어울려야 비로소 군자니라 : 雍也篇)’ 또는 ‘주감어이대(周監於二代)하니 욱욱호문재(郁郁乎文哉)라. 오종주(吾從周)하리라(주나라는 하나라·은나라 등 두 대를 본땄으므로 문물제도가 빛난다. 나는 주나라를 따르리라 : 八佾篇)’ 등의 구절을 내포하고 있는 것일까? ○齊桓(제환)·晉文(진문)—제나라 환공(桓公)과 진나라 문공(文公). 춘추시대의 패왕(覇王)은 5명인데 그중에서도 이 두 사람이 특히 유명하다. ○七十壇(칠십단)—《사기(史記)》〈봉선서(封禪書)〉,《관자(管子)》〈봉선편(封禪篇)〉에 ‘옛날 태산에 봉(封)하고 양보(梁父)에 선(禪)하는 자, 72가(家)’라고 되어있는 것을 가리키는 것이리라. 봉선(封禪)이란 천하일통(天下一統)의 군주가 태산에서 행하는 의례(儀禮)이다. 산 정상에 봉단(封壇)을 만들고 하늘에 제사 지내며[封], 그 주위의 작은 산에서 땅에 제사를 지낸다[禪]. ○孝己(효기)—은나라 고종(高宗)의 아들. 현효(賢孝)로 알려진 사람이다. 《순자(荀子)》〈성악편(性惡篇)〉에 효자로 ‘증자(曾子), 민자건(閔子騫), 효기’를 꼽고 있다.

의(義)를 시의적절하게 행하는 것이 군자이며, 시의적절하게 하기만 힘쓰고 의(義)를 잊는 것이 소인이다. 도(道)에 달한 사람은 자득(自得)하여 힘쓰는 바도 없다. 그다음 사람은 힘은 쓰지만 걱정하지 않는다. 그보다 아래 사람은 걱정만 할 뿐 힘쓰는 일조차 없다. 옛날 사람은 감상할 줄은 알았지만 탐내는 일은 없었다. 오늘날의 사람은 탐을 내기만 할 뿐 감상할 줄을 모른다.

가창(歌唱)에서 그 음성을 길게 뽑는 경우, 음성만으로는 미(美)를 나타낼 수 없으므로, 그 위에 금석(金石)과 사죽(絲竹)으로 반주하는데 그래도 음악의 구극적 경지에는 멀기만 하다. 군주가 도를 존중하고 의를 행하면 세정풍속(世情風俗)은 바람에 풀이 나부끼듯이 가게 될 것이다.

소공(召公)은 양잠과 농경의 계절에는 벌을 가볍게 하여 죄인을 석 방했다. 즉 백성들 모두가 각기 생업에 돌아가 직업에 충실하도록 했 다. 문왕(文王)은 사방 천리나 되는 토지를 사양하고 포락지형(炮烙之 刑)을 없애 달라고 청원했다. 이처럼 성인(聖人)이 일을 함에 있어서 는 그 진퇴에 시의를 잃는 일이 없었다. 이것이야말로 여름날에 얇은 갈포(葛布) 옷을 걸치고, 수레에 탈 때에는 수(綏)를 잡는 것과 같다 하겠다.

노자(老子)는 상용(商容)에게서 배울 때 스승의 혀를 보고 유(柔) 를 지켜야 함을 깨달았다. 열자(列子)는 호자(壺子)에게서 배울 때 형 영(形影)을 관찰하고 뒤에 있어야 함을 깨달았다. 본디 성인(聖人)은 사물보다 앞서는 일이 없으면서도 항상 사물을 제어한다. 그것은 마 치 장작을 쌓아 올릴 때 나중에 쌓는 것일수록 위쪽에 놓이는 것과 같다.

사람은 의(義)에 의해 사랑하고 당(黨)에 의해 무리를 이루며, 무리 를 지음으로써 강해지는 것이다. 그러기에 덕을 펴는 범위가 넓으면 위광(威光)이 미치는 범위도 멀리 퍼지고, 의(義)가 가해지는 범위가 좁으면 무력(武力)이 제압하는 범위도 좁아지게 마련이다.

原文 義載乎宜之謂君子, 宜遺乎義之謂小人. 通智得而不勞, 其 次勞而不病, 其下病而不勞. 古人味而弗貪也, 今人貪而弗味.

歌之脩其音也, 音之不足於其美者也, 金石絲竹, 助而奏之, 猶 未足以至於極也. 人能尊道行義, 喜怒取予, 欲如草之從風.

召公以桑蠶耕種之時, 弛獄出拘, 使百姓皆得反業脩職. 文王辭 千里之地, 而請去炮烙之刑. 故聖人之擧事也, 進退不失時. 若夏就絺綌, 上車授綏之謂也. 老子學商容, 見舌而知守柔矣. 列子學壺子, 觀景柱而知持後矣. 故聖人不爲物先, 而常制之. 其類若積薪樵, 後者在上.

人以義愛, 以黨羣, 以羣强. 是故德之所施者博, 則威之所行者遠, 義之所加者淺, 則武之所制者小.

註解 ○金石絲竹(금석사죽)―금석(金石)은 타악기, 사죽(絲竹)은 관현악기. ○喜怒取予(희노취여)―취여(取予)는 취하는 것과 주는 것. 경제(經濟)·생활 등을 암시한다. ○欲如草之從風(욕여초지종풍)―《논어(論語)》〈안연편(顔淵篇)〉에 '군자의 덕은 바람과 같고 소인의 덕은 풀과 같은 것이어서 풀은 바람이 불면 반드시 바람에 쏠린다'라고 했다. 또 같은 글이 《맹자(孟子)》〈등문공장구(滕文公章句)〉 상(上)에도 있다. ○召公(소공)―이름은 석(奭). 시호는 강(康). 무왕(武王) 때 북연(北燕)에 봉해졌고 성왕(成王) 때 삼공(三公)에 올랐다. 향읍(鄕邑)을 순행하며 치정(治政)에 힘썼다. 《사기(史記)》〈주본기(周本記)〉, 〈연소공세가(燕召公世家)〉 참조. ○文王(문왕)……炮烙之刑(포락지형)―《여씨춘추(呂氏春秋)》〈계추기(季秋紀)〉 순민편(順民篇)에 문왕이 기(岐)에 있을 때 주왕(紂王)에게 보물을 바쳤는데 그 포상으로 사방 천리의 땅을 받았다. 그러나 그것을 거절하면서 포락지형을 없애줄 것을 청했다고 되어있다. 포락지형은 기름을 듬뿍 칠한 쇠몽둥이를 불 위에 걸쳐놓고 그 위를 죄인들에게 건너가도록 하여 불에 떨어져서 죽게 하는 형벌. 은나라 폭군인 주왕(紂王)은 그것을 즐겼다고 한다. ○絺綌(치격)―얇은 칡 베옷. ○綏(수)―승차용 끈. ○商容(상용)―《상서(尙書)》〈무성(武成)〉, 《순자(荀子)》〈대략편(大略篇)〉 등에 주(周)나라 초기의 현인(賢人)이었다는 기록이 보이는데 신인(神人)이라고 함. ○見舌而知守柔矣(견설이지수유의)―상용이 혀를 내밀어 노자(老子)에게 보였던바 노자는 혀란 부드러운 것이고 이는 딱딱한 것임을 알게 되었다. 늙어서 이가 빠진 뒤에도 혀는 부드러운 까닭에 남

아 있으므로 유(柔)가 강(剛)보다 세다고 한다. 한편 이 이와 혀를 둘러
싼 문답은 상종(常樅)과 노자의 대화로 《설원(說苑)》〈경신(敬愼)〉에도
보인다. ㅇ列子(열자)……知持後矣(지지후의)-'호자(壺子)'는 호자구림(壺
子丘林). 열자의 스승으로 《장자》〈응제왕편(應帝王篇)〉, 《열자》의 여러
편에 보인다. 《열자》〈설부편(說符篇)〉의 내용을 참조.

오탁(旲鐸)은 소리를 내게 함으로써 자신을 금가게 만들고 초는 빛
을 냄으로써 자신을 녹인다. 호랑이와 표범은 화려한 무늬로 인하여
사살당하고, 원유(猨狖)는 민첩하여서 사로잡힌다. 이처럼 자로(子路)
는 그 무용(武勇) 때문에 죽음을 자초했고, 장홍(萇弘)은 그 지략 때
문에 곤경에 빠졌다. 지(智)에 의해 지자(知者)는 될 수 있어도 지(智)
에 의해 무지자(無知者)는 될 수 없다.

험준한 곳을 가는 데는 먹줄 위를 걸어가듯 할 수는 없다. 숲속을
빠져나가는 데는 올곧은 길은 없다. 캄캄한 어둠 속을 가는 데는 눈을
감고 손으로 더듬으면서 나아간다. 매사에는 적절한 방법이 있어서 명
(明)이 쓸모없는 경우가 있다. 사람이 명명(冥冥)의 세계를 빠져나와
서 소소(昭昭)의 세계로 들어가면 함께 지도(至道)를 말할 수 있을 것
이다.

까치는 바람 부는 상태를 예지하여 집을 짓고, 수달은 물의 양(量)을
예지하여 구멍을 파며, 짐새[鴆鳥]의 수컷은 맑은 날을 예지하고, 짐
새의 암컷은 비 오는 날을 예지한다.

그러나 이런 것을 보고 사람의 지혜가 조수(鳥獸)에 미치지 못한다
고 한다면 그것은 잘못이다. 즉 한 가지 기술에 통하고 한 가지 말에
통하는 자는 자세한 설명을 할 수는 있어도 널리 만사에 응용할 수는
없는 법이다.

原文 吳鐸以聲自毁, 膏燭以明自鑠. 虎豹之文來射, 猨狖之捷來措. 故子路以勇死, 萇宏以智困. 能以智知, 而未能以智不知也.

故行險者不得履繩, 出林者不得直道. 夜行瞑目而前其手. 事有所宜而明有所不容. 人能貫冥冥, 入於昭昭, 可與言至矣.

鵲巢知風之所起, 獺穴知水之高下, 暉日知晏, 陰諧知雨. 爲是謂人智不如鳥獸則不然. 故通於一伎, 察於一辭, 可與曲說, 未可與廣應也.

註解 ○吳鐸(오탁)-탁(鐸)은 대령(大鈴 : 큰 방울). 오(吳) 땅에서 산출된다. ○膏燭以明自鑠(고촉이명자삭)-《장자》〈인간세(人間世)〉에 고화자전(膏火自煎)이라는 구절이 있다. 앞뒤의 구절은 모두 자신의 재능에 의해 도리어 재화(災禍)를 초래한다는 비유. ○虎豹(호표)……猨狖(원유)……-이와 비슷한 글이 《장자》〈응제왕(應帝王)〉, 〈전언훈(詮言訓)〉, 〈설림훈(說林訓)〉 등에 보인다. '문(文)'은 얼룩무늬. '원유(猨狖)'는 긴팔원숭이와 긴꼬리원숭이. '조(措)'는 추보(追補)의 뜻. ○子路以勇死(자로이용사)-자로(子路)가 용맹을 좋아하다가 위(衛)나라 난리에 휘말리어 죽은 경위는 《예기(禮記)》〈단궁편(檀弓篇)〉, 《사기(史記)》〈중니제자열전(仲尼弟子列傳)〉 등에 보인다. ○萇宏(장굉)-장홍(萇弘). 주(周)나라 사람. 경왕(敬王) 때의 대부(大夫). 술(術)에 의해 주 왕조의 붕괴를 막으려고 했으나 도리어 주나라 사람에게 죽임을 당했다. ○能以智知(능이지지), 而未能以智不知也(이미능이지부지야)-〈인간훈(人間訓)〉에 같은 글이 있다. ○繩(승)-먹줄. 여기서는 먹줄을 친 직선. ○夜行瞑目而前其手(야행명목이전기수)-〈설림훈(說林訓)〉에 같은 글이 있다. ○鵲巢知風之所起(작소지풍지소기)-〈인간훈〉에도 '까치는 그해에 바람 많음을 미리 알고 높은 나무를 피하여 낮은 가지에 둥지를 튼다'라고 되어있다. ○暉日(휘일)·陰諧(음해)-《설문(說文)》에 '짐(鴆)은 운일(運日)이다'라고 되어있으며, 《광아(廣雅)》〈석조(釋鳥)〉에 '수컷을 운일(運日)이라

하고 암컷을 음해(陰諧)라고 한다'라는 구절이 보인다. 짐(鴆)은 그 날개에 독을 가지고 있는 새로 유명한데 날씨를 예지할 수 있다는 설의 근거는 불상(不詳).

영척(甯戚)은 쇠뿔을 두드리면서 노래를 불렀던바 제(齊)나라 환공(桓公)이 그를 대정(大政)으로 임명했다. 옹문자(雍門子)는 곡을 하면서 알현했는데 맹상군(孟嘗君)은 눈물을 흘려 관(冠) 끈까지 적셨다. 노래 부르기와 곡하기는 누구나 할 수 있는 일인데 한 번 목소리를 냈을 뿐으로 다른 사람이 듣고 감동한 것은 마음속 깊은 곳에서 우러나왔기 때문이다. 그러므로 요순(堯舜)의 법을 흉내 낼 수는 있어도 사람들 마음을 교화시키는 일에는 도저히 미치지 못하는 것이다.

제(齊)나라 간공(簡公)은 나약했던 까닭에 죽임을 당했고, 정(鄭)나라 자양(子陽)은 용맹하였기 때문에 겁살(劫煞) 당했다. 모두 그 도(道)를 잃었던 자들이다. 본디 노래를 부를 때 음률에서 벗어나는 것은 목소리가 맑든가 흐리든가 어느 한쪽에 치우치기 때문이다. 승(繩)이 바깥쪽이든 안쪽이든 직선에서 벗어나는 수도 있다.

주왕(紂王)이 상아(象牙) 젓가락을 만들자 기자(箕子)는 한탄하며 슬퍼했고, 노(魯)나라에서 인형을 만들어 장사를 지내자 공자(孔子)는 한탄하며 슬퍼했다. 시작하는 것을 보면 결과를 알 수 있는 것이다. 즉 물은 산에서 나와 바다로 흘러가며 곡물은 들에서 싹이 트고 자라나서 창고로 들어간다. 성인(聖人)은 발생하는 모습을 보아 귀결될 모습을 알 수 있는 것이다.

물이 흐리면 물고기는 헐떡이고 법령이 가혹하면 백성들은 어지러워진다. 높이 치솟은 성(城)은 반드시 붕괴되고 험준한 낭떠러지는 반드시 허물어진다. 그러므로 상앙(商鞅)은 법을 정했다가 몸이 여덟 갈

래로 찢겨 죽었고, 오기(吳起)는 가혹한 정치를 했다가 거열형(車裂
刑)에 처해졌다.

나라를 다스리는 것은 비유하면 슬(瑟)을 켜는 것과 같아서 대현(大
弦)은 강하게 죄면 소현(小弦)은 끊어지고 만다. 즉 고삐를 바싹 죄
고 채찍질을 자주 하는 것은 천리를 달리는 말몰이법이 아니다.

原文 甯戚擊牛角而歌, 桓公擧以大政. 雍門子以哭見, 孟嘗君涕
流沾纓. 歌哭衆人之所能爲也. 一發聲, 入人耳, 感人心, 情之至者
也. 故唐虞之法可效也, 其諭人心不可及也.

簡公以懦殺, 子陽以猛劫. 皆不得其道者也. 故歌而不比於律者,
其淸濁一也. 繩之外與繩之內, 皆失直者也.

紂爲象箸而箕子嘰, 魯以偶人葬而孔子歎. 見所始則知所終. 故水
出於山入於海, 稼生乎野而藏乎倉. 聖人見其所生, 則知其所歸矣.

水濁者魚噞, 令苛者民亂. 城峭者必崩, 岸崝者必陀. 故商鞅立
法而支解, 吳起刻削而車裂. 治國譬若張瑟, 大絃絪則小絃絶矣.
故急轡數策者, 非千里之御也.

註解 ○甯戚擊牛角而歌(영척격우각이가)……―영척(甯戚)은 춘추시대
위(衛)나라 사람. 제(齊)나라 환공(桓公)에게 발탁된 경위는 〈주술훈(主
術訓)〉에 이미 나왔다. 또 〈도응훈(道應訓)〉에도 자세한 설명이 있다. ○
雍門子以哭見(옹문자이곡견)―〈남명훈〉에 자세한 설명이 있다. ○簡公
以懦殺(간공이유살)―'간공(簡公)'은 춘추시대 제(齊)나라의 군주. 총신인
감지(監止)에게 정치를 맡겼는데 유력자였던 전성자(田成子)와 반목하
게 되자, 한 쪽을 선택해야 한다는 진언에도 불구하고 방치했다가 끝내
는 전성자에게 죽임을 당하였다고 한다. 《좌전(左傳)》 애공(哀公) 12년
조, 《사기(史記)》〈제세가(齊世家)〉 참조. ○子陽以猛劫(자양이맹겁)―자

양(子陽)은 사자양(駟子陽), 혹은 자사(子駟). 정(鄭)나라 재상이 되어 먼저 이공(釐公)을 약을 먹여 죽이고, 그 다음 간공(簡公) 때 여러 공자(公子)가 자기를 죽이려고 계교를 꾸미고 있는 것에 분노하여, 반대로 여러 공자를 죽이고 자립하여 군주가 되려다가 공자 자례(子禮)에 의해 겹살당했다(《사기》〈鄭世家〉). ○紂爲象箸而箕子欷(주위상저이기자기)─주왕이 상아로 젓가락을 만들게 하자 사치스런 젓가락을 만들면 그다음에는 술잔, 그리고 그다음에는 요리라는 식으로 끝이 없다며 기자(箕子)가 비난한 것을 가리킴이다. ○魯以偶人葬而孔子歎(노이우인장이공자탄)─상고시대에는 짚으로 인형을 만들어 죽은 사람과 함께 매장했는데 그 후 나무로 인형을 만들어서 사용하게 되었다. 그것이 너무나도 사람과 비슷했으므로 마치 사람을 생매장하는 것과 같다며 공자(孔子)가 한탄했던 것을 가리킴이다. 《맹자(孟子)》〈양혜왕장구(梁惠王章句)〉상(上) 참조. ○商鞅(상앙)─진(秦)나라 효공(孝公)을 섬기면서 신법(新法)을 제정하여 진(秦)나라 패업(霸業)의 기초를 닦았다. 그러나 그 자신은 자신이 만들었던 법에 의해 '지해(支解)', 즉 팔열지형(八裂之刑)에 처해졌다. ○吳起(오기)─손자(孫子)와 쌍벽을 이루는 병법가(兵法家). 전국시대 위(衛)나라 사람이다. 《오자(吳子)》의 저자로 전해오며, 초(楚)나라 도왕(悼王)의 재상이 되었는데 왕이 죽은 다음 주위 귀족들의 미움을 사게 되어 왕의 시체 앞에서 죽임을 당했다. 〈주술훈(主術訓)〉 참조. ○大絃緪則小絃絶矣(대현긍즉소현절의)─'긍(緪)'은 강하게 펴는 것. 같은 글이 〈태족훈(泰族訓)〉에도 있다.

유성(有聲)의 소리가 닿는 곳은 백리(百里)에 지나지 않지만 무성(無聲)의 소리는 사해(四海)에 두루 퍼진다. 그러므로 봉록(俸祿)이 그 공적보다 과하면 몸을 손상하고, 명성이 그 실질보다 과하면 덕이 가려진다. 의지와 행동이 합치되면 명성은 그것에 부응하는 법이다. 화복(禍福)은 아무 까닭 없이 찾아오는 것이 아니다.

일신에 악몽(惡夢)이 닥쳐오는 것은 정행(正行)에 이겨내지 못하기 때문이다. 나라에 불길한 조짐이 나타나는 것은 선정(善政)에 이겨내지 못하기 때문이다. 따라서 목전에 헌면(軒冕)의 은상(恩賞)이 있더라도 공 없이 손을 내밀어서는 안 되며 배후에 부월(斧鉞)의 금령(禁令)이 있더라도 죄없이 벌을 받지 않는다. 평소에 올바르게 닦은 사람은 도(道)에서 떠나지 않는 법이다.

군자는 소선(小善)을 행하기에 족하지 못하다 하여 이를 버려두지 않는다. 소선도 쌓으면 대선(大善)이 되기 때문이다. 또 소불선(小不善)을 별 지장 없을 것이라며 하지 않는다. 소불선도 거듭해 나가면 대불선(大不善)이 된다. 즉 깃털도 쌓으면 배를 가라앉히게 하고, 가벼운 짐도 쌓이면 수레의 축(軸)을 부러뜨린다. 그러기에 군자는 미소한 중에 신중하게 대처하는 것이다.

한 가지의 쾌사(快事)는 선(善)을 이룬 것 정도는 아니지만 쾌사를 거듭 쌓으면 그 덕을 칭송받게 된다. 한 가지의 한사(恨事)는 불선(不善)을 이룬 것 정도는 아니지만 그 한사를 거듭 쌓으면 원한이 된다. 그러기에 삼대(三代)의 왕(王)에 대한 칭송은 천세(千歲)에 걸쳐 그 명예로움을 거듭 쌓았고, 걸주(桀紂)에 대한 비방은 천세에 걸쳐 그 불명예를 거듭 쌓는 것이다.

原文　有聲之聲不過百里, 無聲之聲施於四海. 是故祿過其功者損, 名過其實者蔽. 情行合而名副之. 禍福不虛至矣.

　身有醜瘵不勝正行. 國有妖祥不勝善政, 是故前有軒冕之賞, 不可以無功取也. 後有斧鉞之禁, 不可以無罪蒙也. 素脩正者弗離道也.

　君子不謂小善不足爲也而舍之. 小善積而爲大善. 不謂小不善爲無傷也而爲之. 小不善積而爲大不善. 是故積羽沈舟, 羣輕折軸. 故君子禁於微.

　壹快不足以成善,　積快而爲德.　壹恨不足以成非,　積恨而成怨.
故三代之善,　千歲之積譽也, 桀紂之謗,　千歲之積毀也.

[註解]　○妖祥(요상)－수상한 조짐.　○軒冕之賞(헌면지상)－‘헌(軒)’은 수
레 양쪽에 덮개가 있는 고급 수레. 대부(大夫) 이상인 벼슬아치가 타는 수
레이다. ‘면(冕)’은 대부 이상의 신분인 사람이 쓰는 관(冠). 귀현관직(貴顯
官職)을 뜻한다.　○斧鉞之禁(부월지금)－도끼와 큰 도끼. 모두 형구(刑具)
로서 중형(重刑)을 나타낸다. 이 두 구절을 연칭(連稱)하는 것은《장자》
〈거협편(胠篋篇)〉에　보인다.　○積羽(적우)……折軸(절축)－《사기》〈장
의열전(張儀列傳)〉에　같은　글이　있다.　○壹快(일쾌)·壹恨(일한)－남의
마음에　주는　쾌감·원한.　○三代之善(삼대지선)·桀紂之謗(걸주지방)－
요순(堯舜)에 대한 쾌감, 걸주(桀紂)에 대한 불쾌감.

　하늘에는 사계(四季)가 있고 사람에게는 사용(四用)이 있다. 사용이
란 무엇인가? 보고 그 모양을 아는 데는 눈보다 밝은 것이 없다. 듣고
그 소리를 분간하는 데는 귀보다 밝은 것이 없다. 거듭 합치고 그것을
닫는 데는 입보다 단단한 것이 없다. 포장하여 저장하는 데는 마음보
다 깊은 것이 없다. 눈이 정형(正形)을 보고 귀가 정성(正聲)을 듣고
입이 성(誠)을 말하고 그리고 마음이 그 정(精)을 다한다면 만물의 화
육(化育)은 모두 극치(極致)에 이를 것이다.
　영토가 덕에 의해서 넓혀지고 군주가 덕에 의해서 존중받는 것은 상
(上)이다. 영토가 의(義)에 의해 넓혀지고 군주가 의(義)에 의해서 존
중받는 것은 그다음이다. 영토가 강(强)에 의해 넓혀지고 군주가 강
압에 의해 존중받는 것은 하(下)이다. 덕의 정수(精粹)함을 유지하는

자는 왕자(王者)가 되고, 덕의 잡박(雜駁)함을 가진 자는 패자(覇者)가 되며, 그것조차도 잃은 자는 망한다.

옛날 이황(二皇)의 세상 때 봉황은 궁정(宮庭)에서 춤을 추었다. 삼대(三代)의 세상이 되자 문(門)에 내려왔으며, 주(周) 왕실 무렵에는 늪에 내려오게 되었다. 덕이 조잡해질수록 날아옴이 멀어지게 되었고 덕이 정수(精粹)해질수록 가까이 날아왔다.

군자는 마음 바탕에 인(仁)이 있어서 행할 때도 인(仁), 행하지 않을 때도 인(仁)이다. 소인은 마음 바탕에 불인(不仁)이 있어서, 행할 때도 불인(不仁), 행하지 않을 때도 불인(不仁)이다. 내 마음에서 발동하는 선(善)은 남에게서 강요당하는 선보다 인덕(人德)도 왕성한 법이다. 즉 정(精)이 욕(欲)에 이기면 번영하고, 욕이 정에게 이기면 망하는 것이다.

천도(天道)를 알려고 하면 율력(律曆)의 수(數)를 관찰하는 게 좋다. 지도(地道)를 알고자 하면 그 땅에 나있는 수목(樹木)의 모양을 조사해 보는 게 좋다. 인도(人道)를 알려고 하면 사람에 따라 다른 욕망(欲望)의 종류를 추구해 보는 게 좋다. 함부로 자극해서는 안 된다. 만물은 자연스럽게 다스려지는 것이다. 함부로 교란시켜서는 안 된다. 만물은 자연스럽게 맑아져 가는 것이다.

한 가지 일밖에 모르는 사람은 (만사의 변화는) 말할 수 없다. 한때밖에 모르는 사람은 대도(大道)를 말할 수 없다. 해는 밤을 알지 못하고 달은 낮을 모른다. 일월(日月)은 밝히는 데 겸할 수는 없다. 단 천지만이 이 일월을 포용한다. 그리고 이 천지를 잘 감싸는 것, 그것은 오직 무형(無形)이란 자뿐이다.

原文 天有四時, 人有四用. 何謂四用. 視而形之, 莫明於目, 聽而精之, 莫聰於耳, 重而閉之, 莫固於口, 含而藏之, 莫深於心.

目見其形, 耳聽其聲, 口言其誠, 而心致之精, 則萬物之化, 咸有極矣.

地以德廣, 君以德尊, 上也. 地以義廣, 君以義尊, 次也. 地以强廣, 君以强尊, 下也. 故粹者王, 駁者霸, 無一焉者亡. 昔二皇, 鳳至於庭, 三代至乎門, 周室至乎澤. 德彌麤, 所至彌遠, 德彌精, 所至彌近.

君子誠仁, 施亦仁, 不施亦仁. 小人誠不仁, 施亦不仁, 不施亦不仁. 善之由我, 與其由人, 若仁德之盛者也. 故情勝欲者昌, 欲勝情者亡.

欲知天道, 察其數. 欲知地道, 物其樹. 欲知人道, 從其欲. 勿驚勿駭, 萬物將自理. 勿撓勿攖, 萬物將自淸.

察一曲者, 不可與言化, 審一時者, 不可與言大. 日不知夜, 月不知晝. 日月爲明而弗能兼也. 唯天地能函之. 能包天地, 曰, 唯無形者也.

[註解] ○地以德廣(지이덕광)……君以强尊(군이강존), 下也(하야) — 덕(德)·의(義)·강(强)은 다음에서 말하는 왕(王)·패(霸)·망(亡)과 대응한다. ○察其數(찰기수) — 수(數)는 율력(律曆)의 수. ○物其樹(물기수) — 기수(其樹)는 오토(五土 : 五方의 땅)의 적절함, 각각 종생(種生)하는 곳의 나무. '물(物)'은 물체의 모양과 질(質)을 조사하는 것. ○一曲(일곡) — 일편(一偏)·편우(片隅)란 의미. ○不可與言化(불가여언화)……不可與言大(불가여언대) — 《장자》〈추수(秋水)〉 참조.

오만불손한 군주에게는 충의(忠義)의 신하가 없고 입만 놀리는 인물에게는 신뢰할 만한 친구가 없다. 한아름이나 되는 큰 나무에는 한

움큼쯤 되는 작은 가지가 없고 흔해 빠진 도랑에는 탄주지어(呑舟之魚)는 살지 않는다. 뿌리가 얕으면 우듬지가 짧고, 줄기가 상하면 가지는 마른다.

복은 무위(無爲)에서 생기며 걱정은 다욕(多欲)에서 생긴다. 피해는 예비하지 않는 데서 생기고 잡초는 김매기를 하지 않는 데서 생긴다. 성인(聖人)이 선(善)을 행하는 데는 미치지 못할까 두려워하듯 세심하며, 화(禍)에 대비하는 데는 도망치지 못함을 두려워하듯 주도(周到)하다. 먼지를 뒤집어쓰고도 눈에 들어가지 않기를 바라고, 강을 건너면서도 몸을 적시지 않겠다고 해도 불가능하다. 그러기에 자신을 아는 자는 남을 원망하지 않고 명(命)을 아는 자는 하늘을 원망하지 않는다.

복은 자기 자신에게서 일어나고, 화(禍)는 자기 자신에게서 생긴다. 성인(聖人)은 명예를 구하지 않고 비방을 피하려 들지 않으며, 몸을 바르게 하고 행동을 곧게 하므로 갖가지 사악(邪惡)들이 자연히 사라진다. 정직을 버리고 사곡(邪曲)을 따르며 선(善)을 등지고 중악(衆惡)을 추종하면서 그야말로 세속(世俗)과 함께 달린다면 자기 자신의 마음에 올바른 규준(規準)이 없어지고 만다. 그러므로 성인은 자신을 되돌아보며 따르지 아니하는 것이다.

편장(篇章)에 기록되어 있고 형태가 있는 도(道)는 지고(至高)의 도가 아니다. (도란) 핥아보아도 맛이 없고 보아도 형태가 없으며, 사람에게 전할 수가 없는 것이다.

대극(大戟)은 수분을 빼주고, 정력(亭歷)은 붓는 것을 고쳐주지만 그 사용방법이 적절하지 못하면 도리어 병이 생기게 만든다. 물체에는 비슷하면서도 다른 것이 많다. 다만 성인만이 그 미묘한 점을 알 수가 있다.

빼어난 어자(御者)는 그 말〔馬〕을 잃지 않고, 뛰어난 사수(射手)는 그 노(弩)를 잃지 않으며, 사람 위에 설 수 있는 사람은 그 아랫사람을 잃지 않는다. 진짜로 사랑하면서 이롭게 해주면 천하 모두를 따르게 할 수 있으리라. 사랑하지도 않고 이롭게 해주지도 않는다면 친자식까지도 그 아비에게 등을 돌리는 법이다.

천하에 아주 귀한 것이 있는데 그것은 권세·작위(爵位) 따위가 아니다. 지극한 부(富)가 있는데 그것은 금옥(金玉) 따위가 아니다. 또 지수(至壽)가 있는데 그것은 천세(千歲)를 사는 것이 아니다. 마음에 바탕을 둔 본성으로 복귀하면 그것이야말로 귀한 것이며 스스로 정(情)에 알맞도록 하고 부족함이 없음을 안다면 그것이야말로 부(富)이다. 또 죽음과 삶이 일체(一體)인 것을 깨달으면 그것이야말로 지수(至壽)인 것이다.

말에 일정한 진실성이 없고 행위에 일정한 타당성이 없는 자는 소인이다. 한 가지 일에 맑고 한 가지 기능에 통달한 자는 중인(中人)이다. (만사를) 포용하여 병존(倂存)시키고 기능을 두루 잘 사용하는 자가 성인(聖人)이다.

원문 驕溢之君無忠臣, 口慧之人無必信. 交拱之木無把之枝, 尋常之溝無呑舟之魚. 根淺則末短, 本傷則枝枯.

福生於無爲, 患生於多欲. 害生於弗備, 穢生於弗耨. 聖人爲善若恐不及, 備禍若恐不免. 蒙塵而欲毋眯, 涉水而欲無濡, 不可得也. 是故知己者不怨人, 知命者不怨天.

福由己發, 禍由己生. 聖人不求譽, 不辟誹, 正身直行, 衆邪自息. 今釋正而追曲, 倍是而從衆. 是與俗儷走, 而內行無繩. 故聖人反己而弗由也.

道之有篇章形埒者, 非至者也. 嘗之而無味, 視之而無形, 不可傳於人.

大戟去水, 亭歷愈張, 用之不節, 乃反爲病. 物多類之而非. 唯聖
人知其微. 善御者不忘其馬, 善射者不忘其弩, 善爲人上者, 不忘
其下. 誠能愛而利之, 天下可從也. 弗愛弗利, 親子叛父.

天下有至貴, 而非勢位也. 有至富, 而非金玉也. 有至壽, 而非千
歲也. 原心反性則貴矣, 適情知足則富矣, 明死生之分則壽矣.

言無常是, 行無常宜者, 小人也. 察於一事, 通於一伎者, 中人也.
兼覆而幷有之, 伎能而裁使之者, 聖人也.

註解 ○口慧(구혜)―입으로만 그럴싸하게 말하는 인물. ○必信(필신)―
앞구절 충신(忠臣)과의 대(對)를 중시하여 참으로 신뢰할 수 있는 친구.
○交拱(교공)―두 팔로 끌어안다. ○把(파)―손으로 잡다. ○穢(예)―잡
초, 또는 추한 것. ○耨(누)―잡초를 뽑다. 김매다. ○眯(미)―눈이 멀
다. ○知己者不怨人(지기자불원인), 知命者不怨天(지명자불원천)―《논어
(論語)》〈헌문편(憲問篇)〉에 '하늘을 원망하지 않고 사람을 한탄하지
않으며 아래로 배워 위로 통달했다(不怨天 不尤人 下學而上達)'라고 하
였다. ○形埒(형랄)―형상, 형태. ○嘗之而無味(상지이무미)……不可傳於
人(불가전어인)―《노자(老子)》에 '보아도 보이지 않는 것이어서 형체도
없는 것, 곧 이(夷)라고 부른다. 들어도 들리지 않는 것이어서 소리도 없
는 것, 곧 희(希)라고 부른다. 만지려 해도 만져지지 않는 것이어서 은미
한 것, 곧 미(微)라고 부른다(視之不見 名曰夷. 聽之不聞 名曰希. 搏之
不得 名曰微)'라고 한 것과 같은 뜻이다. ○大戟(대극), 亭歷(정력)―둘
다 약 이름. ○兼覆(겸복)……聖人也(성인야)―같은 유(類)의 글이 〈제속
훈(齊俗訓)〉에 보인다.

권 11

제속훈(齊俗訓)

'제속(齊俗)'이란 편명(篇名)에는 '세속(世俗)에 동화(同化)한다'란 의미와 '세속을 제일(齊一)한다'라는 의미 등 두 가지 해석이 성립된다. 그 경우 당연한 일이지만 '속(俗)'이란 말의 의미에는 차이가 있어서, 전자(前者)는 고상(高尙)·탁월 등에 대한 평속(平俗) 또는 범용(凡庸)의 의미이며, 후자(後者)는 다양한 가치관을 내포하는 세속 전반을 가리킨다. 그러나 이 양자는 서로 괴리하는 것이 아니라 실은 평속·범용의 선에서 세속을 통일한다는 점에 본편의 취의(趣意)가 있다 하겠다.

복잡한 본편의 내용을 총괄한다는 것은 매우 어렵다. 굳이 말한다면 세상에는 절대적인 존귀란 없고, 이 존귀는 때와 장소에 따라 항상 변화한다고 했으며 그 변화에 맞추어 존귀를 잃지 않도록 하라고 설파하는 것이 〈제속훈〉의 요지이다.

 본성 그대로 행동하는 것, 이것을 도(道)라고 하며, 하늘이 준 본성을 몸에 익히는 것, 이것을 덕(德)이라고 한다. 사람의 본성이 잃어진 연후에 인(仁)을 귀하게 여기었으며 원래의 도를 잃은 연후에 의(義)를 귀히 여기게 되었다.

 즉, 인의(仁義)가 외쳐지면 도덕은 사라지고 예악(禮樂)으로 꾸미면 순박성을 잃게 되며 시비(是非)의 구별이 분명해지자 사람들은 그것에 현혹되고, 주옥(珠玉)이 존중되자 천하는 그것을 구하기 위해 싸우게 되었다.

 본디 예(禮)란 존비(尊卑)·귀천을 구별 짓기 위했던 것, 의(義)란 군신(君臣)·부자(父子)·형제·부부·붕우(朋友)의 관계를 갖추어 정돈하기 위해서였다.

 그런데도 오늘날의 세상에 있어 예를 행하는 자는 겉으로는 공경하면서도 실은 상대방에게 상처를 주고, 의를 행하는 자는 겉으로는 시혜(施惠)하면서 실은 은혜를 팔며, 군신(君臣)은 서로 비난하고, 골육은 서로 원한을 맺는 형편이다. 이처럼 예의(禮義)의 본질을 잃어버리고 만 것이다. 그리하여 자신은 함부로 책략을 꾸미고 남에게는 과도한 책임을 요구하게 되었다.

 대저 물이 많으면 먹고 먹히는 물고기가 생기고, 흙이 많으면 구멍을 파는 짐승이 생긴다. 예의를 꾸며내면 그곳에 허위도 싹이 트는 법이다. 무릇 재를 불면서 눈에 들어가지 않기를 바라고 물에 들어가면서 젖지 않기를 바란다면 그것은 무리한 일이다.

原文 率性而行, 謂之道, 得其天性, 謂之德. 性失然後貴仁, 道失然後貴義. 是故仁義立而道德遷矣, 禮樂飾則純樸散矣, 是非形則百姓眩矣, 珠玉尊則天下爭矣.

 凡此四者, 衰世之造也, 末世之用也.

夫禮者所以別尊卑異貴賤, 義者所以合君臣·父子·兄弟·夫
妻·朋友之際也. 今世之爲禮者. 恭敬而忮, 爲義者布施而德. 君
臣以相非, 骨肉以生怨, 則失禮義之本也. 故搆而多責.

扶水積則生相食之魚, 土積則生自穴之獸, 禮義飾則生僞匿之本.
夫吹灰而欲無眯, 涉水而欲無濡, 不可得也.

註解 ○率性而行(솔성이행), 謂之道(위지도), 得其天性(득기천성), 謂
之德(위지덕)－《예기(禮記)》〈중용편(中庸篇)〉에 '하늘이 명한 것을 성
(性)이라 하고, 성에 따르는 것을 도(道)라 하며, 도를 닦는 것을 교(敎)
라고 한다(天命之謂性, 率性之謂道, 修道之謂敎)'라고 되어있는 것과 흡
사한데 그 사상의 내용으로 볼 때 본래는 도가(道家) 사상이었음이 추찰
된다. ○性失然後貴仁(성실연후귀인), 道失然後貴義(도실연후귀의)－《노
자(老子)》에 '대도가 폐해지자 인의가 생겨났다(大道廢而有仁義)'와 거
의 동일한 취지를 말하고 있다. 또 《노자》의 '그러므로 도를 잃은 뒤에야
덕이 드러나며 덕을 잃은 뒤에야 인(仁)이 드러난다(故失道而後德, 失德
而後仁)'란 구절을 윤색하고 있기도 하다. ○恭敬而忮(공경이기)－기(忮)
는 해(害). 《시경(詩經)》〈패풍(邶風)〉 웅치(雄雉)에 '남을 해치지 않고
탐내지 않으면 무엇인들 잘 되지 않으리오(不忮不求(貪), 何用不臧(善))'
라고 되어있으며 이 구절은 《논어》〈자한편(子罕篇)〉에 자로(子路)를 평
하는 글에서 인용하고 있다. ○搆而多責(구이다책)－《장자》〈천운편(天運
篇)〉에 '인의(仁義)는 선왕(先王)의 움막이며 하루를 머물기에는 괜찮지
만 오래 있을 곳은 못된다. 오래 머물러 있으면 비난이 많아지게 마련이
다'라고 되어있다. ○生自穴之獸(생자혈지수)－자혈(自穴)의 의미는 다소
난해한데 요는 흙이 거듭 쌓이게 되면 도리어 구멍을 파게 되어 흙 자체
는 손실을 보게 된다는 뜻이리라. ○夫吹灰而欲無眯(부취회이욕무미), 涉
水而欲無濡(섭수이욕무유), 不可得也(불가득야)－〈무칭훈(繆稱訓)〉에서
이미 나왔다.

옛날에는 백성들이 몽매해서 동서(東西)의 구별도 몰랐고 안색은 심정(心情) 그대로여서 꾸밈이 없었으며, 말은 행동 그대로여서 거짓이 없었고, 의복은 흰 바탕 그대로여서 무늬가 없었으며, 무기(武器)는 무딘 채여서 날이 서있지 않았고, 노래는 즐거움을 나타낼 뿐이어서 음조(音調)를 넣거나 기교를 사용하지 않았으며, 곡(哭)은 슬픔을 나타내는 것뿐이어서 특별히 큰 소리를 내는 일이 없었다.

우물을 파서 물을 마시고 논밭을 갈아서 먹을 뿐, 화미(華美)를 차리려고 하지 않았고 또 그런 것을 구하려고 하지도 않았다. 친척·친구는 서로 칭찬하거나 훼방하는 일도 없었고 원한을 산다든지 덕을 베푸는 일도 없었다.

그런데 예의가 생기고 재화(財貨)가 귀히 여김을 받게 되자 양심을 속이고 거짓을 꾸미는 마음이 싹트고 훼예(毀譽)가 끼어들어서 원덕(怨德)이 함께 행해지게 되었다. 이렇게 해서 증삼(曾參)·효기(孝己) 등이 칭찬을 받는 한편, 도척(盜跖)·장교(莊蹻) 등의 악행이 생기기에 이르렀다.

즉 용기(龍旗)를 단 천자(天子)의 수레, 예장(禮裝)을 차린 사람들을 태운 우개차(羽蓋車), 기병(騎兵)을 거느린 사두마차(四頭馬車)가 달리게 되자, 한편에서는 반드시 쪽문을 부수고 자물쇠를 비트는가 하면 묘지를 파헤치고 담장을 넘는 등의 도적이 나타난다. 또 괴상한 무늬와 손길이 잔뜩 간 수놓은 옷, 화려한 비단옷이 있는가 하면, 한쪽에서는 짝조차 맞지 않는 짚신, 가랑이의 길이가 짝짝이인 넝마가 있다. 이렇게 해서 고하(高下)가 기울어져 있는 모습, 장단(長短)의 차이가 나타나 있는 모습은 더욱 역력해졌다.

대저 청개구리가 메추라기가 되고 물속에 사는 벌레가 잠자리로 화하는 것은 동류(同類)가 아닌 것에서 생긴 변화이다. 오직 성인(聖人)만이 그 변화를 알고 있다. 무릇 호인(胡人)은 열매가 달린 마(麻)

를 보더라도 이것으로 천을 만들 수 있음을 알지 못하고, 월인(越人)은 짐승의 세모(細毛)를 보더라도 그것으로 옷감이 만들어진다는 것은 모른다. 그러므로 만사에 통달하지 못한 사람하고는 물체의 변화에 대해서 말하기란 어렵다.

原文 古者民童蒙不知東西, 貌不羨乎情, 而言不溢乎行. 其衣緩而無文, 其兵銖而無刃, 其歌樂而無轉, 其哭哀而無聲. 鑿井而飮, 耕田而食, 無所施其美, 亦不求得, 親戚不相毁譽, 朋友不相怨德. 及至禮義之生, 貨財之貴, 而詐僞萌興, 非譽相紛, 怨德並行. 於是乃有曾參·孝己之美, 而生盜跖·莊蹻之邪.

故有大路龍旂, 羽蓋垂緌, 結駟連騎, 則必有穿窬拊楗, 扣墓踰備之姦. 有詭文繁繡, 弱綈羅紈, 必有菅屬跐踦, 短褐不完者.

故高下之相傾也, 短脩之相形也, 亦明矣.

夫蝦蟆爲鶉, 水蠆爲蟌, 皆生非其類. 唯聖人知其化. 夫胡人見黂, 不知其可以爲布也. 越人見毳, 不知其可以爲旆也. 故不通於物者, 難與言化.

註解 ○曾參(증삼)－공자(孔子)의 제자. 효(孝)로 알려졌으며 《효경(孝經)》의 저자로 전해온다. ○孝己(효기)－은(殷)나라 고종(高宗) 무정(武丁)의 아들로서 효성스러웠으므로 증삼과 함께 칭송을 받았다. 《장자》〈외물편(外物篇)〉 등에 그 기록이 보인다. ○盜跖(도척)－춘추시대의 대도(大盜)로 알려져 있다. 〈도응훈(道應訓)〉 참조. ○莊蹻(장교)－전국시대 초(楚)나라의 도적. 초장왕(楚莊王)의 동생(또는 苗裔)이라고 한다. ○大路(대로)－대로(大輅)라고도 한다. 천자가 타는 수레. 일설에는 '천자가 하늘에 제사 지낼 때'에 타는 수레라고 한다. ○龍旂(용기)－기(旂)는 기(旗). 교룡(交龍)을 그린 천자의 기(旗). ○羽蓋(우개)－깃털로 장식한

수레. 왕후(王侯)의 수레. ○垂綏(수유)-관(冠)의 끈 장식. ○穿窬(천유)-'유(窬)'는 벽을 뚫고 나무로 만든 문. ○踰備(유비)-'비(備)'는 담을 넘는 것. ○弱緆(약석)-세포(細布). ○羅紈(나환)-나(羅)는 곡(縠 : 주름진 비단), 환(紈)은 소(素 : 잔주름이 진 비단). ○短褐不完(단갈불완)-단갈(短褐)은 짧고 조잡한 천으로 지은 옷. 〈남명훈(覽冥訓)〉에 이미 나왔다. ○故高下之相傾也(고고하지상경야), 短脩之相形也(단수지상형야), 亦明矣(역명의)-《노자(老子)》 제2장의 '긴 것과 짧은 것도 상대적인 비교에서 있게 되고 높은 것과 낮은 것도 상대적인 관념에서 있게 되는 것이다(長短相形(較) 高下相傾)'라는 구절을 인용한 내용이다. ○夫胡人見黂(부호인견비), 不知其可以爲布也(부지기가이위포야)-〈설림훈(說林訓)〉에도 같은 뜻의 말이 있다.

옛날, 태공망(太公望)과 주공단(周公旦)이 봉국(封國)을 받은 다음에 회견했다. 태공이 주공에게 물었다. "어떻게 노(魯)나라를 다스려 나가시겠습니까?" 주공이 대답했다. "존자(尊者)를 존경하고 친척을 친애하도록 가르치겠습니다." 그러자 태공은, "노나라는 차츰 약국(弱國)이 될 것입니다."라고 말했다. 이번에는 주공이 태공에게 물었다. "제(齊)나라를 장차 어떻게 다스려 나가시렵니까?" 태공이 대답했다. "현인(賢人)을 등용하고 공적을 중시하겠습니다." 그러자 주공은 "후세에 틀림없이 죽임을 당하는 군주가 나오게 될 것입니다."라고 평했다.

제나라는 날로 대국이 되었고 패자(覇者)가 되었는데 24대 때 전씨(田氏)가 나라를 가로챘다. 노나라는 날로 국토를 뺏기다가 32대 때 망하고 말았다. 그러므로 《역경(易經)》에는 '부드러운 서리도 자꾸 밟아가는 동안에 이윽고는 딱딱한 얼음이 된다'라고 했는데 이것은 성인(聖人)이 사물의 시종을 통찰하고 이것을 미언(微言)으로 밝혀 놓은 것이란 뜻이다. 즉 주박(酒粕)의 언덕도 상아 젓가락에서 시작 되며, 포락지형(炮烙之刑)도 뜨거운 물을 뒤집어씌우는 것에서부터 일 어나는 법이다.

자로(子路)는 물에 빠진 사람을 구해주고 그 사례로 소를 받았다. 공자(孔子)는 "노(魯)나라에서는 틀림없이 자진하여 남의 위난(危難) 을 구해주게 될 것이다."라고 말했다. 자공(子贛 : 子貢)은 (타국의 노예가 된 魯나라) 사람을 대속(代贖)해 주고 그 보상금을 국고(國 庫)에서 받지 않았다. 공자는 "노나라 사람으로서 남을 대속해 주려 는 자는 나타나지 않을 것이다."라고 말했다. 결국 자로는 받음으로써 도리어 덕행(德行)을 널리 폈는데, 자공은 사양함으로써 도리어 선행 (善行)을 금지했다. 공자의 명찰(明察)은 작은 행위로부터 큰 것을 알아냈고, 신변 가까운 일에서 먼일을 알아냈던 것으로서 조리(條理) 에 통달했었다고 할 수 있겠다.

이상의 일에서 추리할 때 청렴한 행위에는 그것을 해야 하는 경우 도 있지만, 일반적으로는 하지 말아야 함을 알 수가 있다. 그런 까닭 에 속(俗)을 벗어나지 않는 행위라면 누구나 이것을 배울 것이며 능 력이 상응하는 일이라면 누구나 이것을 해낼 것이다. 과시하기 위한 선행으로 세상을 감동시킨다거나 유아독존식인 행위로 중인(衆人)들 틈에서 우뚝 서려는 것을, 성인은 세상의 풍속으로 보지 않는다.

原文 昔太公望・周公旦, 受封而相見. 太公問周公曰, 何以治魯. 周公曰, 尊尊親親. 太公曰, 魯從此弱矣. 周公問太公曰, 何以治齊. 太公曰, 擧賢而上功. 周公曰, 後世必有劫殺之君.

其後齊日以大至於霸, 二十四世而田氏代之, 魯日以削, 至三十 二世而亡. 故易曰履霜堅冰至, 聖人之見終始微言. 故糟丘生乎象櫡, 炮烙生乎熱斗.

　　子路撜溺而受牛謝. 孔子曰, 魯國必好救人於患. 子贛贖人而不受金於府. 孔子曰, 魯國不復贖人矣. 子路受而勸德, 子贛讓而止善. 孔子之明. 以小知大, 以近知遠. 通於論者也.

　　由此觀之, 廉有所在, 而不可公行也. 故行齊於俗可隨也. 事周於能易爲也. 矜僞以惑世, 伉行以違衆, 聖人不以爲民俗.

註解　○昔太公望(석태공망)·周公旦(주공단), 受封而相見(수봉이상견)……－태공(太公)·주공(周公) 두 사람의 가공적 문답은《여씨춘추(呂氏春秋)》〈중동기(仲冬紀)〉장견편(長見篇)에 보인다. 한편 같은 요지의 글이《한시외전(韓詩外傳)》에도 있다. ○易曰履霜堅冰至(역왈리상견빙지)－《역경(易經)》〈곤괘(坤卦)〉초육(初六)의 효사(爻辭). '서리를 밟고 서서 장차 굳은 얼음이 될 것을 안다'란 의미이다. ○糟丘生乎象櫡(조구생호상저)－'조구(糟丘)'는 은(殷)나라 주왕(紂王)이 허구한 날 밤낮없이 술을 마시는 바람에 술지게미가 언덕을 이루게 되었다는 뜻이다. 상저(象櫡 : 상아 젓가락)를 만드는, 소소한 사치도 확대되면 조구(糟丘)에 이른다고 했다.《사기(史記)》〈송미자세가(宋微子世家)〉에, '주(紂), 처음에 상저(象箸 : 상아 젓가락)를 만들자 기자(箕子)가 탄식하며 말했다. 그는 상저를 만들었으니 반드시 옥배(玉桮)를 만들 것이다. 옥배를 만들면 그다음에는 틀림없이 먼 지방의 진기한 물건들을 가져오게 할 것이다. 운운'이라고 되어있다. 한편〈설산훈(說山訓)〉에 '주위상저이기자희(紂爲象箸而箕子唏) …… 고성인견상이지빙(故聖人見霜而知冰)'이라고 되어 있다. ○炮烙生乎熱斗(포락생호열두)－'열두(熱斗)'는 조리사가 주왕에게 국을 올렸을 때 그것이 너무 뜨겁다며 열두(熱斗 : 국자로 뜨거운 국을 떠서 뒤집어씌운 것이리라)해서 그 조리사를 죽인 것. 이런 잔인성이 이윽고는 포락지형(〈俶眞訓〉 참고)의 형(刑)으로 발전했다고 한다. ○子路撜溺而受牛謝(자로승익이수우사)……－이하는《여씨춘추》〈선식람(先識覽)〉찰미

편(察微篇)에 근거를 둔 것으로 생각되며, 또 〈도응훈(道應訓)〉에 상세한 설명이 있다. '승(撜)'은 거야(擧也)인데 《여씨춘추》에서는 '증(拯)'으로 적고 있다. 건져올린다는 의미이다.

광대한 가옥과 줄지어 있는 방들은 사람이 안거(安居)할 수 있는 장소인데 새가 들어가면 걱정을 한다. 높고 험준한 산과 무성하게 우거진 임야는 호표(虎豹)가 즐기는 장소이지만 사람이 그런 곳에 들어가면 두려워한다. 대지(大地)를 관통하는 천곡(川谷)과 바닥을 알 수 없는 소호(沼湖)는 바다거북과 악어의 좋은 서식지이지만 사람이 이런 곳에 들어가면 익사한다.

함지(咸池)·승운(承雲)·구소(九韶)·육영(六英)의 음악은 사람의 마음을 즐겁게 해주지만 조수(鳥獸)는 이것을 들으면 놀란다. 골짜기 사이의 절벽과 교목(喬木)의 긴 가지는 원숭이가 즐기는 장소이지만 사람이 이것에 올라가면 벌벌 떤다.

이처럼 각각 형체라든가 성질이 다르면 한쪽에서는 쾌락의 여지가 있더라도 다른 쪽에서는 슬픔의 씨앗이 되고, 한쪽에서는 안전을 지키는 발판이 되는 것도 다른 쪽에서는 위안을 초래하는 씨앗이 된다.

즉 하늘이 덮고 있고, 땅이 싣고 있는 곳, 해와 달이 비추는 곳에서는 각자에게 있어 선천적인 편리함과 그 거소(居所)의 안전성, 그리고 그 적의성(適宜性)에 따라 그 능력을 발휘해 나가는 것이다.

그런 까닭에 우자(愚者)에게도 장점이 있고 지자(智者)에게도 미치지 못하는 점이 있다. 기둥으로는 이를 쑤실 수가 없고 작은 비녀로는 지붕을 받칠 수가 없다. 말[馬]은 무거운 짐을 감당하지 못하고 소는 속도 경쟁을 할 수가 없다. 연(鉛)으로는 칼을 만들 수 없고 동(銅)으로는 노(弩)를 만들지 못한다. 쇠로는 배를 만들 수가 없고, 나무로는 솥을 만들 수가 없다. 즉 만물을 각각 적당한 것에 이용하고, 적당한 곳에 배치하면 만물의 가치는 똑같으며 그 어느 것이 낫다고 할 수가 없다.

대저 흐리지 않은 거울은 사물의 형체를 비추어 내는 데는 장점이 있지만 음식을 끓이는 경우는 대나무 소쿠리에 미치지 못하며, 순수하고 잡털이 없는 소는 희생 제물로 바치기에는 안성맞춤이지만 기우제 때 바치는 경우는 시커먼 뱀에 미치지 못한다. 이렇게 생각할 때, 만물에는 귀천의 구별이란 없다.

즉 그 귀히 여겨야 하는 바에 따라 귀히 여긴다면 어떤 것도 귀하지 않은 것이 없고, 그 천하게 여겨야 하는 바에 의해 천히 여긴다면 어떤 것도 천하지 않은 것이 없다는 것을 알 수가 있다.

原文 廣廈闊屋, 連闥通房, 人之所安也, 鳥入之而憂. 高山險阻, 深林叢薄, 虎豹之所樂也, 人入之而畏. 川谷通原, 積水重泉, 黿鼉之所便也, 人入之而死.

咸池承雲, 九韶六英, 人之所樂也, 鳥獸聞之而驚. 深谿峭岸, 峻木尋枝, 猨狖之所樂也, 人上之而慄. 形殊性詭, 所以爲樂者, 乃所以爲哀, 所以爲安者, 乃所以爲危也. 乃至天地之所履載, 日月之所照誋, 使各便其性, 安其居, 處其宜, 爲其能.

故愚者有所脩, 智者有所不足. 柱不可以摘齒 筳不可以持屋, 馬不可以服重, 牛不可以追速, 鉛不可以爲刀, 銅不可以爲弩, 鐵不可以爲舟, 木不可以爲釜. 各用之於其所適, 施之於其所宜, 卽萬物一齊, 而無由相過.

夫明鏡便於照形, 其於以承食, 不如竹算. 犧牛粹毛宜於廟牲, 其於以致雨, 不若黑蜧. 由此觀之, 物無貴賤. 因其所貴而貴之, 物無不貴也. 因其所賤而賤之, 物無不賤也.

註解 ○廣厦闊屋(광하활옥)-'하(厦)'는 차양. 전(轉)하여 건물이란 뜻이다. '활(闊)'은 광대한 모습. ○連闥通房(연달통방)-'달(闥)'은 저택 안의 작은 문. 전하여 방(房)이란 의미이다. 앞 구절은 저택 외관의 광대함을 뜻하고 이 구절은 저택 내부의 여러 방이 즐비하게 연이어 있는 모습을 가리킴이다. ○黿鼉(원타)-《설문(說文)》에 '원(黿)은 대별(大鼈 : 자라)이다'라고 되어있으며 '타(鼉)는 수충(水蟲), 석역(蜥易)과 비슷하다'라고 되어있다. 큰 거북과 악어란 의미이다. ○咸池承雲(함지승운)-황제(黃帝) 때의 음악. ○九韶(구소)-순(舜)임금 때의 음악. ○六英(육영)-전욱(顓頊) 때의 음악. ○猨狖(원유)-원숭이와 긴팔원숭이. ○照誋(조기)-'기(誋)'는 계고(誡告)란 뜻. 높은 곳에서 사방을 비추며 고한다는 의미. ○黑蜧(흑려)-신사(神蛇). 신연(神淵)에 잠겨 있다가 능히 비구름을 일으킨다. ○物無貴賤(물무귀천), 因其所貴而貴之(인기소귀이귀지)……-《장자》〈추수편(秋水篇)〉에 '도의 입장에서 보면 사물에 귀천은 없고, 사물의 입장에서 보면 스스로를 귀하다 하고 상대방을 천하다 한다(以道觀之物无貴賤, 以物觀之自貴而相賤)……'라는 구절이 있다.

대저 옥박(玉璞)은 두터울수록 좋고 각교(角觿)는 얇을수록 좋다. 칠(漆)은 검을수록 좋고 분(粉)은 흴수록 좋다. 이 네 가지의 것은 정반대인데 그것들이 긴급하게 쓰인다는 면은 같고 유용하다는 점에서도 같다.

원래 갖옷과 도롱이는 어느 쪽이 더 긴요한 것일까? 비가 올 때라면 갖옷은 필요치 않고 당(堂)에 오를 때라면 도롱이는 필요 없다. 이런 것들은 그 때와 장소에 따라서 필요해지기 때문이다. 비유컨대 주(舟)·차(車)·순(楯)·요(鰾)·궁려(窮廬)는 본디부터 적재가 적소들을 가지고 있다.

그런 까닭에 노자(老子)가 '현인(賢人)을 귀히 여기지 않는다'라고 말한 것은 물고기를 나무 위에 올려놓고 새를 물속에 가라앉히려는 짓 따위를 해서는 안 된다고 한 것이다.

그러므로 요(堯)임금은 천하를 다스리는 데 순(舜)을 사도(司徒)로, 설(契)을 사마(司馬)로, 우(禹)를 사공(司空)으로 썼고, 후직(后稷)을 대전사(大田師)로 삼았으며, 해중(奚仲)을 공(工)으로 삼았다. 만민을 이끌어 나가는 데 있어, 물가에 사는 자들에게는 고기를 잡게 하고, 산속에 사는 자들에게는 나무꾼이 되게 했으며, 골짜기에 사는 자들은 목축을, 평지에 사는 자들은 농업을 각각 하도록 하였다.

또 땅은 그 사업에 맞게 했고 사업은 그 도구에 맞도록 했으며, 도구는 그 용도에 맞게 했고 용도는 그 백성들에게 맞도록 했다.

또 물가에서는 그물을 만들게 했고, 구릉에서는 밭을 개간케 했으며 유무(有無) 교졸(巧拙) 간에 서로 융통케 했다. 그 때문에 배반하는 백성은 적었고 청종하는 백성은 많았다. 예컨대 바둑알을 뿌리는 것과 같아서 둥근 돌멩이는 택지(澤池) 쪽으로 굴러가고, 네모난 돌은 그대로 높은 곳에 남는데, 각각 그 떨어질 곳에 떨어져 있을 뿐인즉 그 사이에 어느 정도의 상하(上下)가 있을 것인가.

또 바람이 퉁소에 닿듯이 즉석에서 서로 감응하여 청음(淸音) 탁음(濁音)을 내는 것은 같았다. 대저 원숭이는 숲속에 있으면 떠나려 하지 않고 그곳에서 눌러살며, 너구리와 오소리는 제방에 몸을 두면 떠나지 않고 그곳을 거처로 삼는다.

어느 물체도 스스로 이익되는 곳을 피하여 해로운 곳으로 가려는 것은 없다. 즉 이웃 나라끼리 서로 빤히 바라보이는 곳, 다시 말해서 닭과 개가 우는 소리까지 들릴 것 같은, 그런 곳에 살고 있더라도 발자국이 국경에 접하는 일이 없고, 수레바퀴 자국이 천 리 저쪽까지 나는 일이 없는 것은 모두가 얻어야 할 장소를 얻었기 때문이다.

한편 난국(亂國)은 성(盛)하는 것처럼 보이고 치국(治國)은 허(虛)

한 것처럼 보인다. 또 멸국(滅國)은 부족한 것처럼 보이고 존국(存國)은 남아도는 것처럼 보인다. 그러나 허(虛)라고 하는 것은 사람이 없는 것이 아니라 모두 자기 직분을 지키고 있기 때문이다. 성(盛)하다는 것은 사람이 많은 것이 아니라 모두 말초(末梢)의 일에 악착같이 매달리고 있기 때문이다.

여유가 있다는 것은 많은 재화(財貨)가 있다는 것이 아니라 욕망을 억제하고 사업을 줄이고 있기 때문이다. 부족하다는 것은 재화가 없는 것이 아니라 사람들이 멋내기를 좋아하여 낭비하고 있는 것이다. 그러므로 선왕(先王)의 법전(法典)이란 새로이 제정되었다기보다도 필요에 따라서 이루어진 것이며, 그 금령(禁令)은 사람을 구속한다기보다 지키는 것이었다.

대저 물체를 다스리는 데는 물체에 의지하지 않고 땅에 의지한다. 땅을 다스리는 데는 땅에 의지하지 않고 백성에 의지한다. 백성을 다스리는 데는 백성에 의지하지 않고 군주에 의지한다. 군주를 다스리는 데는 군주에 의지하지 않고 욕망에 의지한다. 욕망을 다스리는 데는 욕망에 의지하지 않고 성(性)에 의지한다. 성을 다스리는 데는 성에 의지하지 않고 덕(德)에 의지한다. 덕을 다스리는 데는 덕에 의지하지 않고 도(道)에 의지하는 것이다.

原文 夫玉璞不厭厚, 角䚡不厭薄. 漆不厭黑, 粉不厭白. 此四者相反也, 所急則均, 其用一也. 今之裘與蓑孰急. 見雨則裘不用, 升堂則蓑不御, 此代爲帝者也.

譬若舟·車·楯·跡·窮廬, 故有所宜也. 故老子曰不上賢者, 言不致魚於木, 沈鳥於淵.

故堯之治天下也, 舜爲司徒, 契爲司馬, 禹爲司空, 后稷爲大田師, 奚仲爲工. 其導萬民也, 水處者漁, 山處者采, 谷處者牧, 陸處者農. 地宜其事, 事宜其械, 械宜其用, 用宜其人. 澤皐織網, 陵阪耕田, 得以所有易所無, 以所工易所拙.

是故離叛者寡, 而聽從者衆. 譬若播棊丸於地, 員者走澤, 方者處高, 各從其所安, 夫有何上下焉. 若風之遇簫, 忽然感之, 各以淸濁應矣. 夫猨狖得茂木, 不舍而穴, 狟狢得埵防, 弗去而緣. 物莫避其所利, 而就其所害. 是故鄰國相望, 雞狗之音相聞, 而足迹不接諸侯之境, 車軌不結千里之外者, 皆各得其所安.

故亂國若盛, 治國若虛, 亡國若不足, 存國若有餘. 虛者非無人也, 皆守其職也. 盛者非多人也, 皆徼於末也. 有餘者非多財也, 欲節事寡也. 不足者非無貨也, 民躁而費多也. 故先王之法籍非所作也, 其所因也. 其禁誅非所爲也, 其所守也.

凡治物者, 不以物以陸. 治陸者, 不以陸以人. 治人者, 不以人以君. 治君者, 不以君以欲. 治欲者, 不以欲以性. 治性者, 不以性以德. 治德者, 不以德以道.

註解 ○角觿(각교)―도검(刀劍)의 칼집 장식에 사용하는 짐승의 뿔. ○楯(순)・趹(요)・窮廬(궁려)―순(楯)은 썰매의 일종, 요(趹)는 신발의 일종, 궁려(窮廬)는 천막이다. ○故老子曰不上賢(고노자왈불상현)―《노자》 제3장의 첫 구절. '상(上)'은 '상(尚)'과 같다. ○舜爲司徒(순위사도)……―《상서(尚書)》〈순전(舜典)〉에 순(舜)이 설(契)을 사도(司徒)로 쓰고 우(禹)를 사공(司空)으로 썼다 운운의 기사를 요(堯)의 치적이라고 적은 것. '사도(司徒)'는 교화(敎化)를 주관하고 '사공(司空)'은 치수토목(治水土木)을 주관하며, '대전사(大田師)'는 농사를 주관하고 '공(工)'은 공장(工匠)을 주관한다. 한편 '해중(奚仲)'은 하우(夏禹) 때(일설에는 黃帝 때)의 공인(工人)이라고 하는 설이 일반적이다. ○棊丸(기환)―원(員: 圓), 방(方) 두 가지가 있다고 한 점으로 볼 때 장기 말과 바둑돌 등 두

가지를 가리키는 것 같다. ○鄰國相望(인국상망), 雞狗之音相聞(계구지음상문)—《노자》 제80장에 근거를 두고 있다.

사람의 본성에 대해서 생각해 보면 어지럽고 더러워서, 맑고 밝아지지 못하는 것은 외물(外物)이 이 본성을 더럽히기 때문이다. 강(羌)·저(底)·북(僰)·적(翟) 등 사이(四夷) 땅의 갓난애도 태어날 때는 모두 똑같은 목소리로 울거니와 성장한 다음에는 몇 사람의 통역을 사이에 두어도 서로 말이 안통한다. 그것은 교화(敎化)와 풍속이 각각 다르기 때문이다.

여기에 생후 3개월 된 아기를 다른 나라로 데려간다면 고향의 풍속을 알 수가 없다. 그렇다면 의복이라든가 예의·풍속 등은 사람이 태어날 때부터 갖추고 있는 것이 아니라 밖으로부터 받아들이는 것임이 분명하다.

대저 대나무의 성질은 물에 뜨는 것인데 이것을 쪼개어 찰(札)로 만들고 다발로 묶어서 물에 던지면 가라앉고 만다. 그것은 대나무의 원래 모양을 잃었기 때문이다. 금속의 성질은 물에 가라앉는데 이것을 배 위에 놓으면 가라앉지 않는다. 그것은 가라앉으려는 세(勢)를 밑에서 받쳐 주기 때문이다.

무릇 누에고치에서 갓 뽑아낸 명주실은 하얀데 검은색으로 염색을 하면 검어진다. 베틀로 갓 짠 비단은 황색인데 단사(丹砂)로 염색을 하면 빨갛게 된다. 사람도 원래는 사악하지 않은데 오랫동안 속세에 물들어가는 동안에 변하고 이처럼 변화됨으로써 본래의 성질을 잊고는 사악한 성질이 되고 만다.

이처럼 해와 달이 밝게 빛나고자 하면 구름이 이를 덮어 버리고, 강물이 맑고자 하면 모래와 돌이 이것을 흐리게 만들고 말며, 사람이 그 성질을 평정하게 하고자 하면 기욕(嗜慾)이 이것을 해치고 만다. 다만, 성인(聖人)만이 외물(外物)이 있는 것을 잊고 자신으로 되돌아온다.

대저 배를 타고 가다가 방황하는 것은 동서(東西)의 방향을 모르기 때문인데 북극성을 바라보면 곧 알게 된다. 즉 본성은 또한 사람에게 있어 북극성인 것이다. 본성을 되돌아보면, 만물의 그 있는 그대로의 모습을 잃는 일이 없는데 본성으로 되돌아오지를 못하면 마음은 동요되어 미혹당한다. 예컨대 농서지방(隴西地方) 사람이 헤엄을 치려고 손발을 휘저으면 휘저을수록 더 가라앉고 마는 것과 같다.

공자(孔子)가 안회(顔回)에게 말했다. '나는 너의 외형(外形)을 마음에 담아두고자 했으나 잊었다. 너 역시 나의 외형을 마음속에 담아두고자 해도 잊고 말 것이다. 그러나 네가 나를 잊었다 해도 나는 한탄하지 않겠다. 내 내부(內部)에서는 결코 잊지 않는 것[本質]이 있으니 말이다'라고 ──. 공자는 사람의 본질을 파악하고 있었다.

原文 原人之性, 蕪濊而不得淸明者. 物或堁之也. 羌・氐・僰・翟嬰兒, 生皆同聲, 及其長也, 雖重象狄騠, 不能通其言, 教俗殊也.

今三月嬰兒, 生而徙國, 則不能知其故俗. 由此觀之, 衣服禮俗者, 非人之性也, 所受於外也.

夫竹之性浮, 殘以爲牒, 束而投之水則沈, 失其體也. 金之性沈, 託之於舟上則浮, 勢有所支也.

夫素之質白, 染之以涅則黑. 縑之性黃, 染之以丹則赤. 人之性無邪, 久湛於俗則易. 易而忘本, 合於若性.

故日月欲明, 浮雲蓋之. 河水欲淸, 沙石濊之, 人性欲平, 嗜欲害之. 惟聖人能遺物而反己. 夫乘舟而惑者, 不知東西, 見斗極則寤矣. 夫性亦人之斗極也. 有以自見也, 則不失物之情, 無以自見, 則動而惑營. 譬若隴西之游, 愈躁愈沈.

　孔子謂顔回曰, 吾服汝也忘, 而汝服於我也亦忘. 雖然汝雖忘乎吾, 猶有不忘者存. 孔子知其本也.

註解　○象狄鞮(상적제)－《예기(禮記)》〈왕제편(王制篇)〉에 '오방(五方)의 백성들, 말이 안통하고 기욕(嗜慾)이 같지 않으매 그 뜻을 통제하고 그 욕망을 통제하려면 통역이 필요하다. 그 통역을 동방에서는 기(寄)라 하고 남방에서는 상(象)이라 하며 서방에서는 적제(狄鞮)라 하고 북방에서는 역(譯)이라 한다(五方之民　言語不通　嗜慾不同　達其志　通其欲. 東方曰寄　南方曰象　西方曰狄鞮　北方曰譯)'라고 되어있다. ○隴西之游(농서지유), 愈躁愈沈(유조유침)－농서(隴西)란 섬서·감숙 양성(兩省)의 경계에 있는 농산(隴山) 서쪽을 가리킨다. 이곳을 흐르는 강의 물결이 세기 때문에 이렇게 적은 것이리라. ○孔子謂顔回曰(공자위안회왈) ……－공자는 겸손하게 자신을 무지(無知)하다면서 안회에게 가르친 대목인데 이는 행(行)을 잊은 것이다. 한편 이것과 유사한 설명이 《장자》〈전자방편(田子方篇)〉에 있다. '내가 네게 가르치는 것이란 순간에 지나지 않고, 네가 내게서 배우는 것 역시 찰나에 지나지 않는다. 그렇다고 네가 괴로워할 것은 조금도 없다. 지난날의 나를 잊었다 하더라도 끝없이 변하고 새로 태어나는 내가 있으니 말이다(吾服女也甚忘　女服吾也亦甚忘. 雖然　女奚患焉. 雖忘乎故吾, 吾有不忘者存).'

　대저 욕망대로 행동하여 본성을 잃게 되면 어떤 행동도 적정(適正)할 수 없게 된다. 이런 상태에서 몸을 다스리면 몸은 위태로워지고, 나라를 다스리면 나라는 문란해지며 전쟁터에 나가면 전쟁은 패하게 될 것이다. 즉 도(道)에 무관심한 사람은 본성으로 되돌아올 수가 없는 것이다.

고대의 성왕(聖王)은 이 도(道)를 스스로 터득했다. 그랬기에 정령(政令)은 실행되었고 금령(禁令)은 지켜졌으며 명성은 후세에 전해졌고 덕정(德政)은 천하에 베풀어졌다. 또 그런 까닭에 모두 어떤 일을 하고자 할 때는 반드시 먼저 뜻을 평정케 하고 마음을 정허(靜虛)하게 가지지 않으면 안 된다. 마음이 정허하면 사물을 올바로 파악할 수 있을 것이다. 마치 도장을 점토(粘土)에 찍은 것과 같아서 찍는 방법이 올바르면 바르게 찍히고, 비뚤게 찍으면 비뚤게 찍히는 것이다.

요(堯)임금이 순(舜)임금을 등용했을 때는 눈으로 보아 결단을 했고, 환공(桓公)이 영척(甯戚)을 등용할 때는 귀로 들어서 결단을 내렸다. 이런 예에 따라 술수를 버리고 이목(耳目)에만 맡긴다면 반드시 난세가 되고 말 것이다.

무릇 이목에 의해서 결단을 내릴 수 있는 것은 정성(情性)으로 되돌아왔을 때뿐이다. 귀는 훼예(毁譽)의 소리에 미혹되고 눈은 용색(容色)에 미혹 당하고 있으면서 사물을 올바르게 파악하려는 것은 무리일 뿐이다.

대저 비애(悲哀)에 빠진 사람은 가성(歌聲)을 들어도 울게 되고, 쾌락에 빠진 사람은 호곡하는 자를 보아도 웃는다. 즐겨야 할 때 슬퍼하고 슬퍼해야 할 때 웃는 것은 자기 심정의 상태가 그렇게 시키기 때문이다.

그러므로 사람은 마음을 허(虛)하게 만들어 두는 것이 좋다. 물이 심하게 움직이면 물결이 일고 기(氣)가 문란해지면 지(智)가 혼미해진다. 지(智)가 혼미해지면 정치는 행해지지 않으며, 물이 파도치면 평정을 유지할 수가 없다.

그런 까닭에 성왕(聖王)은 일(一)을 지키어 잃는 일이 없으므로 만물의 진정(眞情)은 유감없이 발휘되었고 사이구주(四夷九州)의 백성들은 모두 따랐다. 대저 일(一)은 더할 데 없이 귀한 것, 천하에는 이

것에 필적(匹敵)할 만한 것이 없다. 성인은 그 무적(無敵)인 것에게
자기 자신을 맡긴다. 그러기에 백성들의 운명도 (성인에게) 연계되는
것이다.

原文 夫縱欲而失性, 動未嘗正也. 以治身則危, 以治國則亂, 以
入軍則破. 是故不聞道者, 無以反性. 故古之聖王, 能得諸己. 故令
行禁止, 名傳後世, 德施四海. 是故凡將擧事, 必先平意淸神. 神淸
意平, 物乃可正. 若璽之抑埴. 正與之正, 傾與之傾.

故堯之擧舜也, 決之於目, 桓公之取甯戚也, 斷之於耳而已矣. 爲
是釋術數而任耳目, 其亂必甚矣. 夫耳目之可以斷也, 反情性也. 聽
失於誹譽, 耳目淫於采色, 而欲得事正則難矣.

夫載哀者聞歌聲而泣, 載樂者見哭者而笑. 哀可樂, 笑可哀者, 載
使然也. 是故貴虛. 故水激則波興, 氣亂則智昏.

昏智不可以爲政, 波水不可以爲平. 故聖王執一而勿失, 萬物之
情測矣, 四夷九州服矣. 夫一者至貴. 無適於天下. 聖人託於無適,
故民命繫矣.

註解 ○抑埴(억식)−'식(埴)'은 니(泥). 여기서는 인주(印朱)란 의미이
다. ○堯之擧舜也(요지거순야), 決之於目(결지어목)−'순목중동(舜目重
瞳 : 순임금은 눈동자가 두 개였다)'이란 전설에 따른 것일까? ○桓公之
取甯戚也(환공지취영척야)⋯⋯−〈주술론(主術論)〉에서 이미 나왔다. 〈도
응훈(道應訓)〉도 참조. ○術數(술수)−술(術)과 수(數)는 같은 뜻으로서
모두 방법(기술)이란 의미이다. 술(術)·수(數)로 각각 빈번하게 나오며
모두 군주가 하는 정치 방법을 설명할 때에 사용한다.

인(仁)을 행하는 자는 반드시 애락(哀樂)을 근거로 하여 이를 논하

고, 의(義)를 행하는 자는 반드시 주고받는 것을 근거로 하여 이를 설명한다. 그러나 눈으로 볼 수 있는 범위는 10리를 넘지 못하는데 널리 천하 만백성의 애락을 (군주의 仁에 의해) 비춰지기를 바란다는 것은 있을 수 없고, 천하의 재화(財貨)를 맡아 가지고 있는 것도 아닌데 두루 천하 만민의 이익을 충족시키기를 바란다는 것은 있을 수 없는 일이다.

그뿐 아니라 희로애락이란 마음으로 느끼는 것이며, 자연히 용솟음치는 것으로서 곡소리가 입에서 나오고 눈물이 눈에서 나오는 것도 모두 마음속에 어쩔 수 없는 정(情)이 있기에 그것이 밖으로 표출되는 것이다.

비유하건대 물은 낮은 곳을 향하여 흘러가고 연기는 높은 곳을 향하여 피어오르는 법이다. 대체 누가 이렇게 시킨 것일까? 그러므로 무리하게 곡을 하고자 하는 자는 애도한다 하더라도 슬픔은 없고, 무리하게 친애하려는 자는 웃더라도 화합하는 일이 없다. 정이 마음속에서 용솟음칠 때 비로소 그것이 목소리가 되어 표현되는 것이다.

예를 들면 이부기(釐負羈)가 주었던 한 그릇의 식사는 진(晉)나라 헌공(獻公)의 수극(垂棘)의 벽(璧)보다 효과적이었으며, 조선맹(趙宣孟)의 육포(肉脯)는 지백(智伯)의 대종(大鐘)보다 나았던 것이다. 즉 호화로운 예물도 사랑을 모두 나타내기에는 모자랐던 것인데 도리어 성심성의껏 하면, 나라까지도 회유할 수가 있는 것이다.

공서화(公西華)는 친구를 상대하듯이 부모를 봉양했고, 증삼(曾參)은 엄주열군(嚴主烈君)을 섬기듯이 부모를 봉양했다고 하는데 부모를 봉양한다는 사실은 같은 것이다. 호인(胡人)은 해골에 술을 따르고 월인(越人)은 팔꿈치를 물어뜯고, 중국(中國)은 피를 바르는 등, 그 방법은 다르지만 신(信)을 나눈다는 점에서는 마찬가지다.

삼묘(三苗)는 마(麻)로 머리를 묶고, 강인(羌人)은 옷깃을 묶으며,

중국에서는 관(冠)과 비녀를 꽂고 월인(越人)은 귀밑털을 자르는데 몸을 꾸민다는 점에서는 마찬가지이다. 제(帝) 전욱(顓頊)의 법으로는 부인이 노상에서 남자를 피하여 지나가지 않으면 그 여인을 네거리 대로에서 추방처분을 했었는데 오늘날의 도읍에서는 남녀가 길거리에서 서로 다리와 어깨를 스치며 지나간다. (그러나) 습속(褶俗)이란 점에서는 마찬가지이다.

즉 사이(四夷)의 예(禮)는 각각 다르지만 그 군주를 받들고 그 부모를 친애하며 그 형을 존경한다는 점에서는 다를 게 없고, 험윤(獫狁)의 풍속은 다른데 그 자식을 사랑하고 그 군주에게 근엄하다는 점에서는 다를 게 없다. 대저 새들이 열을 지어 날고, 짐승이 무리를 이루어 사는 것은 누가 가르쳐서 그렇게 하는 것은 아닐 것이다.

예를 든다면 노(魯)나라는 공자(孔子)의 정술(政術)을 시행했으나 국토는 깎였고 명성은 떨어져서, 가까운 나라와 친하고 먼 나라를 회유할 수 없었다. 월왕(越王) 구천(勾踐)은 머리를 자르고 문신을 하며, 녹피(鹿皮)의 관(冠)을 쓰고 홀(笏)을 끼운 예복(禮服)을 입는다든가 출처진퇴(出處進退) 때의 호사로운 예의도 없었다.

그런데도 부차(夫差)를 오호(五湖)에서 깨고 남면(南面)하여 천하에 패업을 이루었고, 공자의 가르침을 받은 12개국의 제후(諸侯)는 모두 구이(九夷)를 거느리고 가서 참조(參朝)했다.

호(胡)라든가 맥(貉), 흉노(匈奴) 등의 나라에서는 몸단장은 멋대로 하고 머리는 묶지도 않으며 다리를 뻗고 앉는가 하면 언행에 신중함이 없다. 하지만 그런데도 나라가 멸망하지 않은 것은 반드시 예(禮)가 없지는 않았기 때문이다.

초(楚)나라 장왕(莊王)은 소매가 넓어 치마와 같은 옷에 헐렁헐렁한 윗옷을 걸치고 천하에 호령하여 마침내 제후들을 따르게 함으로써 패자(覇者)가 되었다. 진(晉)나라 문공(文公)은 허름한 윗옷에 양가

죽 옷을 걸치고 무두질한 가죽 띠에 칼을 찼어도 그 위신은 사해(四海) 안에 확립되었다. 어찌 추노(鄒魯) 땅의 예(禮)만을 예라고 할 수 있겠는가?

그러므로 타국에 들어와서는 그 나라의 풍속에 따르고, 남의 집에 들어가서는 그 집에서 꺼리는 바를 피하며, 금(禁)하는 일을 하지 않고 들어가고, 꺼림을 거스르지 않고 나아간다면, 비록 이적(夷狄)·나인(裸人)의 나라에 가고 수레바퀴 자국을 먼 나라에 내더라도, 결코 곤궁해지는 일은 없을 것이다.

原文 爲仁者, 必以哀樂論之, 爲義者, 必以取予明之. 目所見不過十里, 而欲遍照海內之民哀樂, 弗能給也. 無天下之委財, 而欲遍贍萬民利, 不能足也. 且喜怒哀樂, 有感而自然者也. 故哭之發於口, 涕之出於目, 此皆憤於中, 而形於外者也. 譬若水之下流, 烟之上尋也. 夫有孰推之者. 故强哭者, 雖病不哀, 强親者, 雖笑不和. 情發於中, 而聲應於外.

故鱉負羈之壺餐, 愈於晉獻公之垂棘, 趙宣孟之束脯, 賢於智伯之大鐘. 故禮豊不足以效愛, 而誠心可以懷遠. 故公西華之養親也, 若與朋友處, 曾參之養親也, 若事嚴主烈君, 其于養一也.

故胡人彈骨, 越人契臂, 中國歃血也. 所由各異, 其於信一也. 三苗髽首, 羌人括領, 中國冠笄, 越人鬋鬌, 其於服一也. 帝顓頊之法, 婦人不辟男子於路者, 拂之於四達之衢. 今之國都, 男女切踦, 扁摩於道. 其於俗一也.

故四夷之禮不同, 皆尊其主, 而愛其親, 敬其兄. 獫狁之俗相反, 皆慈其子, 而嚴其上. 夫鳥飛成行, 獸處成羣. 有孰敎之.

故魯國服儒者之禮, 行孔子之術, 地削名卑, 不能親近來遠. 越王勾踐, 鬋髮文身, 無皮弁搢笏之服, 拘罷拒折之容, 然而勝夫差

於五湖, 南面而霸天下. 泗上十二諸侯, 皆率九夷以朝. 胡・貉・
匈奴之國, 縱體拖髮, 箕倨反言, 而國不亡者, 未必無禮也. 楚莊王
裾衣博袍, 令行乎天下, 遂霸諸侯. 晉文君大布之衣, 牂羊之裘, 韋
以帶劍, 威立於海內. 豈必鄒魯之禮, 之謂禮乎.

　　是故入其國者從其俗, 入其家者避其諱, 不犯禁而入, 不忤逆而
進, 雖之夷狄徒倮之國, 結軌乎遠方之外, 而無所困矣.

註解　○此皆憤於中(차개분어중), 而形於外者也(이형어외자야)―〈무칭
훈(繆稱訓)〉에 거의 같은 기록이 있다. ○釐負羈之壺餐(이부기지호찬)―
조(曹)나라 대부(大夫)인 이부기는 망명중이었던 진(晉)나라 태자(太子)
중이(重耳)가 조나라에 들렀을 때, 중이의 유능함을 꿰뚫어보고 조나라
여러 군신(群臣)들 중 홀로 중이를 후대했다. 그후 중이는 진(秦)나라의
후원을 얻어 귀국했고 군위(君位)에 올랐으며[文公] 이윽고 조나라를
쳤는데 이부기의 종가(宗家)에만은 군대를 진군시키지 않음으로써 지난
날의 은혜를 갚았다는 이야기에 근거를 두고 있다. 상세한 내용은 〈도응
훈(道應訓)〉, 《사기(史記)》〈진세가(晉世家)〉를 참조. ○晉獻公之垂棘
(진헌공지수극)―수극(垂棘)이란 진(晉)나라의 지명(地名), 또는 그곳에
서 생산되는 미옥(美玉)의 이름. 진나라 헌공은 수극의 벽(璧)과 굴산
(屈産)에서 생산되는 명마(名馬)를 우(虞)나라에 보내면서 괵(虢)나라를
치기 위한 길을 빌려 달라고 했는데 우나라 군주는 이 뇌물에 눈이 어두
워 길을 빌려 주었다. 진헌공은 괵나라를 치고 개선하는 도중에 우나라
까지 쳐서 멸망시켰다는 이야기에 근거를 두고 있다. 이 이야기는 〈정신
훈(精神訓)〉과 〈무칭훈〉〈설림훈〉 등에도 보이며, 《여씨춘추(呂氏春
秋)》〈신대람(愼大覽)〉 권훈편(權勳篇) 및 《사기》〈진세가〉, 《좌전(左
傳)》 희공(僖公) 2년조, 《공양전(公羊傳)》 희공 3년조, 《맹자(孟子)》〈만
장장구(萬章章句)〉 상(上) 등에 보인다. ○趙宣孟之束脯(조선맹지속포)
―조선맹(趙宣孟)은 진(晉)나라 대부(大夫)인 조순(趙盾). 그는 암우한

군주였던 영공(靈公)에게 간언했으나 받아들여지지 않았고 도리어 암살당할 뻔했는데 지난날 육포(肉脯)를 조순에게서 얻어먹는 신세를 진 영첩(靈輒)의 도움을 받아 무사했다는 이야기에 바탕을 두고 있다. 이 설화는 〈무칭훈〉〈인간훈(人間訓)〉, 《여씨춘추》〈신대람〉 보경편(報更篇), 《사기》〈진세가〉, 《좌전》 선공(宣公) 3년조 등에도 보인다. ○智伯之大鐘(지백지대종)―지백(智伯)은 진(晉)나라 대부이면서 사실상 진나라를 지배하고 있었다. 그 지백이 유요(由繇)의 군주에게 대종(大鐘)을 바쳤고, 그것을 기화로 하여 유요를 멸망시켰다는 이야기를 근거로 하고 있다. 《여씨춘추》〈권훈편〉, 《한비자(韓非子)》〈설림편(說林篇)〉 하(下)에 보인다. ○公西華(공서화)―공서적(公西赤). 즉 공자(孔子)의 제자를 가리킴이다. 《논어(論語)》〈옹야편(雍也篇)〉, 《사기》〈중니제자열전(仲尼弟子列傳)〉에, 공자가 공서화의 불효를 암암리에 비판했다고 생각되는 구절이 보인다. ○曾參(증삼)―증자(曾子)라고도 하며 공자의 제자. 효도로 널리 알려졌으며 《효경(孝經)》은 그의 저시라고 한다. ○三苗(삼묘)―태고 때 오늘날의 호남성 악양(岳陽), 호북성 무한(武漢), 강서성 구강(九江) 일대에 살았던 미개부족의 이름. 〈숙진훈(俶眞訓)〉 참조. ○拂之於四達之衢(불지어사달지구)―불(拂)이란 방(放). ○獫狁(험윤)―북방의 호인(胡人). ○越王勾踐(월왕구천)……胡(호)·貉(맥)·匈奴之國(흉노지국)……楚莊王(초장왕)……晉文君(진문군)……―《묵자(墨子)》〈공맹편(公孟篇)》에, '제(齊)나라 환공(桓公)은 높은 관(冠)을 쓰고 넓은 띠를 띠고서 금칼을 차고 나무 방패를 들고 나라를 다스렸는데 그 나라는 잘 다스려졌다. 진(晉)나라의 문공(文公)은 거친 천으로 만든 옷과 암양 가죽의 갖옷을 입고 가죽끈으로 칼을 띠에 차고서 그의 나라를 다스렸는데 그 나라는 잘 다스려졌다. 초(楚)나라 장왕(莊王)은 화려한 관에 색실로 짠 관끈을 달고 풍신한 윗옷에 넓은 용포(龍袍)를 입고서 그의 나라를 다스렸는데 그 나라는 잘 다스려졌다. 월(越)나라 왕 구천(勾踐)은 머리를 깎고 문신(文身)을 하고서 그의 나라를 다스렸는데 그 나라는 잘 다스려졌다. 이 네 명의 왕들은 입은 옷이 같지 않았지만 그들의 행동은 한결같았다. 나(묵자)는 이것으로써 행동은 옷에 달려 있지 않다는 것을 잘 알고 있다(墨子曰, 齊桓公, 高冠博帶, 金劍木盾, 以治其國, 其國治. 昔者晉文公, 大布之衣, 牂羊之裘, 韋以帶劍, 以治其國, 其國治. 昔者楚莊王, 鮮冠組纓, 絳衣博袍, 以治其國, 其國治. 昔者越王勾踐, 剪髮文身, 以治其國, 其國治. 此四君者, 其服不同, 其行猶一也. 翟以是知行之不在服也)'라고 되어 있는 것과 흡사하다. 여기서도 유복(儒服)만을 옳다고 하는 것에 대한 반론으로 이상과 같은 주장을 폈던 것이다. ㅇ泗上(사상)—사수(泗水) 가 장자리. 공자가 이곳에서 학문을 강론했다 하여 공자의 학파를 가리킨다.

예(禮)란 실(實)을 꾸미는 것이고 인(仁)이란 은(恩)의 실효이다. 즉 예는 사람의 정에 바탕을 두고 이것에 절도(節度)를 주며, 인은 팽(怦)에서 나오고 이것을 형상으로 나타낸다. 그러므로 예가 그 실(實)을 넘지 아니하고 인이 그 은(恩)을 상회하지 않는 것이야말로 치세(治世)의 도(道)이다.

대저 (儒家에서 말하는) 삼년상(喪)은 사람이 감당하기 어려운 일을 무리하게 강요함이요, 작위(作爲)에 의해 정(情)을 조장코자 하는 것이며 (墨家에서 말하는) 3개월의 상(喪)은 비애의 정을 무리로 끊어서 사람의 본성을 압박하려고 하는 것이다. 무릇 유묵(儒墨)은 인정 그대로에 바탕을 두지 않고 강압적으로 이것에 배반되는 제도를 행하고자 한다.

복상(服喪)에 5종류가 있는 것은 비애의 정을 가슴에 품고, 죽은 사람과의 생전의 관계에 맞는 매장을 하기 위함이지, 사람으로서 감당하지 못할 것을 무리로 강요한다거나 도저히 참을 수 없는 정을 끊고자 하는 것은 결코 아니다. 그러기에 비애의 양(量)도 적절하며 비방과 칭찬을 가할 수 없는 것이다.

고대(古代)라고 해서 승강(升降) 주선(周旋)의 예(禮)를 번잡하게 만들고, 채제(采齊)·사하(肆夏)의 악(樂)에 맞추어 춤출 줄 몰랐던 것은 아니다. 함부로 날수를 낭비하여 백성들을 번거롭게 하는 것은 이롭지 못하다고 생각했기 때문이다. 그러므로 예의를 정하는 데도, 진정을 토로하는 데 도움을 주고 애락(哀樂)의 뜻을 나타낼 수 있으면 그것으로 충분할 것으로 보았다.

고대라고 해서 (舞樂을 하는 데에) 종고(鐘鼓)를 늘어놓고 관소(管簫)를 갖추며 간척(干戚)을 들어 올려가면서 무무(武舞)를 추고 우모(羽旄)를 흔들면서 문무(文舞)를 출 수 없었던 것은 아니다. (그러나 그렇게 하지 않았던 것은) 재화(財貨)를 소비하여 국정(國政)을 문란케 할 뿐이라고 생각했기 때문이다. 음악은 기쁜 마음과 합치하고 그 뜻을 나타내면 그것으로 충분한 것이므로 기쁨의 정은 그대로 음악이 되었다.

온 국가가 민력(民力)을 다하고 국고를 바닥내가며 재화(財貨)를 다 쓰고 (전사자의) 입에는 구슬을 물리고 옥의(玉衣)를 입히고 띠를 띠어 후하게 장사지낼 수 없었던 것은 아니다. (그러나 그렇게 하지 않았던 것은) 백성들을 곤궁 속에 빠뜨리고 생업을 중단시킬 뿐만 아니라 고골(枯骨)·부육(腐肉)에는 아무 이익도 없다고 생각했기 때문이다. 그래서 매장은 관(棺) 속에 넣고 흙에 묻은 다음 흙을 덮으면 그것으로 충분하다고 했다.

옛날 순(舜)임금을 창오(蒼吾)에 장사지낼 때, 장사꾼들은 그 가게를 이동시키지 않았다. 우(禹)임금을 회계산(會稽山)에 장사지낼 때 농민들이 그 전답을 옮기는 일은 없었다. (당시의 사람들은) 사생(死生)의 구분을 파악했었고 사치와 검약의 적도(適度)를 잘 알고 있었기 때문이다. 그러나 난국(亂國)은 그러하지 못하다.

　언행은 일치하지 않고, 정(情)과 표정이 서로 다르며, 예의는 번거로워서 꾸미는 데 열중하고, 음악은 음란한 정도를 넘어섰으며, 죽은 사람을 숭배하는 나머지 산 사람을 해치고, 복상(服喪) 기간을 길게 하는 데다가 그만큼 성대하게 한다. 이렇게 해서 세상의 풍속은 흐려지고 비난과 상찬(賞讚)이 조정에서 일게 되었다. 그러므로 성인(聖人)은 버리고 사용하지 않는 것이다.

原文　禮者實之文也, 仁者恩之效也. 故禮因人情而爲之節文, 而仁發怦以見容. 禮不過實, 仁不溢恩也, 治世之道也.

　夫三年之喪, 是强人所不及也, 而以僞輔情也. 三月之服, 是絶哀而迫切之性也. 夫儒墨不原人情之終始, 而務以行相反之制. 五縗之服, 悲哀抱於情, 葬薶稱於養, 不强人之所不能爲, 不絶人之所不能已, 度量不失於適, 誹譽無所由生.

　古者非不知繁升降槃還之禮也, 蹀采齊肆夏之容也. 以爲, 曠日煩民而無所用. 故制禮足以佐實喩意而已矣. 古者非不能陳鐘鼓, 盛竽簫, 揚干戚, 奮羽旄. 以爲, 費財亂政. 制樂足以合歡宣意而已. 喜不羡於音. 非不能竭國麋民, 虛府殫財, 含珠鱗施, 綸組節束, 追送死也. 以爲, 窮民絶業, 而無益於槁骨腐肉也. 故葬薶足以收斂蓋藏而已.

　昔舜葬蒼梧, 市不變其肆, 禹葬會稽之山, 農不易其畝, 明乎生死之分, 通乎侈儉之適者也. 亂國則不然, 言與行相悖, 情與貌相反, 禮飾以煩, 樂擾以淫, 崇死以害生, 久喪以招行. 是以風俗濁於世, 而誹譽萌於朝. 是故聖人廢而不用也.

註解　○怦(팽)―순간적으로 나타나는 연민의 기색. ○五縗之服(오최지복)―최(縗)는 상복(喪服). 오최(五縗)란 3년과 기년(朞年 : 1년), 9개월,

5개월, 3개월의 복(服)을 가리킨다. ○葬薶(장매)─매장(埋葬)과 같다. ○升降槃還之禮(승강반환지례)─《예기(禮記)》〈악기편(樂記篇)〉에 '승강상하 주환석습(升降上下周還裼襲) 예지문야(禮之文也)'라고 되어있다. 반환(槃還)·주환(周還)·주선(周旋)은 모두 같은 뜻이다. 기거동작의 예(禮)를 가리킨다. ○采齊(채제), 肆夏(사하)─채제(采齊) 해하(陔夏)라고도 한다. 궁궐에 입궐할 때나 퇴궐할 때에 행보(行步)의 절도를 이름이다. 오늘날의 행진곡과 비슷한 것.《예기》〈옥조편(玉藻篇)〉에 '달릴 때는 채제(采齊)로 하고, 걸을 때는 사하(肆夏)로 한다'라고 되어 있다. ○筦簫(완소)─모두 피리. '완(筦)'은 관(管)과 같으며 한 개의 대나무로 만든 피리. '소(簫)'는 여러 개의 죽관(竹管)을 가로로 묶어서 만든 피리. ○干戚(간척)─방패와 큰 도끼. 무무(武舞)에 사용하는 기구. 전(轉)하여 무무 자체를 가리키게 되었다. ○羽旄(우모)─우(羽)는 꿩의 깃털, 모(旄)는 모우(旄牛)의 꼬리. 전(轉)하여 문무(文舞)를 가리킨다.《예기》〈악기편〉에 '종고관경우약간척(鐘鼓管磬羽籥干戚), 악지기야(樂之器也)'라고 되어 있으며 또 '비음이악지(比音而樂之) 급간척(及干戚)·우모(羽旄) 위지악(謂之樂)'이라고 되어 있다.《예기》등에 보이는 유가(儒家)의 소위 예악이 재물을 낭비하고 정치를 문란케 하는 근본이라며 비판하고 있다. ○唅珠(함주)─매장할 때 죽은 사람의 입 속에 구슬을 물리는 것.《주례(周禮)》〈천관(天官)〉태재(太宰)는 '함옥(唅玉)'이라고 기록하고 있다. ○鱗施(인시)─죽은 사람의 몸에 옥을 비늘처럼 붙이는 것.《여씨춘추》〈절장편(節葬篇)〉에도 '함주인시(唅珠鱗施)'를 후장(厚葬)의 전형이라고 들고 있다. ○綸組節束(윤조절속)─'윤조(綸組)'란 솜과 꼰 끈. '절속(節束)'이란 죽은 사람의 몸을 윤조로 싸서 묶는 것. 이 한 구절과 비슷한 글이《묵자(墨子)》〈절장(節葬)〉하(下)에도 보이는데 거기에는 '윤조절약(綸組節約)'이라 기록하고 있다. ○收斂蓋藏(수렴개장)─일반적으로는 곡물을 거두어 넣고 저장한다는 의미인데 여기서는 그 전의(轉義). ○昔舜葬蒼梧(석순장창오)……禹葬會稽之山(우장회계지산)─《묵자》에는 이

글보다 선행(先行)하는 것으로서 다음 두 글귀가 있다. '옛날에 요(堯)는 북쪽 팔적(八狄)을 공산(恐山) 그늘에 장사지냈다. …… 그 장사에는 우마 (牛馬)에 태웠었다. 순(舜)은 서쪽 칠융(七戎)을 교화(敎化)하러 갔다가 도중에 죽었다. 남기(南己)의 시(市)에 장사지냈다. …… 그 장사에는 시 (市) 사람들이 떠메고 갔다. 우(禹)는 동쪽 구이(九夷)를 교화하러 갔 다가 도중에 죽었다. 회계산에 장사지냈다(〈節葬〉下). '요(堯)를 곡림 (穀林)에 장사지내고 이를 통수(通樹)로 하다. 순(舜)을 기시(紀市)에 장사지내고 그 사(肆)를 바꾸지 않았다. 우(禹)를 회계에 장사지내고 인 도(人徒)를 바꾸지 않았다(《呂氏春秋》〈安死篇〉)'. 모두가 옛 성왕(聖 王) 때는 그 매장지를 특별구역으로 정하지 않고 일단 장의가 끝나면 그 때까지와 마찬가지로 민간이 사용할 수 있게 했다는 것으로서, 묵가(墨 家)에서의 절장론(節葬論) 중 하나로 만든 것들이다.

  의(義)란 조리(條理)에 따라 적절하게 행하는 것이다. 예(禮)란 정 (情)을 몸체로 하고 그것에 문식(文飾)을 가하는 것이다. 즉 의란 의 (宜)이며 예란 체(體)이다. 옛날 유호씨(有扈氏)가 의를 위해 멸망한 것은 의를 알면서도 적절함[宜]을 파악하지 못했기 때문이다. 노(魯) 나라가 예를 숭상했지만 (국토를) 깎인 것은 예를 알면서도 그 몸체 (정)를 파악하지 못했기 때문이다.
  유우씨(有虞氏 : 舜)의 예에서는 그 사(社)에 흙을 사용하고 실(室) 중앙에서 신(神)을 제사 지냈으며 전묘(田畝)에 장사지냈다. 음악은 함 지(咸池)·승운(承雲)·구소(九韶)를 연주했으며 상복(喪服)은 황색 이 좋다고 하였다. 하후씨(夏后氏)의 예는 그 사(社)에 소나무를 썼고, 문에서 신을 제사 지냈으며 담을 쌓고 그 속에 장사지냈고, 관(棺)에 는 깃털 장식을 했다. 음악은 하약(夏籥)·구성(九成)·육일(六佾)·

육렬(六列)·육영(六英)을 연주했고 상복은 청색을 좋다고 했다.

은(殷)나라 사람의 예는 그 사(社)에 돌을 사용했고 문에서 신을 제사 지냈으며 장의(葬儀)에는 소나무를 심었다. 음악은 대호(大濩)·신로(晨露)를 연주했고 상복은 백색을 좋다고 했다. 주(周)나라 사람의 예는 그 사(社)에 밤나무를 사용했고 부뚜막에서 신을 제사 지냈으며 장의에는 잣나무를 심었다. 음악은 대무(大武)·삼상(三象)·극하(棘下)를 연주했으며 상복은 적색(赤色)이 좋다고 했다.

예악도 달라지고 복상(服喪)의 제도도 달라지는데 그런 것들 가운데 어느 것도 친소(親疏)의 은애(恩愛)라든가 상하의 질서를 잃는 일은 없다. 지금 여기에 한 군주의 법전을 고집하면서 대대로 전해지는 풍속을 비방하는 일이 있다면 그것은 마치 금주(琴柱)를 아교로 붙여 놓고 소리를 조절하려는 것과 같은 것이다.

그러므로 현명한 군주는 예의를 안배하여 의복으로 삼고 절행(節行)을 분별해서 띠로 삼는다. 의복은 몸을 덮어서 싸되 고대의 법도에 따라 순(循 : 順), 요(撓)에 신경 쓰지 않고, 몸에 잘 맞으며 걸어다니는 데 편하면 되었다고 생각하고, 화려한 무늬라든가 옷의 귀퉁이가 잘리는, 그런 복장을 요구하지 않는다. 띠는 끈을 매어 옷깃을 맞추되 단단히 맬 수 있는 것이면 충분하고 원형(圓形)이라든가 방형(方形) 모양의 신발을 급조(急造)하는 따위의 일은 하지 않는다.

즉 예의를 정하고 지고(至高)의 덕을 실행하되 유묵(儒墨)에 구애받는 등의 행위는 하지 않는다.

原文 義者循理而行宜也. 禮者體情制文者也. 義者宜也, 禮者體也. 昔有扈氏爲義而亡, 知義而不知宜也. 魯治禮而削, 知禮而不知體也.

有虞氏之禮, 其社用土, 祀中霤, 葬成畝. 其樂咸池·承雲·九韶.

其服尙黃. 夏后氏之禮, 其社用松, 祀戶, 葬牆置翣. 其樂夏籥·九成·六佾·六列·六英, 其服尙靑.

殷人之禮其社用石, 祀門, 葬樹松. 其樂大濩·晨露, 其服尙白. 周人之禮其社用栗, 祀竈, 葬樹柏. 其樂大武·三象·棘下, 其服尙赤. 禮樂相詭, 服制相反, 然而皆不失親疏之恩, 上下之倫. 今握一君之法籍, 以非傳代之俗, 譬由膠柱而調瑟也.

故明主制禮義而爲衣, 分節行而爲帶. 衣足以覆形, 從典墳, 虛循撓, 便身體, 適行步, 不務於奇麗之容, 隅眥之削. 帶足以結紐收衽, 束牢連固, 不亟於爲文句疏矩之緂, 故制禮義, 行至德, 而不拘於儒墨.

註解 ㅇ有扈氏爲義而亡(유호씨위의이망)-유호(有扈)는 하(夏)나라 제후(諸侯).《상서(尙書)》〈감서(甘誓)〉는 그가 삼정오행(三正五行)을 어지럽혔기 때문에 우(禹)의 아들 계(啓)에게 토벌당했다고 했다. 여기서는 우(禹)가 요순(堯舜)의 선양(禪讓)에 등을 돌리고 아들에게 양위(讓位)코자 한 것을 규탄한 의전(義戰)으로 풀이했다. ㅇ中霤(중류)-방의 중앙. 이곳에서 토지신(土地神)을 제사 지냈다. ㅇ譬由膠柱而調瑟也(비유교주이조슬야)-유(由)는 유(猶)와 같다. '주(柱)'는 금주(琴柱). 금(琴)의 몸체 위에 세워 현(弦)을 지탱케 하고 이것을 이동시키어 음조(音調)의 고저(高低)를 조절하는 데 사용한다. 인자(人字) 모양의 기구. 그런데 이것을 아교로 붙이면 음조를 변화시킬 수 없다는 점에서 융통성이 없는 것을 비유한다.《사기(史記)》〈인상여열전(藺相如列傳)〉에 보인다. ㅇ典墳(전분)-삼황오제(三皇五帝) 때의 책이라고 하는《삼분오전(三墳五典)》의 약칭. 또 널리 고서(古書)·고전(古典)을 뜻하기도 한다. 옛날의 법도란 의미. ㅇ虛循撓(허순요)-순(循)은 예(禮)에 순응하는 것. 요(撓)는 예를 문란케 하는 것. 허(虛)는 순(循 : 順). 예(禮)에 모두 구애되지 않는 것. ㅇ隅眥之削(우제지삭)-〈본경훈(本經訓)〉에 '의무우차지삭

(衣無隅差之削)'이라고 되어있는 것과 같다. 옷의 귀퉁이를 잘라내어 보기 좋게 체재를 갖추는 것. ○文句疏矩(문구소구)—'구(句)'는 구곡(句曲)이란 의미. 둥근 무늬[文]와 모가 난 무늬. ○鞮(혜)—《설문(說文)》에 '생가죽 신발이다'라고 되어있다. 혜(鞵)의 본자(本字).

여기서 말하는 명(明)이란 다른 것을 제대로 분별한다는 것이 아니라 자기 자신을 바르게 보는 것이다. 여기서 말하는 총(聰)이란 다른 것을 제대로 듣고 분별한다는 것이 아니라 자기 자신의 소리를 알아듣는 것이다. 여기서 말하는 달(達)이란 다른 것을 제대로 안다는 것이 아니라 자기 자신을 아는 것이다. 즉 나 자신이야말로 도(道)가 깃들어 있는 곳, 따라서 나 자신을 제대로 파악하고 있으면 도는 자연히 얻게 된다.

도를 체득(體得)했을 때 그것에 의해서 보면 명(明)을 얻고, 그것에 의해서 들으면 총(聰)을 얻으며, 그것에 의해서 말하면 공(公 : 平無私)이 되고, 그것에 의해 행하면 (만민이) 따른다. 그러므로 성인(聖人)이 사물을 재단(裁斷)하는 모습은 마치 공장(工匠)이 장부[笋子]와 구멍을 꼭 들어맞도록 깎아내고, 조리사가 자르고 가르는 것과 같다. 그 요령을 온전히 터득하여 부러뜨리거나 다치는 일이 없다.

서투른 목수는 그렇게 할 수가 없다. 장부를 너무 크게 깎아서 들어가지 않고, 장부가 너무 가늘어서 꼭 맞지를 않는다. 마음은 동요되고 손은 떨리어 점점 (완성품은) 추해질 뿐이다.

대저 성인(聖人)이 물건을 자르거나 깎을 경우는 쪼개고 나누고 떼고 헤치는 등 지극히 분방일탈(奔放佚脫)하지만 다시 하나로 합칠 것을 꾀한다. 그 근원을 떠나서도 다시 그 문으로 돌아온다. 이것저것 새기고 다듬었어도 다시 소박함으로 돌아온다. 하나로 합치면 도덕이 되고, 뿌리를 떠나면 규범이 되며, 돌아서서는 현명(玄冥)에 들어가고 흩어져서는 무형(無形)에 대응한다.

그러한즉 예의절행(禮義節行)이 어찌 지고(至高)한 정치의 본질을 모두 구명(究明)할 수 있을 것인가? 세상의 철없는 사람들은 대개가 도덕의 본질을 떠나서 '예의에 따르면 천하는 충분히 다스릴 수 있다'고들 말한다. 이런 사람들하고는 정술(政術)을 함께 논할 수가 없다.

이른바 예의란 오제삼왕(五帝三王)이 정한 법이며, 한 시대에 행해졌던 풍속의 흔적에 지나지 않는다. 예를 들어 말한다면 짚으로 만든 개, 흙으로 만든 용(龍)과 같은 것으로서 갓 만들어졌을 때는 청색·황색으로 채색하고 아름다운 무늬를 만들며 붉게 염색한 비단실로 꿰맨다. 흙덩어리요 짚 다발에 지나지 않는데 대체 어느 누가 이런 것들을 귀하게 여길 것인가?

예컨대 순(舜)임금 때 유묘(有苗)가 복속하지 않았다. 그래서 순임금은 정사(政事)를 바르게 하고 전쟁을 중단했으며 간척(干戚)을 들고 춤추었다. 우(禹)임금 때는 천하에 홍수가 있었는데, 우임금은 백성들에게 명하여 제방을 쌓았고 땔나무를 쌓아 올리는가 하면 또 구릉을 선택하여 그곳으로 피난시켰다.

무왕(武王)이 주왕(紂王)을 토벌했을 때는 (아버지 文王의) 위패를 싣고 출전했다. 천하가 안정되어 있지 않았기 때문인데 거기서 삼년상을 받들지 않는 계기가 마련된 것이다. 우임금은 홍수의 재해를 만나 제방 축조를 했었기에 아침에 죽은 사람을 저녁에 매장했다. 이런 것들은 모두 성인(聖人)이 시세에 대응하고 변화를 적절히 조절하며, 형세를 꿰뚫어보고 올바르게 대처했던 실례(實例)이다.

요즈음 간척무(干戚舞) 배우는 것을 좋아하고 큰 가래[钁揷] 잡는 것을 비웃으며, 삼년상만을 알고 당일에 장사지내는 것은, 소를 표준으로 삼아 말[馬]을 꾸짖는다든가 치(徵)의 소리를 기준으로 삼아 우

(羽)의 소리를 비웃는 것과 같다. 이렇게 되면 변화에 대응하고자 해
도 한 줄의 현(弦)만 뜯으라고 하면서 그 극하(棘下)의 음악을 연주
하게 하는 것과 마찬가지다.

原文 所謂明者, 非謂其見彼也, 自見而己. 所謂聰者, 非謂聞彼
也, 自聞而己. 所謂達者, 非謂知彼也, 自知而己. 是故身者道之所
託, 身得則道得矣. 道之得也, 以視則明, 以聽則聰, 以言則公, 以
行則從. 故聖人裁制物也, 猶工匠之斲削鑿柄也, 宰庖之切割分別
也. 曲得其宜而不折傷. 拙工則不然, 大則塞而不入. 小則窕而不
周, 動於心, 枝於手而愈醜.

夫聖人之斲削物也, 剖之判之, 離之散之. 已淫已失, 復揆以一.
旣出其根, 復歸其門. 已雕已琢, 還反於樸. 合而爲道德, 離而爲儀
表, 其轉入玄冥, 其散應無形. 禮義節行, 又何以窮至治之本哉, 世
之明事者, 多離道德之本曰, 禮義足以治天下. 此未可與言術也.

所謂禮義者, 五帝三王之法籍, 風俗一世之迹也. 譬若芻狗土龍
之始成, 文以靑黃, 絹以綺繡, 纏以朱絲, 尸祝祁袚, 大夫端冕, 以
送迎之, 及其已用之後, 則壤土·草薊而已, 夫有孰貴之.

故當舜之時, 有苗不服. 於是舜脩政偃兵, 執干戚而舞之. 禹之
時, 天下大雨. 禹令民聚土積薪, 擇丘陵而處之. 武王伐紂, 載尸而
行. 海內未定, 故不爲三年之喪始. 禹遭洪水之患, 陂塘之事, 故朝
死而暮葬. 此皆聖人之所以應時耦變, 見形而施宜者也.

今之脩干戚而笑鑺挿, 知三年而非一日, 是從牛非馬, 以徵笑羽
也. 以此應化, 無以異於彈一弦而會棘下.

註解 ○所謂明者(소위명자), 非謂其見彼也(비위기견피야), 自見而己
(자견이기). 所謂聰者(소위총자), 非謂聞彼也(비위문피야), 自聞而己(자

문이기)-이것과 같은 글이 《장자》 〈변무편(騈拇篇)〉에 보이는데 앞뒤의 문장 구성으로 보아 《장자》에서 취한 것으로 생각된다. ○絹以綺繡(견이 기수)-견(絹)은 견(羂)이란 뜻. 견(羂)이란 잇는다, 묶는다는 의미이다. 기수(綺繡)란 아름다운 수(繡)의 무늬. ○今之脩干戚而笑钁挿(금지수간 척이소곽삽)-간척(干戚)이란 예악(禮樂)을 나타내며 곽삽(钁挿)이란 농경(農耕)을 나타낸다. 형식적인 예악을 중시하고, 실용적인 농경을 경시하는 풍조를 비판하는 것으로서 그 근거는 간척무(干戚舞)도 순(舜)임금 때 조정(措定)한 것이고 유묘(有苗) 평정이라고 하는 실용적인 의미가 있었다고 한다. 간척은 순임금의 무(舞)를, 곽삽(钁挿)은 우(禹)임금의 치수(治水)를 가리키는 것. ○以徵笑羽也(이치소우야)-치(徵)·우(羽)는 모두 오음(五音：宮·商·角·徵·羽)에 속한다.

　대저 한 시대에 있었던 변혁을 가지고 모든 변화에 적응시키고 모든 시세(時世)에 대응시키고자 해도 그것은 비유컨대 겨울철이 되어도 갈포(葛布) 옷을 걸치고, 여름철이 되어도 가죽옷을 입는 것과 같다. 무릇 한 차례 조준(照準)하여 백방(百方)으로 발사할 수는 없고, 한 벌 옷으로 1년을 지낼 수는 없다. 조준하는 것은 고저(高低)에 따라 정해야 하며 의복은 추위와 더위에 맞도록 입어야 한다. 그러므로 세상이 달라지면 사정도 변하고, 때가 옮겨지면 풍속도 변하게 마련이다.

　따라서 성인(聖人)은 세상을 고려해서 법을 정하고 때에 맞추어 일을 행한다. 상고(上古)의 성왕(聖王)들로서 태산(泰山)과 양보(梁父)에서 봉선(封禪)의 의식을 거행했던 사람은 70여 명에 이르지만 그 법도가 일정치 않았던 것은 고의로 바꾸고자 했던 것이 아니라 시세(時世)가 달랐었기 때문이다. 그러므로 기성법의 법을 법으로 치지 아니하고 법이 정해진 이유를 법으로 쳤다.

법을 정하는 이유란 시세의 변화와 함께 추이(推移)하는 것이다. 대저 변화와 함께 추이할 수 있는 것은 그곳에야말로 지고(至高)한 가치가 있기 때문이다. 호량(瓠梁)의 노래는 그것을 흉내 낼 수는 있지만 그가 노래 부른 이유까지 흉내 낼 수는 없다. 성인의 법은 눈으로 볼 수는 있지만 그가 법을 정한 이유까지 물어 알 수는 없다. 변사(辯士)의 말은 귀로 들을 수는 있지만, 그가 그렇게 말한 이유까지 밝혀낼 수는 없다. 순균(涽均)의 검(劍)은 아끼고 사랑할 일은 아니지만 대장장이의 기교야말로 귀히 여겨야 한다.

예를 들면 왕교(王喬)와 적송자(赤誦子)는 숨을 들이마셨다가 내뿜으며 호흡을 하여 낡은 것은 토해내고 새것을 받아들이며, 형체를 잊고 지혜를 버리고 소박함을 간직하고 진실로 돌아와서 마음은 현묘(玄妙)의 경지에 들어가고, 몸은 높이 운천(雲天) 저쪽으로 달렸다. 이제 그 도(道)를 배우겠다면서도 정기(精氣)를 기르고 정신을 내재(內在)시킬 수 없으면서도 몸을 굽혔다 폈다 하는 것을 흉내 낼 뿐이라면, 구름을 타고 하늘에 오르지 못할 것은 자명(自明)한 일이다.

또 오제삼왕(五帝三王)은 천하를 가벼이 여기고 만물을 작게 보며 사생(死生)을 하나로 보아, 변화에 몸을 맡기고 대성(大聖)의 마음을 본받았는데 이로써 만물을 있는 그대로 보고 위로는 신명(神明)과 벗이 되며, 아래로는 조화(造化)와 합쳐 한 사람이 되었다.

이제 그 도(道)를 배우고자 하여 청명현성(淸明玄聖)의 마음을 자득(自得)하지도 않은 채 다만 성인의 법령을 묵수(墨守)하는 데 머무른다면 정치를 할 수 없음은 너무나 자명(自明)하다. 그러므로 '열 개의 이검(利劍)을 구하기보다 대장간의 기교를 배우라. 백 마리의 명마(名馬)를 구하기보다 백락(伯樂)의 상술(相術)을 익히라'고 하는 것이다.

[原文] 夫以一世之變, 欲以耦化應時, 譬猶冬被葛而夏被裘. 夫一

儀不可以百發, 一衣不可以出歲. 儀必應乎高下, 衣必適乎寒暑. 是
故世異則事變, 時移則俗易. 故聖人論世而立法, 隨時而舉事. 尙古
之王, 封於泰山, 禪於梁父, 七十餘聖, 法度不同, 非務相反也, 時
世異也. 是故不法其已成之法, 而法其所以爲法.

所以爲法者, 與化推移者也. 夫能與化推移者, 至貴在焉爾. 故
瓠梁之歌可隨也, 其所以歌者, 不可爲也. 聖人之法可觀也, 其所
以作法, 不可原也. 辯士言可聽也, 其所以言, 不可形也. 涽均之劍
不可愛也, 而歐冶之巧可貴也.

今夫王喬・赤誦子, 吹嘔呼吸, 吐故內新, 遺形去智, 抱素反眞,
以游玄眇, 上通雲天. 今欲學其道, 不得其養氣處神, 而放其一吐
一吸, 時詘時伸, 其不能乘雲升假, 亦明矣. 五帝三王, 輕天下, 細
萬物, 齊死生, 同變化, 抱大聖之心, 以鏡萬物之情, 上與神明爲友,
下與造化爲人. 今欲學其道, 不得其淸明玄聖, 而守其法籍憲令,
不能爲治, 亦明矣.

故曰, 得十利劍, 不若得歐冶之巧. 得百走馬, 不若得伯樂之數.

註解 ○耦化應時(우화응시)—앞 절(節)의 '응시우변(應時耦變)'과 아
주 똑같은 뜻. ○尙古之王(상고지왕)—상(尙)은 상(上)과 통하며 상고(尙
古)는 상고(上古)와 같다. ○封於泰山(봉어태산), 禪於梁父(선어양보)—
태산(泰山)・양보(梁父)는 모두 산동성의 명산. 천하일통(天下一統)의 군
주가 행하는 의례로서 봉(封)은 흙을 쌓아 제단을 만들고 하늘을 제사지
내는 것, 선(禪)은 땅을 평평하게 고르고 땅을 제사 지내는 것이다. 《사기
(史記)》〈봉선서(封禪書)〉, 《관자(管子)》〈봉선편(封禪篇)〉에 이 봉선을
한 천자(天子)가 72명이었다고 했다. ○法其所以爲法(법기소이위법)—이
하에서 말하는 '소이(所以)'란 법(法)・가(歌)・언(言)으로 나타낸 형태에
비하여, 그것을 형상화한 사정・심정・동기 등을 가리킨다. ○瓠梁(호량)
—고대 음악의 명인. ○涽均之劍(순균지검)—고대의 명검(名劍). ○王喬(왕

교)·赤誦子(적송자)―둘 다 유명한 선인(仙人). 《열선전(列仙傳)》에 보인
다. 적송자(赤誦子)는 적송자(赤松子). 〈태족훈(泰族訓)〉에는 '왕교(王喬)·
적송(赤松)'으로 나와 있다. ㅇ吹嘔呼吸(취구호흡), 吐故內新(토고내신)
―양생술(養生術)에서 하는 호흡법. 《장자》〈각의편(刻意篇)〉에 '취구호
흡(吹呴呼吸) 토고납신(吐故納新) 웅경조신(熊經鳥申)'이라고 되어있다.
후문(後文)인 '기일토일흡(其一吐一吸) 시굴시신(時詘時伸)'도 같은 뜻.
〈정신훈(精神訓)〉 참조. ㅇ遺形去智(유형거지)―〈도응훈(道應訓)〉 및
《장자》〈대종사편(大宗師篇)〉에 '이형거지(離形去智)'란 말이 보인다. ㅇ
放(방)―방(倣)과 같다.

박(撲 : 혼돈)은 지대(至大)하여 그 모양을 파악할 수가 없고, 도
(道)는 지묘(至妙)하여 그 양(量)을 헤아릴 수가 없다. 즉 원형(圓形)
인 하늘은 규(規)로 잴 수가 없고 방형(方形)인 땅은 구(矩)로 잴 수
없다. 예로부터 현재에 이르는 시간을 주(宙)라고 하며, 사방 상하의
공간을 우(宇)라고 한다. 도(道)는 그 우주 사이에 있어서 그 어느 쪽
에 있는지조차 모른다. 그러므로 견식(見識)이 멀리에까지 미치지 못
하는 사람과는 함께 '대(大)'를 이야기할 수 없고, 지식이 넓지 못한
사람과는 함께 '지(至)'를 이야기할 수 없다.

옛날 풍이(馮夷)는 도를 체득하여 대하(大河)에 잠수했고, 겸차(鉗
且)는 도를 체득하여 곤륜(崑崙)에 처했으며 편작(扁鵲)은 병을 고쳤
고, 조보(造父)는 말을 몰았으며, 예(羿)는 활을 쏘았고, 수(倕)는 (나
무를) 자르고 깎았다. 그 행위는 각각 다르지만 도를 체득한 점에서
는 같다.

대저 도를 체득하고 만사에 통달한 사람은 서로 비난하지 않는다.
비유하건대 같은 유수지(溜水池)에서 논에 물을 대는 경우 물을 받아
들이기는 마찬가지인 것과 같다. 가령 소를 잡아서 그 고기로 요리를

하는 경우, 어떤 사람은 신맛을 가미하고 어떤 사람은 단맛을 가미한다. 또 볶기도 하고 지지기도 하는 등 그 조리방법은 여러 가지인데 근본이 되는 것은 한 마리의 소이다.

편(梗)·염(梀)·예장(豫樟) 나무 등을 베어다가 제재(製材)하면, 어떤 사람은 관(棺)을 만들고 어떤 사람은 기둥이라든가 들보를 만든다. 가로로 자르고 또는 세로로 켜는 등 그 용도는 다양하지만 (그 근본은) 한 그루의 나무인 것이다. 즉 백가(百家)의 말은, 그 취지는 각각 다른 것 같지만 도(道)에 합치되고 있다는 점에서는 똑같다.

비유컨대 사(絲)·죽(竹)·금(金)·석(石) 등 여러 악기를 합주하는 경우, 그 주악(奏樂)은 유파(流派)마다 다르지만 각기 음악으로서의 기본을 일탈하는 것은 아니고, 백락(伯樂)·한풍(韓風)·진아(秦牙)·관청(管靑) 등이 각각 보는 방법은 다르지만 말[馬]을 알고 있는 점은 마찬가지인 것과 같다.

따라서 삼황오제(三皇五帝)는 그 법전(法典)은 다르다 하더라도 민심을 얻었다는 점에서는 마찬가지였다. 그러므로 탕왕(湯王)이 하(夏)나라에 들어갔을 때는 하나라 법을 사용했고, 무왕(武王)이 은(殷)나라에 들어갔을 때는 은나라의 예(禮)를 사용했다. 이것이야말로 걸왕(桀王)·주왕(紂王)이 나라를 망치고, 탕왕·무왕이 천하를 얻었던 이유이다.

原文 樸至大者無形狀, 道至眇者無度量. 故天之圓也, 不得規. 地之方也, 不得矩. 往古來今, 謂之宙, 四方上下, 謂之宇. 道在其間, 而莫知其所. 故其見不遠者, 不可與語大. 其智不閎者, 不可與論至.

昔者馮夷得道以潛大川, 鉗且得道以處昆侖, 扁鵲以治病, 造父以御馬, 羿以之射, 倕以之斵. 所爲者各異, 而所道者一也.

夫稟道以通物者,　無以相非也.　譬若同陂而漑田,　其受水均也.
今屠牛而烹其肉, 或以爲酸, 或以爲甘. 煎熬燎炙, 齊味萬方, 其本
一牛之體.

伐楩·柟·豫樟而剖梨之, 或爲棺槨, 或爲柱梁. 披斷撥逐, 所
用萬方, 然一木之樸也. 故百家之言, 指奏相反, 其合道一也. 譬若
絲竹金石之會樂同也, 其曲家異, 而不失於體, 伯樂·韓風·秦牙·
管靑, 所相各異, 其知馬一也.

故三皇五帝, 法籍殊方, 其得民心均也. 故湯入夏而用其法, 武
王入殷而行其禮. 桀紂之所以亡, 而湯武之所以爲治.

註解　○樸(박)－천지를 포함한 공간의 뜻으로 풀이했다. ○昔者馮夷(석
자풍이)……－풍이(馮夷)는 하신(河神).《장자》〈대종사편(大宗師篇)〉에
근거한다.　○鉗且(겸차)－선인(仙人).　○羿(예)－옛날의 명궁(名弓).　○倕
(수)－옛날의 명공(名工).　○同陂而漑田(동피이개전)－피(陂)는 파(坡)와
같다. 둑·제방 등의 뜻. 피파(陂坡)라고 하면 유수지(溜水池)란 의미이
다. 문의(文意)를 통하게 하기 위해 피지(陂池)의 뜻으로 해석했다.　○
煎熬燎炙(전오요적)－전(煎)은 끓이다, 오(熬)는 볶다, 요(燎)는 태우다,
적(炙)은 굽다의 뜻.　○披斷撥逐(피단발수)－피단(披斷)은 나뭇결과 직
각이 되게 가로로 자르는 것. 발수(撥逐)는 나뭇결을 따라 세로로 켜는
것.

대저 기(剞), 궐(劂), 소(銷), 거(鉅)가 있더라도 뛰어난 목수가 아
니면 재목을 자유자재로 가공할 수 없으며 노(鑪), 탁(橐), 타(埵), 방
(坊)이 있더라도 빼어난 대장장이가 아니면 쇠붙이를 마음대로 가공
할 수가 없다. 도우토(屠牛吐)는 하루아침에 아홉 마리의 소를 해체

하고도 그 칼로 수염을 깎을 수가 있었다. 포정(庖丁)은 칼을 사용하기 19년이 되었건만 아직 갓 갈아놓은 칼 같았다. 칼을 고기와 고기, 고기와 뼈 사이의 좁은 틈에 넣고 사용했었기 때문이다.

원래 규(規)·구(矩)·구(鉤)·승(繩) 등은 기교의 도구인데 그 자체가 기교를 만들어 내는 것은 아니다. 그러므로 슬(瑟)에 현(弦)이 없으면 사문(師文)이라 하더라도 음악을 연주할 수 없는데 단지 현만 있으면 슬픔을 자아낼 수가 없다. 즉 현은 슬픔을 자아내는 도구지만 그 자체가 슬픔을 만들어 내는 것은 아니다.

무릇 명공(名工)이 연기(連鐖)를 만들 때 돌이 차례로 발사되고 혹은 자연히 멈추며 개폐(開閉)가 기묘하게 교차하는 것이, 명명(冥冥)한 경지, 신조(神調)의 극치에 이르며 마음과 손이 자재롭게 움직이어 만물과 일체가 된다. 이런 기술은 아버지라고 해도 아들에게 가르칠 수 없는 것이다.

장님 악사(樂師)가 마음을 자유롭게 풀어놓고 대상을 쫓아서 신수(神髓)를 묘사해 내고 그것을 춤의 곡으로 현(弦)에 나타내는 것은, 형이라고 해서 아우에게 가르칠 수 있는 것이 아니다. 그러므로 수평(水平)으로 하기 위해서는 준(準)이 있고 똑바르게 파기 위해서는 먹줄이 있다. 만약 먹줄도 수준기도 사용하지 않고서도 수평으로 하거나 똑바르게 할 수 있다면 그것은 공유할 수 없는 기술이다.

따라서 (두 대의 瑟을 나란히 놓고 그 한쪽 瑟로) 궁(宮)의 음을 타면 (다른 瑟의) 궁 음이 울리고, 이와 마찬가지로 각(角)의 음을 타면 각현(角弦)이 울리는 것은 같은 음이 서로 호응하기 때문인데, 오음(五音) 중 아무것에도 해당하지 않는 음을 타면 (다른 瑟의) 25현(弦) 모두가 호응한다는 기술은 아무에게도 전해줄 수 없는 도(道)이다. 그러므로 소조(蕭條)야말로 형(形)이 있는 물체를 주관하며 적막(寂寞)이야말로 음(音)을 주관하는 것이다.

原文 故刳剞銷鋸陳, 非良工不能以制木, 鑪橐埵坊設, 非巧冶不能以治金. 屠牛吐一朝解九牛, 而刀可以剃毛, 庖丁用刀十九年, 而刀如新剖硎. 何則游乎衆虛之閒. 若夫規矩鉤繩者, 此巧之具也, 而非所以爲巧也. 故瑟無弦, 雖師文不能以成曲. 徒弦則不能悲, 故弦悲之具也, 而非所以爲悲也.

若夫工匠之爲連鐖, 運開陰閉眩錯, 入於冥冥之眇·神調之極, 游乎心手之閒, 而莫與物爲際者, 父不能以敎子. 瞽師之放意, 相物寫神, 愈舞而形乎弦者, 兄不能以喩弟. 今夫爲平者準也, 爲直者繩也. 若夫不在於繩準之中, 可以平直者, 此不共之術也.

故叩宮而宮應, 彈角而角動, 此同音之相應也. 其於五音無所比, 而二十五弦皆應, 此不傳之道也. 故蕭條者形之君, 而寂寞者音之主也.

註解 ○刳剞銷鉅(기궐소거)－기(刳)는 소형 칼, 궐(剞)은 끌, 소(銷)는 끌의 일종, 거(鉅)는 톱. ○鑪橐埵坊(노탁타방)－노(鑪)는 화로, 탁(橐)은 풍구, 타(埵)는 풍구의 철통(鐵筒), 방(坊)은 주형(鑄型). ○屠牛吐(도우토)－제(齊)나라의 대도(大屠). 《관자(管子)》〈제분편(制分篇)〉,《한서(漢書)》〈가의전(賈誼傳)〉은 ‘도우단(屠牛坦)’으로 적고 있다. ○庖丁用刀(포정용도)……－포정(庖丁)의 설화는 《장자》〈양생주편(養生主篇)〉에 상세히 나와 있다. ○徒弦(도현)－현(弦)이 슬(瑟)에 단지 매어져 있는 상태를 가리킨다. ○連鐖(연기)－기발(鐖發). 용수철의 힘으로 돌을 쏘는 기계. ○莫與物爲際(막여물위제)－여기서의 제(際)란 간격이란 의미. 외물(外物)과 일체화되어 그곳에 간격이 없는 것을 가리킨다. ○寫神(사신), 愈舞(유무)－사신(寫神)이란 형태에만 머무르지 않고 그 신수(神髓)를 묘사해내는 것. 즉 자기와 대상(對象)이 일체화되는 것을 뜻한다. 유무(愈舞)란 그것이 한층 더 두드러지는 것. ○故蕭條者形之君(고소조자형지군), 而寂寞者音之主也(이적막자음지주야)－유(有)의 근원에 무(無)를 상정

(想定)하는 도가설(道家說)에 따른 것. 한편 《사기(史記)》〈악서(樂書)〉
에 '악유중출(樂由中出) 고정(故靜)'이라 하여 음악을 정(靜)에 근거해서
논하고 있는 것과도 상통한다.

천하의 시(是)와 비(非)는 일정하지가 않다. 세상 사람들이 각기
시(是)라 하는 바를 시(是)라 하고 비(非)라 하는 바를 비(非)라 하
며, 이른바 시와 비가 각양각색인 것은, 누구나 자기를 시라 하고 남
을 비라 하고 있기 때문이다. 이렇게 볼 때 만사는 자기 마음에 맞는
다고 해서 원래 시라고 하는 것은 아니고, 심정에 거슬린다고 하여
원래 비라고 하는 것은 아니다.

즉 시를 구하는 것은 도리를 구해서가 아니고 자신에게 적당한 것
을 구하고 있는 것이며, 비를 물리치는 것은 사곡(邪曲)을 배제하는
것이 아니라 마음에 거슬리는 것을 물리치고 있는 것에 불과하다.

그러나 자기에게 거슬리는 것이라 하여, 반드시 남에게 적합하지
않은 것은 아니며 남에게 적합한 것이라 하여 반드시 세속에 비(非)
가 아니라고 할 수는 없다. 그런데 지시(至是)의 시(是)는 비(非)가
아닐 수 없고, 지비(至非)의 비(非)는 시(是)라고 하는 예는 없다. 이
것이야말로 진실된 시·비이다.

예를 들면 이쪽에서는 시(是)라고 하는데 저쪽에서는 비(非)라 하
고, 이쪽에서는 비라고 하는데 저쪽에서는 시라고 하는 것과 마찬가
지로서 이것이야말로 일시일비(一是一非)라 하는 것이다.

이러한 상대적 시(是)·비(非)는 한쪽으로 치우치는 것, 앞에서 말
한 시비야말로 왕고래금(往古來今), 사방상하(四方上下)에 두루 통
하는 것이다. 그런데 오늘날에는 내가 시라고 하는 것을 선택하여 이
것에 편승하고, 비라는 것을 선택하여 이것을 물리치려고 한다. 세상

에서 말하는 시·비는 그 어느 쪽이 진실된 시이고, 그 어느 쪽이 진
실된 비인지 알 수가 없다.

原文　天下是非無所定. 世各是其所是, 而非其所非. 所謂是與非
各異, 皆自是而非人. 由此觀之, 事有合於己者, 而未始有是也. 有
忤於心者, 而未始有非也. 故求是者, 非求道理也, 求合於己者也.
去非者, 非批邪施也, 去忤於心者也.

　忤於我, 未必不合於人也. 合於我, 未必不非於俗也. 至是之是
無非, 至非之非無是, 此眞是非也. 若夫是於此而非於彼, 非於此
而是於彼者, 此之謂一是一非也.

　此一是非隅曲也. 夫一是非宇宙也. 今吾欲擇是而居之, 擇非而
去之. 不知, 世之所謂是非者, 孰是孰非.

註解　○邪施(사시) — 시(施)는 미곡(微曲). ○至是(지시) — 상대적인 시비
(是非)를 초월한 절대적인 시(是). ○至非(지비) — 상대적인 시비를 초월한
절대적인 비(非).

　노자(老子)는 말했다. "대국(大國)을 다스리는 데는 마치 작은 생
선을 굽듯 해야 한다."라고 ──. 관용의 정치를 행하는 자는 '자주 뒤
집지 말라(放任하라)는 의미이다'라 했고, 혹독한 정치를 하는 자는
'짠맛과 신맛을 가리면 좋다(위정자의 뜻대로 조종한다)는 의미이다'
라고 했다.

　진(晉)나라 평공(平公)은 하는 말과 행동이 일치하지 않았다. 그래
서 사광(師曠)이 금(琴)을 번쩍 들어 평공에게 던졌는데, 금은 평공
의 옷깃을 스쳐 벽에 부딪쳤다. 측근자가 (벽에 난 구멍을) 메우려고

하자 평공은 "그냥 두어라, 그것을 과인이 저지른 과실(의 경계)로 남겨 두겠노라."고 말했다.

공자(孔子)는 이 말을 듣고, "평공이라고 해서 그 몸에 통증을 느끼지 않았던 것은 아니리라. 간신(諫臣)이 계속 모여들 것을 바랐기 때문이다."라고 말했다. 한비자(韓非子)는 이 말을 듣고, "군신(群臣) 모두가 무례한 행동을 하고도 처벌받지 않았던 것은 과실을 방임한 것, 당연하도다. 평공이 패자(霸者)가 못되었던 것도"라고 말했다.

어느 고참객(古參客)이 신참객을 복자(宓子)에게 소개했다. 신참객이 나가자 복자는 말했다. "그대가 데려온 객은 무려 세 가지의 과오를 범했소이다. 첫째, 나를 멀리서 바라보며 웃었는데 그것은 나를 경시(輕視)했기 때문이오. 다음으로 담론할 때 스승의 설(說)을 받아들이지 아니했는데 그것은 스승을 배반한 것이외다. 그리고 교분이 얕은데도 이야기에 끼어든 것은 무례함이외다."

객(客)은 다음과 같이 대답했다. "아닙니다. 나리를 멀리서 보고 웃은 것은 관용의 표현이며, 담론할 때 스승의 설을 받아들이지 아니했던 것은 통설(通說)이기 때문이고 교분이 얕은데도 이야기에 끼어든 것은 진심의 표출입니다." 이처럼 객(客)의 외견(外見)은 하나인데 어떤 사람은 군자라 했고 어떤 사람은 소인이라고 한 것은 각각 그 시점(視点)이 다르기 때문이다.

즉 뜻을 두고 있는 바가 합치되면 하는 말에도 자연히 진심이 깃들어 있어서 친밀함이 더해가지만, 소원하면 꾀했던 일이 잘되어 가더라도 의심을 받게 된다. 친어머니가 자식의 머리에 난 종기를 고쳐 주려 하다가 아이의 귀에까지 피가 흘러내렸다. 그것을 본 사람은 사랑이 넘치는 것을 보고 감동하겠지만, 계모가 했다면 지나가던 사람은 미워서 그랬을 것으로 생각할 것이리라.

또 성(城) 위에서 소를 내려다보면 양(羊)과 같을 것이며, 양을 내려다보면 돼지처럼 보이는 것은, 높은 곳에서 내려다보기 때문이다. 또 얼굴을 대야 물에 비춰보면 둥글게 보이는데 술잔 물에 비춰보면 타원형으로 보인다. 얼굴 모양은 이전과 변한 것이 없는데도 둥글게 보이고 타원형으로 보이는 것은 비춰주는 것이 달라졌기 때문이다.

이제 내 몸을 바르게 하여 외물(外物)에 대비(對備)코자 해도, 세상 사람들이 자기 자신을 어떻게 볼 것인지, 그것은 알 수가 없다. 그렇다고 해서 만약 몸을 전화(轉化)시키어 세상 사람과 경합을 벌인다면 비유컨대 비를 피하고자 하는 것과 같아서 어디에 가든지 간에 함빡 젖지 않을 수 없을 것이다. 항상 마음을 허정(虛靜)하게 가지고자 하면 허정에 들어가기 어려워진다. 그렇다고 해서 허정을 얻고자 하지 않으면서 스스로 허정해지려고 해도 그것은 바랄 수 없는 일이다.

그러므로 도(道)에 통달한 자는 마치 수레바퀴의 축(軸)이 그 자체는 움직이지 않건만 곡(轂)과 함께 천리 저쪽에 이르며 끝없는 벌판을 운전하고 있는 것과 같다. 한편 도에 통달하지 못한 자는 길을 잃은 자와 같아서, 동서남북의 방향을 가르쳐 주면 그 거소(居所)를 알 수는 있어도 한 번 돌아 (곁길로) 접어들면 금방 알 수 없게 되어 다시 헤매게 된다.

그러므로 성인(聖人)은 도(道)에 편승히고 본성으로 돌아와시 화(化)하는 일이 없이 외물(外物)의 변화에 몸을 맡긴다. 이렇게 하면 세속의 재난에서 크게 벗어날 수 있을 것이다.

原文 老子曰, 治大國若烹小鮮. 爲寬裕者曰, 勿數撓. 爲刻削者曰, 致其鹹酸而已矣. 晉平公出言而不當. 師曠擧琴而撞之. 跌衽中壁. 左右欲塗之. 平公曰, 舍之, 以此爲寡人失. 孔子聞之曰, 平公非不痛其體也. 欲來諫者也. 韓子聞之曰, 羣臣失禮而弗誅, 是縱過也. 有以也, 夫平公之不霸也.

故賓有見人於宓子者. 賓出. 宓子曰, 子之賓獨有三過. 望我而笑, 是擾也. 談語而不稱師, 是反也. 交淺而言深, 是亂也. 賓曰, 望君而笑, 是公也. 談語而不稱師, 是通也. 交淺而言深, 是忠也. 故賓之容一體也, 或以爲君子, 或以爲小人, 所自視之異也.

故趣合卽言忠而益親, 身疏卽謀當而見疑. 親母爲其子治扢秃, 而血流至耳, 見者以爲其愛之至也. 使在於繼母. 則過者以爲嫉也. 事之情一也, 所從觀者異也. 從城上視牛如羊, 視羊如豕, 所居高也. 窺面於盤水則員, 於杯則隋, 面形不變其故, 有所員, 有所隋者, 所自窺之異也.

今吾雖欲正身而待物, 庸遽知世之所自窺我者乎. 若轉化而與世競走, 譬猶逃雨也, 無之而不濡. 常欲在於虛, 則有不能爲虛矣. 若夫不爲虛而自虛者, 此所慕而不能致也.

故通於道者, 如車軸不運於己, 而與轂致千里, 轉無窮之原也. 不通於道者, 若迷惑. 告以東西南北, 所居聆聆, 一曲而辟, 忽然不得, 復迷惑也. 故終身隸於人. 辟若絖之見風也, 無須臾之閒定矣. 故聖人體道反性, 不化以待化, 則幾於免矣.

註解 ○治大國若烹小鮮(치대국약팽소선)―《노자(老子)》제60장에 있는 구절이다. ○晉平公出言而不當(진평공출언이부당)……―같은 취지의 글이 《한비자(韓非子)》〈난일(難一)〉에 보이는데 거기서는 평공(平公)을 군도(君道)를 잃은 자, 사광(師曠)을 신례(臣禮)를 잃은 자로 표현했고 두 사람 모두를 비판했다. 한편 사광과 평공에 관한 이야기는 〈남명훈(覽冥訓)〉에도 보이는데 거기서는 평공을 망국(亡國)의 군주라고 했다. ○有以(유이)―《경전석사(經傳釋詞)》에 '이 역시 유(由)이다'라고 되어 있다. ○故賓有見人於宓子者(고빈유견인어복자자)……―같은 취지의 글이 《전국책(戰國策)》〈조책(趙策)〉에 보이며, '복자(宓子)'를 '복자(服子)'로 적고 있다. '복자(宓子)'는 '자천(子賤)'이라고 한 것을 볼 때, 《사

기(史記)》〈중니제자열전(仲尼弟子列傳)〉의 '복부제(宓不齊), 자자천(字子賤)'이란 구절을 생각나게 한다. ○攓(건)—만(慢). 경시(輕視)하는 것. 《전국책》에는 '압(狎)'으로 적고 있다. 뜻은 같다. ○是亂也(시란야)—《순자(荀子)》〈불구편(不苟篇)〉에 '예의에 어긋나는 것, 이것을 난(亂)이라고 한다'라 했다. ○是公也(시공야)—윗 구절인 '망군이소(望君而笑)'를 이어받는 것으로 보고, 공(公)은 난해하다, '송(頌 : 여기서는 관용이란 뜻)'과 통한다. 한편 《전국책》〈조책〉은 '시화야(是和也)'로 적고 있다. ○是通也(시통야)—'통(通)'을 《전국책》이 '용설(庸說)'로 적고 있는 것을 참고하여 통설(通說)이란 뜻으로 번역했다. ○扢禿(흘독)—흘(扢)은 마(磨)와 같은 뜻. 머리를 문지르면 머리털이 빠져 떨어질 정도의 상처란 뜻이 된다. 여기서는 일단 머리에 난 종기란 뜻으로 풀이했다. ○從城上視牛如羊(종성상시우여양), 視羊如豕(시양여시)—《여씨춘추(呂氏春秋)》〈옹새편(雍塞篇)〉에 '대저 산 위에 올라가서 산 아래에 있는 소를 보면 양과 같이 작게 보이고, 양을 보면 돼지와 같이 작게 보인다. 그 실상은 소의 형체는 양과 같지 않고 양의 형체는 돼지와 같지 않건만 스스로 보는 바에 따라 그 형세는 같지 않다(夫登山而視牛若羊 視羊若豚. 牛之性不若羊 羊之性不如豚 性猶體也 若猶如也. 所自視之勢過也).'라고 되어있는 것 참조. ○聆聆(영령)—뜻의 효해(曉解). ○綄(환)—풍향계(風向計)의 일종.

치세(治世) 때의 직무는 지키기 쉽고, 일은 하기 쉬우며, 예(禮)는 행하기 쉽고 채무도 갚기가 쉽다. 이렇게 해서 한 사람은 두 가지 이상의 관직을 겸하지 않고, 한 가지 관직은 두 가지 이상의 일을 겸해서 하지 않으며, 사(士)·농(農)·공(工)·상(商)의 구별이 있었다.

그 때문에 농민은 농민들끼리 서로 경작에 관해서 이야기를 나누었고, 사인(士人)은 사인들끼리 서로 치무(治務)를 이야기했으며, 공인

(工人)은 공인들끼리 서로 기교를 이야기했고, 상인(商人)은 상인들끼리 서로 이익을 이야기했다.

이렇게 해서 사인(士人)에게는 치무의 유루(遺漏)가 없었고 농민에게는 쓸데없는 과로가 없었으며, 공인에게는 곤란한 작업이 없었고, 상인에게는 손실이 없어서 각 사람이 자기 몫에 따랐으며 서로 침범하는 일이 없었다.

예를 들면 이윤(伊尹)이 토목사업을 일으켰을 때 다리가 긴 자는 삽질을 하게 하고, 몸이 튼튼한 자는 흙짐을 지게 하고, 애꾸눈은 수평을 잡게 하고, 꼽추는 벽을 바르게 하였다.

이처럼 사람에게는 각기 장점이 있는데, 사람의 성(性)에는 우열은 없는 것이다. 호인(胡人)은 말을 잘 타고 월인(越人)은 배를 잘 탄다. 모양과 인종이 다른 자가 일을 바꿔서 하면 실패하고 적소(適所)를 잃으면 천해지며 세(勢)를 타면 존중된다. 성인(聖人)은 이것을 통괄하여 등용한다. 그 술(術)은 단 이 한 가지뿐이다.

原文 治世之職易守也, 其事易爲也, 其禮易行也, 其責易償也. 是以人不兼官, 官不兼事, 士·農·工·商, 鄕別州異. 是故農與農言力, 士與士言行, 工與工言巧, 商與商言數. 是以士無遺行, 農無廢功, 工無苦事, 商無折貨, 各安其性, 不得相干.

故伊尹之興土功也. 脩脛者使之跖鍤, 强脊者使之負土, 眇者使之準, 傴者使之塗. 各有所宜而人性齊矣. 胡人便於馬, 越人便於舟. 異形殊類, 易事而悖, 失處而賤, 得勢而貴. 聖人總而用之, 其數一也.

註解 ㅇ鄕別州異(향별주이)―수사적(修辭的) 어법(語法)으로서 향(鄕)·주(州)가 각각 다른 것처럼 사농공상(士農工商)의 구별이 확실하다는 의미

다. ○折貨(절화)―절(折)이란 장사하는 데 있어 손실을 본다는 뜻이다. ○
胡人(호인)―북방의 이민족. ○越人(월인)―남방의 이민족.

대저 먼저 알고, 먼 데 것을 고려하여, 천리 저쪽도 꿰뚫어보는 것
은 훌륭한 재능이다. 그러나 치세(治世)에는 이를 백성들에게 구하지
않는다. 박학(博學)하고 기억력이 발군인데다가 변설이 뛰어난 것은
아주 멋진 지능(智能)이다. 그러나 명주(明主)는 이것을 아랫사람들
에게 요구하지는 않는다. 세상을 깔보고 물질을 경시하며 세속에 물
들지 않는 것은 고결한 인사(人士)의 행위이다.

그러나 치세에는 이를 백성을 교화시키는 자질로 보지 않는다. 신
기(神技)를 속에 숨기고 조각(彫刻)을 하되 칼을 쓴 흔적도 안 남기
는 것은 인공(人工)의 극치이다. 그러나 치세에는 이것을 백성들이
업(業)으로 삼기를 요구하지 않는다.

예를 들면 장홍(萇弘)이라든가 사광(師曠)은 남보다 앞서 화복(禍
福)을 알고 그 언설은 주도면밀했지만, 중인(衆人)에게 그들과 똑같
은 일을 시킬 수는 없었다. 공손룡(公孫龍)은 변설이 교묘했고 '견백
동이지설(堅白同異之說)'을 설파했지만 중인에게 그와 똑같은 일을
시킬 수는 없었다.

북인무택(北人無擇)은 순(舜)을 비난하고 자기 자신은 청류(淸流)
에 몸을 던졌지만 이것을 세상의 본보기로 삼을 수는 없다. 반(般)·
묵자(墨子)는 나무로 연(鳶)을 만들어 이를 띄웠고 3일 동안 지상에
떨어지는 일이 없었는데, 그러나 이것을 공인(工人)으로 삼을 수는 없
었다. 즉 보통사람이 미치지 못하는 높이는 사람들을 평가하는 기준이
될 수 없고 보통사람이 미치지 못하는 행위는 나라의 풍속이라고 할
수 없다.

무릇 손에 닿기만 해도 그 경중(輕重)을 알 수가 있고 일주일량(一

鑄一兩)도 오차가 없는 자가 있더라도 성인(聖人)은 이 사람을 쓰는 일이 없고, 전형(詮衡)에 단다. 보기만 하더라도 그 고하(高下)를 알고 일척일촌(一尺一寸)의 오차가 없는 자가 있더라도 명주(明主)는 이 사람에게 맡기지 않고 완준(浣準)으로 잰다.

왜냐하면 사람의 재능은 그것만을 믿고 의지해야 하지만 자라든가 되는 대대로 전할 수 있기 때문이다. 그러므로 나라의 정치는 우자(愚者)와 지키는 편이 좋고, 군사(軍事)는 권세를 사용하는 편이 좋다.

대저 요뇨(騕褭)·비토(飛兎)를 구하여 수레를 끌게 한다면 이 세상에서 수레를 탈 수 없게 될 것이며, 서시(西施)·모장(毛嬙)을 찾아서 아내로 삼는다면 평생 독신으로 살아가게 될 것이다. 그렇지만 먼 옛날의 영준(英俊)이 출현하지 않더라도 인재가 나름대로 충족되는 것은 각기 능력에 맞추어 등용하고 있기 때문이다.

무릇 준마(駿馬)는 천릿길을 하루에 가는데, 태마(駄馬)는 30리를 10일 걸려서 가더라도 결국에는 천 리 저쪽에 도착한다. 이렇게 볼 때, 사람의 재능만을 믿어서는 안 되며, 정통적(正統的)인 수단을 공적(公的)으로 사용해야 한다.

난세(亂世)의 법은 표준을 높이 설정하고 그것에 미치지 못하는 자를 처벌하며, 무거운 임무를 부과하되 그것에 견뎌내지 못하는 자를 처벌하며, 어려운 일을 무리하게 강요하고 그것을 감당하지 못하는 자를 주살(誅殺)한다. 이렇게 해서 백성들은 세 가지 책임에 고통을 받다가 하는 수 없이 지혜를 짜내어 윗사람을 속이고 사악한 짓을 해서까지 괴로움에서 벗어나고자 한다.

즉 아무리 법률과 형벌을 엄하게 하더라도 악행을 막을 수가 없다. 그것은 왜일까? 백성의 능력이 미치지 못하기 때문이다. 속담에 '새도 궁하면 쪼고, 짐승도 궁하면 뿔로 받고, 사람도 궁하면 속인다'라고 한 것은 이런 의미이다.

原文 夫先知遠見, 達視千里, 人才之隆也. 而治世不以責於民. 博聞强志, 口辯辭給, 人智之美也. 而明主不以求於下. 敖世輕物, 不汙於俗, 士之伉行也. 而治世不以爲民化. 神機陰閉, 剞劂無迹, 人巧之妙也. 而治世不以爲民業.

故萇弘·師曠, 先知禍福, 言無遺策, 而不可與衆同職也. 公孫龍折辯抗辭, 別同異離堅白, 不可與衆同道也. 北人無擇非舜, 而自投淸泠之淵, 不可以爲世儀, 魯般·墨子, 以木爲鳶而飛之, 三日不集, 而不可使爲工也. 故高不可及者, 不可以爲人量, 行不可逮者, 不可以爲國俗.

夫挈輕重不失銖兩, 聖人弗用而縣之乎銓衡. 視高下不差尺寸, 明主弗任而求之乎浣準. 何則, 人才不可專用, 而度量可世傳也. 故國治可與愚守也, 而軍制可與權用也.

夫待腰褭·飛免而駕之, 則世莫乘車, 待西施·毛嬙而爲配, 則終身不家矣. 然非待古之英俊, 而人自足者, 因所有而竝用之. 夫騏驥千里一日而通, 駑馬十舍旬亦至之. 由是觀之, 人材不足專恃, 而道術可公行也.

亂世之法, 高爲量而罪不及, 重爲任而罰不勝, 危爲難而誅不敢. 民困於三責, 則飾智而詐上, 犯邪而干免. 故雖峭法嚴刑, 不能禁其姦何者. 力不足也. 故諺曰, 鳥窮則啄, 獸窮則齚, 人窮則詐. 此之謂也.

註解 ○博聞强志(박문강지)―'박문(博聞)'은 견문이 넓은 것. '강지(强志)'는 강지(彊志), 강기(强記), 강식(彊識)과 같은 뜻. 기억력이 강한(좋은) 것. ○口辯辭給(구변사급)―변설에 뛰어나고 말을 교묘하게 하는 것.《한서(漢書)》〈동방삭전(東方朔傳)〉에 '구해사급(口諧辭給)'이라고 되어있는 것과 같은 뜻이다. ○萇弘(장홍)·師曠(사광)……―장홍(萇

弘)에 대해서는 〈주술훈(主術訓)〉, 〈무칭훈(繆稱訓)〉, 사광(師曠)에 대해서는 〈남명훈(覽冥訓)〉을 참조할 것. 한편 이 두 사람의 신이(神異)를 뒷받침해 주는 설화가 《한비자(韓非子)》 〈십과편(十過篇)〉 및 《사기(史記)》 〈악서(樂書)〉 등에 보인다. ㅇ公孫龍(공손룡)―기원전 3세기 후반, 조(趙)나라의 공자(公子) 평원군(平原君)의 빈객 중 한 사람으로서 혜시(惠施)와 함께 명가(名家)의 대표적 인물. 소위 견백동이설(堅白同異說)에 대해서는 《사기》 〈평원군열전(平原君列傳)〉에 '공손룡선위견백지변(公孫龍善違堅白之辯)'이라고 되어있으며, 《장자》 〈추수편(秋水篇)〉에 '합동이(合同異), 이견백(離堅白)'이라고 되어있다. 한편 현행 《공손룡자(公孫龍子)》에 〈백마편(白馬篇)〉 〈견백편(堅白篇)〉이 있으며 거기에 상세한 기록이 실려 있다. ㅇ折辯抗辭(절변항사)―절변(折辯)은 논리를 왜곡하는 것, 항사(抗辭)는 강변하여 상대방과 겨루는 것. ㅇ北人無擇(북인무택)……―《장자》 〈양왕편(讓王篇)〉 및 《여씨춘추》 〈이속람(離俗覽)〉에 상세한 설명이 있다. ㅇ魯般(노반)·墨子(묵자)……―《묵자(墨子)》 〈노문편(魯問篇)〉에 '공수자삭죽목위작(公輸子削竹木爲䧿), 성이비지(成而飛之), 삼일불하(三日不下). 공수자자이위지교(公輸子自以爲至巧)'라고 되어있으며 《한비자》 〈외저설편(外儲說篇)〉 좌상(左上)에 '묵자위목연(墨子爲木鳶) 삼년이성(三年以成) 비일일이패(蜚一日而敗)'라고 되어있는 것에 바탕을 둔 것일까? ㅇ不集(부집)―집(集)은 지(止)의 뜻. 《시경(詩經)》 〈당풍(唐風)〉 보우(鴇羽)의 모전(毛傳)을 참조할 것. ㅇ不失銖兩(부실주량)―주(銖)·양(兩)은 모두 무게의 단위. 〈천문훈(天文訓)〉에 '12분(分)하여 1주(銖)에 해당하고 24주(銖)를 1량(兩)으로 한다'라고 되어있다. 주량이라고 하면 경미하다는 비유이다. ㅇ銓衡(전형)―전(銓)은 분동(分銅). 형(衡)은 저울추. 권형(權衡)과 같다. ㅇ騏驥(기기)―모두 준마(駿馬)를 가리킨다. ㅇ十舍(십사)―사(舍)는 30리. ㅇ鳥窮則啄(조궁즉탁), 獸窮則觕(수궁즉촉), 人窮則詐(인궁즉사)―《한시외전(韓詩外傳)》 권2에 '안연왈(顔淵曰), 수궁즉설(獸窮則齧), 조궁즉훼(鳥窮則喙), 인궁즉사(人窮則詐). 자고급금(自古及

今) 궁기하(窮其下) 능불위자(能不爲者) 미지유야(未知有也)'라고 되어있다.

도덕의 조리(條理)는 비유하건대 일월(日月)과 같은 것으로서 강남과 하북(河北)의 땅을 사이에 두고도 그 방향은 마찬가지이고 천리를 달려가도 그 위치에 변함이 없다. 세상의 예교습속(禮敎習俗)에 따르는 것은 마치 어떤 집에 거주하는 것과 같아서, 동쪽의 이웃집에서는 이를 서쪽 집이라 부르고, 서쪽의 이웃집에서는 이를 동쪽 집이라고 부른다.

이렇게 되면 고요(皐陶)가 심리를 맡았다 하더라도 그 위치를 정할 수 없다. 즉 출처진퇴(出處進退)는 같더라도 훼예포폄의 평가는 세속에 맡겨지며, 의도라든가 행동은 같더라도 궁해지든가 통달하는 것은 시세에 맡겨지고 있다. 탕왕(湯王)과 무왕(武王)이 선행(善行)을 거듭 쌓았던 것은 오늘날에도 흉내 낼 수 있을 것이다.

그러나 두 왕이 걸주(桀紂)의 난세와 만났던 것은 하늘이 내린 기회였다. 비록 탕무(湯武)의 의지로도 걸주의 난세를 만나지 못했더라면 패왕(覇王)의 업(業)을 성취하고자 해도 도저히 이룰 수 없었으리라.

옛날 무왕은 과(戈)와 월(鉞)을 가지고 주(紂)를 쳤고 은(殷)나라에 이겼는데 홀(笏)을 지팡이처럼 손에 잡고 조정(朝廷)에 임했다. 무왕이 죽자 은나라의 유민(遺民)이 반란을 일으켰다. 주공단(周公旦)은 태자의 궁전에 들어가 승석(乘石)을 밟고, 천자를 섭정하고, 병풍 앞에 서서 제후(諸侯)들의 조회를 받았다. 동생인 채숙(蔡叔)을 추방하고 관숙(管叔)을 주살(誅殺)했으며 은나라 유민을 무찌르고 상(商)을 잡아 죽이고 문왕(文王)을 명당(明堂)에 제사 지낸 다음 7년 만에 정사(政事)를 성왕(成王)에게 돌려주었다.

대저 무왕이 무(武)로 먼저 다스리다가 문(文)을 나중에 한 것은 의향이 변해서가 아니라 시세에 따른 것뿐이다. 주공단이 형을 추방하고 동생을 죽인 것은 불인(不仁)해서가 아니라 반란을 바로잡고자 한 것뿐이다. 즉 일을 이루는 데도 세정(世情)에 맞게 하면 공적(功績)이 오르고, 노력하는 데도 시세에 맞게 하면 명성이 오른다.

옛날 제(齊)나라 환공(桓公)은 제후(諸侯)와 회맹(會盟)할 때 평상시에 타던 수레를 타고 갔고, 귀국한 다음에는 진압할 때는 부월(斧鉞)을 휘둘렀다. 진(晉)나라 문공(文公)은 제후와 회맹할 때는 전시(戰時)에 타던 수레를 타고 갔고, 귀국한 다음에 나라를 다스리는 데는 예의를 썼다. 환공은 처음에는 유(柔)했고 나중에는 강(剛)했으며, 문공은 처음에는 강했고 나중에는 유했는데, 그러나 호령은 천하에 두루 퍼졌고 권세는 제후들을 제압했다는 점에서는 마찬가지이다. 그것은 시세의 변화를 통찰하고 있었기 때문이다.

안합(顏闔)은 노군(魯君)이 재상으로 맞아들이고자 했지만 받아들이지 않았다. 사자(使者)에게 선물을 들고 먼저 찾아가게 했는데 뒷문을 부수고 도망치고 말았다. (그는) 천하의 명사가 되었는데 상앙(商鞅)이라든가 신불해(申不害) 시대였더라면 형(刑)은 삼족(三族)에게까지 미쳤을 것인즉, 하물며 본인이 처형당했을 것은 두말할 나위도 없다.

세상에서는 특히 고인(古人)을 칭송하여 그 행동을 고매하다고 한다. 그러나 같은 시대에 똑같은 인물이 있더라도 그 사람을 존경할 줄 모르는 것은, 그 사람의 재능이 모자라기 때문이 아니라, 시세가 적합하지 않기 때문이다. 그러므로 준마(駿馬)를 여섯 마리, 혹은 네 마리를 이끌고 강하(江河)를 건너고자 하더라도, 나무를 파냈을 뿐인 배에조차 미치지 못하는 것은 그 장소에 적합하지 못한 까닭이다.

그런 까닭에 공적을 돌리는 사람은 신중하게 행동하고 시세를 잘 관찰한다.

原文 道德之論, 譬猶日月也. 江南·河北, 不能易其指, 馳騖千里, 不能改其處. 趨舍禮俗, 猶室宅之居也. 東家謂之西家, 西家謂之東家. 雖皐陶爲之理, 不能定其處.

故趨舍同, 誹譽在俗, 意行鈞, 窮達在時. 湯武之累行積善可及也, 其遭桀紂之世天授也. 今有湯武之意, 而無桀紂之時, 而欲成霸王之業, 亦不幾矣.

昔武王執戈秉鉞, 以伐紂勝殷, 摺笏杖殳, 以臨朝. 武王旣沒, 殷民叛之. 周公踐東宮, 履乘石, 攝天子之位, 負扆而朝諸侯, 放蔡叔, 誅管叔, 克殷殘商, 祀文王于明堂, 七年而致政成王. 夫武王先武而後文, 非意變也, 以應時也. 周公放兄誅弟, 非不仁也, 以匡亂也. 故事周於世則功成, 務合於時則名立.

昔齊桓公, 合諸侯以乘車, 退誅於國以斧鉞. 晉文公, 合諸侯以革車, 退行於國以禮義. 桓公前柔而後剛, 文公前剛而後柔. 然而令行乎天下, 權制諸侯鈞者, 審於勢之變也.

顔闔, 魯君欲相之而不肯. 使人以弊先焉, 鑿培而遁之, 爲天下顯武, 使遇商鞅·申不害, 刑及三族. 又況身乎.

世多稱古之人, 而高其行, 竝世有與同者, 而弗知貴也. 非才下也, 時弗宜也. 故六騏驥, 四駃騠, 以濟江河, 不若蒙木便者, 處勢然也. 是故立功之人, 簡於行而謹於時.

註解 ○道德之論(도덕지론)-'논(論)'의 의미는 이해가 잘 안 된다. 혹은 '유(諭)'의 잘못으로서 '도덕에 의한 자연스럽게 되는 교화(敎化)'란 의미일까? 일단 조리(條理)·질서의 뜻으로 풀이해 둔다. ○其指(기지)-해

와 달의 빛이 가리키는 방향. ○馳騖(치무)—치(馳)도 무(騖)도 공히 달리게 하다란 뜻. ○執戈秉鉞(집과병월)—과(戈 : 쌍날 창), 월(鉞 : 큰 도끼)은 모두 무구(武具)인데 여기서는 정벌(征伐)이란 뜻을 상징하는 것으로서, 왕후장군(王侯將軍)이 가지는 예구(禮具). ○履乘石(이승석)—《시경》〈소아(小雅)〉 어조백화(魚藻白華)에 있는 구절인 '유편사석(有扁斯石), 이지비혜(履之卑兮)'의 모전(毛傳)에 '왕은 수레에 타는 데 돌을 밟는다'라고 되어있으며 '임금은 수레에 타는 데 승석(乘石)이 있다'는 기록이 있다. ○負扆(부의)—왕이 의(扆 : 병풍)를 등에 하고 남면(南面)하는 것.《순자(荀子)》〈유행편(儒行篇)〉에 '부의이좌(負扆而座)'라고 했다. ○乘車(승거), 革車(혁거)—승거(乘車)는 일상적인 수레. 혁거(革車)는 병거(兵車).《사기(史記)》〈봉선서(封禪書)〉에 환공(桓公)의 말로서 '병거지회삼(兵車之會三). 이승거지회륙(而乘車之會六), 구합제후(九合諸侯), 일광천하(一匡天下), 제후막위아(諸侯莫違我)'라고 되어있는 것처럼 패자(霸者)를 중심으로 한 회맹(會盟)의 상황을 가리킨다. 한편 제나라 환공, 진(晉)나라 문공(文公)은 모두 춘추오패(春秋五霸) 중 한 사람이다. 단, 제나라 환공은 승거(乘車)를 사용했고, 진나라 문공은 혁거(革車)를 사용했다는 설의 근거는 불분명하다. ○顯武(현무)—초(超)나라 사람은 선비를 가리켜 무(武)라고 한다. 현사(顯士), 즉 명사(名士)란 의미일까? ○商鞅(상앙)—법가류(法家流)의 정치가. 진(秦)나라 효공(孝公)을 섬기면서 가정(苛政)을 폈다고 한다.《사기(史記)》〈진본기(秦本記)〉와 〈상앙열전(商鞅列傳)〉 참조. ○申不害(신불해)—법가(法家)인 사상가.《사기》〈노자(老子)·한비자열전(韓非子列傳)〉 참조. ○駃騠(쾌제)—쾌(駃)·제(騠) 모두 준마(駿馬). 북적(北翟 : 北狄)의 양마(良馬). ○簡於行(간어행)—간(簡)은 '간(柬 : 선택하다)'의 차어(借語).

오늘날의 세속(世俗) 사람들은 공명(功名)을 이룬 사람을 현인(賢

人)이라 하고, 우환(憂患)을 극복한 사람을 지자(智者)라 하며, 곤란(困難)에 조우(遭遇)한 사람을 우자(愚者)라 하고, 절조를 지키다가 죽은 사람을 우직하다고 한다. 내가 생각하기에는 각 사람이 각양 상태에서 지고(至高)로 여기는 바를 힘쓴 것뿐이다.

왕자(王子) 비간(比干)은 기자(箕子)처럼, 머리를 풀어 산발하고 미친 척하며, 죽음을 면할 줄 몰랐던 것이 아니다. 그는 어디까지나 실직(實直)하게 행동하고 충성을 다하며 절조를 지키다가 죽는 것을 즐겼기에 그렇게 하지 않았다. 백이(伯夷)와 숙제(叔齊)는 봉록을 받으며 벼슬자리에 나아가서 공적을 세울 수 없었던 것이 아니다. 하지만 세속을 떠나 고결하게 처신하며 중인(衆人)과의 교제를 끊는 것을 즐겼기에 벼슬을 버렸다.

허유(許由)라든가 선권(善卷)은 천하를 긍휼히 여기며 사해(四海) 안을 안정시키고 백성들을 덕화(德化)시킬 수 없었던 것이 아니다. 하지만 외물(外物)에 의해 내심(內心)의 조화가 흐트러지는 것을 부끄러워했기에 제위(帝位)를 받지 않았다. 예양(豫讓)이라든가 요리(要離)는 가정을 즐기고 처자를 보살피며 단란하게 살아가기를 원하지 않았던 것은 아니다. 하지만 어디까지나 성실하게 행동하고 끝내는 주군(主君)을 위해 죽는 것을 즐겼기에 안락하게 살 수 없었던 것이다.

이제 가령 기자의 처지에서 비간을 본다면 어리석을 것이고, 비간의 처지에서 기자를 본다면 비겁할 것이다. 관중(管仲)·안영(晏嬰)의 처지에서 백이를 본다면 우직할 것이고, 백이의 처지에서 관안(管晏)을 본다면 탐욕할 것이다.

이처럼 취사(取捨)는 상이(相異)하며, 지향(志向)은 상반(相反)되는데, 그러나 각기 최선의 노력을 다하는 것을 즐겼던 것이니, 대체 누가 바로잡아 줄 수 있단 말인가? 증자(曾子)는 말했다. "물에 뜨는 배를 두드리면 새는 이 소리를 듣고 높이 날아오르며 물고기는 이 소리를 듣고 깊이 숨는다.”라고 ─. 즉 향하는 곳은 각각 다르지만 모두 그 편의(便宜)를 따르고 있는 것이다.

　예를 들어 혜자(惠子)가 뒤따르는 수레 백승(百乘)을 거느리고 맹제(孟諸)를 지나갈 때 장자(莊子)는 그것을 보고 먹다 남은 물고기를 집어 던지고 말았다. 제호(鵜胡)는 몇 말의 물을 마셔도 모자라는데 선조(蟬蜩)는 이슬만 한 즙(汁)을 입에 넣는 것만으로도 만족한다. 지백(智伯)은 삼진(三晉)을 손에 넣고도 아직 욕심이 차지 않았는데, 임류(林類)와 영계기(榮啓期)는 도롱이를 걸치고 있어도 마음에 한이 되지 않았다. 이렇게 볼 때 사람이 살아가는 방법은 다른 법이거늘 어찌 서로 비난할 수 있을까?

原文　今世俗之人, 以功成爲賢, 以勝患爲智, 以遭難爲愚, 以死節爲戇. 吾以爲, 各致其所極而已. 王子比干, 非不知箕子被髮佯狂, 以免其身也. 然而樂直行盡忠以死節. 故不爲也. 伯夷·叔齊, 非不能受祿任官, 以致其功也. 然而樂離世伉行以絶衆. 故不務也.

　許由·善卷, 非不能撫天下寧海內, 以德民也. 然而羞以物滑和. 故弗受也. 豫讓·要離, 非不知樂家室安妻子, 以偸生也. 然而樂推誠行, 必以死主. 故不留也.

　今從箕子視比干, 則愚矣. 從比干視箕子, 則卑矣. 從管晏視伯夷, 則戇矣. 從伯夷視管晏, 則貪矣. 趨舍相非, 嗜欲相反, 而各樂其務, 將誰使正之. 曾子曰, 擊舟水中, 鳥聞之而高翔, 魚聞之而淵藏. 故所趨各異, 而皆得所便.

　故惠子從車百乘, 以過孟諸, 莊子見之, 弃其餘魚. 鵜胡餘水數斗而不足, 蟬蜩入口若露而飽. 智伯有三晉而欲不澹, 林類·榮啓期, 衣若縣衰而意不懏. 由此觀之, 則趣行各異, 何以相非也.

註解　○戇(당)－어리석음. 우직(愚直)의 뜻. ○王子比干(왕자비간)－은(殷)나라 군자. 주왕(紂王)에게 간언했지만 받아들여지지 않았으며, 반대로 심장을 도려내는 악형으로 죽임을 당했다. ○伯夷(백이)·叔齊(숙제)－모두 은(殷)나라 시대 고죽국(孤竹國)의 왕자. 무왕(武王)이 은나라 주왕(紂王)을 토벌하고 은나라를 멸망시킬 때 '주(周)나라의 녹을 먹지 않겠다'며 수양산(首陽山)에 들어가 숨어 살다가 아사했다. 《사기(史記)》에 〈백이열전(伯夷列傳)〉이 있다. ○許由(허유)·善卷(선권)－허유가 요(堯)임금의 양위(讓位)를 거부한 것은 《장자》〈소요유편(逍遙遊篇)〉에, 선권(善卷)이 순임금의 양위를 거부한 것은 《여씨춘추(呂氏春秋)》〈하현편(下賢篇)〉에 보인다. 한편 《장자》〈양위편(讓位篇)〉은 비슷한 내용을 열거하고 있다. ○豫讓(예양)－춘추시대 말기 진(晉)나라 육경(六卿)의 한 사람이었던 지백(智伯)의 신하. 조양자(趙襄子)가 지백을 멸망시키자, 예양은 지백의 원수를 갚기 위해, 몸에 옻칠하여 문둥병자로 가장하고 숯을 먹어 벙어리 시늉을 내면서 복수를 시도했으나 실패하고 자살했다. 〈주술훈(主術訓)〉과 《전국책(戰國策)》〈조책(趙策)〉에 자세한 기록이 있다. ○要離(요리)－춘추시대 오왕(吳王) 합려(闔閭)의 신하. 합려를 위해 경기(慶忌)를 죽이고자 도모했으나 실패했다. 《여씨춘추》〈충렴편(忠廉篇)〉에 자세히 나와 있다. ○管晏(관안)－관중(管仲)과 안영(晏嬰). 공히 춘추시대 제(齊)나라의 재상. 관중은 환공(桓公)을 섬겨가면서 패업(覇業)을 도왔고, 안영은 경공(景公)을 섬기면서 치적을 올렸다. ○將誰使正之(장수사정지)－'장(將)'을 여기서는 '이(以 : 이로서)'로 해석했지만 '억(抑 : 도대체)'의 뜻으로 해석할 수도 있다. ○惠子(혜자)－혜시(惠施). 전국시대 명가(名家)의 학자. 위(魏)나라 재상이 되었다고 전해온다. 《장자》에는 이 혜자에 대한 언급이 많으며 특히 두 사람의 문답설화(問答說話)가 빈번하게 나오는데 여기에 나오는 이야기는 보이지 않는다. ○蟬蜩(선조)－선(蟬)·조(蜩) 모두 매미. 조(蜩)는 조(蜩)와 같다. ○林類(임류)－《열자(列子)》〈천서편(天瑞篇)〉에, 그가 은자(隱者)로서 생활을 즐

긴 이야기가 보인다. ㅇ榮啓期(영계기)－〈주술훈(主術訓)〉에 '영계기가 금(琴)을 한 번 타니, 공자(孔子)는 3일 동안 즐거워했다'라고 있으며, 또 그가 은자의 생활에 삼락(三樂)이 있다고 말한 것이 《설원(說苑)》 〈잡언편(雜言篇)〉과 《열자》 〈천서편〉에 보인다.

대저 삶을 중시하는 자는 이(利)로 치닫다가 자신을 해치는 짓은 하지 않고, 절(節)을 세우는 자는 곤란에 처해도 결코 도망치지 않으며, 녹(祿)을 탐내는 자는 이(利)에 치달아서 자기 자신을 돌보려는 짓을 하지 않고, 명(名)을 좋아하는 자는 의(義)로운 일이 아니면 결코 자기 소유로 만들지 않는다.

비유하건대 얼음과 숯, 구(鉤)와 승(繩)과 같아서 아무리 시간이 흘러도 합치하지 못할 것이다. 그러나 만약 성인(聖人)을 중재인으로 내세우면 서로 덮고 합치어 하나로 정리할 수는 있는데 시비(是非)의 판단을 내릴 수는 없다.

대저 하늘을 나는 새는 둥지를 집으로 삼고 여우나 살쾡이는 굴을 집으로 삼는다. 둥지를 만드는 것은 둥지가 마련되면 그곳에서 살고, 구멍을 파는 것은 구멍이 완성되면 그곳에서 산다. 사람이 지향하는 것, 시비(是非)로 삼는 것도 역시 각 사람의 서숙(棲宿)하는 거택(居宅)이다. 사람마다 평안한 곳을 즐기고 원하는 바를 궁구한다. 이것이야말로 성인(成人)이다. 그러므로 도(道)에 서서 논하면 만사를 포용하고 제일(齊一)하게 된다.

原文 夫重生者, 不以利害己. 立節者, 見難不苟免. 貪祿者, 見利不顧身. 而好名者. 非義不苟得. 此相爲論, 譬猶冰炭鉤繩也, 何時而合. 若以聖人爲之中, 則兼覆而幷之, 未有可是非者也.

夫飛鳥主巢, 狐狸主穴. 巢者巢成而得棲焉, 穴者穴成而得宿焉.
趨舍行義, 亦人之所棲宿也. 各樂其所安, 致其所蹠, 謂之成人. 故
以道論者, 總而齊之.

[註解] ○重生(중생)－중생(重生 : 삶을 소중하게 여기다)의 개념을 부귀
(富貴)와 비교해서 설명하는 것은 〈도응훈(道應訓)〉, 《여씨춘추》〈심위
편(審爲篇)〉, 《장자》〈양왕편(讓王篇)〉에 '중생즉경리(重生則輕利)'라고
되어있으며, 《여씨춘추》〈본생편(本生篇)〉에 '고지인유불긍부귀자의(古之
人有不肯富貴者矣) 유중생고야(由重生故也)'라고 되어있다. ○鉤繩(구승)
－《관자(管子)》〈형세편(形勢篇)〉에 '방원곡직(方圓曲直), 개중규구구승
(皆中規矩鉤繩)'이라고 되어있는 것처럼 승(繩)은 직선을, 구(鉤)는 곡선
을 긋는 데 사용한다. ○蹠(척)－원하다. ○成人(성인)－《논어(論語)》〈헌
문편(憲問篇)〉에 보인다. 완전한 사람이란 의미이다.

잘 다스려지는 나라의 도(道)는 위에 가혹한 법령이 없고, 관소(官
所)에 번잡한 행정이 없으며, 사인(士人)에게 위선적인 행동이 없고
공인(工人)에게 인정받고 싶어서 하는 기교(技巧)가 없으며, 만사는
질서가 있어서 흐트러짐이 없고 기물(器物)은 가지런하여 꾸밈이 없
다. 그러나 난세에서는 그렇게 되지 않는다. 행동에는 고상함을 함부
로 경쟁하고, 예용(禮容)에는 허식을 함부로 경쟁하여, 수레와 가마는
조탁(雕琢)의 미(美)에 극치를 이루고, 기물은 각루(刻鏤)의 사치를
다한다.

재화(財貨)를 구하는 자는 얻기 어려운 것을 서로 다투어 보물로
삼고, 학문을 논하는 자는 번잡을 일삼아서 스스로를 현명하다고 생
각하며 다투어 궤변을 논하는데 의논만 분분할 뿐 전혀 결론이 나지

않으므로 정치에는 도움이 되지 않는다. 한편 공인(工人)은 기이한 기물(器物)만 만들고자 하여 몇 해나 지나야 겨우 완성시키는데 실용 면에서는 전혀 적합하지 않다.

신농(神農)의 법에 말했다. '남자가 성년(成年)이 되어서도 경작을 하지 않으면 천하에 기근으로 고통받는 자가 생기고, 여자가 적당한 나이가 되어서도 길쌈을 하지 않으면 천하에 한동(寒凍)으로 고통받는 자가 생겨난다'라고 ─.

그리하여 (신농은) 스스로 경작하고 아내도 스스로 길쌈하여 천하에 솔선수범하였고, 백성을 이끄는 데 있어서는 얻기 어려운 재화(財貨)를 존귀하게 여기지 않았고, 실용적인 것이 아닌 물건을 사용하지 않았다. 이렇게 해서 경작에 힘쓰지 않는 자는 생활할 수가 없고 길쌈에 힘쓰지 않는 자는 몸에 걸칠 수가 없었으며, 남고 모자라는 것은 사람에 따라 좌우되었다.

의식(衣食)이 남아돌 정도였으므로 악행을 행하는 자가 없었고 안락하기만 할 뿐 아무 일도 없어서 천하는 언제나 태평했다. 그러므로 공자(孔子)라든가 증삼(曾參)이라 해도 그 선행(善行)을 베풀 여지가 없었고 맹분(孟賁)이나 성형(成荊)이라 해도 그 위무(威武)를 떨칠 여지가 없었다.

쇠세(衰世)의 형편은 지교사술(知巧詐術)에 의해 오로지 쓸데없는 물건을 꾸며내고, 먼 땅의 이물(異物)을 존중하며 얻기 어려운 재화(財貨)를 진중(珍重)하게 여기고, 생활에 필요한 물자를 비축하지 않는다. 천하의 부(富)를 낭비하고 천하의 순박(純朴)을 흩트리며, 우마(牛馬)를 매어 일을 시킴에 있어 우리[檻]를 만들고, 만민을 혼란 속에 빠뜨려 청정한 사람까지도 오탁(汚濁)에 물들고, 안에 있는 성명(性命)은 밖으로 흩어지게 하고, 모조리 어지럽게 하여 성실이라든가 신의를 붙잡아 둘 수가 없어서 사람들은 그 정성(情性 : 本性)을 상실한다.

이렇게 하여 비취서(翡翠犀), 상(象)의 장식, 색색으로 수놓은 복식(服飾)은 사람의 눈을 흐리게 하고, 추(芻), 환(豢), 서(黍), 양(粱)의 식사, 형(荊)·오(吳)의 진미는 사람의 입을 사치스럽게 하며, 종고관소(鐘鼓管簫)·금석사죽(金石絲竹)의 음악은 사람의 귀를 저리게 하고, 입거진무(立居振舞)에 대하여 잔소리를 하며 예절을 정해 놓고 (어기는 자를) 욕하는 것은 사람의 마음을 번거롭게 만든다.

그리하여 사람들은 함부로 떠들어대며 은밀하게 움직이어 이(利)를 추구하는 까닭에 세상은 번잡 천박해지는데 법과 의(義)하고는 등을 돌리고 행(行)과 이(利)는 일치하지 않게 된다. 이렇게 되어서는 관중(管仲)이 10명 있더라도 잘 다스릴 수가 없다.

부자는 차여(車輿)를 색색 비단으로 꾸미고 말 장식에는 상아(象牙) 깃발을 세우며, 장막과 깔개는 아름다운 자수와 끈목으로 꾸미고 청색·황색으로 채색하니 형언할 수가 없다. 가난한 사람은 여름에는 베옷을 걸치고 새끼를 띠며 콩을 먹고 물을 마시며 굶주림을 애써 견뎌내면서 무더위에 견뎌내고 있다. 겨울은 또 겨울대로 가죽옷은 이미 너덜너덜, 짧아진 베옷으로 몸을 완전히 감싸지도 못하고 부뚜막에 가서 몸을 녹이는 형편이다. 그러므로 양쪽 모두 평민(平民)임에 틀림없지만 그 빈부의 차는 마치 군주와 노예와 같다고 해도 그 비유가 충분치 못하다.

原文 治國之道, 上無苛令, 官無煩治, 士無僞行, 工無淫巧, 其事經而不擾, 其器完而不飾. 亂世則不然. 爲行者相揭以高, 爲禮者相矜以僞, 車輿極於雕琢, 器用逐於刻鏤. 求貨者, 爭難得以爲寶, 詆文者, 處煩撓以爲慧, 爭爲佹辯, 久稽而不訣, 無益于治. 工爲奇器, 歷歲而後成, 不周於用.

故神農之法曰, 丈夫丁壯而不耕, 天下有受其飢者, 婦人當年而不織, 天下有受其寒者. 故身自耕, 妻親織, 以爲天下先. 其導民也, 不貴難得之貨, 不器無用之物.

是故其耕不强者, 無以養生, 其織不力者, 無以揜形, 有餘不足, 各歸其身. 衣食饒溢, 姦邪不生, 安樂無事, 而天下均平. 故孔丘·曾參, 無所施其善, 孟賁·成荊, 無所行其威.

衰世之俗, 以其知巧詐僞, 飾衆無用, 貴遠方之貨, 珍難得之財, 不積於養生之具. 澆天下之淳, 析天下之樸, 牿服馬牛以爲牢, 滑亂萬民, 以淸爲濁, 性命飛揚, 皆亂以營, 貞信漫瀾, 人失其情性. 於是乃有翡翠犀象, 黼黻文章, 以亂其目, 芻豢黍梁, 荊吳芬馨, 以嗛其口, 鐘鼓管簫, 絲竹金石, 以淫其耳, 趨舍行義, 禮節誹議, 以營其心.

於是百姓糜沸豪亂, 暮行逐利, 煩挐澆淺, 法與義相非, 行與利相反. 雖十管仲, 弗能治也.

且富人則車輿衣纂錦, 馬飾傅旄象, 帷幕茵席, 綺繡絛組, 靑黃相錯, 不可爲象. 貧人夏則被褐帶索, 含菽飮水, 以充腸, 以支暑熱. 冬則羊裘解札, 短褐不掩形, 而煬竈口. 故其爲編戶齊民, 無以異, 然貧富之相去也, 猶人君與僕虜, 不足以喩之.

註解　○器用逐於刻鏤(기용축어각루)―나무에 조각하는 것을 각(刻), 쇠붙이에 조각하는 것을 누(鏤)라고 한다. ○煩撓(번요)―번(煩)은 번거롭다. 요(撓)는 어지럽히다란 의미. ○神農之法(신농지법)……―《여씨춘추(呂氏春秋)》〈애류편(愛類篇)〉에 '신농지교왈(神農之敎曰), 사유당년이불경자(士有當年而不耕者) 즉천하혹수기전의(則天下或受其饑矣). 여유당년이부적자(女有當年而不績者) 즉천하혹수기한의(則天下或受其寒矣). 고신친경(故身親耕) 처친직(妻親織)……'이라 하여 이것과 거의 같은 글이 보인다. 한편 《맹자(孟子)》〈등문공장구(滕文公章句)〉 상(上)에 보이는, 허행(許行)이 든(설명한) 신농의 말이란 것도 이것과 관계가 있는 것

으로 생각된다. ○不貴難得之貨(불귀난득지화)—《노자》 제3장에 '불상현(不尙賢) 사민부쟁(使民不爭) 불귀난득지화(不貴難得之貨) 사민불위도(使民不爲盜) 불견가욕(不見可欲) 사민심불란(使民心不亂)……'이라고 되어 있는 것에 근거한 것일까? ○衰世之俗(쇠세지속)……—이 대목은 《노자》 제57장에 '천하다기휘(天下多忌諱) 이민미빈(而民彌貧) 민다이기(民多利器) 국가자혼(國家滋昏). 인다기교(人多伎巧) 기물자기(奇物滋起) 법령자창(法令滋彰) 도적다유(盜賊多有)'라고 되어 있는 것과 동공이곡(同工異曲)이다. 혹은 이것을 부연한 것일까? ○牿服(곡복)—곡(牿)은 우마(牛馬)를, 우리〔檻〕에 넣어서 기르다란 의미. 복(服)은 우마에 수레를 매어 끌게 하는 것. ○於是乃有(어시내유)……—이 대목은 《노자》 제12장에 '오색령인목맹(五色令人目盲) 오음령인이롱(五音令人耳聾) 오미령인구상(五味令人口爽) 치빙전렵령인심발광(馳騁畋獵令人心發狂)……'이라고 되어있는 것에 수사(修辭)를 더 가해서 부연하고 있는 것 같다. ○糜沸(미비)—미(糜)는 진한 죽, 비(沸)는 펄펄 끓는 상태이다. 즉 죽이 펄펄 끓듯이 혼란해진다는 뜻이다. ○煩挐澆淺(번나요잔)—번(煩)은 번거로운 것, 나(挐)는 어지럽게 흐트러지는 것, 요(澆)는 인정이 없고 경박한 것, 잔(淺)은 가볍고 천한 것. ○纂錦(찬금)—색채가 찬란한 비단. ○馬飾傅旄象(마식부모상)—'모(旄)'는 깃발의 장식, 상(象)은 상아(象牙)이다. ○帷幕茵席(유막인석)—유(帷)는 장막, 막(幕)도 장막, 인(茵)은 깔개, 석(席)은 자리(가마니). 모두 실내장식용 물건. ○綺繡絛組(기수조조)—기(綺)는 무늬가 있는 비단, 수(繡)는 수를 놓은 비단, 조(絛)는 실을 여러 겹으로 꼰 끈, 조(組)는 끈목. ○羊裘解札(양구해찰)—해찰(解札)이란 구(裘)의 패해(敗解). 가죽옷의 털이 빠져서 너덜너덜해지는 것. ○編戶齊民(편호제민)—호적(戶籍)에 편입된 평민. 〈숙진훈(俶眞訓)〉에 이미 나왔다.

대저 기발함을 내세우고, 사음(邪淫)을 자행하는 자는 자신의 일생을 만족하며 살아가려니와 정의를 지키고 도리를 닦으며, 결단코 이익을 탐하고자 하지 않는 자는 기한(飢寒)의 괴로움을 벗어나지 못한다. 백성들이 말초(末梢)를 버리고 근본으로 돌아오기를 바라는 것은 마치 수원(水源)을 열어두고 그 흐름을 막으려는 것과 같다.

무릇 조탁각루(彫琢刻鏤)의 기교는 농경을 방해하는 것, 금수찬조(錦繡纂組)의 기교는 여공(女工)을 방해하는 것이다. 농경과 길쌈이 방해받는 것이야말로 기한(飢寒)을 가져다주는 근원이다. 대저 기한이 동시에 덮쳐오는데, 그런데도 법을 범하지 않고 죄에 빠지지 않는다는 말은 고금에 들어본 적이 없다.

그렇다면 인(仁)이 되기도 하고 불인(不仁)으로 되기도 하는 것은 시절에 따르는 것이지 당사자의 행동에 의한 것은 아니다. 이(利)를 얻다가 해(害)를 보기도 하는 것은 운명에 따른 것이지 당사자의 지려(智慮)에 의한 것이 아니다.

무릇 패색이 짙은 군세(軍勢)에서는 무용(武勇)이 있는 자라도 도망을 치는데 장군도 이들을 만류할 수가 없다. 그러나 승세에 있는 군세에서는 겁쟁이라 하더라도 두려워하지 않고 싸우며, 공포(恐怖)도 도주의 원인이 될 수가 없다.

예를 들어 양자강이나 황하의 둑이 무너져서 한마을에 사는 부자형제(父子兄弟)들이 상대방에게 눈길을 줄 사이도 없이 달려 언덕 위로 올라가려는 경우, 걸음이 빠른 자가 제일 먼저 올라갈 뿐, 다른 사람의 처지는 조금도 돌아보지 않는다. 세상이 안락해져서 마음이 평안해지면, 이웃 사람이 물에 빠지는 것을 보기만 해도 불쌍하게 생각한다. 하물며 친척이 빠진다면 더 말할 나위도 없다.

그런 까닭에 내 몸이 안전하면 그 은정(恩情)은 이웃 나라에까지 미치고, 이웃 나라를 위해 희생해서라도 구원코자 하지만, 내 몸이 위태로움에 처해 있으면 자기 친척조차도 잊고 전혀 여유를 가질 수가 없다. 화상(火傷)을 입은 자에게 불을 끄도록 하지 않는 것은 그 몸이 아프기 때문이다.

대저 사람은 여유가 있으면 양보하고 결핍되면 서로 다툰다. 양보하는 데서 예의가 생겨나고 다투는 데서 폭란(暴亂)이 일어난다. 문을 두드리며 물을 청하는 경우 거절하는 자가 없는 것은 남아돌기 때문이다. 숲속에서 땔나무를 팔지 않고, 호수 가에서 물고기를 팔지 않는 것은 남아돌기 때문이다. 즉 물자가 풍부하면 욕망은 줄고, 욕구가 충족되면 다툼이 멎는다.

진왕(秦王) 때 어떤 사람이 자식을 죽여서 젓갈을 담갔던 것은 의식(衣食)이 부족하기 때문이다. 유씨(劉氏)가 정치하게 되자 과부까지도 고아를 데려다 기른 것은 재화(財貨)가 남아돌았기 때문이다. 그러므로 세상이 잘 다스려지면 소인(小人)이라 하더라도 정도(正道)를 지키므로 대리(大利)를 가지고도 꾈 수가 없다. 세상이 문란해지면 군자라 하더라도 사욕(私欲)을 부리게 되어 엄벌을 가지고도 금할 수 없는 것이다.

原文 夫乘奇技僞邪施者, 自足乎一世之閒, 守正脩理, 不苟得者, 不免乎飢寒之患, 而欲民之去末反本, 是由發其原而壅其流也. 夫雕琢刻鏤, 傷農事者也. 錦繡纂組, 害女工者也. 農事廢, 女工傷, 則飢之本而寒之原也. 夫飢寒竝至, 能不犯法干誅者, 古今之未聞也. 故仁鄙在時, 不在行, 利害在命, 不在智.

夫敗軍之卒, 勇武遁逃, 將不能止也. 勝軍之陳, 怯者死行, 懼不能走也. 故江河決流, 一鄕父子兄弟, 相遺而走, 爭升陵阪, 上高丘, 輕足先升, 不能相顧也. 世樂志平, 見鄰國之人溺, 尙猶哀之, 又況親戚乎.

故身安則恩及鄰國, 志爲之滅. 身危則忘其親戚, 而人不能解也.

游者不能拯溺, 手足有所急也. 灼者不能救火, 身體有所痛也.

夫民有餘卽讓, 不足則爭. 讓則禮義生, 爭則暴亂起. 扣門求水, 莫弗與者, 所饒足也. 林中不賣薪, 湖上不鬻魚, 所有餘也. 故物豐則欲省, 求澹則爭止.

秦王之時, 或人菹子, 利不足也. 劉氏持政, 獨夫收孤, 財有餘也. 故世治則小人守政, 而利不能誘也. 世亂則君子爲姦, 而法弗能禁也.

註解 ○邪施(사시)―〈제속훈〉에 이미 나왔다. ○女工(여공)―길쌈. ○輕足(경족)―'발빠르다'란 뜻. 경(輕)은 재빠르다는 의미이다. ○秦王(진왕)―진(秦)나라의 시황제(始皇帝).

권 12

도응훈(道應訓)

　〈도응훈〉은 여러 가지 고사전설(故事傳說)의 유(類)를 기록하고, 그것을 노자(老子)의 말로 매듭짓는 형식으로 통일되어 있다. 단, 하반부로 가면 장자언(莊子言), 신자언(愼子言), 관자언(管子言)이라고 한 것이 각각 한 절씩 있는 것이 예외이다. 그리고 고사전설은 《여씨춘추(呂氏春秋)》에 바탕을 둔 것으로 보이는 것이 대부분이고 《장자》에 근거하는 것은 다섯 군데가 눈에 띈다.

　'도응'이란 도(道)의 응(應：나타나다)이란 의미이다. 〈요략(要略)〉에 '과거의 사적(事蹟)을 정리하고 또는 추관(追觀)하여, 그 사이에 있어서의 화복의 제상(諸相)을 관찰하고 노장(老莊)의 술(術)에 비추어 도(道)를 얻는 것과 잃는 것의 상황을 정해 놓은 것이다'라고 했는데 여기서 '과거의 사적'이란 고사 전설류에 해당한다. 또 노장의 술에 비추어 '도를 얻는 것과 잃는 것의 상황을 정한다'는 것은 노장의 말에 따라 도의 득실을 확인하는 것을 의미하는 것이다.

　　태청(太淸)이 무궁(無窮)을 찾아가서 말했다. "그대는 도(道)라고 하는 것을 알고 있는가?" 무궁이 대답했다. "나는 모르네." 이번에는 무위(無爲)에게 물었다. "그대는 도가 어떤 것인지를 알고 있는가?" 무위가 대답했다. "알고 있고말고". 그러자 태청은 말했다. "그대가 도를 알게 된 데에는 역시 비결이 있는가?" 무위가 대답했다. "내가 도를 아는 데는 비결이 있지."

　　태청이 말했다. "그 비결이란 어떤 것인가?" 무위는 대답했다. "나는 약하기도 하고 강하기도 하며, 유(柔)하기도 하고 강(剛)하기도 하고, 음(陰)이기도 하고 양(陽)이기도 하며 어둡기도 하고 밝기도 하며, 천지도 포용하고 어느 방향으로도 응대할 수 있다는 것을 알고 있지. 내가 도를 알게 된 비결은 바로 이것이라네."

　　태청은 또 무시(無始)에게 물었다. "아까 내가 무궁에게 도를 묻자 무궁은 '모른다'고 대답했소. 다음으로 무위에게 물었더니 무위는 '알고 있지'라고 대답했고, 다시 '그대가 도를 아는 데는 역시 비결이 있느냐'고 물었더니 무위는 '내가 도를 아는 데는 비결이 있다'고 하였소. 그래서 '그 비결이 무엇이냐'고 묻자, 무위는, '나는 도가 약하게도 되고 강하게도 되며 유(柔)하게도 되고 강(剛)하게도 되며 음(陰)도 되고 양(陽)도 되며 어둡게도 되고 밝게도 되며, 천지도 포용하고 어느 방향으로도 응대할 수 있음을 알고 있지. 내가 도를 알게 된 비결은 이것이지'라고 대답했소이다. 그런데 도대체 무위가 알고 있다고 한 대답과 무궁이 모른다고 한 대답 중 어느 것이 맞고 어느 것이 틀리는 것이오?"

　　무시가 대답했다. "모른다고 대답한 것은 깊이 깨달은 바가 있는 것이고, 안다고 대답한 것은 천박한 것이지. 모른다고 한 것은 진수(眞髓)에 달한 것이고 안다고 한 것은 피상(皮相), 모른다고 한 것은 본질을 파악한 것이요, 안다고 한 것은 말절(末節)이지."

태청은 하늘을 우러러 탄식하면서 말했다. "그렇다면 모른다고 한 대답은 실은 알고 있는 것이며, 안다는 대답은 실은 모른다는 것인가요? 대체 어느 누가 안다는 것은 실은 모르는 것이고 모른다는 것은 실은 아는 것이다라 함을 깨달을 수 있단 말이오?"

무시가 말했다. "본디 도는 귀로 들을 수 없는 것, 들을 수 있는 것은 도가 아니야. 도는 눈에 보이지 않는 것, 보이는 것은 도가 아니지. 도는 입으로 말할 수 없는 것, 말할 수 있는 것은 도가 아니야. 대체 어느 누가, 형(形)을 형(形)으로 만든 자에게는 형(形)이 없다는 것을 알 수 있으리오."

그래서 노자는 다음과 같이 말했다. "천하 사람은 모두 나야말로 선(善)이 선(善)임을 안다고 하는데, 이런 선은 진짜 선이 아니다. 즉 알고 있는 사람은 말하지 않고, 말하는 사람은 실은 모르는 것이다.(제2장, 제56장)"

原文　太淸問於無窮曰, 子知道乎. 無窮曰, 吾弗知也. 又問於無爲曰, 子知道乎. 無爲曰, 吾知道. 子之知道, 亦有數乎. 無爲曰, 吾知道有數. 曰, 其數奈何. 無爲曰, 吾知道之可以弱, 可以强, 可以柔, 可以剛, 可以陰, 可以陽, 可以窈, 可以明, 可以包裹天地, 可以應待無方. 此吾所以知道之數也.

太淸又問於無始曰, 鄕者吾問道於無窮, 無窮曰, 吾弗知之. 又問於無爲. 無爲曰, 吾知道. 曰, 子之知道亦有數乎. 無爲曰, 吾知道有數. 曰, 其數奈何. 無爲曰, 吾知道之可以弱, 可以强, 可以柔, 可以剛, 可以陰, 可以陽, 可以窈, 可以明, 可以包裹天地, 可以應待無方.

吾所以知道之數也. 若是則無爲之知, 與無窮之弗知, 孰是孰非. 無始曰, 弗知深而知之淺. 弗知內而知之外. 弗知精而知之粗.

太淸仰而歎曰, 然則不知乃知邪, 知乃不知邪. 孰知知之爲弗知, 弗知之爲知邪. 無始曰, 道不可聞, 聞而非也. 道不可見, 見而非也. 道不可言, 言而非也. 孰知形形之不形者乎.

故老子曰, 天下皆知善之爲善, 斯不善也. 故知者不言, 言者不知也.

註解 ○太淸問於無窮(태청문어무궁)―같은 취지의 글이 《장자》〈지북유편(知北遊篇)〉에 보인다. '태청(太淸)'은 하늘의 공기. 《장자》는 '태청(泰淸)'으로 기록하고 있다. 이하에서 말하는 무궁(無窮)·무위(無爲)·무시(無始)는 모두 도가의 개념을 의인화한 것. '무궁'은 '무위'보다 한 수위이고 그것을 재판한 '무시'는 더욱 고차원인 인물이다. 여기서는 '무위'를 유형(有形)의 세계를 경영하는 자, '무궁'을 유구한 천지의 모습, '무시'를 그 천지의 근원으로 보는 입장에서 서열을 매긴 것이리라. ○亦有數乎(역유수호)―수(數)는 도를 알기 위한 비결. ○老子曰(노자왈)……―'지선지위선(知善之爲善), 사불선야(斯不善也)'란 구절은 《노자》 제2장에 따라 설명하면, 한쪽의 선(善)을 고집하는 것의 잘못을 가리키며, 세상에서 말하는 미악(美惡)·선불선(善不善)의 판단은, 실은 상대적인 것에 지나지 않는 것이라며 그것을 초월하는 곳에 도(道)의 입장이 있음을 말하고 있는 듯하다.

백공승(白公勝)이 공자(孔子)에게, "사람은 미언(微言)을 서로 할 수 있는 것일까요?"라고 물었으나 공자는 대답하지 않았다. 그러자 백공승이 말했다. "만약 돌을 물속에 집어넣으면 어떻게 될까요?" 공자가 말했다. "오(吳)나라·월(越)나라에 있는 잠수(潛水)의 명수라면 물속에서 그 돌을 찾아오겠지요."

백공승이 다시 말했다. "만약 물을 물속에 쏟아부으면 어떻게 될까요?" 공자가 말했다. "치수(菑水)와 면수(澠水)가 합류해도 역아(易牙)는 이를 맛보아 구별했소". 백공승은 말했다. "그렇다면 사람은 원래 미언(微言)을 주고받을 수 없는 것일까요?"

공자가 말했다. "어찌 없겠소? 단, 이것을 가능하게 하는 것은 말의 본질을 아는 사람뿐이겠지요. 대저 말의 본질을 아는 자는 말을 하지 않는 법이오. 물고기를 잡으려면 젖지 않으면 안 되고, 짐승을 잡으려면 달리지 않으면 안 되지요. 그러나 젖고 달리고 하는 것은 즐기고자 하려 하는 것은 아니오. 즉 지언(至言)이란 말에서 떠나는 것이며, 지위(至爲)란 행위를 하지 않는 것이지요. 본디 얄팍한 지혜로 다투고자 하는 것은 지엽말절(枝葉末節)에 지나지 않소."

백공승은 공자가 하는 말의 진의(眞意)를 이해할 수가 없었는데 그 결과 욕실(浴室)에서 죽임을 당하고 말았다.

그러기에 노자는 다음과 같이 말한다. "말에는 종(宗 : 大本)이 있으며 사물에는 군(君)이 있다. 그런데 그것을 알지 못한다. 따라서 나를 이해할 수 없는 것이다.(제70장)" 바로 백공승을 가리켜 한 말이다.

原文 白公問於孔子曰, 人可以微言. 孔子不應, 白公曰, 若以石投水何如. 曰, 吳越之善沒者能取之矣. 曰, 若以水投水何如. 孔子曰, 菑澠之水合, 易牙嘗而知之. 白公曰, 然則人固不可與微言乎.

孔子曰, 何謂不可. 唯知言之謂者乎. 夫知言之謂者, 不以言言也. 爭魚者濡, 逐獸者趨, 非樂之也. 故至言去言, 至爲無爲. 夫淺知之所爭者末矣. 白公不得也. 故死於浴室.

故老子曰, 言有宗, 事有君. 夫唯無知, 是以不吾知也. 白公之謂也.

註解 ○白公問於孔子曰(백공문어공자왈)……—본절(本節)은 《여씨춘

추》〈심응람(審應覽)〉 정론편(精論篇)에 바탕을 둔 것으로 생각되는데, 같은 취지의 글이 《열자(列子)》〈설부편(說符篇)〉, 《문자(文子)》〈미명편(微明篇)〉에도 보인다. '백공(白公)'은 초(楚)나라 평왕(平王)의 손자, 태자(太子) 건(建)의 아들로서 이름은 승(勝). 정(鄭)나라에 망명했다가 죽임을 당한 아버지의 원수를 갚기 위해 영윤(令尹) 자서(子西)와 사마(司馬) 자기(子期)에게 정나라를 치자고 청했는데, 일이 진행되던 중 배신당하게 되자, 두 사람을 살해한 다음, 다시 초나라 혜왕(惠王)을 시해하려다가 섭공고(葉公高)에게 죽임을 당했다(《史記》〈楚世家〉 등). 이 절(節)의 배경이 되는 상황은 알 수 없는데 《열자》 장심주(張湛註)에 '(백공), 자서·자기를 죽이려고 했는데 이때 공자에게 물었다. 이런 내용을 아는 공자는 대답을 회피했는데 미언(微言)이란 밀모(密謀)하는 것을 가리킴이다'라고 한 것을 따랐다. ○菑澠之水合(치면지수합)—치수(菑水)·면수(澠水), 모두 산동성에 있는 강. 이 두 강이 합류하는 것을 가리킴이다. ○易牙(역아)—제(齊)나라 환공(桓公)을 섬기던 요리 담당 명인. 〈정신훈(精神訓)〉 참조. ○至言去言(지언거언), 至爲無爲(지위무위)—《장자》〈지북유편(知北遊篇)〉에 같은 취지의 글이 보이는데 뒷 구절을 '지위거위(至爲去爲)'로 적고 있다. ○君(군)—중심이 되어 다스리는 것.

혜자(惠子)가 위(魏)나라 혜왕(惠王)을 위해 나라의 법률을 만들었다. 이윽고 완성된 다음, 그것을 장로(長老)에게 보였는데 장로들은 모두 좋다고 했으므로 이것을 혜왕에게 올렸다. 혜왕은 크게 기뻐하며 적전(翟煎)에게 보였는데 적전 역시 "좋습니다."라고 말했다. 그래서 혜왕은 말했다. "좋다면 시행해도 상관없겠구려."

그러자 적전이 말했다. "그것은 안 됩니다." 혜왕이 물었다. "잘되었다면서, 시행하지 말라는 것은 무슨 뜻이오?" 적전이 대답했다. "예를 들자면 큰 나무를 들어 올리는 자들은, 앞에 있는 자가 '영차!'라고 소리치면 뒤에 있는 자는 그 소리에 호응합니다. 하온데 이것은 무거운 것을 들어 올릴 때 필요한 힘을 발휘시키기 위해서 지르는 격려의 노래입니다. 노래는 관능적인 정위조(鄭衛調)의 곡(曲), 격렬한 초풍(楚風)의 곡도 없지 않습니다. 하오나 그들이 그런 곡을 사용하지 않는 것은 이 경우에는 적합하지 않기 때문입니다. 대저 나라를 다스리는 근본은 예(禮)에 있는 것이지, 문사(文辭)라든가 변설(辯舌)에 있는 것이 아닙니다."

그러기에 노자는 다음과 같이 말했다. "법령이 정비되면 될수록 도적의 수가 늘어난다.(제57장)" 실로 이 일을 두고 한 말인 것이다.

原文   惠子爲惠王爲國法. 已成而示諸先生. 先生皆善之. 奏之惠王. 惠王甚說之, 以示翟煎. 翟煎曰, 善. 惠王曰, 善可行乎. 翟煎曰, 不可. 惠王曰, 善而不可行何也. 翟煎對曰, 今夫擧大木者, 前呼邪許, 後亦應之. 此擧重勸力之歌也. 豈無鄭衛·激楚之音哉. 然而不用者, 不若此其宜也. 治國在禮, 不在文辯.

故老子曰, 法令滋彰, 盜賊多有. 此之謂也.

註解   ○惠子爲惠王爲國法(혜자위혜왕위국법)……—같은 취지의 이야기가 《여씨춘추》〈심응람〉 음사편(淫辭篇)에 보인다. 혜자는 혜시(惠施 : 名家). 위(魏)나라 혜왕의 재상이 되었다고 전해온다. ○邪許(사허)—중인(衆人)이 힘을 합쳐 무거운 물건을 움직일 때 내는 소리. 《여씨춘추》는 '여저(輿樗)'로 적고 있다. ○鄭衛(정위)·激楚之音(격초지음)—〈원도훈(原道訓)〉 참조.

전변(田騈)이 도술(道術)을 제왕(齊王)에게 설명했다. 제왕은 그것에 대답하여 말했다. "과인이 지배하는 것은 제나라다. 도술에 의해서는 한 나라의 환해(患害)를 제거할 수가 없소. 바라건대 나라 다스리는 술(術)을 들려주오." 전변이 대답했다. "신(臣)의 말에는 정사(政事)의 단편(斷片)도 없습니다만 이것에 의해 정사를 펼 수는 있습니다. 그것은 마치 삼림에 재목이 나 있는 것은 아니나, 삼림의 나무에서 재목을 만들어 낼 수 있는 것과 같습니다.

바라옵건대 전하께서는 신의 말을 들으시어 제나라 정치를 마음껏 집행하십시오. 곧 나라의 환해(患害)가 제거될 것이오며 천지육합(天地六合)의 모든 것은 자연히 도야(陶冶)되고 변화될 것이니이다. 이렇게 볼 때 제나라 한 나라의 정치쯤은 문제도 되지 않는 작은 일입니다."

그러기에 노담(老聃)은 말했다. "무상(無狀)의 상(狀), 무물(無物)의 상(象).(제14장)"이라고 ─ . 왕의 질문은 제나라였는데 전변은 그것을 재목에 비유했다. 실로 재목은 숲에 미치지 못하고, 숲은 비에 미치지 못하며, 비는 음양(陰陽)에 미치지 못하고, 음양은 화(和)에 미치지 못하며, 화는 도(道)에 미치지 못한다.

原文 田騈以道術說齊王. 王應之曰, 寡人所有齊國也. 道術難以除患. 願聞國之政. 田騈對曰, 臣之言, 無政而可以爲政. 譬之, 若林木無材而可以爲材. 願王察其所謂, 而自取齊國之政焉. 已雖無除其患害, 天地之間, 六合之內, 可陶治而變化也. 齊國之政, 何足問哉.

此老聃之所謂無狀之狀, 無物之象者也. 若王之所問者齊也. 田騈所稱者材也. 材不及林, 林不及雨, 雨不及陰陽, 陰陽不及和, 和不及道.

註解 ○田騈以道術說齊王(전변이도술설제왕)……─《여씨춘추》〈심분

람〉집일편(執一篇)에 같은 취지의 글이 있으며 이 절은 그것에 바탕을 둔 것으로 생각된다. 전변은 전국시대 제나라의 사상가. 만물제동(萬物齊同)의 설을 폈고 장자의 선구(先驅)였던 것으로 생각된다. ○無狀之狀(무상지상), 無物之象(무물지상)―《노자》에서는 '도(道)'가 오인(吾人)의 감각 인식을 초월한 존재임을 설파하고 있다. 여기서는 도술(道術)에 의한 정치의 효과는 형(形)이나 물(物)로는 파악할 수가 없다는 취지이다. ○材不及林(재불급림)……―가장 인위적인 재(材)로 시작하여 숲[林]→비[雨]→음양(陰陽)→화(和)→도(道)라는 식으로 보다 근원적인 것으로 소급하여 도(道)에 궁극함을 가리키고 있다.

백공승(白公勝)은 초(楚)나라를 뺏은 다음, 부고(府庫)의 재물을 사람들에게 나누어 주지도 못한 채 7일이 지났다. 석돌(石乞)이 알현하여 말했다. "불의(不義)에 의해 이것을 얻으셨고 더구나 이것을 남에게 시혜하지도 않으신다면 재화(災禍)의 원인이 될 것은 분명 정해진 일입니다. 만약 남에게 베푸시기가 싫으면 차라리 이것을 태워 버려 남에게 해(害)를 받지 않으시도록 꾀하는 것이 상책일 것으로 생각합니다." 그러나 백공은 귀를 기울이려고 하지 않았다.

9일째에 섭공(葉公)이 침입하여, 대부(大府)의 재화(財貨)를 공개하고 사람들에게 나누어 주었고, 고고(高庫)의 무기를 방출하여 백성들에게 분배한 다음, 그 세(勢)를 몰아 진공했다. 19일째에는 마침내 백공승을 사로잡아 죽였다.

원래 자기 것이 아니었던 나라를 소유하고자 하는 것은 탐욕의 극치라고 말할 수 있다. 더구나 그것을 사람들을 위해 사용할 수 없을 뿐 아니라 자신의 계획에 활용할 수도 없다면 우둔(愚鈍)의 극치라고 해야 할 것이다. 백공의 인색함을 비유한다면 마치 어미 올빼미가 그 새끼를 사랑하는 것과 같다.

그래서 노자는 다음과 같이 말했다. "손에 그릇을 들고 물을 붓는 것보다, 적당할 때 그만두는 편이 좋다. 칼을 갈아서 날카롭게 하면 오래 쓸 수가 없다.(제8장)"

原文 白公勝得荊國, 不能以府庫分人七日. 石乞入曰, 不義得之, 又不能布施, 患必至矣. 不能予人, 不若焚之, 毋令人害我. 白公弗聽也. 九日, 葉公入. 乃發大府之貨以予衆, 出高庫之兵以賦民, 因而攻之. 十有九日而擒白公.

夫國非其有也, 而欲有之, 可謂至貪也. 不能爲人, 又無以自爲, 可謂至愚矣. 譬白公之嗇也, 何以異於梟之愛其子也.

故老子曰, 持而盈之, 不如其已, 揣而銳之, 不可長保也.

註解 ○白公勝得荊國(백공승득형국)……ー이 이야기는 《여씨춘추》〈이순론(以順論)〉 분직편(分職篇)에 근거한 것으로 생각된다. 백공승은 앞에서 이미 설명했다. ○葉公(섭공)ー초(楚)나라 대부(大夫) 자고(子高). 섭현(葉縣)의 영주(領主). ○何以異於梟之愛其子也(하이이어효지애기자야)ー올빼미는 그 새끼를 사랑하며 기르지만 그 새끼는 성장한 다음 그 어미를 잡아먹는다.

조간자(趙簡子)가 양자(襄子)를 후사로 정했을 때 동알우(董閼于)가 "무휼(無卹)은 미천(微賤)한 출신인데 이제 후사로 정하심은 어찌된 일입니까?"라고 물었다. 조간자가 대답했다. "양자(襄子)는 국가를 위해 부끄러움을 참아낼 수 있는 사나이다."

그후 지백(知伯)이 양자와 함께 술을 마실 때 양자의 머리를 때렸

다. 무례함을 보고 분노한 대부들이 지백을 죽이자고 청하자 양자는
말했다. "선군(先君)께서 나를 후사로 세우실 때 국가를 위해 부끄러
움을 참을 수 있을 것이라고 말씀하셨소. 사람을 찌를 수 있다는 말
씀을 한 적은 없으시오?" 10개월 정도 지나서 지백은 양자를 진양(晉
陽)에서 포위했다. 그러자 양자는 군대를 나누어 이를 쳐서 지백을
크게 깨뜨리고 지백의 머리를 베어다가 술잔으로 사용했다.

　그러기에 노자는 다음과 같이 말했다. "그 웅(雄)을 알면서 또한
그 자(雌)를 지키면 천하의 골짜기가 될 것이다.(제28장)"

　原文　趙簡子以襄子爲後. 董關于曰, 無卹賤, 今以爲後, 何也.
簡子曰, 是爲人也, 能爲社稷忍羞.

　　異日, 知伯與襄子飮, 而批襄子之首, 大夫請殺之. 襄子曰, 先君
之立我也, 曰能爲社稷忍羞. 豈曰能刺人哉. 處十月, 知伯圍襄子
於晉陽. 襄子疏隊而擊之, 大敗知伯, 破其首, 以爲飮器.

　　故老子曰, 知其雄, 守其雌, 其爲天下谿.

　註解　○趙簡子以襄子爲後(조간자이양자위후)―조간자의 이름은 앙(鞅).
춘추시대 말기, 진(晉)나라는 지(知)·중행(中行)·범(范)·위(魏)·조
(趙)·한(韓) 등 6경(卿)이 정치를 전횡하고 있었는데 간자는 그중 한 사
람이다. 다음 대인 양자(襄子)에 이르러 조·위·한 등 3씨(氏)는 지씨
(知氏)와 함께 범·중행씨를 멸망시키고 끝내는 지씨(知氏 : 知伯)까지
멸망시킨 다음 진(晉)나라를 삼분(三分)한다. ○董關于(동알우)―《사기》
는 동안우(董安于)로 적고 있다. ○無卹賤(무휼천)―무휼은 양자(襄子)
의 이름이다. 양자의 어머니는 북적(北狄) 사람이라고 하는데 간자가 양자
를 후사로 세운 데 대한 기괴지담(奇怪之談)이 《사기(史記)》〈조세가(趙
世家)〉와 〈편작열전(扁鵲列傳)〉에　보인다.　○知伯與襄子飮(지백여양자

음)—지(知)·조(趙) 양씨가 협력하여 정(鄭)나라를 공격했을 때, 양자는 병상에 있는 아버지를 대신하여 전진(戰陣)에 있었으며 '양자의 머리를 때렸다'는 것은 이때의 일이다. 한편《사기》〈조세가〉는 술을 따르게 해서 부끄러움을 주었다고 했다. ○雄(웅)—남성적인 강력한 힘. ○雌(자)—여성적인 비약(卑弱)과 겸하(謙下).

설결(齧缺)이 피의(被衣)에게 도(道)를 물었다. 피의가 대답했다. "그대의 형(形)을 바르게 하고 그대의 시(視)를 전일(專一)케 하면 하늘의 화(和)는 반드시 그대의 몸에 갖추어지게 될 것이오. 그대의 지(知)를 단속하고 그대의 도(道)를 평정케 하면 신명(神明)은 반드시 와서 머물게 될 것이오. 그러면 덕(德)은 미질(美質)로서 그대를 충실케 하고 도(道)는 그대를 크게 싸안을 것이외다. 그대는 갓 태어난 송아지처럼 멍청하고 무지무욕(無知無欲)하게 행동하고 속사(俗事)를 추구하는 짓 따위를 해서는 안 되오."

피의의 말이 끝나기도 전에 설결은 차츰 눈이 몽롱해졌다. 피의는 다음과 같이 노래 부르며 떠나갔다. "신체는 고골(枯骨)과 같이, 마음은 차갑게 식은 재와 같이, 참된 지(知)를 진실되게 하고 성견(成見)에 사로잡히지 않으며 암우(闇愚)함과 같이, 유양(悠揚)에 쫓기지 않으며, 함께 이야기를 나눌 틈새조차도 없다. 대체 그 사나이는 어떤 인물일까?"

그래서 노자는 다음과 같이 말했다. "명백한 지(智)는 사우(四隅)를 비추지만 그 빛을 감추어 우매(愚昧)한 것처럼 있어야 한다.(제10장)"

原文 齧缺問道於被衣. 被衣曰, 正女形, 壹女視, 天和將至. 攝

女知, 正女度, 神將來舍. 德將爲若美, 而道將爲女居. 惷乎, 若新
生之犢而無求其故. 言未卒, 齧缺繼以讎夷. 被衣行歌而去曰, 形
若槁骸, 心如死灰, 眞其實知, 不以故自持, 墨墨恢恢, 無心可與謀.
彼何人哉.

故老子曰, 明白四達, 能無以知乎.

註解　○齧缺問道於被衣(설결문도어피의)─이하의 이야기는 《장자》〈지
북유편〉에 보인다. 《장자》에서는 여기뿐 아니라 두 사람의 문답을 〈응제
왕편(應帝王篇)〉에서도 기록하고 있으며 '피의(被衣)'를 '포의자(蒲衣
子)'로 적고 있다. 또 〈천지편(天地篇)〉에서는 피의(被衣)→왕예(王倪)
→설결(齧缺)→허유(許由)→요(堯)로 이어지는 사승(師承)을 기록하고
있다. ○正女形(정녀형)─《장자》〈재유편(在宥篇)〉에 광성자(廣成子)가
황제(黃帝)에게 준 말이라며, '보려고 하지도 말고 들으려고 하지도 말며
안에 간직한 채, 고요히 있으면 육체도 저절로 올바르게 될 것이오. 반드
시 (마음을) 고요하고 맑게 하여 그대의 몸을 지치지 않게 하고 정신이
흔들리지 않게 하면 장수(長壽)할 수가 있소'라고 한 것처럼 몸을 건전
하게 가진다는 뜻이다. ○惷乎(준호)─《장자》는 '동언(瞳焉)'으로 적고
있다. 두 단어 모두 멍청한 모습이란 의미이다. ○形若槁骸(형약고해), 心
如死灰(심여사회)─망아(忘我)의 경지를 가리키는 구절로서 《장자》에 자
주 나온다.

조양자(趙襄子)는 적(翟)나라를 쳐서 이기고 우인(尤人)·종인(終
人)을 빼앗았다. 사자(使者)가 돌아와서 이 사실을 보고하자 양자는
마침 식사하려고 하다가, 그 말을 듣고 근심에 잠기는 눈치였다. 그래
서 측근자가 말했다. "하루아침에 두 읍(邑)을 항복 받은 것은, 보통

사람이라면 기뻐할 일입니다. 주군께서는 침통한 표정을 짓고 계시니 이해가 되지 않습니다."

양자는 말했다. "강하(江河)의 물은 범람한다 해도 3일이면 빠지고, 질풍폭우(疾風暴雨)도 하루 종일 계속되지는 않는 법 ─ . 오늘날 조씨(趙氏)는 아무런 덕행도 쌓은 것이 없건만 하루아침에 두 읍을 항복 받은 것은 틀림없이 멸망할 조짐이 아니겠는가." 공자(孔子)는 이 말을 듣고 말했다. "조씨는 번영할 것이다."

대저 근심하는 것은 번영을 가져다주는 요인이 되며, 기뻐하는 것은 멸망을 가져다주는 요인이 된다. 이기는 것이 어려운 게 아니라 승리를 유지해 나가는 것이야말로 곤란한 일이다. 현명한 군주는 이처럼 승리를 유지해 나갔기에 그 복덕이 후세에까지 미치게 되었다. 제(齊)·초(楚)·오(吳)·월(越)은 모두 지난날 이긴 적이 있었다. 그러나 끝내 멸망하고 만 것은 승리를 유지해 나가는 비결을 몰랐기 때문이다.

단지 도(道)를 지닌 군주만이 승리를 유지해 나가는 법이다. 공자는 성문의 장군목을 뽑아낼 정도의 센 힘을 가지고 있었지만 장사라는 평판이 났던 적은 없었고, 묵자(墨子)는 공격해오는 공수반(公輸般)을 막고 굴복시켰지만 병술가(兵術家)로 알려진 일은 없었다. 승리를 유지해 나가는 데 뛰어난 사람은 강(强)을 속에 감추고 굳이 약(弱)을 드러내는 법이다.

그러기에 노자는 다음과 같이 말했다. "도(道)는 텅 비어 있고 그 기능은 언제 가득 찰는지 알 수가 없고 무한이다.(제4장)"

原文 趙襄子, 攻翟而勝之, 取尤人·終人. 使者來謁之. 襄子方將食而有憂色. 左右曰, 一朝而兩城下, 此人之所喜也. 今君有憂色何也. 襄子曰, 江河之大也, 不過三日, 飄風暴雨, 日中不須臾.

今趙氏之德行, 無所積, 一朝兩城下, 亡其及我乎. 孔子聞之曰, 趙
氏其昌乎.

夫憂所以爲昌也, 而喜所以爲亡也. 勝非其難者也. 持之其難者
也, 賢主以此持勝. 故其福及後世. 齊・楚・吳・越, 皆嘗勝矣. 然
而卒取亡焉, 不通乎持勝也. 唯有道之主, 能持勝. 孔子勁扚國門
之關, 而不肯以力聞, 墨子爲守攻, 公輸般服, 而不肯以兵知. 善持
勝者, 以强爲弱.

故老子曰, 道沖而用之, 又弗盈也.

註解 ○趙襄子(조양자), 攻翟而勝之(공적이승지)―《여씨춘추》〈신대
람(愼大覽)〉 신대편(愼大篇)에 근거를 둔 것으로 생각되며, 또《열자(列
子)》〈설부편(說符篇)〉에 같은 취지의 글이 보인다. 조양자는 본편에서
이미 설명했다. ○尤人(우인)・終人(종인)―《여씨춘추》는 '노인중인(老人
中人)'으로 적고 있으며《열자》는 '좌인종인(左人終人)'으로 적고 있다.
○扚國門之關(조국문지관)―〈주술훈(主術訓)〉에 '공자(孔子)가 만사에
통달해 있었다……. 그 힘은 성문을 걷어 올리고'라고 되어있으며 또《여
씨춘추》는 '조(扚)'를 '거(擧)'로 기록하고 있다. 장군목을 빼다, 혹은 들
어 올리다란 뜻이었는데 즉 강인하게 문을 활짝 여는 것이리라. ○以强爲
弱(이강위약)―《여씨춘추》는 '이술위강(以術爲强)'이라고 적고 있다.

혜앙(惠盎)이 송(宋)나라 강왕(康王)을 알현했다. 강왕은 발을 구
르고 헛기침을 하며 몰아세우듯 말했다. "과인이 좋아하는 것은 용맹
하고 힘이 센 사람이다. 인의(仁義) 따위를 지껄이는 자는 질색이지.
그대는 과인에게 무슨 유세를 하려는 것인가?"

혜앙이 대답했다. "신에게는 한 가지 술(術)이 있습니다. 어떤 무용

(武勇)을 지닌 용사가 사람을 찌르려고 해도 그 칼이 들어가지 않고, 아무리 강력한 용사가 치더라도 맞지 않게 하는 묘술이 있습니다. 대왕께서는 관심이 없으십니까?” 송왕이 말했다. “좋소, 그것이야말로 과인이 듣고 싶던 바요.”

혜앙은 말했다. “찔러도 들어가지 않고, 쳐도 맞지 않게 하는 것 정도라면 아직 하술(下術)입니다. 신에게는 또 한 가지의 술(術)이 있습니다. 그것은 아무리 용맹한 사람이더라도 찌르기를 주저하고 아무리 강력한 용사라 하더라도 치기를 주저하게 만드는 묘술입니다. 그리고 신에게는 또 한 가지의 술이 있습니다. 그것은 사람들에게 그렇게 할 의지를 없애도록 하는 묘술입니다.

하오나 그 의지를 없애게 하더라도 그것은 그것뿐으로, 아직 남을 사랑하고 이롭게 해주려는 마음은 생기지 않습니다. 그래서 신에게는 또 한 가지 새로운 술(術)이 있습니다. 그것은 세상 노소남녀(老少男女)에게 기꺼이 남을 사랑하고 이롭게 해주기를 원하도록 만드는 묘술입니다. 이 술(術)이야말로 용맹하고 또 강력한 것보다도 현명한 책(策)이오며 4단계 중 최상의 것입니다. 대왕께서는 이 술(術)에 관심이 없으십니까?”

송왕은 대답했다. “그것이야말로 과인이 쓰고자 하던 술이오.”

혜앙은 말했다. “공묵(孔墨)의 가르침이 바로 그것입니다. 공구(孔丘)나 묵적(墨翟)은 영지(領地)가 없었어도 존숭받기는 군주와 같았고, 관위(官位)가 없었건만 귀히 여김을 받기는 수장(首長)과 같았습니다. 그래서 세상 모든 남녀노소가 머리를 길게 뽑고 발돋움을 하여 그 가르침에 따르고 그 은혜를 받고자 원하지 않는 자가 없습지요. 오늘날 대왕께서는 만승(萬乘)의 군주이십니다. 충심으로 이상과 같은 술(術)을 쓰시려는 뜻이 있으시다면 전 국토 구석구석까지 모두 은혜를 받게 될 것입니다. 그렇게 되면 그 효과는 공묵보다 더할 것은 불문가지입니다.”

송왕은 응답할 틈도 없었다. 혜앙이 나가자 송왕은 측근들에게 말했다. “훌륭한 변설이다. 저 손님은 과인을 설득했소”

그러기에 노자는 다음과 같이 말했다. “군이 하지 말아야 할 일에 힘쓰는 자는 몸을 온전하게 보존한다.(제73장)” 이상과 같은 말에서 알 수 있듯이 대용(大勇)은 오히려 소용(小勇)이다.

原文　惠盎見宋康王. 康王蹀足謦欬, 疾言曰, 寡人所說者, 勇有力也. 不說爲仁義者也. 客將何以敎寡人. 惠盎對曰, 臣有道於此, 使人雖勇刺之不入, 雖有力擊之不中. 大王獨無意邪. 宋王曰, 善. 此寡人之所欲聞也.

惠盎曰, 夫刺之而不入, 擊之而不中, 此猶辱也. 臣有道於此. 使人雖有勇, 弗敢刺, 雖有力不敢擊. 夫不敢刺, 不敢擊, 非無其意也. 臣有道於此. 使人本無其意也. 夫無其意, 未有愛利之心也. 臣有道於此. 使天下丈夫女子莫不歡然皆欲愛利之. 此其賢於勇有力也. 四累之上也. 大王獨無意邪. 宋王曰, 此寡人所欲得也.

惠盎對曰, 孔墨是已. 孔丘·墨翟, 無地而爲君, 無官而爲長. 天下丈夫女子, 莫不延頸擧踵而願安利之者. 今大王萬乘之主也. 誠有其志, 則四境之內皆得其利矣. 此賢於孔墨也遠矣. 宋王無以應. 惠盎出. 宋王謂左右曰, 辯矣, 客之以說勝寡人也.

故老子曰, 勇於不敢則活. 由此觀之, 大勇反爲不勇耳.

註解　○惠盎見宋康王(혜앙현송강왕)……─같은 취지의 글이 《여씨춘추》〈신대람〉 순설편에 있고, 같은 글이 《열자》〈황제편(黃帝篇)〉에 보인다. 혜앙은 전국시대 송(宋)나라 사람. 명가(名家)의 학자로 알려진 혜시(惠施)의 일족이라고 한다(《열자》 張湛註). 강왕(康王)은 송나라 마지

막 왕. 포악한 군주로 알려졌다. ○蹀足(접족)—‘접(蹀)’은 ‘답(踏)’과 같
다. 발을 구르는 것. ○謦欬(경해)—헛기침을 하는 것. 앞 구(句)와 합치
어 서두르는 모습. ○萬乘之主(만승지주)—‘만승(萬乘)’은 천자(天子)에
게 사용하는 것이 일반적인데 더러 전국제왕(戰國諸王)에게 사용하는 예
도 있다(예를 들면 《장자》〈徐无鬼篇〉). ○老子曰(노자왈)……—‘용어감
즉살(勇於敢則殺) 용어불감즉활(勇於不敢則活)’이란 구절은 72장의 글
에 연속하여 재판에 관계되는 것이라 하며 ‘죄인을 재판하는 결단이 용감
하면 (죄인을) 죽이게 되며 결단하는 데 용감하지 않으면 사람을 살린다’
라고 풀이하는 것이 일반적이다. 여기서는 본절(本節)의 내용에 맞게 역
출(譯出)했다. ○大勇(대용)—굳이 하겠다며 힘쓰는 것.

옛날에 요(堯)임금을 보좌했던 사람은 9명, 순(舜)임금의 보좌역은
7명, 무왕(武王)의 보좌역은 5명이었다. 요·순·무왕은 그 9명, 7명,
5명에 비하면 일을 한 가지도 해낼 수 없었다. 그러나 팔짱을 끼고
있으면서도 성공을 거두었던 것은 훌륭한 자질이 있는 사람을 얻어서
활용할 수 있었기 때문이다. 즉 사람은 준마(駿馬)와 달리기하여 이
길 수는 없지만 수레에 타고 달리면 준마라 하더라도 사람에게 이길
도리가 없다.

북방에 궐(蹶)이라고 하는 짐승이 있다. 그 궐은 앞다리가 쥐처럼
짧고 뒷다리가 토끼처럼 길어서 달리려고 하면 넘어지거나 자빠진다.
궐은 언제나 공공거허(蛩蛩駏驉)를 위해 맛있는 풀을 따다가 준다.
그 대신 궐에게 어려움이 있으면 공공거허는 반드시 궐을 등에 업고
달린다. 즉 자신이 할 수 있는 것으로 남을 돕고, 그 대신 자신이 할
수 없는 일을 남에게 부탁하고 의지한다는 것이다.

그러기에 노자는 다음과 같이 말했다. “대장(大匠)을 대신하여 나

무를 깎으면 손에 상처를 입는다.(제74장)”

原文 昔堯之佐九人, 舜之佐七人, 武王之佐五人, 堯舜武王於九七五者, 不能一事焉. 然而垂拱受成功者, 善乘人之資也. 故人與驥逐走, 則不勝驥, 託於車上, 則驥不能勝人.

北方有獸, 其名曰蹶. 鼠前而兎後. 趨則頓, 走則顚. 常爲蛩蛩駏驉, 取甘草以與之. 蹶有患害, 蛩蛩駏驉, 必負而走. 此以其能, 託其所不能.

故老子曰, 夫代大匠斲者, 希不傷其手.

註解 ○北方有獸(북방유수)……其所不能(기소불능)─같은 글이 《여씨춘추》〈신대람(愼大覽)〉불응편(不應篇)에 보이며, 이와 관련된 기사가 《이아(爾雅)》〈석지(釋地)〉, 《산해경(山海經)》〈해외북경(海外北經)〉 등에 보인다. ○蹶(궐)─본뜻은 ‘넘어지다’이다. 그것을 동물의 이름으로 사용한 것. 한편 《이아》는 이것을 서방(西方)의 짐승이라고 했다. ○鼠前而兎後(서전이토후)─쥐의 다리는 짧고 토끼의 다리는 길다는 데서 앞다리는 짧고 뒷다리는 긴 모양. 따라서 달리는 데는 자유롭지 않지만 나무를 오르는 데는 유리하다. ○蛩蛩駏驉(공공거허)─《산해경》에 ‘북해(北海) 안에 소(素 : 白)란 짐승이 있다. 모양은 말과 같은데 이름하여 공공(蛩蛩)이라고 한다’라고 되어있다. 이 짐승은 앞다리가 길고 뒷다리가 짧으므로 달리기는 잘하는데 나무에는 잘 오를 수가 없다. 그래서 나무에 잘 오르는 궐에게 맛있는 풀을 얻어먹고 그 대신 궐에게 위기가 닥치면 등에 업고 도망친다고 한다. ○老子曰(노자왈)……─이 구절은 《노자》의 원뜻은, 사람의 죽음을 주관하는 것은 하늘인데, 그것을 사람이 좌지우지하다가는 도리어 그 사람에게 재앙이 미치게 되므로 사람을 함부로 처형하면서 태연하게 혹정(酷政)을 행하는 것을 경계하는 취지이다. 여기서는 적재를 적소에 쓰라는 요지의 구절로 해석하고 있다.

박의(薄疑)가 위(衛)나라 사군(嗣君)에게 왕자(王者)의 술(術)을 설명했다. 사군은 대답했다. "과인은 승(乘)의 나라를 가지고 있는 데 불과하오. 바라건대 그것에 상응하는 술(術)을 가르쳐 주오." 박의가 말했다. "오확(烏獲)은 천균(千鈞)을 들어 올리는 힘을 가지고 있었습니다. 따라서 한 근(斤) 정도는 문제도 안 되었지요."

두혁(杜赫)이 천하를 안정시킬 수 있는 법을 주(周)나라 소문군(昭文君)에게 설명했다. 소문군은 두혁에게 말했다. "과인은 주나라를 안정시킬 방법을 배우고 싶소." 그러자 두혁은 대답했다. "신이 아뢰는 바가 불가하다면 주나라를 통치하실 수도 없습니다. 하지만 신이 아뢰는 바가 가하시다면 주나라 한 나라 정도는 자연히 안정시킬 것입니다." 이것이야말로 세상을 안정시키지 않고도 자연히 안정시킬 수 있는 술(術)이다.

그래서 노자는 다음과 같이 말했다. "큰 제어(制御)는 분할시킬 여지조차 없다. 즉 수레를 분할하여 헤아리면 수레 그 자체가 소멸된다.(제28장, 제39장)"

原文 薄疑說衛嗣君, 以王術. 嗣君應之曰, 予所有者千乘也. 願以受敎. 薄疑對曰, 烏獲擧千鈞, 又況一斤乎.

杜赫以安天下, 說周昭文君. 昭文君謂杜赫曰, 願學所以安周. 赫對曰, 臣之所言不可, 則不能安周, 臣之所言可, 則周自安矣. 此所謂弗安而安者也.

故老子曰, 大制無割. 故致數輿無輿也.

註解 ○薄疑說(박의설)……―《여씨춘추》〈사용론(士容論)〉무대편(務大篇)에 같은 취지의 글이 보인다. ○烏獲(오확)―〈주술론(主術論)〉에서 이미 나왔다. ○千鈞(천균), 一斤(일근)―1균(鈞)은 30근. 천 균을 드는 사

람이라면 1근은 문제로 생각하지도 않듯이, 천하를 안정시킬 수 있는 술(術)을 사용하면 한 나라의 정치쯤은 아주 쉽게 할 수 있다는 뜻이다. ○ 周昭文君(주소문군)―주나라가 쇠약해져서 동서(東西)로 나뉘었을 때의 군주. ○老子曰(노자왈)……―'대제무할(大制無割)'(제28장)의 구절은 여러 가지의 해석이 있는데 여기서는 《회남자》의 의향에 따라 해석했다. '치수여무여야(致數興無興也)'(제39장)의 구절은, 유력한 일설에 '여(興)'를 '예(譽)'의 잘못이라고 하는데 여기서는 '여(興)'로 하지 않으면 통하지 않는다.

노(魯)나라의 법에는 노나라 사람이 다른 제후국(諸侯國)에 복첩(僕妾)이 되어있는 것을 빼내오는 자가 있으면, 부고(府庫)의 금자(金子)를 지급하도록 되어있었다. 자공(子贛)이 노나라 사람을 다른 나라에서 빼내서 돌아왔는데 그는 사양하면서 부고의 금자를 받지 않았다.

공자(孔子)는 말했다. "사(賜)는 잘못한 것이다. 대저 성인(聖人)이 일을 하는 경우에 당세의 풍속이 미화되는 것이어야 하며, 또 후세에 교훈이 되는 것이어야 하는 것이지. 나 한 사람의 행위를 정당하게 하면 그것으로 족하다는 것이 아니다. 지금 노나라에서는 부유한 자는 적고 빈곤한 자가 많아. 사람을 빼내오고 상금을 받으면 청렴하지 못한 것이 되지만 돈을 받지 않았다고 해서 사람을 빼내오는 자가 없어질 것이다. 앞으로 노나라에서는 두 번 다시 외국으로부터 사람을 빼내오는 일이 없을 것이다."

공자야말로 감화(感化)의 실상을 제대로 알고 있었다 하겠다.

그러므로 노자는 다음과 같이 말했다. "미세한 것을 찰지(察知)하는 것, 이것이야말로 진짜 지혜이다.(제52장)"

原文 魯國之法, 魯人爲人妾於諸侯, 有能購之者, 取金於府. 子
贛購魯人於諸侯來. 而辭不受金.

孔子曰, 賜失之矣. 夫聖人之擧事也. 可以移風易俗, 而敎順可
施後世. 非獨以適身之行也. 今國之富者寡, 而貧者衆. 購而受金,
則爲不廉, 不受金, 則不復購人. 自今以來, 魯人不復購人於諸侯
矣. 孔子赤可謂知化矣.

故老子曰, 見小曰明.

註解 ○魯國之法(노국지법)……—이하의 글은 《여씨춘추》〈선식람(先
識覽)〉 찰미편(察微篇)에 근거한 것으로 생각되며, 또 같은 취지의 글
이 《설원(說苑)》〈치리편(致理篇)〉, 《공자가어(孔子家語)》〈치사편(致思
篇)〉에도 보인다. 한편 〈제속훈(齊俗訓)〉의 이야기는 이 이야기를 초략
한 것이다. ○爲人妾於諸侯(위인첩어제후)—《설원》, 《공자가어》 모두 '첩
(妾)' 위에 '신(臣)'이 있다. (남의 신첩이 된 사람이라고 읽는다) 인첩(人
妾 : 臣妾)은 죄과(罪過)에 의해서, 혹은 몸이 팔리어 남의 복첩(僕妾)이
된 자를 가리킴이다. '제후(諸侯)'는 여기서는 '제후의 나라' 즉 외국을 가
리킨다. 이하 두 군데의 '제후'도 그런 뜻으로 풀이했다. ○敎順(교순)—
교훈(敎訓)과 같다. 옛날에는 이 순(順)·훈(訓)의 통용하는 예는 적지
않다. ○見小曰明(견소왈명)—도가(道家)에서는 세속적인 지(知)를 부정
하는데 그런데다가 득도(得道)에 의한 지(知)를 '명(明)'이라고 한다. '소
(小)'란 《노자》에서는 '대도(大道)는……항상 무욕(無欲)하며 소(小)라고
이름 붙여진다'(제32장)라고 하였듯이 도(道)의 미묘함을 가리키는데 여
기서는 인정의 기미(機微)라는 정도의 뜻이다. 이것을 찰지하는 것이 성
인(聖人)의 지혜라는 것이리라.

위(魏)나라 무후(武侯 : 文侯의 잘못일까?)가 이극(李克)에게 물었

다. "오(吳)나라가 멸망한 이유는 무엇이오?" 이극이 대답했다. "자주 싸웠고 자주 승리를 거둔 점입니다." 무후가 말했다. "자주 싸웠고 자주 승리한 것은 국가의 행운이 아니겠소? 그런데도 멸망한 것은 무슨 이유요?"

이극이 대답했다. "자주 싸우면 백성들은 피로해지고 자주 승리하면 군주는 교만하게 되옵지요. 교만한 군주가 피로해진 백성을 부리다가 멸망하지 않은 나라는 거의 없습니다. 군주가 교만해지면 방자해지고, 방자해지면 물자를 바닥내게 되옵니다. 한편 백성이 피로해지면 상(上)에 대하여 원망을 품게 되는데 원망이 높아지면 깊이 생각하지 못하게 되옵지요. 상하가 모두 극한 상황으로 치달으면 오나라의 멸망은 오히려 너무 늦었다고 할 수도 있습니다. 그리하여 부차(夫差)는 간수(干遂)에서 자살한 것입니다."

그러기에 노자는 다음과 같이 말했다. "공(功)을 이루고 이름을 떨쳤으면 물러나는 것이 하늘의 도(道)다.(제9장)"

[原文] 魏武侯問於李克曰, 吳之所以亡者何也. 李克對曰, 數戰而數勝. 武侯曰, 數戰數勝, 國之福. 其獨以亡何故也. 對曰, 數戰則民罷, 數勝則主憍. 以憍主使罷民, 而國不亡者天下鮮矣. 憍則恣, 恣則極物. 罷則怨, 怨則極慮. 上下俱極, 吳之亡猶晚矣. 夫差之所以自剄於干遂也.

故老子曰, 功成名遂身退, 天之道也.

[註解] ○魏武侯(위무후)—이극(李克)이 섬겼던 위후(魏侯)는 일반적으로 문후(文侯)였다고 하므로(《漢書》〈食貨志〉, 〈藝文志〉의 儒家·法家 등), 무(武)는 문(文)의 잘못일 것으로 생각되는데 《여씨춘추》〈시군람(恃君覽)〉 교자편(驕恣篇)처럼 무후라고 하는 예도 있어서 일단 그대로 해

둔다. 한편 문후는 기원전 424~기원전 389년 재위(在位). 무후는 그의 아들로서 기원전 388~기원전 335년 재위. ○李克(이극)―이회(李悝)라고도 한다. 위나라 문후(일설에는 무후)를 섬기면서 지력(地力)을 튼튼히 하는 법을 주장했다(《사기》〈平準書〉〈孟荀列傳〉)고 한다.《한지(漢志)》유가(儒家)에 '이극칠편(李克七篇), 자하제자(子夏弟子)'라고 되어 있는 것에서 추찰하면 유가의 일원이었을 것으로 생각되는데 본질은 상앙(商鞅)에 앞선 법가(法家)의 한 사람으로서 같은 법가조(法家條)의 머리에 '이자삼십이편(李子三十二篇), 이름은 회(悝), 위나라 문후의 상(相)이 되어 부국강병을 이루다'라고 했다. ○老子曰(노자왈)……―영만(盈滿)을 채우려는 것은 지극히 어려운 일이라며 자진해서 몸을 빼는 것이 도리어 보신(保身)의 길이라고 설파했다.

영척(甯戚)은 제(齊)나라 환공(桓公)을 섬기고 싶었지만 빈궁했기 때문에 그 뜻을 이루지 못했다. 그래서 장사꾼이 되어 짐수레를 소에게 끌리며 제나라로 행상 차 갔다. 해가 저물자 성문 밖에서 노숙했는데 환공이 빈객을 교외에서 맞기 위해 밤이건만 성문을 열어놓고 짐수레를 치우라고 했다. 횃불이 활활 타오르고 종자(從者)들이 북적거렸다.

영척은 수레 앞에서 소에게 먹이를 주고 있었는데 멀리 있는 환공을 바라보자 자신의 신세가 슬펐다. 소뿔을 두드리며 슬픈 심정을 노래했다. 환공은 이 노랫소리를 듣자 종자의 손을 가볍게 치면서 "거참, 이상한 일이로다. 저 노래를 부르는 자는 보통사람이 아닐 것이야."라고 말하더니 뒤따르는 수레에 영척을 태웠다.

환공이 조정으로 돌아오자 종자가 영척을 어떻게 처우할 것인지를 물었다. 환공은 그에게 의관을 내렸고 알현을 승낙했다. 영척은 환공에게 천하를 다스리는 방법을 설명했다. 환공은 크게 기뻐하며 영척을 신하로 임명코자 했다.

그러나 측근들은 입을 모아 아뢰었다. "객사(客士)는 위(衛)나라 사람입니다. 위나라는 제나라에서 멀리 떨어져 있지 않습니다. 전하께서는 사자(使者)를 보내시어, (그 사람 됨됨이를) 알아 오게 하시는 것이 상책일 것입니다. 알아본 다음에 원래 현명한 사람임이 확인되면 그때 그를 등용하시더라도 늦지 않을 것입니다."

환공은 말했다. "그것은 잘못이오. 알아본다는 것은 그의 작은 잘못을 살피는 것이오. 그러나 남의 작은 잘못을 트집 잡아 크게 훌륭한 점을 잊는다면 군주로서는 천하에 드문 인재를 잃는 결과를 초래하게 될 것이오."

대저 (남의 言說을) 들으면 그 사람의 됨됨이라든가 식견(識見)을 거의 모두 알 수 있게 되는 것인데, 한 번 그의 변설(辯舌)을 듣고 두 번 고쳐 묻지 않는 것은 그 설(說)과 군주의 견해가 일치되기 때문이다. 그리고 원래 사람에게서 완전을 기대하기란 어려운 것이다. 편의상 그 장점을 취해서 쓰는 수밖에 없다. 이 임용에 있어 환공의 태도는 아주 적절했다.

그러기에 노자는 다음과 같이 말했다. "하늘은 위대하고 땅은 위대하며 도(道)는 위대하고 왕(王)도 위대하다. 이 세상에는 이 네 가지의 위대한 것이 존재하는데 왕은 그 하나에 자리한다.(제25장)" 즉 제왕(帝王)은 만인을 포용하는 것인즉, 이렇게 말했던 것이다.

原文 甯戚欲干齊桓公, 困窮無以自達, 於是爲商旅, 將任車, 以商於齊. 暮宿於郭門之外. 桓公郊迎客, 夜開門辟任車. 爝火甚盛, 從者甚衆. 甯戚飯牛車下, 望見桓公而悲, 擊牛角而疾商歌. 桓公聞之, 撫其僕之手曰, 異哉, 歌者非常人也. 命後車載之.

桓公反至, 從者以請. 桓公贛之衣冠而見. 說以爲天下. 桓公大說, 將任之. 羣臣爭之曰, 客衛人也, 衛之去齊不遠, 君不若使人問之. 問之而故賢者也, 用之未晚. 桓公曰, 不然, 問之患其有小惡也. 以人之小惡而忘人之大美, 此人主之所以失天下之士也.

凡聽必有驗, 一聽而弗復問, 合其所以也. 且人固難全也. 權而用其長者而已矣. 當是擧也, 桓公得之矣.

故老子曰, 天大地大, 道大王亦大, 域中有四大, 而王處其一焉. 以言其能包裹之也.

──────────

註解 ○甯戚欲干齊桓公(영척욕간제환공)−같은 취지의 글이 《여씨춘추》〈이속람〉 거난편(擧難篇)에 있으며 본절(本節)의 근거일 것으로 생각된다. 또 관련되는 글이 이 책 여러 군데서 보인다. ○任軍(임군)−짐을 실은 수레. ○郊迎(교영)−타국에서 오는 빈객이라든가 전승(戰勝)한 장군 등을 교외에까지 나가서 출영하고 경의를 표하는 것. ○爝火(조화)−횃불. ○商歌(상가)−상(商)은 오음(五音)의 하나. 맑고 깨끗한 소리. 여기서는 슬픈 정을 간직한 노래라는 뜻이다.

대왕(大王) 단보(亶父)가 분(邠) 땅에 있을 때 적인(翟人 : 狄人)이 침공해 왔다. 그래서 대왕은 피백(皮帛)과 주옥(珠玉)을 공물(貢物)로 보냈는데 받지를 않는다. 적인이 요구한 것은 영토이지 재물이 아니었기 때문이다.

그러자 대왕은 말했다. "남의 형과 함께 살면서 그 동생을 죽이고, 남의 아비와 같이 있으면서 그 아들을 죽이는 일을 과인은 할 수가 없다. 모두 이곳에 남아 있도록 하라. 과인의 신하가 되든 적인의 신하가 되든 무엇이 다르겠는가? 과인은 이런 말도 들은 적이 있다. '기르는 곳을 위해 그 기르는 대상을 희생해서는 안 된다'라고 ──."

이렇게 한 다음 왕이 지팡이를 짚고 사라지자 백성들은 차례로 따라나섰고 마침내 기산(岐山) 기슭에 새 나라를 세웠다. 대왕 단보는 보생(保生)의 도(道)를 완성했다고 할 수 있다.

대저 보생의 도를 완성한 자는 부귀한 자리에 있더라도 양(養)을 위해 생명을 위태롭게 만들지 않고, 빈천한 자리에 있더라도 이욕을 위해 몸을 상하게 하는 짓은 하지 않는다. 그렇건만 오늘날의 세상에서는 선인(先人)으로부터 작록(爵祿)을 이어받으면 그것을 잃을까 심신을 피로하게 만들고 있다. 그 유래를 말한다면 작록보다 오래된 것인 생명을 잃는 일에 겁이 없음은 실로 당혹하게 만드는 일이다.

그러기에 노자는 다음과 같이 말했다. "내 몸을 귀히 여기면서 천하를 다스리는 자가 있다면 그런 사람에게 천하를 맡길 수 있다. 내 몸을 사랑하면서 천하를 다스리는 자가 있다면 그 사람에게 천하를 기탁할 수 있다.(제13장)"

原文　大王亶父居邠. 翟人攻之. 事之以皮帛珠玉而弗受, 翟人之所求者地, 無以財物爲也. 大王亶父曰, 與人之兄居而殺其弟, 與人之父處而殺其子, 吾弗爲. 皆勉處矣. 爲吾臣, 與翟人奚以異. 且吾聞之也, 不以其所養害其養. 杖策而去. 民相連而從之, 遂成國於岐山之下, 大王亶父可謂能保生矣.

能保生, 雖富貴, 不以養傷身, 雖貧賤, 不以利累形. 今受其先人之爵祿, 則必重失之, 生之所自來者久矣, 而輕失之, 豈不惑哉.

故老子曰, 貴以身爲天下, 焉可以託天下, 愛以身爲天下, 焉可以寄天下矣.

註解　○大王亶父(대왕단보)―문왕(文王)의 조부(祖父). 그 이름은 《시경(詩經)》〈대아(大雅)〉문왕(文王)과 면(緜)에 '고공단보(古公亶父)'로

기록되어 있다. '대왕'은 주(周)나라 성립 이후의 시호(諡號). 이하의 이야기는 《여씨춘추》〈개춘론〉 심위편에 따른 것인데 같은 취지의 글이 《맹자》〈양혜왕장구(梁惠王章句)〉하(下), 《장자》〈양왕편〉, 《사기》〈주본기(周本紀)〉에 보인다. ○邠(분)─《시경》, 《사기》에는 빈(豳)이라 적고 있다. 주(周)나라의 옛 도읍. ○不以其所養害其養(불이기소양해기양)─《여씨춘추》는 '불이기이소양해기소양(不以其以所養害其所養)'으로 적고 있다. ○老子曰(노자왈)……─제13장의 끝 구절. 이 구절은 《노자》의 제본(諸本)·제종(諸種)의 인용문 사이에 이동(異同)이 많다. 두 군데의 '언(焉)'은 《장자》〈재유편(在宥篇)〉에 있는 인용구가 '즉(則)'으로 되어있는 것과 거의 같은 뜻일 것으로 생각된다. 따라서 위 구절에 붙여서 읽지 않고 아래 구절에 붙여서 읽었다.

중산(中山)의 공자(公子) 모(牟)가 첨자(詹子)에게 말했다. "자신은 강해(江海) 가에 한가로이 있으면서 마음은 궁정(宮廷) 일이 자꾸 마음에 걸려서 견딜 수가 없소. 대체 어찌 된 일인가요?" 첨자가 대답했다. "생명을 소중히 하십시오. 생명을 소중히 하시면 세속의 명리(名利) 따위는 취할 바가 못된다는 것을 아시게 될 것입니다."

중산의 공자 모가 말했다. "그런 것은 잘 알고 있습니다만 어찌 된 일인지 나 자신을 억제할 수가 없습니다." 첨자는 말했다. "도저히 자신을 억제할 수가 없다면 생각대로 하십시오. 마음 내키는 대로 하시면 마음속의 응어리는 풀릴 것입니다. 자신을 억제할 수 없는데 억지로 억제하려는 것은 이중의 괴로움이라고 합니다. 이 이중의 괴로움을 지닌 사람으로서 장수(長壽)하고자 꾀하는 것은 잘못입니다."

그러기에 노자는 다음과 같이 말했다. "조화의 즐거움을 아는 자야말로 항상(恒常)이 있으며, 항상을 아는 자야말로 도(道)의 명(明)을 얻은 자이다. 억지로 삶을 더하려는 것을 불길(不吉)이라고 하며, 마음이 기력(氣力)을 구사하고자 하는 것을 강(强)이라고 한다. 그러기에 속에 있는 빛에 의해서만 도(道)의 명(明)에 복귀할 수가 있다.(제52장, 제55장)”

原文 中山公子牟謂詹子曰, 身處江海之上, 心在魏闕之下, 爲之奈何. 詹子曰, 重生. 重生則輕利. 中山公子牟曰, 雖知之, 猶不能自勝. 詹子曰, 不能自勝, 則從之. 從之神無怨乎. 不能自勝, 而强弗從者, 此之謂重傷. 重傷之人無壽類矣.

故老子曰, 知和曰常, 知常曰明, 益生曰祥, 心使氣曰强. 是故用其光, 復歸其明也.

註解 ○中山公子牟(중산공자모)－모(牟)는 위(魏)나라 공자(公子). 중산(中山 : 하북성 定縣)에 봉해졌기 때문에 이처럼 부른다. 《장자》〈추수편(秋水篇)〉에 공손룡(公孫龍)과 문답을 했다는 위모(魏牟)도 동일인이다. 《한지(漢志)》 도가(道家)에 ‘공자모사편(公子牟四篇)’이라고 했다. 본절(本節)은 《여씨춘추》〈개춘론(開春論)〉심위편(審爲篇)에 근거한 것으로 생각되며 또 같은 취지의 글이 《장자》〈양왕편〉에도 보인다. ○詹子(첨자)－이 책에서는 도술에 통한 사람, 혹은 낚시의 명인으로 자주 나온다. 〈원도훈(原道訓)〉 참조. ○身處江海之上(신처강해지상), 心在魏闕之下(심재위궐지하)－‘위궐(魏闕)’은 궁문(宮門)의 양쪽 대(臺)를 가리키는데 전(轉)하여 부귀영화를 의미한다. 한편 〈숙진훈(俶眞訓)〉은 ‘심(心)’을 ‘신(神)’으로 적고 있고, 또 이 구절을 다른 의미로 인용하고 있다. ○老子曰(노자왈)……－두 군데에서 보이는 ‘명(明)’은 득도(得道)에 의해 열려지는 예지(叡智)를 가리킨다. ‘상(祥)’은 길흉(吉凶) 두 가지 뜻이 있는데 여기서는 흉(凶)의 뜻이다. ‘심사기(心使氣)’란 기력을 진정시켜야 하는 마음이 반대로 기력을 선동하는 것. ‘상(祥)’ ‘강(强)’ 모두 도(道)를 떠난 상태를 가리킴이다.

초(楚)나라 장왕(莊王)이 첨하(詹何)에게 물었다. "나라를 다스리려면 어떻게 하는 것이 좋겠소?" 첨하가 대답했다. "신(臣)은 치신(治身)의 법에는 통하옵니다만 치국(治國)의 법은 모르옵니다." 초왕이 말했다. "과인은 이미 종묘·사직은 확립해 놓았소. 바라건대 이것을 지켜나갈 방책을 가르쳐 주시오."

첨하가 대답했다. "신은, 군주께서 치신(治身)을 잘하는데 나라가 어지럽게 되었다는 말을 들은 적이 없습니다. 또 군주가 치신을 잘 못하는데 나라가 잘 다스려진다는 말도 듣지 못하였사옵니다. 그렇다면 근본은 몸에 있는 것입니다. 그러므로 말절(末節)인 치국에 대해서는 대답을 하지 않는 것이니이다." 장왕은 말했다. "잘 알겠소이다."

그러기에 노자는 다음과 같이 말했다. "도(道)를 자신이 닦고 있으면 덕(德)은 참된 경지에 이른다.(제54장)"

原文 楚莊王問詹何曰, 治國奈何. 對曰, 何明於治身, 而不明於治國. 楚王曰, 寡人得立宗廟社稷願學所以守之. 詹何對曰, 臣未嘗聞身治而國亂者也, 未嘗聞身亂而國治者也. 故本在於身, 不敢對以末. 楚王曰, 善.

故老子曰, 脩之身其德乃眞也.

註解 ○楚莊王問詹何(초장왕문첨하)─《여씨춘추》〈심분람(審分覽)〉 집일편(執一篇)에 근거한 것으로 생각되며, 또 같은 취지의 글이 《열자》〈설부편(說符篇)〉에도 보인다. '초장왕'은 패업(霸業)을 성취한 명군(名君)이고 '첨하'는 앞 절(節)에 나왔던 '첨자(詹子)'이다. ○治身(치신), 治國(치국)─치국의 근본이 수신(修身)에 있다고 하는 논(論)은 예컨대 《예기(禮記)》〈대학편(大學篇)〉에 명기되어있는 것처럼 유가(儒家)의

설(說)로 알려져 있다. 그러나 똑같은 논이 도가(道家)에도 있으며, 그 경우 '치신(治身)'이란 본편(本篇)에 있는 것처럼 '전생보신(全生保身)'을 취지로 하는 것이 통례이다. 단, 본절(本節)에는 도가적(道家的) 치신과 유가적 치신이 섞여 있는 것 같다. 즉 '그 몸이 문란한데 그 나라가 다스려지는 예는 없다'란 구절이 그것이다.

환공(桓公)이 당(堂) 위에서 독서하고 있었다. 윤인(輪人)이 당 아래에서 수레바퀴를 깎고 있다가 문득 망치와 끌을 놓은 다음 환공에게 물었다. "전하께서 읽고 계신 것은 어떤 책이옵니까?" 환공이 대답했다. "성인(聖人)의 책이다." 윤인이 물었다. "그분은 어디 계십니까?" 환공이 대답했다. "이미 돌아가셨지."

윤인은 말했다. "그렇다면 그 책은 단지 성인의 찌꺼기로군요." 그 말을 듣자 환공은 안색을 바꾸며 노기를 띠고 소리쳤다. "과인이 독서하고 있는데 공인(工人)인 네가 감히 어찌 나불거리느냐? 변명을 제대로 하면 살려주겠지만 그렇지 못하면 네 목숨은 끝이다!"

윤인이 말했다. "예, 아뢰겠습니다. 신은 수레바퀴 깎는 일에 비유하여 아뢰겠습니니다. 대저 서둘러 깎아서 불충분하면 제대로 들어맞지 않고, 너무 느리게 시간을 들여 깎으면 헐거워서 고정되지 않습니다. 헐겁지도 않고, 꼭 끼지도 않도록 손의 움직임에 따르고, 마음이 향하는 대로 따라 스스로 터득할 때 지묘(至妙)한 경지에 도달할 수 있습니다. 그런 것을 신의 자식놈에게는 가르칠 수가 없습니다. 또 자식놈 역시 신에게서 그것을 배울 수는 없는 일입니다.

그런 까닭에 70이 된 지금까지 늙은 몸으로 아직도 수레바퀴를 깎고 있는 것입니다. 그리하여 성인의 말씀이란 것도 그 진실된 것은 성인의 마음속에 비장한 채 돌아가셨고, 뒤에는 그 찌꺼기만 남아 있을 것이라고 아뢰었던 것입니다.”

　그러기에 노자는 다음과 같이 말했다. “도(道)도 세상 사람에게 설명할 수 있는 도는 항구불변의 도가 아니다. 명(名)도 세상 사람에 의해 이름 붙여지는 명(名)은 항구불변의 명이 아니다.(제1장)”

原文　桓公讀書於堂. 輪人斲輪於堂下. 釋其椎鑿, 而問桓公曰, 君之所讀者何書也. 桓公曰, 聖人之書. 輪人曰, 其人焉在. 桓公曰, 已死矣. 輪人曰, 是直聖人之糟粕耳. 桓公悖然作色而怒曰, 寡人讀書, 工人焉得而譏之哉. 有說則可, 無說則死.

　輪人曰, 然, 有說. 臣試以臣之斲輪語之. 大疾則苦而不入. 大徐則甘而不固. 不甘不苦, 應於手, 厭於心而可以至妙者, 臣不能以敎臣之子. 而臣之子, 亦不能得之於臣. 是以行年七十, 老而爲輪. 今聖人之所言者, 亦以懷其實, 窮而死. 獨其糟粕在耳.

　故老子曰, 道可道, 非常道, 名可名, 非常名.

註解　○桓公讀書於堂(환공독서어당)……－본절(本節)은 《장자》〈천도편(天道篇)〉에 근거를 두고 있다. ○輪人(윤인)－수레 만드는 일을 업으로 하는 공인(工人). 《장자》에는 윤편(輪扁 : 人名)으로 기록되어있다. ○聖人之糟粕(성인지조박)－성인의 참뜻은 문자나 언어로 전할 수 있는 것이 아니라는 취지에서 성인이 남긴 경서(經書)를 이렇게 말한 것이다. 《장자》〈천운편(天運篇)〉에 ‘육경(六經)은 선왕(先王)의 진적(陳迹)’이라고 한 것과 같다. ○道可道(도가도)……－《노자》5천 글자의 머리 구절. 여기서 풀이한 해석은 반드시 일반적인 것이라고 하기 어렵다. 그러나 《회남자》가 환공과 윤인의 이야기를 결구(結句)로 인용한 것은 이런 식으로 읽어서 참된 도는 필설(筆舌)로 표현할 수 없는 것이란 의미로 해석한 것이리라.

옛날, 사성(司城) 자한(子罕)은 송(宋)나라 재상이 되었을 때 송군(宋君)에게 아뢰었다. "본디 국가의 안위(安危)와 백성의 치란(治亂)은 군주의 상벌(賞罰) 여하에 달려 있사옵니다. 작록(爵祿) 등의 상을 주는 것은 백성들이 좋아하는 일이오니 전하께서 친히 하십시오. 살육(殺戮) 등의 형벌은 백성들이 원망하는 일이오니 신이 떠맡겠습니다." 송군은 말했다. "좋소. 과인은 기뻐하는 일을 맡고, 그대가 원망 들을 일을 맡는다면 과인이 제후(諸侯)들로부터 웃음거리가 되는 일도 없을 것이오."

그리하여 나라 안 사람 모두가 살육의 권세가 자한의 수중에 있다는 것을 알게 되자 대부(大夫)들은 모두 그에게 접근하고 백성들은 그를 두려워했다. 이렇게 해서 1년도 되기 전에 자한은 마침내 송군을 물리치고 그 정치를 좌지우지하게 되었다.

그래서 노자는 다음과 같이 말했다. "물고기는 연못에서 나오면 안 되고, 나라 다스리는 이기(利器)는 남에게 맡겨서는 안 된다.(제36장)"

原文 昔者司城子罕相宋. 謂宋君曰, 夫國家之安危, 百姓之治亂, 在君行賞罰. 夫爵賞賜予, 民之所好也. 君自行之. 殺戮刑罰, 民之所怨也. 臣請當之. 宋君曰善. 寡人當其美, 子受其怨, 寡人自知不爲諸侯笑矣.

國人皆知殺戮之制, 專在子罕也, 大臣親之, 百姓畏之. 居不至期年, 子罕遂卻宋君, 而專其政.

故老子曰, 魚不可脫于淵, 國之利器, 不可以示人.

註解 ○昔者司城子罕相宋(석자사성자한상송)……—같은 취지의 글이《한비자(韓非子)》〈외저설우하편(外儲說右下篇)〉,《한시외전(韓詩外

傳)》권 7,《설원(說苑)》〈군도편(君道篇)〉 등에 보인다. ○期年(기년)—
1년. ○卻宋君(각송군)—《한비자》〈외저설우하편〉은 각(卻)을 겁(劫)으
로 적고 있다. ○利器(이기)—상벌의 권(權).

왕수(王壽)가 책을 짊어지고 주(周)나라에 가서 서풍(徐馮)을 만났
다. 서풍이 말했다. "만사는 변화에 대응해서 움직이고 변화는 시운
(時運)에 대응해서 생기는 것이다. 그런 까닭에 시운을 아는 자는 일
정한 행동을 취하지 않는다. 책은 말을 제시해 놓은 것뿐이다. 지자
(知者)에게서 나온 것이지. 그러므로 지자는 책을 소장하는 짓 따위
는 하지 않는 것이다." 그래서 왕수는 책을 불태우고 기뻐서 춤을 추
었다.
　그러므로 노자는 다음과 같이 말했다. "말이 많으면 자주 막히는
법, 자신의 의지를 마음속에 간직하는 것이 좋다.(제5장)"

原文　王壽負書而行, 見徐馮於周. 徐馮曰, 事者應變而動, 變生
於時. 故知時者無常行. 書者言之所出也. 言出於知者, 知者不藏書.
於是王壽乃焚書而舞之.
　故老子曰, 多言數窮, 不如守中.

註解　○王壽負書(왕수부서)……—같은 취지의 글이《한비자》〈유로편
(喩老篇)〉에 보인다. ○徐馮(서풍)—주(周)나라의 은자(隱者). ○書者言
之所出也(서자언지소출야). 言出於知者(언출어지자)—책은 말을 문자로
표시해 놓은 것이므로 말은 책과 같다. 그런데 그 말은 지자(知者)에 의
해서 하는 것이므로 지자는 말과 같다. 지자·말·책을 열거해 놓되 책을
제일 낮은 수준의 것이라고 했다.

초(楚)나라 영윤(令尹)인 자패(子佩)가 장왕(莊王)을 주연(酒宴)에 초대했다. 장왕은 승낙을 했지만 자패가 연석을 강대(强臺)에 마련했다 하므로 가지 않았다. 이튿날 자패는 맨발로 공수(拱手)하며 전(殿) 아래에서 북쪽을 향해 아뢰었다. "전하께오서는 전에 승낙을 하셨건만 오지 않으셨습니다. 그것은 신에게 어떤 죄가 있어서 그러셨습니까?"

장왕은 말했다. "과인은 그대가 강대에 연석을 마련했다는 말을 들었소. 강대는 남쪽에 요산(料山)을 바라보고 또 방황(方皇)의 흐름과 인접해 있으며, 왼쪽으로는 장강(長江)이 있고 오른쪽에는 회수(淮水)가 있어 그 즐거움은 죽음의 공포까지도 잊게 해줄 정도라고 합디다. 과인은 지극히 박덕한 사람이오. 그런 열락의 곳에 갈 처지가 되지 못하오. 아마도 그곳에 머물러 있으면서 돌아올 수가 없을 것이오."

그러기에 노자는 다음과 같이 말했다. "욕망의 대상을 눈으로 보지 않으면 마음이 산란해지는 일이 없다.(제3장)"

原文 令尹子佩, 請飮莊王. 莊王許諾. 子佩具於强臺. 莊王不往. 明日, 子佩疏揖, 北面立於殿下曰, 昔者君王許之, 今不果往, 意者臣有罪乎. 莊王曰, 吾聞子具於强臺. 强臺者, 南望料山, 以臨方皇, 左江而右淮, 其樂忘死. 若吾薄德之人, 不可以當此樂也. 恐留而不能反.

故老子曰, 不見可欲, 使心不亂.

註解 ○令尹子佩(영윤자패)……—'영윤(令尹)'은 초(楚)나라의 관명(官名). 이 절(節)과 유사한 글이 《전국책(戰國策)》〈위책(魏策)〉, 《설원(說苑)》〈정간편(正諫篇)〉 등에 보이며 이 경우의 초왕을 소왕(昭王)으로 기록하고 있다. ○强臺(강대)—《어람》의 인용문은 경대(京臺)로, 《설원》

은 '형대(荊臺)'로 적고 있다. ○疏揖(소읍)-소(疏)는 도선(徒跣), 읍(揖)은 거수(擧手). 진사(陳謝)의 뜻을 강하게 표하는 모습일 것이다. ○料山(요산)·方皇(방황)-《설원》은 붕산(崩山)·방황(彷徨)으로 적고 있다. 방황은 수명(水名). 일설에 산명(山名)이라고도 한다. ○老子曰(노자왈)……-《노자》에 비추어 말한다면, 이 구절은 군주의 통치책으로서 '욕망의 대상이 되는 것을 보지 못하도록 하면 백성의 마음이 문란해지는 일이 없다'라는 의미이다. 그것을 《회남자》는 군주 자신의 마음가짐을 설명하는 것으로 풀이하고 있다.

진(晉)나라 공자(公子)인 중이(重耳)가 망명생활을 하던 중 조(曹)나라에 들렀을 때, 조군(曹君)은 무례하게 행동했다. 이부기(釐負羈)의 아내가 이부기에게 말했다. "우리 주군께서는 진나라 공자에게 무례한 짓을 하셨습니다. 그런데 제가 그의 종자(從者)를 살펴보았더니 모두가 현인(賢人)들이었습니다. 만약 그 현인들이 중이를 옹립하여 진나라에 복귀하게 되면 그들은 반드시 조나라를 칠 것입니다. 당신께서는 사전에 덕을 베풀어 두시는 게 좋을 것으로 생각합니다."

그래서 이부기는 중이에게, 항아리에 들어있는 음식을 보내주고 또 벽(璧)을 바쳤다. 중이는 그 음식은 받았으나 벽은 돌려보냈다. 그런데 이윽고 중이가 진나라로 돌아가자 군사를 일으켜 조나라를 쳤고, 승리를 거두었다. 중이는 삼군(三軍)에게 명하여 이부기가 사는 동네에는 군사가 들어가는 것을 허락하지 않았다.

그러기에 노자는 다음과 같이 말했다. "구부러지는 것은 온전하고 비틀리면 곧아진다.(제22장)"

原文 晉公子重耳, 出亡過曹無禮焉. 釐負羈之妻, 謂釐負羈曰, 君無禮於晉公子. 吾觀其從者, 皆賢人也. 若以相夫子反晉國, 必伐

曹. 子何不先加德焉. 釐負羈遺之壺飧, 而加璧焉. 重耳受其飧, 而
反其璧. 及其反國, 起師伐曹尅之. 令三軍, 無入釐負羈之里.

　故老子曰, 曲則全, 枉則直.

註解　○公子重耳(공자중이)−후에 진(晉)나라 문공(文公)이 된 사람.
진나라 헌공(獻公)의 둘째아들이다. 헌공이 여희(驪姬)를 익애하여 여희
의 몸에서 낳은 해제(奚齊)를 후계자로 삼기 위해 태자(太子) 신생(申
生)을 죽이자, 중이는 적(狄)나라로 망명했다. 그후 유랑하기를 무려 19
년. 진(秦)나라 목공(穆公)의 힘에 의해 고국 진나라로 돌아와서 즉위하자
이윽고 호언(狐偃)·조쇠(趙衰) 등을 등용하여 패자(霸者)가 되었다. ○過曹
無禮(과조무례)−조군(曹君)의 무례한 짓은 〈인간훈(人間訓)〉에 '중이, 조
나라를 지나갈 때, 조군은 그의 갈비뼈를 보겠다며 그를 벌거벗기어 물고기
를 잡게 했다'라는 구절이 보인다. ○釐負羈(이부기)−조(曹)나라의 대부
(大夫). 공자 중이와 이부기에 관한 이야기는 《좌전(左傳)》 희공(僖公)
23년, 28년조에 보이며(《좌전》에서는 僖負羈), 이 책에서도 관련되는 기
사가 〈무칭훈(繆稱訓)〉, 〈제속훈(齊俗訓)〉에 있다. ○壺飧(호준)−〈제속
훈〉에서 말하는 호찬(壺餐)과 같다. 항아리에 담은 음식물. ○老子曰(노자
왈)……−'곡즉전(曲則全)'이란 예컨대 《장자》 〈산목편(山木篇)〉에 '곧은
나무는 먼저 베어진다'라고 되어있는 것처럼, 곡목(曲木)은 쓸모가 없으
므로 천수(天壽)를 다한다는 취지. '왕즉직(枉則直)'이란 예컨대 자벌레
가 한번은 왕굴(枉屈 : 구부리는 것)했다가 나중에는 똑바로 자세를 취하
는 것. 비약겸하(卑弱謙下)의 처세술을 말하는 것으로서 여기서는 조군
(曹君)의 오만이 파멸을 초래했고, 이부기의 겸손이 보신(保身)의 원인이
되었다는 교훈이다.

월왕(越王) 구천(勾踐)은 오(吳)나라와 싸워서 패했다. 나라는 붕괴

되고 그는 망명객이 되어 회계산(會稽山)에서 곤혹을 느꼈다. 그곳에 서 분노를 불태우다가 복수할 것을 굳게 마음에 정했다. 그리고 끓어 오르는 혈기로 정병(精兵)을 엄선하여 불에라도 뛰어들도록 훈련을 시 켰다.

그러는 한편 자신은 오왕의 가신(家臣)이 되고 아내도 첩이 될 것 을 청하고 스스로 과(戈)를 들고 오왕의 전마병(前馬兵)이 되었다. 마침내는 간수(干遂)에서 오왕을 사로잡았다.

그러므로 노자는 다음과 같이 말했다. "유(柔)가 강(剛)에 이기고 약(弱)이 강(强)에게 이기는 것은 천하가 모두 아는 일이건만 이것을 실천하기란 매우 어렵다.(제78장)" 월왕 구천은 이것을 그 몸으로 실 천하여 마침내 중국의 패자(霸者)가 되었다.

原文 越王勾踐, 與吳戰而不勝. 國破身亡, 困於會稽. 忿心張膽, 氣如涌泉, 選練甲卒, 赴火若滅. 然而請身爲臣, 妻爲妾, 親執戈爲 吳王先馬, 果擒之於干遂.

故老子曰, 柔之勝剛也, 弱之勝强也, 天下莫不知, 而莫之能行. 越王親之, 故霸中國.

註解 ○張膽(장담)－담(膽)은 오행설(五行說)에서 금(金)에 해당하므 로 결단력을 주관한다고 하며 또 《한서(漢書)》〈진여전(陳余傳)〉의 '진 목장담(瞋目張膽)' 주(註)에 '장(張)은 용(勇)이 많은 것을 가리킨다'라고 했다. 자신의 의지를 강고(强固)하게 하는 것. ○赴火若滅(부화약멸)－난 해한데 불에 뛰어드는 데 있어, 그 불을 소멸시키고자 하는 기백을 가리 키는 뜻이리라. ○先馬(선마)－세마(洗馬)라고도 한다. 군주라든가 태자 (太子)가 출어(出御)할 때 그 앞을 맡는 것. 또 그 관직명.

조간자(趙簡子)가 죽은 다음, 아직 장사를 치르기 전에 중모(中牟)가 제(齊)나라에 항복했다. 그러는 사이에 장례가 끝나고 5일째 되던 날, 아들인 양자(襄子)는 군사를 일으키어 중모를 공격했다. 그런데 아직 포위태세도 갖추어지기 전에 성벽이 10장(丈)이나 자연히 붕괴되었다.

그러자 양자는 징을 쳐서 군사들을 퇴각시켰다. 군신(軍臣)이 양자에게 간언했다. "전하께서 중모 성의 죄를 벌하시려는 때에 성벽은 저절로 붕괴했습니다. 이것이야말로 하늘이 우리를 도우시는 징표인데 어찌하여 퇴각시키시는 겁니까?"

양자는 말했다. "과인은 이전에 숙향(叔向)에게서 '군자는 남의 이익에 뒤따라서는 안 되며, 남의 위기를 틈타서 들어가서는 안 된다'란 말을 들은 적이 있소. 과인은 중모의 성벽을 수리토록 하고 그것이 완성되면 이를 공격하려 하오." 중모 사람들은 조양자의 의(義)를 듣고는 항복할 것을 청했다.

그러기에 노자는 다음과 같이 말했다. "원래 성인(聖人)은 남과 다투지 않는다. 그러므로 천하에는 그와 싸울 수 있는 자가 없다.(제22장)"

原文 趙簡子死未葬, 中牟入齊. 已葬五日, 襄子起兵攻之. 圍未合而城自壞者十丈. 襄子擊金而退之. 軍吏諫曰, 君誅中牟之罪而城自壞. 是天助我. 何故去之.

襄子曰, 吾聞之叔向. 曰, 君子不乘人於利, 不迫人於險. 使之治城, 城治而後攻之. 中牟聞其義, 乃請降.

故老子曰, 夫唯不爭, 故天下莫能與之爭.

註解 ○趙簡子(조간자)·襄子(양자)—본편에서 이미 설명했다. 같은

취지의 글이 《한시외전(韓詩外傳)》 권6, 《신서(新序)》 잡사사(雜事四) 등에 보인다. ○中牟(중모)—조(趙)나라의 한 성(城). ○擊金(격금)—‘금(金)’은 징. 전쟁할 때는 북을 치면 전진하고 징을 치면 후퇴하는 것이 통례였다. ○叔向(숙향)—양설힐(羊舌肹)의 자(字). 춘추시대 진(晉)나라의 대부(大夫). 《좌전(左傳)》 양공(襄公) 16년, 소공(昭公) 5년조 등에 그 박학함과 높은 식견을 알 수 있는 기사가 있다. ○老子曰(노자왈)……—싸우지 않고 승리를 거둔 조양자의 의(義)를 《노자》의 부쟁(不爭)과 연관시키고 있는데 다소 견강(牽强)한 느낌이 있다. 《노자》의 취지와 일치되지는 않는다.

진(秦)나라 목공(穆公)이 백락(伯樂)에게 말했다. “그대는 이제 늙었구려. 그대 아들 중에 말 감식(鑑識)을 잘하는 자가 있소?”

백락이 대답했다. “보통의 양마(良馬)라면 용자능골(容姿筋骨)로 감별할 수도 있습니다만, 천하의 명마(名馬)를 감별하려면 망연하여 파악할 수가 없고, 심신(心身)을 상실한 것 같은 외모를 드러내고 있습니다. 하온데 이런 말이야말로 먼지 하나 내지 않고 발자취도 내지 않으며 허공을 질주하듯 달리지요. 신(臣)의 자식들은 모두 하재(下才)여서 양마를 감별해낼 수는 있사오나 천하의 명마를 찾아내지는 못할 것입니다. 하온데 신 밑에서 짐을 풀고 밥을 짓는 자로서 구방인(九方堙)이란 자가 있습니다. 이 사람은 말을 감별하는 데는 신에게 뒤지지 않습니다. 그 사람을 한번 불러서 써보소서.”

목공은 구방인을 불러 그에게 명마를 찾아오라고 명했다. 그는 3개월 만에 돌아왔고 목공에게 보고했다. “명마를 찾아냈습니다. 사구(沙丘)란 곳에 있습니다.” 목공이 물었다. “어떤 말인가?” 그는 대답했다. “수말이고 색깔은 감색이었습니다.”

그래서 목공은 사람을 보내어 그 말을 사오게 했는데, 그것은 암말로서 색깔은 검었다. 목공은 화를 냈고 백락을 불러 나무랐다. "과인은 실패했소. 그대가 명마 감별사로 천거한 사람은 말의 색깔도, 암수의 구별조차도 못합디다. 그런즉 어찌 마상(馬相)을 볼 수 있으리오?"

그러나 백락은 길게 탄식하며 말했다. "아니, 구방인은 그런 경지에까지 도달했었군요. 이런 능력은 신과 같은 자, 천만 명이 있더라도 미치지를 못하옵니다. 구방인의 그 두드러진 눈은 '천기(天機)', 곧 자연히 갖춘 활력(活力)입니다.

다시 말씀드리니 말의 본질을 파악할 뿐 말초 따위에는 눈길도 주지 않고 내재하는 것을 관찰할 뿐 외모 따위는 살펴보지도 않으며, 보아야 할 곳은 보되 볼 필요가 없는 곳은 보지 않고, 주시(注視)해야 할 곳은 주시하되 주시할 필요가 없는 곳은 간과한다는 것입니다. 그에게 있어 말 감별법에는 말 이상으로 귀한 점이 있습니다." 그래서 끌어와 보니 과연 그 말은 천리 명마였다.

그러므로 노자는 다음과 같이 말했다. "대직(大直)은 굽은 것처럼 보이고, 대교(大巧)는 졸렬한 것처럼 보인다.(제45장)"

原文 秦穆公謂伯樂曰, 子之年長矣. 子姓有可使求馬者乎. 對曰, 良馬者可以形容筋骨相也, 相天下之馬者, 若滅若失, 若亡其一. 若此馬者, 絶塵弭轍. 臣之子, 皆下材也. 可告以良馬, 而不可告以天下之馬. 臣有所與供擔纆薪菜者, 九方堙. 此其於馬非臣之下也. 請見之. 穆公見之, 使之求馬. 三月而反報曰, 已得馬矣. 在於沙丘. 穆公曰, 何馬也. 對曰, 牡而黃. 使人往取之, 牝而驪.

穆公不說. 召伯樂而問之曰, 敗矣. 子之所使求馬者, 毛物牝牡弗能知, 又何馬之能知. 伯樂喟然大息曰, 一至此乎, 是乃其所以千萬臣而無數者也. 若堙之所觀者天機也. 得其精而忘其粗, 在其內而忘其外. 見其所見, 而不見其所不見, 視其所視, 而遺其所不視. 若彼之所相者, 乃有貴乎馬者. 馬至而果千里之馬.

故老子曰, 大直若屈, 大巧若拙.

[註解] ○秦穆公謂伯樂曰(진목공위백락왈)……—이 이야기와 관계가 있는 글이 《장자》〈서무귀편(徐无鬼篇)〉에 보이며, 거의 일치되는 글이 《열자》〈설부편〉에 보인다. '백락(伯樂)'은 말을 감별하는 명인.〈숙진훈(俶眞訓)〉,〈주술훈(主術訓)〉에 이미 나왔다. ○若滅若失(약멸약실), 若亡其一(약망기일)—《장자》〈서무귀편〉에 '천하의 명마는 저절로 천성의 재질이 갖추어져 있고 조용히 안정되어 있으며 그 스스로를 잊은 듯합니다. 이런 말은 (일단 달렸다 하면) 뭇 말들을 앞질러 질풍처럼 달려도 먼지조차 일으키지 않고 어디에 가서 멈추게 될지를 모를 정도입니다.'라고 되어있다. ○所與供擔繹薪菜者(소여공담묵신채자)—함께 신채(薪菜)를 담묵(擔繹 : 메거나 묶거나 하는 것)하는 곳의 사람. 그러나 묵담(繹擔 : 짐을 꾸리고 또 운반한다), 신채(薪菜 : 땔나무를 하고 밥을 짓는다) 등 두 가지 일을 하며, '공(供)'을 그 노무(勞務)를 제공하는 뜻으로 풀이하는 학자의 설(說)이 나을 것 같으므로 그것을 따라서 번역했다. ○九方堙(구방인)—말을 감별하는 명인으로서 그의 이름은 일찍이 《여씨춘추》〈시군람(恃君覽)〉 관표편(觀表篇)에 보인다. 《열자》는 '구방고(九方皋)'로 적고 있다. ○天機(천기)—눈에 보이지 않는 자연의 작용, 혹은 마음의 움직임. 《장자》〈대종사편(大宗師篇)〉에 '기욕(嗜欲)이 깊은 자는 천기가 얕다'라고 되어있으며, 또 〈원도훈(原道訓)〉,〈숙진훈(俶眞訓)〉에도 보인다. ○在其內(재기내)—'재(在)'는 찰(察)의 의미(《爾雅》 釋詁).

오기(吳起)가 초(楚)나라 영윤(令尹)이 되었을 때, 위(魏)나라에 가서 굴의약(屈宜若)에게 물었다. "초왕(楚王)은 나의 무능함을 모르고 나를 영윤에 임명했습니다. 선생님, 바라건대 제가 실행코자 하는 일에 대해서 평가해 주십시오.” 굴의약이 말했다. “어떤 일을 할 생각입니까?” 오기가 말했다. “초나라의 고작(高爵)을 깎아서 평준화하고 남는 것을 깎아서 부족분을 메우고, 또 병사들을 훈련하였다가 때가 오면 승리를 천하와 다툴 생각입니다.”

굴의약은 말했다. “나는 그 옛날, 나라를 잘 다스리는 사람은 예부터 내려오는 제도라든가 일상적인 관습을 마구 바꾸지 않는다고 들었습니다. 지금 그대는 초나라의 고작을 깎아서 평준화하고 남는 것을 깎아서 부족분을 메울 생각을 하고 있습니다. 이것이야말로 예로부터 내려오는 제도와 일상적인 관습을 마구 바꾸려는 것인즉, 이런 일을 감행하는 사람에게 좋은 것으로 갚아지는 일은 없습니다.

또 나는 분노는 덕행에 어긋나는 짓, 전쟁은 불길한 것, 싸움은 최하의 행위란 말을 들었습니다. 지금 그대는 은밀히 배덕(背德)을 기도하고 나아가 병사를 써서 최하의 행위를 하고자 하니, 그것은 도(道)에 어긋나는 일입니다.

그리고 그대는 노(魯)나라 병사를 동원해서 제(齊)나라에게 불의(不義)의 승리를 거두고, 또 위(魏)나라 군사를 동원하여 진(秦)나라에게 불의의 승리를 거두었습니다. 또 나는 남을 화(禍)에 빠뜨리지 않으면 스스로 화를 당하지 않는다는 말을 들었습니다. 나는 이전부터 우리 초나라 왕이 여러 번 천도(天道)에 어긋나고 인도(人道)에 빗나가는 짓을 하면서 오늘에 이르기까지 화를 당하지 않고 있음을 이상하다고 생각해 왔는데, 아아! 하늘은 그대가 등장하기를 기다렸던 것이구려.”

오기는 두려워하며 말했다. “지금부터라도 고칠 수가 있겠습니까?” 굴의약은 말했다. “이미 모양이 정착되어 버린 사람은 다시 고칠 수가 없습니다. 부탁하건대 백성들에게 인애(仁愛)를 베풀고 독실하게 행동하도록 마음을 쓰시오.”

그러기에 노자는 다음과 같이 말했다. “자신의 날카로운 것을 억제하고 세상의 어지러운 것을 풀며, 자신의 빛남을 부드럽게 하고 세상의 티끌과 함께하라.(제4장)”

原文 吳起爲楚令尹. 適魏問屈宜若曰, 王不知起之不肖而以爲令尹. 先生試觀起之爲之也. 屈子曰, 將奈何. 吳起曰, 將衰楚國之爵而平其制祿, 損其有餘而綏其不足, 砥礪甲兵, 時爭利於天下.

屈子曰, 宜若聞之, 昔善治國家者, 不變其故, 不易其常. 今子將衰楚國之爵而平其制祿, 損其有餘而綏其不足. 是變其故, 易其常也. 行之者不利. 宜若聞之, 曰, 怒者逆德也, 兵者凶器也, 爭者人之所末也. 今子陰謀逆德, 好用凶器, 治人之所末, 逆之至也.

且子用魯兵, 不宜得志於齊, 而得志焉. 子用魏兵, 不宜得志於秦, 而得志焉. 宜若聞之, 非禍人, 不能成禍. 吾固惑吾王之數逆天道, 戾人理, 至今無禍. 差, 須夫子也.

吳起惕然曰, 尙可更乎. 屈子曰, 成形之徒, 不可更也. 子不若敦愛而篤行之.

老子曰, 挫其銳, 解其紛, 和其光同其塵.

註解 ○吳起爲楚令尹(오기위초영윤)−같은 취지의 글이 《설원(說苑)》〈지무편(指武篇)〉에 보인다. 오기는 전국시대의 병법가(兵法家). 처음에는 위(魏)나라 문후(文侯)를 섬기다가 후에 초나라 도왕(悼王)을 섬기면서 영윤(令尹 : 재상)이 되었다. 《오자(吳子)》6편의 저서가 전한다. ○屈宜若(굴의약)−초나라 대부(大夫). 망명하여 위(魏)나라에 있던 자. 단, 《사기(史記)》〈위세가(魏世家)〉는 ‘의약(宜若)’을 ‘의구(宜臼)’로 적고 있다. 한편 《설원》〈지무편〉은 ‘의구(宜臼)’로, 〈권모편(權謀篇)〉은 ‘의구

(宜咎)'로 적고 있다(臼와 咎는 음이 통한다). ○將衰楚國之爵(장쇠초국지작)……爭利於天下(쟁리어천하)—《사기》〈오기전(吳起傳)〉은 이 저간의 사정을, '법을 밝히고 영(令)을 세워, 불급(不急)한 관(官)을 줄이고 공족(公族) 중 소원한 자를 폐했는데 이로써 전투 병사를 무양(撫養)하다'라 하였고 또 그 결과 초나라 보수파의 반격을 당하게 되어 오기가 궁지에 빠졌음을 기록하고 있다. ○兵者凶器也(병자흉기야)—《노자》 제31장에 '병자불상지기(兵者不祥之器)'라고 했다. ○用魯兵(용노병)……用魏兵(용위병)……—오기는 노나라 장수일 때 제(齊)나라를 쳤고 이를 패하게 했다. 또한 위나라 서하태수(西河太守)가 되자 진(秦)나라 군사는 감히 동하(東下)하지 못하게 했다. 모두 정의(正義)의 입장에서 보면 이길 수 없는 전쟁을 이기게 했다는 것이다. ○惕然(척연)—두려워하는 모습.

　진(晉)나라가 초(楚)나라를 쳐서 추격하기 90리에 이르렀건만 공격을 늦추지 않았다. 초나라 대부(大夫)들이 진나라에 반격할 것을 청하자 장왕(莊王)이 말했다. "선군(先君) 때에 진나라는 우리 초나라를 친 적이 없었소. 그런데 과인의 대가 되어 진나라가 초나라를 치는 것은 바로 과인의 잘못이 있었기 때문이오. 이 얼마나 욕된 일이오?"
　한편 대부들은 입을 모아 아뢰었다. "신(臣)들의 부조(父祖) 시대에 진나라가 우리 초나라를 친 적은 없었습니다. 하온데 지금 신들의 대가 되어, 진나라가 초나라를 치는 것은 바로 신들에게 죄가 있기 때문입니다. 어서 진나라에 반격을 가하도록 윤허해 주십시오." 장왕은 고개를 숙이고 눈물로 옷깃을 적시며 일어서더니 대부들에게 절을 했다.
　진나라 사람들은 이 말을 듣자 말했다. "군주와 신하가 다투어 잘못을 자기 것이라고 인정하며 더구나 군주가 신하들에게 머리 굽히기를 사양치 않았다. 저들을 칠 수는 없다.” 그리하여 한밤중에 군사를 거두고 돌아갔다.

그러기에 노자는 다음과 같이 말했다. “나라의 치욕을 떠맡는 자, 이를 사직(社稷)의 주인이라고 한다.(제78장)”

原文 晉伐楚, 三舍不止. 大夫請擊之. 莊王曰, 先君之時, 晉不伐楚, 及孤之身, 而晉伐楚, 是孤之過也. 若何其辱.

羣大夫曰, 先臣之時, 晉不伐楚, 今臣之身, 而晉伐楚, 此臣之罪也. 請王擊之. 王俛而泣涕沾襟, 起而拜羣大夫. 晉人聞之曰, 君臣爭以過爲在己, 且輕下其臣, 不可伐也. 夜還師而歸.

老子曰, 能受國之垢, 是謂社稷主.

註解 ○三舍(삼사)-‘사(舍)’는 30리. 군대가 하루 행군하는 거리를 가리킨다. ○莊王(장왕)-춘추시대 초나라의 장왕. 오패(五覇) 중 한 사람.

송(宋)나라 경공(景公) 때, 형혹(熒惑)이 심수(心宿)에 나타났다. 경공은 두려워하며 자위(子韋)를 불러 물었다. 경공이 말했다. “형혹이 심수에 나타나는 것은 어쩐 일이오?” 자위가 말했다. “형혹이란 하늘의 벌(罰)입니다. 심수는 송나라의 분야(分野)이므로 재화(災禍)는 전하에게로 돌아가게 될 것입니다. 하오나 그 재화를 재상(宰相)에게 옮길 수도 있습니다.” 경공은 말했다. “재상은 국가를 다스리는 소중한 직책이오. 죽게 할 수는 없소.”

자위가 말했다. “하오면 백성들에게 돌아가도록 할 수도 있습니다.” 경공이 말했다. “백성들이 죽는다면 과인은 도대체 누구에 대한 군주란 말이오? 차라리 과인 자신이 죽는 쪽을 택하리다.” 자위는 말했다. "그렇다면 흉년이 드는 것으로 대신할 수도 있습니다."

경공은 말했다. "곡식은 백성들의 생명이오. 흉년이 들면 백성들은 틀림없이 굶어 죽을 것이오. 임금이 되어 그 백성들을 죽이고 그 대신 자기가 살려고 한다면 대체 어느 누가 과인을 군주로 섬기리오? 이렇게 된 이상 과인의 명운(命運)은 이미 끝난 것이오. 자위여! 이제 아무 말도 하지 마오."

자위는 서둘러 물러나서 북면(北面)하고 재배했다. 그리고 말했다. "황공하오나 전하께 기쁜 말씀을 아뢰겠습니다. 하늘은 높이 있으면서 그 아래 땅의 사정을 두루 살피고 있습니다. 다만 지금 전하께서는 백성의 군주 되시기에 합당한 세 마디 말씀을 하셨는데 하늘은 반드시 전하를 세 차례 상 주실 것입니다. 오늘 저녁 형혹은 세 번 사(舍)를 옮기겠는데 그로 인하여 전하의 수명은 21년 연장될 것입니다." 경공이 물었다. "그대는 그것을 어떻게 알 수 있소?"

자위가 대답했다. "전하께서는 백성의 군주에 어울리는 말씀을 세 차례 하셨습니다. 그래서 세 번 상이 내려질 것인데 형혹은 틀림없이 세 차례 사(舍)를 옮길 것입니다. 1사(舍)마다 7성(星)을 가는데 3사이므로 21년, 즉 전하께서는 21년의 수명이 연장되는 것입니다. 바라건대 신이 옥좌 아래에 엎드려 하늘을 쳐다보게 하십시오. 만약 형혹이 옮겨가지 않는다면 신에게 죽음을 내리십시오."

경공은 말했다. "좋소." 그날 저녁때 형혹은 과연 세 차례 사(舍)를 옮겼다.

그러기에 노자는 다음과 같이 말했다. "나라의 불행을 떠맡으려 하는 자, 이를 천하의 왕(王)이라고 한다.(제78장)"

原文 宋景公之時, 熒惑在心. 公懼, 召子韋而問焉. 曰, 熒惑在心何也. 子韋曰, 熒惑天罰也, 心宋分野, 禍且當君. 雖然, 可移於

宰相. 公曰, 宰相所使治國家也. 而移死焉不祥.

　子韋曰, 可移於民. 公曰, 民死, 寡人誰爲君乎. 寧獨死耳. 子韋曰, 可移於歲. 公曰, 歲民之命. 歲饑民必死矣. 爲人君, 而欲殺其民以自活也, 其誰以我爲君者乎. 是寡人之命, 固已盡矣. 子無復言矣.

　子韋還走, 北面再拜曰, 敢賀君. 天之處高而聽卑. 君有君人之言三, 天必三賞君. 今夕星必徙三舍, 君延年二十一歲. 公曰, 子奚以知之. 對曰, 君有君人之言三, 故有三賞, 星必三徙舍. 舍行七星, 三七二十一. 故君移年二十一歲. 臣請伏於陛下, 以伺之. 星不徙, 臣請死之. 公曰, 可. 是夕也星果三徙舍.

　故老子曰, 能受國之不祥, 是謂天下王.

註解　○宋景公之時(송경공지시)……—이 이야기는 《여씨춘추》〈계하기(季夏紀)〉 제락편(制樂篇)에 바탕을 두고 있다. 또 이것에 관한 논설이 《논형(論衡)》〈변허편(變虛篇)〉에 보인다.　○熒惑(형혹)—화성(火星). 〈천문훈(天文訓)〉에 ‘(天帝의) 제령(制令)을 받은 다음 그곳을 나와 열수(列宿)를 돈다. 무도한 나라를 다스리고 반란 역적을 부추기며 질병과 사망을 가져다 주고 기아와 전쟁을 일으키게 한다.’라고 되어있다.　○子韋(자위)—송나라 태사(太史). 성신(星辰)의 점을 잘 쳤다.　○宋分野(송분야)—‘분야(分野)’는 하늘의 28수(宿)를 지상(地上)의 열국(列國)에 배당한 것. 저(氐)·방(房)·심(心)의 3수(宿) 분야를 송(宋)나라에 배당했다. 〈천문훈〉 참조.　○歲(세)—작황(作況), 연곡(年穀).　○舍行七星(사행칠성)—《논형》에 ‘당성일년(當星一年)’이라고 한 것에 의하면 1사(舍)가 7년, 3사(舍)면 21년이 된다.

옛날 공손룡(公孫龍)이 조(趙)나라에 있을 때, 제자에게 말했다.

"무능한 사람과 어울리기를 나는 싫어한다." 때마침 유객(遊客)이 있었는데, 그는 허름한 포(布)를 걸치고 새끼를 띠 대신 매고 있었다. 그가 공손룡에게 말했다. "저는 큰 소리를 지를 수 있습니다." 공손룡이 제자들을 돌아보며 물었다. "너희 가운데 큰 소리를 지를 수 있는 사람이 있느냐?" 제자들이 대답했다. "없습니다." 공손룡은 말했다. "이 사람을 제자의 반열에 넣도록 하라."

며칠 후 연왕(燕王)에게 유세(遊說)하러 가는데 강가에 이르렀을 때 나룻배가 강 건너에 있었다. 큰 소리를 지를 수 있다고 한 사람을 불러 그 배를 부르도록 하니, 한 번 소리를 지르자마자 나룻배가 건너왔다.

대저 성인(聖人)이 처세하는 데 있어서 일예일기(一藝一技)를 가지고 있는 사람을 거부하지 않는 법이다. 그러기에 노자는 다음과 같이 말했다. "세상에 기인(棄人)이 없도록 하고, 세상에 기물(棄物)이 없도록 하는 것, 이것을 '습명(襲明)'이라고 한다.(제28장)"

原文 昔者公孫龍, 在趙之時, 謂弟子曰, 人而無能者, 龍不能與游. 有客. 衣褐帶索而見曰, 臣能呼. 公孫龍顧謂弟子曰, 門下故有能呼者乎. 對曰, 無有. 公孫龍曰, 與之弟子之籍. 後數日往說燕王. 至於河上, 而航在一汜. 使善呼者呼之. 一呼而航來.

故聖人之處世, 不逆有伎能之士. 故老子曰, 人無棄人, 物無棄物, 是謂襲明.

註解 ○一汜(일범)―범(汜)은 수애(水涯). ○老子曰(노자왈)……―《노자》 제27장에는 '시이성인(是以聖人) 상선구인(常善求人). 고무기인(故無棄人) 상선구물(常善救物) 고무기물(故無棄物) 시위습명(是謂襲明)'이라고 되어있다. 기인(棄人)·기물(棄物)은 쓸데없다 하여 버리는 것. '습명

(襲明)'은 예로부터 여러 가지 설이 있어서 일정하지 않다. (1)명(明)에 맞추다. (2)명(明)을 겹치다. (3)명(明)을 물려받다 등등. 어쨌든 명(明) 은 도가(道家)에서 말하는 '명지(明智)'란 의미이다. (1)은 그것에 들어가 는 것. (2)는 성인(聖人)과 중인(衆人)이 명지(明智)를 겹친다는 의미. (3)은 명지를 계승한다는 의미이다.

자발(子發)이 채(蔡)나라를 공격해서 승리를 거두었다. 그래서 선 왕(宣王)은 교외에 마중 나가 논 백 경(頃)을 떼어 주어 그를 봉하고, 또 집규(執圭)의 작위도 주려고 했다.

그런데 자발은 그것을 사양하면서 말했다. "나라를 다스리면서 정 령(政令)을 세우고, 제후(諸侯)가 입조(入朝)하는 것은 군주의 덕에 의한 것입니다. 전쟁할 때 호령을 내릴 뿐으로, 대전(對戰)하기도 전 에 적군이 도망치는 것은 장군의 위세에 의한 것이고. 또 군대가 대 전하여 적군에게 이기는 것은 서민의 힘에 의한 것입니다. 하온데 지 금 백성들의 공로를 짓밟고 신(臣) 혼자만이 작록을 받는 것은 인의 (仁義)에 어긋나는 일입니다. 그래서 받을 수 없습니다."

그러기에 노자는 다음과 같이 말했다. "공명(功名)을 이루고도 그 지위에 앉지 않는다. 원래 그 지위에 앉지 않는 까닭에 그곳에서 쫓 겨나는 일도 없다.(제2장)"

[原文] 子發攻蔡踰之. 宣王郊迎, 列田百頃而封之, 執圭. 子發辭, 不受曰, 治國立政, 諸侯入賓, 此君之德也. 發號施令, 師未合而敵 遁, 此將軍之威也. 兵陳戰而勝敵者, 此庶民之力也. 夫乘民之功 勞, 而取其爵祿者, 非仁義之道也. 故辭而弗受.

故老子曰, 功成而不居, 夫惟不居, 是以不去.

註解 ○子發(자발)—초(楚)나라의 장군. ○踰(유)—월(越). 이기는 것.
○列(열)—열(裂)과 같다. ○百頃(백경)—'경(頃)'은 논밭의 넓이를 나타
내는 단위. ○執圭(집규)—초나라의 작명(爵名). 공작(公爵)에 해당한다. ○老
子曰(노자왈)……—《노자》에 의하면 도(道), 혹은 성인(聖人)의 이른바
공(功)을 공으로 의식하지 않는 것을 의미한다. 여기서는 공을 남에게 돌
리고, 자기 것으로 생각하지 않는 자발의 태도에 부회(附會)하고 있다.

진(晉)나라 문공(文公)이 원(原)을 진압하기 위해 대부(大夫)들에
게 3일간의 기한을 주었다. 그러나 3일이 지나도 원은 항복하지 않았
다. 문공은 군사를 물리라고 명했다.

군리(軍吏)가 아뢰었다. "원 땅은 앞으로 하루 이틀 안에 항복할
것이옵니다." 그러나 문공은 말했다. "과인은 원 땅을 3일이 지나도
얻을 수 없음을 모르고 대부들과 약속을 했다. 기한이 지났건만 공격
을 그치지 않고 신용을 잃으면서까지 원 땅을 수중에 넣는다는 것은
과인이 원하는 바가 아니다."

원 땅의 사람들은 이 말을 전해 듣고 말했다. "이런 군주라면 차라
리 항복하는 편이 낫다." 이렇게 해서 원 땅 백성들은 항복했다. 그리
고 온(溫) 땅 백성들도 이 말을 듣고 역시 항복할 것을 청해 왔다.

그러기에 노자는 다음과 같이 말했다. "절명(窈冥)인 속에 정기(精
氣)가 있는데 그 정기는 순수하여 그 속에야말로 신실(信實)이 있다.
그러므로 미언(美言)은 그것에 의해 존위(尊位)를 얻고, 미행(美行)
은 그것에 의해 사람을 감화시킨다.(제21장, 제62장)"

原文 晉文公伐原, 與大夫期三日. 三日而原不降. 文公令去之. 軍
吏曰, 原不過一二日將降矣. 君曰, 吾不知原三日而不可得下也. 以

與大夫期. 盡而不罷, 失信得原, 吾弗爲也. 原人聞之曰, 有君若此,
可弗降也. 遂降. 溫人聞亦請降.

故老子曰, 窈兮冥兮, 其中有精. 其精甚眞, 其中有信. 故美言可
以市尊, 美行可以加人.

註解 ○晉文公伐原(진문공벌원)……－같은 취지의 글이 《여씨춘추》〈이
속람(離俗覽)〉위욕편(爲欲篇)과 《한비자》〈외저설좌상(外儲說左上)〉,《좌
전(左傳)》희공(僖公) 25년조 등에 있는데 기일인 ‘3일’을 《여씨춘추》는 7
일,《한비자》는 10일이라 했고 ‘온인(溫人)’을 두 책 모두 위인(衛人)으
로 적고 있다. ‘원(原)’은 원래 주(周)나라 읍(邑)으로 양왕(襄王)은 이 원
을 문공에게 내렸다. 원에서 반란을 일으키자 이를 토벌했다. ‘문공(文
公)’은 후에 패자(覇者)가 된 춘추시대 진(晉)나라의 명군(名君)이다. ○
軍吏(군리)－군중(軍中)의 문관. 중앙과의 연락, 책전(策戰) 등을 담당한
다. ○不過一二日將降矣(불과일이일장항의)－다른 책에서는 ‘군고지대(君
姑之待)’란 구절이 이어진다. ○老子曰(노자왈)……－‘도지위물(道之爲物)
유황유홀(惟恍惟惚) 홀혜황혜(惚兮恍兮) 기중유상(其中有像) 황혜홀혜
(恍兮惚兮) 기중유물(其中有物) 절혜명혜(窈兮冥兮) 기중유정(其中有精)
기정기진(其精其眞) 기중유신(其中有信)’이라고 한 제21장의 글은 우리
의 감각을 초월한 도(道)의 형상·작용을 설명한 것이다. 여기서 ‘신(信)’
이란 정(精 : 道가 만물을 생성하는 활력)의 작용이 확실하다는 것을 가
리키는 것으로 생각된다.

공의휴(公儀休)가 노(魯)나라 재상으로 있을 때 생선을 좋아한다
는 소문을 들은 사람들이 모두 생선을 바쳤다. 그러나 공의휴는 받지
않았다. 그의 제자가 간(諫)했다. “선생님은 생선을 좋아하시면서 왜

받지 않으십니까?”

공의휴가 대답했다. “나는 생선을 아주 좋아한다. 그러기에 받지 않는 것이야. 생선을 받았다가 재상 자리를 내놓을 수밖에 없겠는데 그렇게 되면 아무리 생선이 먹고 싶어도 스스로 생선을 잡을 수는 없는 일이지. 생선을 받지 않았다가 재상의 자리를 내놓는 일이 없게 되면 오래오래 스스로 생선을 입수(入手)할 수 있게 될 것이다.” 공의휴야말로 남을 위하고 자신을 위하는 등 명찰(明察)하는 사람이었다.

그러기에 노자는 다음과 같이 말했다. “성인(聖人)은 자신을 뒤로 미룸으로써 오히려 그 몸은 앞서게 되고, 자신을 도외시함으로써 오히려 그 몸을 보전한다. 사리사욕이 없으므로 도리어 자신을 이루어 나갈 수 있다.(제7장)” 또 말했다. “족한 것을 알면 치욕을 당하지 않는다.(제44장)”

原文 公儀休相魯而嗜魚. 一國獻魚, 公儀子弗受. 其弟子諫曰, 夫子嗜魚弗受何也. 答曰, 夫唯嗜魚, 故弗受. 夫受魚而免於相, 雖嗜魚不能自給魚. 毋受魚而不免於相, 則能長自給魚. 此明於爲人爲己者也.

故老子曰, 後其身而身先, 外其身而身存. 非以其無私邪. 故能成其私. 一曰, 知足不辱.

註解 ○公儀休相魯(공의휴상노)……─같은 취지의 글이 《한비자》〈외저설우하편(外儲說右下篇)〉, 《한시외전》, 《사기》〈순리전(循吏傳)〉, 《신서(新序)》〈절사편(節士篇)〉 등에 보인다. ‘공의휴’는 《사기》에 ‘노나라의 박사. 고제(高弟)들이 있었고 그로써 노나라 재상이 되다. 법을 만들고 이(理)에 따랐으며 변경하는 일이 없었다’라고 기록되어 있다. ○明於爲人爲己者也(명어위인위기자야)─‘위인(爲人)’이란 물고기를 받지 않음으로

써 남들이 뇌물죄에 빠지는 것을 막았음을 가리키는 것이고 '위기(爲己)'
는 그렇게 함으로써 자신도 뇌물죄를 짓지 않게 되었음을 의미한다. ○老
子曰(노자왈)……―여기에 제7장의 글을 인용한 것은 공의휴가 사욕을
버림으로써 도리어 자신을 온전히 보전할 수 있었던 점에 착안한 것이리라.

고구장인(孤丘丈人)이 손숙오(孫叔敖)에게 말했다. "사람에게는 원
한을 사게 되는 세 가지 일이 있는데 그대는 그것을 알고 있소?" 손
숙오가 말했다. "그게 무엇입니까?" 장인은 대답했다. "작위(爵位)가
높아지면 제사(諸士)들이 질투하고, 관위(官位)가 커지면 군주에게
미움받게 되고, 봉록이 후해지면 만인에게 원망을 받게 되오."
　손숙오가 말했다. "내 작위가 높아짐에 따라 뜻하는 바를 점점 비
우고, 내 관직이 커짐에 따라 점점 소심하게 행동하며, 내 봉록이 후
해짐에 따라 점점 널리 사람들에게 베풉니다. 이렇게 하면 그 세 가
지 원망에서 벗어날 수 있지 않겠습니까?"
　그러기에 노자는 다음과 같이 말했다. "귀한 것은 반드시 천한 것을
근본으로 하고, 높은 것은 반드시 낮은 것을 기반으로 한다.(제39장)"

原文　孤丘丈人謂孫叔敖曰, 人有三怨, 子知之乎. 孫叔敖曰, 何
謂也. 對曰, 爵高者士妒之, 官大者主惡之, 祿厚者怨處之. 孫叔敖
曰, 吾爵益高, 吾志益下, 吾官益大, 吾心益小, 吾祿益厚, 吾施益
博. 是以免三怨可乎.
　故老子曰, 貴必以賤爲本, 高必以下爲基.

註解　○孤丘丈人謂孫叔敖曰(고구장인위손숙오왈)……―같은 취지의 글
이 《순자》〈요문편(堯問篇)〉, 《한시외전》 권 3, 《설원(說苑)》〈경신편(敬

愼篇)〉, 《열자》〈설부편(說符篇)〉 등에 보인다. '고구(孤丘)'는 지명(地名). '장인(丈人)'은 유덕(有德)한 노인이란 의미이다. ○孫叔敖(손숙오)—춘추시대 초(楚)나라의 재상.

대사마(大司馬)네 집 쇠고리 만드는 공인(工人)으로서 나이 80세가 되었건만 바늘처럼 가느다란 점(點)을 실수 없이 두드려 박는 자가 있었다. 대사마가 말했다. "그대의 솜씨는 대단하오. 무슨 비결이라도 있는 거요?" 노인은 말했다. "저는 한 가지 지키는 바가 있습니다. 저는 스무 살 때 쇠고리 만드는 일에 발을 들여놓은 후로 다른 것에는 눈길을 주는 일이 없었고 쇠고리 이외의 것은 아무것도 마음에 둔 일이 없었습니다."

이처럼 한 가지 일을 지키는 사람은 반드시 그 일의 무용(無用)인 것일지라도 이롭게 함으로써 오래 한 가지 일을 지켜낼 수가 있다. 그러나 한 가지 일조차 지켜내지 못하는 사람의 경우, 만사를 이루어낼 수가 없다.

그러기에 노자는 다음과 같이 말했다. "도(道)에 몰입(沒入)하는 자는 도와 일체(一體)이다.(제23장)"

原文 大司馬捶鉤者, 年八十矣, 而不失鉤芒. 大司馬曰, 子巧邪, 有道邪. 曰, 臣有守也. 臣年二十, 好捶鉤, 於物無視也. 非鉤無察也. 是以用之者, 必假於弗用也, 而以長得其用. 而況持不用者乎. 物孰不濟焉.

故老子曰, 從事於道者, 同於道.

註解 大司馬捶鉤者(대사마추구자)—같은 취지의 글이 《장자》〈지북유

편(知北遊篇)〉에 보인다. '대사마(大司馬)'는 군사(軍事)를 주관하는 관소(官所), 혹은 그 장관. 《장자》에는 '대마(大馬)'로 적고 있는데 의미는 똑같다. '추(捶)'는 단(鍛)과 같은 뜻. '구(鉤)'는 띠를 고정시키는 장식이다. '추구(捶鉤)'는 강철을 두드리어 쇠고리를 만드는 것. ○鉤芒(구망)—망(芒)은 털끝, 또는 바늘끝이란 의미. 쇠고리 장식의 아주 미세함을 뜻한다. ○用之者(용지자), 必假於弗用也(필가어불용야), 而以長得其用(이이장득기용)—'용지(用之)'는 유용(有用). 불용(弗用)은 무용(無用)이다. 윗글에 나오는 '추구(捶鉤)'가 유용이고 다른 일을 바라는 것이 무용, 그 '무용' 위에 '유용'의 공(功)이 발휘된다고 한다. ○況持不用者乎(황지불용자호)—'추구자(捶鉤者)'는 마음을 하나의 점(點)에 집중시킴으로써 신기(神技)에 도달할 수 있었다는 것인데, 또 마음을 무(無)에 두면 그 어떤 일도 이루지 못하는 것이 없다고 한다. 마음을 무(無)로 둔다는 것은 두말할 것도 없이 도가적(道家的) 성인(聖人)의 경지를 가리킴이다.

　주(周)나라 문왕(文王)은 덕을 베풀며 정사를 돌보기 3년, 천하의 3분의 2가 그에게 복속하기에 이르렀다. 주왕(紂王)은 이 일을 전해 듣고 걱정하면서 말했다. "짐(朕)이 아침 일찍 일어나고 저녁에는 늦게 잠자리에 들면서 그와 여정(勵精)을 경쟁하게 되면, 심신이 모두 피곤해질 것이오. 그러나 이를 방치하면 급기야는 짐 한 사람을 치려고 할 것이다."

　숭후호(崇侯虎)가 말했다. "주백창(周伯昌)은 인의(仁義)를 행하고 책략(策略)에 뛰어납니다. 태자(太子) 발(發)은 용감하여 결단을 잘 내리구요. 중자(中子) 단(旦)은 신중하여 시기(時機)를 잘 포착합니다. 만약 그들과 다툰다면 매우 귀찮아질 것입니다. 그렇다고 해서 그들을 방치하면 폐하께서는 멸망을 초래하시게 될 것입니다. 관(冠)은 찢어졌다 해도 역시 머리에 쓰는 것입니다. 그들의 일이 성공하기 전에 한 가지 계책을 쓰도록 하십시오." 그리하여 굴상(屈商)은 문왕을 유리(羑里)에 유폐(幽閉)했다.

이에 산의생(散宜生)은 천금을 주고 세상에서 진기한 것들을 사들였다. 즉 추우(騶虞)·계사(雞斯) 등의 명마(名馬), 흑옥백공(黑玉百工)과 대패백붕(大貝百朋), 또 흑표(黑豹)·황비(黃羆)·청간(靑犴)·백호(白虎)와 색색의 모피 천매(千枚)를 사들이어 이것을 주왕에게 바치고 비중(費仲)을 통하여 알현했다.

주왕은 이 화려한 진상품을 보고 기뻐하며 문왕을 풀어주고, 소를 잡아서 하사했다. 문왕은 자기 나라로 돌아오자 옥문(玉門)을 만들고 영대(靈臺)를 쌓고, 여동(女童)의 가무(歌舞)에 넋을 잃고 종고(鐘鼓)를 치면서 주왕의 실정(失政)을 기다렸다. 주왕은 이러는 문왕의 모습을 전해 듣고는 "주백창은 도(道)를 바꾸어 행동한다. 이제 짐(朕)은 안심할 수 있다."라고 말했다.

이렇게 해서 포락(炮烙)을 행하고 비간(比干)의 가슴을 쪼개고, 임산부의 배를 갈라 태아를 꺼내고, 간언하는 자를 잡아 죽였다. 문왕은 그럴 때 모책(謀策)을 완수했던 것이다.

그러기에 노자는 다음과 같이 말했다. "현영(顯榮)이 어떤 것인지를 터득하고 있으면서 비욕(卑辱)을 지켜나간다면 천하의 인심이 모여드는 골짜기가 될 것이다.(제28장)"

原文 文王砥德修政三年, 而天下二垂歸之. 紂聞而患之曰, 余夙興夜寐, 與之競行, 則苦心勞形. 縱而置之, 恐伐余一人. 崇侯虎曰, 周伯昌行仁義而善謀. 太子發勇敢而不疑. 中子旦恭儉而知時. 若與之從, 則不堪其殃. 縱而赦之, 身必危亡. 冠雖弊, 必加於頭. 及未成請圖之. 屈商乃拘文王於羑里.

於是散宜生, 乃以千金, 求天下之珍怪, 得騶虞·雞斯之乘, 玄玉百工, 大貝百朋, 玄豹·黃羆·靑犴·白虎文皮千合, 以獻於紂, 因費仲而通.

　紂見而說之, 乃免其身, 殺牛而賜之. 文王歸, 乃爲玉門, 築靈臺相女童, 擊鐘鼓, 以待紂之失也. 紂聞之曰, 周伯昌改道易行, 吾無憂矣. 乃爲炮烙, 剖比干, 剔孕婦, 殺諫者. 文王乃遂其謀.

　故老子曰, 知其榮, 守其辱, 爲天下谷.

註解　○天下二垂歸之(천하이수귀지)－'이수(二垂)'는 두 방향의 변경(邊境). 서백(西伯)이 '천하를 삼분(三分)하고 그 둘을 가졌다'는 뜻. ○崇侯虎(숭후호), 屈商(굴상)－둘 다 주왕(紂王)의 신하. ○散宜生(산의생)－문왕(文王)의 사우(四友) 중 한 사람. ○騶虞(추우)·雞斯之乘(계사지승)－추우(騶虞)는 백호(白虎), 검정 무늬가 있고, 스스로 죽은 짐승을 먹는다. 하루에 천 리를 간다. 계사(雞斯)는 신마(神馬). 명마(名馬)·준마(駿馬) 종류. ○玄玉百工(현옥백공)－'현옥(玄玉)'은 검은 옥. 삼옥(三玉)을 일공(一工)으로 한다. 그러므로 백공(百工)은 삼백옥(三百玉)이다. '공(工)'은 '대(對)'란 뜻이 된다. ○大貝百朋(대패백붕)－'붕(朋)'은 널리 '대(對)' 혹은 '조(組)'로 된 것의 단위 이름으로 사용된다. 오패(五貝)를 일붕(一朋)으로 한다고 한다. 《시경(詩經)》〈소아(小雅)〉청청자아(菁菁者莪)의 구(句)에 '석아백붕(錫我百朋)'이라고 되어 있으며 정전(鄭箋)에 '옛날에는 조개[貝]를 화폐로 썼다. 오패(五貝)를 붕(朋)이라 한다'라고 했다. ○靑犴(청간)－호지(胡地)의 들개. ○費仲(비중)－주왕의 영신(佞臣). ○女童(여동)－미소녀(美小女). ○爲炮烙(위포락), 剖比干(부비간), 剔孕婦(척잉부), 殺諫者(살간자)－이러한 주왕(紂王)의 포학함에 대해서는 〈숙진훈(俶眞訓)〉에서 이미 설명했다.

주(周)나라 성왕(成王)이 윤일(尹佚)에게 정치에 대해서 물었다.

"짐(朕)이 어떤 은덕을 베풀면 백성들이 윗사람과 친해질 수 있겠소?"
윤일이 대답했다. "백성들에게 부역을 시키실 때는 그 시기를 잘 생
각해야 하며, 계신(戒愼)을 하셔야 하옵니다." 왕이 말했다. "어느 정
도나 행하는 게 좋겠소?" 윤일이 대답했다. "깊은 연못에 들어가듯
하시고 박빙(薄氷)을 밟듯 하십시오."

왕이 말했다. "백성의 왕이 된다는 것은 상당히 두려운 것이로구
려." 윤일이 말했다. "대저 이 세상의 백성들은 그들이 치세(治世)를
기뻐하고 있는 한, 내 가축(家畜)처럼 하옵니다. 하오나 일단 치세를
싫어하게 되면 내 원수가 되옵지요. 그 옛날 하상(夏商)의 신하는 걸
(桀)·주(紂)를 원수로 쳤고, 탕(湯)·무(武)의 신하가 되었습니다.
또 숙사(宿沙)의 백성은 모두 자기네 군주를 공격한 다음 신농(神農)
에게 귀속했습니다. 이상은 세상에 숨겨지지 않은 사실이니, 실로 두
려워하며 근신할 일입니다."

그러기에 노자는 다음과 같이 말했다. "남들이 두려워하는 것이라
면 역시 나도 이를 두려워하지 않으면 안 된다.(제20장)"

原文 成王問政於尹佚曰, 吾何德之行, 而民親其上. 對曰, 使之
以時而敬順之. 王曰, 其度安至. 曰, 如臨深淵, 如履薄冰. 王曰, 懼
哉王人乎. 尹佚曰, 天地之閒, 四海之內, 善之則吾畜也, 不善則吾
讎也. 昔夏商之臣, 反讎桀紂, 而臣湯武. 宿沙之民, 皆自攻其君,
而歸神農. 此世之所明知也. 如何其無懼也.

故老子曰, 人之所畏, 不可不畏也.

註解 ㅇ成王問政於尹佚曰(성왕문정어윤일왈)……—같은 취지의 글이
《설원(說苑)》〈정리편(政理篇)〉, 《문자(文子)》〈상인편(上仁篇)〉 등에
보인다. 윤일(尹佚)은 일반적으로는 '사일(史佚)'이라 한다. 주공(周公)·

태공(太公)·소공(召公)과 함께 나이 어린 성왕(成王)을 보좌하여 '사성(四聖)'이라고 칭했다 함이 《대대례기(大戴禮記)》 〈보부편(保傅篇)〉, 《후한서(後漢書)》 〈환욱전(桓郁傳)〉 등에 보이며 또 그의 말이라고 하는 인용(引用)이 《좌전(左傳)》 여러 곳에서 보인다(僖公 15년, 文公 15년, 宣公 12년, 成公 4년, 襄公 14년, 昭公 원년). ○使之以時(사지이시)ㅡ《논어》 〈학이편(學而篇)〉에 '자왈(子曰), 도천승지국(道千乘之國) 경사이신(敬事而信) 절용이애인(節用而愛人) 사민이시(使民以時)'라고 되어 있으며 《맹자》 〈양혜왕장구(梁惠王章句)〉 상(上)에 '불위농시(不違農時) 곡불가승식(穀不可勝食)' '백묘지전(百畝之田) 물탈기시(勿奪其時) 수구지가(數口之家) 가이무기의(可以無飢矣)'라는 구절이 있다. ○敬順之(경순지)ㅡ공구계신(恐懼戒愼)하라는 뜻. ○如臨深淵(여임심연), 如履薄冰(여리박빙)ㅡ《시경(詩經)》 〈소아(小雅)〉 소민(小旻)의 '전전황황(戰戰況況)'이란 구절을 이어받는 것으로 생각된다. 한편 이 구절을 인용한 곳은 《논어》 〈태백편(泰伯篇)〉, 《효경(孝經)》 〈제후장(諸侯章)〉. ○讎桀紂(수걸주)ㅡ《맹자》 〈이루장구(離婁章句)〉 하(下)에 '군주가 신하 보기를 토개(土芥)와 같이 하면 곧 신하가 군주 보기를 원수와 같이한다'라고 되어있다. ○老子曰(노자왈)……ㅡ《노자》 제20장에 '절학무우(絶學無憂) 유지여아(有之與阿) 상거기하(相去幾何) 선지여악(善之與惡) 상거하약(相去何若) 인지소외(人之所畏) 불가불외(不可不畏) 황혜기미앙(荒兮其未央)'이라고 되어 있는 글 가운데 한 구절을 인용한 것이다. '유(唯)와 아(阿)와(敬意를 담은 대답과 건성으로 하는 대답), 선(善)과 악(惡)의 그 사이에는 대체 어느 정도의 상위(相違)가 있겠느냐'고 하는 논지를 이어받은 이 구절은 '세상 사람이 두려워하는 것(즉 法令)은 역시 두려워하지 않으면 안 된다 하더라도……'라는 취의(趣意)로 해석되는 듯한데, 즉 노자 사상의 근본으로 본다면 부정(否定)해야 할 소위(所爲)를 부득이한 조치로써 최소한으로 행하여야 한다는 것에 지나지 않는다.

도척(盜跖)의 부하가 도척에게 물었다. "도둑에게도 도(道)가 있습니까?" 도척이 대답했다. "어떤 세계에도 도(道)는 있는 법이다. 첫째 금품이 어디 있는지 알아맞히는 것이 성(聖), 잠입할 때 선두에 서는 것이 용(勇), 물러 나올 때 맨 뒤에 처지는 것이 의(義), 균등하게 몫을 나누는 것이 인(仁), 일의 성패(成敗)를 예측하는 것이 지(智)이다. 이 다섯 가지를 갖추지 못하고 대도인(大盜人)의 이름을 드날렸다는 말을 이 넓은 천하에서 들어본 적이 없다."

이런 것을 볼 때 도적의 뜻도, 성인(聖人)의 도(道)에 견주어 실행할 수 있는 것이다.

그리기에 노자는 다음과 같이 말했다. "위정자가 성(聖)과 지(智)를 쓸데없다면서 버린다면 백성들의 이익은 백 배나 더할 것이다.(제19장)"

原文 跖之徒, 問跖曰, 盜亦有道乎. 跖曰, 奚適其無道也. 夫意而中藏者聖也. 入先者勇也. 出後者義也. 分均者仁也. 知可否者智也. 五者不備, 而能成大盜者, 天下無之.

由此觀之, 盜賊之心, 必託聖人之道而後可行.

故老子曰, 絶聖棄智, 民利百倍.

註解 ○跖之徒(척지도), 問跖曰(문척왈)……ㅡ같은 취지의 글이 《장자》〈거협편(胠篋篇)〉, 《여씨춘추》〈중춘기(仲春紀)〉 당무편(當務篇) 등에 보인다. '척(跖)'은 '도척(盜跖)'. 고대의 대도(大盜)로 알려져 있는데 《장자》에는 〈도척편〉이 있다. ○奚適其無道也(해적기무도야)ㅡ이 구절은 《여씨춘추》에 '해시기유도야(奚啻其有道也)'라고 되어있다. 여기서는 《장자》에 '하적이무유도야(何適而無有道邪)'라고 되어있는 점에 유의하여 원문 그대로 두었다. ○夫意而中藏者(부의이중장자)ㅡ'의(意)'는 '억(億 : 혜

아리다, 억측하다)'과 같다.

초(楚)나라 장군 자발(子發)은 특기가 있는 인물을 모으는 데 열심이었다. 초나라에 도둑질의 명인이 있었는데 자발을 찾아와서 배알하고 말했다. "장군께서는 특기 가진 자를 모으신다는 말을 들었습니다. 저는 초나라 사람으로서 시투(市偸)라는 도둑입니다. 바라건대 제 기술을 평가해 주시고 수하에 거두어주십시오." 자발은 그 말을 듣자 허리띠도 매지 않고 관(冠)을 바로잡을 사이도 없이 서둘러 나와서 맞아들였고, 그에게 예(禮)를 갖추었다.

측근 가신들이 간언했다. "시투란 놈은 천하의 대도입니다. 어찌하여 그런 것들에게 예를 갖추시는 겁니까?" 장군은 말했다. "그대들이 알 바가 아니오!"

그후 얼마 안 되어 제(齊)나라가 군사를 일으키어 초나라에 진공했다. 자발은 군사를 이끌고 나가 그들을 맞아 싸웠는데 군대는 세 번이나 여지없이 후퇴하고 말았다. 초나라 현량대부(賢良大夫)들은 모두 지모를 짜내면서 열심히 노력했지만 제나라 군사는 점점 더 강력해질 뿐이었다.

그러자 시투가 나와서 말했다. "제게는 보잘것없는 특기가 있는데 지금이야말로 장군을 위해 써볼까 합니다." 자발은 "부탁하네."라며 그의 계획도 들어보지 않고 출발하게 하였다. 시투는 한밤중에 제나라 진지까지 다가가자, 장군의 군막을 벗겨다가 자발에게 바쳤다.

자발은 군막을 돌려보내면서 이렇게 말하도록 일렀다. "땔나무를 하러 나갔던 병졸이 장군의 군막을 주워 가지고 왔기에 삼가 집사를 시켜 돌려보냅니다." 이튿날 저녁때, 시투가 이번에는 제나라 장군의 베개를 가지고 왔다. 자발은 또 사자(使者)를 시켜 그 베개를 돌려보

냈다. 그리고 다음 날, 이번에는 장군의 비녀를 훔쳐 왔다. 자발은 이
것을 또 돌려주었다.

　제나라 군사들은 이 말을 듣고 아연실색했으며 장군은 군리(軍吏)
와 상담했다. "오늘 안으로 퇴각하지 않으면 초나라 군사는 내 목을
떼어갈 것이다." 이렇게 해서 군사를 돌리어 퇴각했다.

　대저 나뭇가지 가운데 세지(細枝)는 없고, 기능 가운데 박능(薄能)
은 없다. 요는 군주가 그 기능을 어떻게 활용하느냐에 달린 것이다.
그러므로 노자는 다음과 같이 말했다. "선인(善人)은 불선인(不善人)
의 스승이며 불선인은 선인의 도움이 된다.(제20장)"

　原文　楚將子發, 好求技道之士. 楚有善爲偸者, 往見曰, 聞君求
技道之士. 臣楚市偸也. 願以技齎一卒. 子發聞之, 衣不給帶, 冠不
暇正, 出見而禮之. 左右諫曰, 偸者天下之盜也. 何爲禮之. 君曰,
此非左右之所得與.

　後無幾何, 齊興兵伐楚. 子發將師以當之. 兵三却. 楚賢良大夫,
皆盡其計, 而悉其誠, 齊師愈强. 於是市偸進請曰, 臣有薄技, 願爲
君行之. 子發曰, 諾. 不問其辭而遣之. 偸則夜出, 解齊將軍之幬帳
而獻之.

　子發因使人歸之曰, 卒有出薪者, 得將軍之帷, 使歸之於執事. 明
夕復往取其枕. 子發又使人歸之. 明夕復往取其簪. 子發又使歸之.
齊師聞之大駭, 將軍與軍吏謀曰, 今日不去, 楚軍恐取吾頭. 乃還
師而去.

　故伎無細而能無薄, 在人君用之耳. 故老子曰, 不善人, 善人之
資也.

　註解　○子發(자발)―그 어머니의 이야기가 《열녀전(列女傳)》〈모의전

(母儀傳)〉에 보인다. ㅇ市偸(시투)—거리의 도둑이란 의미인데 여기서는 이야기 속의 도둑 칭호. ㅇ伎無細(기무세)—쓸데없는 가지는 없다. ㅇ能無薄(능무박)—취할 만한 것이 되지 않는 기능은 없다. ㅇ老子曰(노자왈)……—'불선인(不善人) 선인지자(善人之資)'라고 한 이 구절은 《노자》의 원의(原義)도 다소 애매한데 《논어》〈술이편(述而篇)〉의 '세 사람이 동행하면 반드시 내 스승이 될 만한 사람이 있다(三人行必有我師焉)'의 뜻을 본다면 '선인(善人)'에게 있어서의 반성의 자(資)'란 의미가 된다. 또 '선인(善人)' '불선인(不善人)'의 구별을 상대적으로 하는 입장에서 양자의 상호관계를 지적하는 것이라고도 생각할 수 있으리라. 어쨌든 《회남자》의 인용은 원의(原意)와는 관계가 없다.

안회(顏回)가 중니(仲尼)에게 말했다. "저는 향상(向上)되었습니다." 중니가 말했다. "어떻게 말인가?" 안회는 말했다. "저는 예악(禮樂)을 잊고 말았습니다." 중니가 말했다. "잘했다. 그러나 아직 멀었다." 다른 날 안회가 또 중니를 만나 말했다. "저는 향상되었습니다."

중니가 물었다. "어떻게 말인가?" 안회가 대답했다. "저는 인의(仁義)를 잊어버렸습니다." 중니는 말했다. "그것 참 잘했구나. 그러나 아직 멀었어." 또 다른 날 안회는 중니를 만나서 말했다. "저는 좌망(坐忘)하기에 이르렀습니다."

중니도 이번에는 긴장하면서 말했다. "좌망이란 어떤 것인가?" 안회가 말했다. "신체(身體)가 있는 것을 잊고, 이목(耳目)의 작용에서 떠나며, 형해(形骸)에서 떠나고 심지(心知)를 버리며 대자연의 변화에 들어가는 것입니다." 중니는 말했다. "들어가게 되면 선악(善惡)에 사로잡히지 않게 되고, 변화와 일체가 되면 물체에 집착하지 않게 되지. 즉 그대는 이미 현인(賢人)의 경지에 들어간 것 같구나. 나도 그대 뒤를 따르도록 하겠다."

그러기에 노자는 다음과 같이 말했다. "혼백(魂魄) 위에 오르고, 일(一 : 道)만을 몸에서 떠나지 않도록 하며 정기(精氣)를 속으로 지키고 유화(柔和)에 힘쓰며 어린아이와 같이 되도록 하라.(제10장)"

原文 顔回謂仲尼曰, 回益矣. 仲尼曰, 何謂也. 曰, 回忘禮樂矣. 仲尼曰, 可矣, 猶未也. 異日復見曰, 回益矣. 仲尼曰, 何謂也. 曰, 回忘仁義矣. 仲尼曰, 可矣, 猶未也. 異日復見曰, 回坐忘矣.

仲尼遽然曰, 何謂坐忘. 顔回曰, 隳支體, 黜聰明, 離形去知, 洞於化通, 是謂坐忘. 仲尼曰, 洞則無善也, 化則無常矣. 而夫子薦賢, 丘請從之後.

故老子曰, 載營魄抱一, 能無離乎. 專氣至柔, 能如嬰兒乎.

註解 ○顔回謂仲尼曰(안회위중니왈)……—유명한 좌망(坐忘) 문답으로서《장자》〈대종사편(大宗師篇)〉에 보인다. ○坐忘(좌망)—궁극적으로 도래하는 망아(忘我)의 경지를 가리킨다. '좌(坐)'는 '앉아 있는 채로 잊는다'인데 여기서 말하는 '좌(坐)'는 특별히 신체 자세를 의미하는 것이 아니라 '그대로'라는 정도의 뜻이다. 한편 〈제물론편(齊物論篇)〉에 보이는 남곽자기(南郭子綦)의 상아(喪我), 〈인간세편(人間世篇)〉의 심재문답(心齋問答), 같은 〈대종사편〉에 있는 '복량기(卜梁倚)가 3일에 천하를 잊고 7일에 물(物)을 잊고 9일에 생(生)을 잊었다'라고 되어있는 것 등을 참조 ○遽然(거연)—여러 가지로 쓰이는데《장자》에 '척연(蹴然 : 앉음새를 바로하다)'이라고 한 것에 준하여 공구(恐懼)한 모습이라고 풀이해 둔다. ○隳支體(휴지체), 黜聰明(출총명)—'지(支)'는 '지(肢)'. 망아(忘我)의 경지를 가리키는 구절로서 유사한 글이《장자》에 자주 나온다. ○洞於化通(통어화통)—난해한데《장자》에 '통어대통(同於大通)'이라고 있으며 통(通)

은 도(道)란 뜻으로서 '대도(大道)와 일체가 된다'고 풀이한 점에서 추리할 때, '화통(化通)'이란 도(道)에 화(化)하여 통한다는 것. '통(洞)'이란 그 경지에 깊숙이 도달한다는 의미일 것이다. ○洞則無善(통즉무선)─《장자》에서는 '통즉무호(洞則無好)'. ○而夫子薦賢(이부자천현)─천(薦)은 선(先). 회(回)는 현(賢)에 들다.《장자》에 '이과기현호(而果其賢乎 : 而는 汝란 뜻)'라고 되어있는 것을 참조해서 시역(試譯)을 해두었다. ○故老子曰(고노자왈)……─본편에서는 '좌망'에 대응하는 것으로서 이 두 구절을 인용하고 있으므로 역문에서는 가급적 그 방향으로 설명했다.

진(秦)나라 목공(穆公)이 군사를 일으키어 정(鄭)나라를 치려 했을 때 건숙(蹇叔)이 말했다. "거두어주십시오. 대저 타국을 공격할 수 있는 한도는 병거(兵車)인 경우 100리까지, 보병이라면 30리까지라고 들었습니다. 그 범위라면 계략이 누설되는 일도 없고 장비가 무뎌지는 일도 없으며, 식량이 결핍되는 일도 없고 백성이 피폐하는 일도 없습니다.

그러므로 고양된 지기(志氣)와 왕성한 전투력을 유지하면서 전쟁터에까지 갈 수가 있사오며, 그러기에 적을 공격해서 위력을 떨칠 수 있는 것입니다. 하온데 이번에는 행군해야 하는 거리가 수천 리나 되는 데다가 여러 제후의 영토를 통과해서 타국을 공격해야 하므로 도저히 불가능할 것으로 사료됩니다. 통촉하십시오."

그러나 목공은 귀를 기울이려고 하지 않았다. 건숙은 군(軍)을 배웅하고는 상복(喪服)을 입고 통곡했다.

군은 원정길에 나섰고 주(周)나라를 지나 동진(東進)했다. 때마침 정나라 상인(商人)인 현고(弦高)가 정군(鄭君)의 명령이라고 속이면서 소 열두 마리를 바치고 진군(秦軍)을 위로했다. 진나라의 세 장군은 겁을 집어먹었고 서로 상담했다.

"우리 군단은 수천 리를 장정(長征)하여 남의 나라를 공격하려고 하는데 아직 도착도 하기 전에 이미 적군이 알아차린 것 같소. 그렇다면 그들의 방어는 이미 완벽하게 갖추어졌을 것이 분명하오. 그런 그들을 공격해서 이기기란 도저히 불가능하오." 그리고 군단을 철수하여 떠나려고 했다.

때마침 진(晉)나라 문공(文公)이 붕어했는데 장례도 끝나지 않았다. 선진(先軫)이 양공(襄公)에게 아뢰었다. "이전에 우리 선군(先君)과 목공(穆公)의 우의는 천하가 주지하고 있으니 제후들이 모를 리 없습니다. 이제 선군께서 붕어하셨고 장례도 치르지 않은 지금입니다. 하온데 목공이 조문하러 오기 위해 길을 빌리라는 말조차 하지 않는 것은, 우리 선군께서는 붕어하셨고 또 전하께서는 유약하시다며 우습게 여기는 처사입니다. 바라옵건대 목공을 치소서."

양공은 허락했다. 선진은 군사를 일으키어 진군(秦軍)을 효(殽) 땅에서 영격(迎擊)하여 이를 대파하고 세 장군을 포로로 잡아 돌아왔다. 목공은 이 소식을 듣자 백장속(白裝束)으로 사당에 나아가 군신(群臣)들에게 해명했다.

그러기에 노자는 다음과 같이 말했다. "알면서도 알지 못한다고 생각하는 것이 최상이요, 아무것도 알지 못하면서 안다고 생각하는 것이 최저(最低)이다.(제71장)"

原文 秦穆公興師, 將以襲鄭. 蹇叔曰, 不可. 臣聞, 襲國者, 以車不過百里, 以人不過三十里. 爲其謀未及發泄也, 甲兵未及鈍弊也, 糧食未及乏絶也, 人民未及罷病也, 皆以其氣之高, 與其力之盛至. 是以犯敵能威. 今行數千里, 又數絶諸侯之地, 以襲國. 臣不知其可也. 君重圖之. 穆公不聽. 蹇叔送師, 衰絰而哭之.

師遂行, 過周而東. 鄭賈人弦高, 矯鄭伯之命, 以十二牛, 勞秦師
而賓之. 三帥乃懼而謀曰, 吾行數千里以襲人, 未至而人已知之. 其
備必先成, 不可襲也. 還師而去.

當此之時, 晉文公適薨, 未葬. 先軫言於襄公曰, 昔吾先君與穆
公交, 天下莫不聞, 諸侯莫不知. 今吾君薨未葬, 而不弔吾喪, 而
不假道. 是死吾君, 而弱吾孤也. 請擊之. 襄公許諾. 先軫擧兵, 而
與秦師遇於殽, 大破之, 擒其三帥以歸. 穆公聞之, 素服廟臨, 以
說於衆.

故老子曰, 知而不知尙矣, 不知而知, 病也.

註解 ○秦穆公興師(진목공흥사)……─《여씨춘추》〈선식람(先識覽)〉회
과편(悔過篇)에 같은 글이 있는데 본절(本節)에 비하여 아주 자세하다. 본
절은 이것에 근거하여 절략(節約)한 것이리라. 한편 《좌전(左傳)》 희공(僖
公) 32년, 33년조에 관련 기사가 보인다. '진목공'은 춘추시대의 진왕(秦
王). 여기서는 암우(闇愚)한 군주로 묘사되어 있지만 일반적으로는 춘추
오패(春秋五霸) 중 한 사람이다. 백리해(百里奚)·건숙(蹇叔) 등 현신
(賢臣)을 등용하여 부국강병에 힘써서 진나라가 강대해지는 데 기초를
쌓은 명군으로 전해온다. ○襄経(최질)─〈본경훈(本經訓)〉 참조. ○鄭賈人弦
高(정고인현고)……─〈범론훈(氾論訓)〉에 같은 취지의 글이 보인다. ○先
軫(선진)─진(晉)나라 장군. ○老子曰(노자왈)……─'상(尙)'은 '상(上)'과
같은 뜻. 여기서는 최상이란 의미이다. '병(病)'은 결점이란 의미이고 ──.
건숙(蹇叔)의 간언을 받아들이지 않고 군사를 일으켰던 진목공의 태도를
'알지 못하면서 아는 체한 사람'이라고 평한 것이리라.

제왕(齊王)의 후(后)가 죽었다. 왕은 왕후를 맞아들여야겠다는 생

각을 하고 있었지만 아직 결정하지는 못하고 군신(群臣)들에게 협의
하도록 했다. 그때 설공(薛公)은 왕의 뜻에 영합하기 위해 열 개의
귀걸이를 바쳤는데, 그중 한 개는 특히 아름다운 것을 놓아두었다.

다음 날 아침, 그 아름다운 귀걸이의 소재를 찾아내고 그 측실을 왕
후로 세우기를 추천했다. 제왕은 크게 기뻐하며, 과연 설공을 중용했
다. 즉 임금 자리에 있는 자는 좋아하는 것을 밖으로 드러내면, 신하
들로부터 휘둘리게 된다.

그러기에 노자는 다음과 같이 말했다. "밖으로는 욕망의 입구를 막
고, 안으로는 정의(情意)가 발동하는 문을 막도록 하면 한평생 그 몸
이 안태(安泰)하다.(제52장)"

原文 齊王后死. 王欲置后而未定, 使羣臣議. 薛公欲中王之意,
因獻十珥而美其一. 旦日因問美珥之所在, 因勸立以爲王后. 齊王
大說, 遂尊重薛公. 故人主之嗜欲見於外, 則爲人臣之所制.

故老子曰, 塞其兌, 閉其門, 終身不勤.

註解 ○齊王后死(제왕후사)……─유사한 글이 《한비자》〈외저설우상
(外儲說右上)〉, 《전국책》〈제책(齊策)〉 3에 보인다. '제왕'을 《한비자》는
'위왕(威王)'이라고 적었는데 《전국책》에는 '위왕의 아들 선왕(宣王)이다'
라고 했다. ○薛公(설공)─정곽군(靖郭君) 전영(田嬰). 맹상군(孟嘗君)의
아버지이다. ○獻十珥(헌십이)─'이(珥)'는 귀걸이인 주옥(珠玉). 《한비자》
에 의하면 왕에게 십유자(十孺子 : 10명의 측실)가 있었는데 이 10명 중
누구를 왕후로 봉할 것인지 왕에게는 이미 의중에 둔 유자가 있었다. 설
공이 기략(機略)을 써서 그 유자를 찾아내고 왕에게 천거하여 왕의 환심
을 샀다는 이야기가 골자를 이루고 있다. 한편 《전국책》에서는 7유자, 7
이(珥)라고 했다. ○老子曰(노자왈)……─제52장의 구절. '색기태폐기문

(塞其兌閉其門)'의 6글자는 제56장에도 보인다. '태(兌)'는 '혈(穴)'이란 뜻. 여기서는 이목구비의 7규(竅), 즉 감각기관을 가리킨다. '동(動)'은 여기서는 '피(疲)'의 뜻이다.

노오(盧敖)가 북해(北海)에서 놀 때 태음(太陰)을 지나 현궐(玄闕)에 들어가 몽곡(蒙穀) 정상에 와서 어떤 사람을 만났다. 그 사람은 눈이 움푹 들어갔고 귀밑머리는 검으며 목이 굵고 어깨가 치솟았으며 이마는 넓고 턱은 뾰족한데, 때마침 바람을 타고 가볍게 춤을 추고 있었다. 그는 뒤돌아서 노오를 보자 서서히 팔꿈치를 내리더니 돌비석 뒤에 몸을 숨겼다.

노오가 뒤따라가서 살펴보니 그는 거북 등에 올라앉아서 조개를 먹고 있었다. 노오가 말을 걸었다. "나는 홀로 세속(世俗)을 떠나 사는 사람이오. 육합(六合) 밖을 구석구석까지 돌아다닌 사람은 이 노오말고는 없을 것이오. 나는 어렸을 때부터 먼 곳을 돌아다니기 좋아했는데 자라서도 그런 뜻은 변함이 없고 쇠퇴하지도 않는구려. 이미 사극(四極) 안을 모두 돌아다녔는데 다만 북음(北陰) 땅만이 남아 있었소. 이제 마침내 그대와 만나게 되었소. 그대야말로 내 친구가 되기에 족한 사람이오."

그 사람은 크게 웃으면서 말했다. "노오, 그대는 중국 사람이로구려. 무슨 볼일이 있기에 이 먼 곳까지 온 거요? 이 땅은 해와 달이 비추고 뭇별을 이고 있으며 음양의 기(氣)가 감돌고 사시(四時)가 번갈아 도는 곳에 지나지 않소. 저 불명(不名)의 땅에 비하면 아직 안방의 한 귀퉁이에 지나지 않는 곳이오. 나는 남쪽으로는 망량(罔寅)의 들에서 놀고 북쪽으로는 침묵의 향(鄕)에서 쉬었으며 서쪽으로는 요명(窅冥)의 동네에서 놀고 동쪽으로는 홍몽(鴻濛)의 빛을 받으며 갔었다오.

그런 곳까지 가면 이미 아래로는 대지(大地)도 없고 위로는 하늘도 없으며 귀를 기울여도 들리는 소리 하나 없고 눈을 부벼도 보이는 것은 아무것도 없소. 그 밖으로는 오직 태옥(汰沃)의 범(氾)이 있고 그 저쪽에는 일망천만리(一望千萬里)의 경계가 있는데 나도 아직 그곳에는 가본 일이 없소.

그대의 원유(遠遊)는 이제 시작을 했을 뿐인데, 건방지게도 유관(遊觀)에 통달한 양 말하는구려. 아직도 전도(前途)는 요원하오. 하지만 우선 여기 있으시오. 나는 지금부터 한만(汗漫)과 구해(九垓) 위에서 만나기로 약속되어 있으니 천천히 다녀와야겠소." 그 사람은 팔꿈치를 펴며 몸을 날리자 이윽고 구름 속으로 사라지고 말았다.

노오는 쳐다보며 그를 따라갔지만 이미 시계(視界)에서 사라지고 없었다. 그래서 수레를 멈추었는데 마음은 소연하여 기쁘지 않았고 상중(喪中)인 사람처럼 산란했다. "나 같은 것은 그분에게 비하면 하늘을 나는 황곡(黃鵠)과 땅을 기어 다니는 벌레와 같다. 온종일 달려 가더라도 그 세계에서는 1척(尺)도 나아가지 못할 것이야. 그러면서도 나 자신은 아주 먼 곳에 온 것으로 생각했으니 실로 슬픈 일이다."

그러기에 장자(莊子)는 다음과 같이 말했다. "소년(小年)은 대년(大年)에 미치지 못한다. 소지(小知)는 대지(大知)에 미치지 못한다. 조균(朝菌)은 달의 회삭(晦朔)을 모르고 매미는 봄·가을을 모른다.(逍遙遊篇)" 이것은 인간의 총명에는 한계가 있음을 말하는 것이다.

原文　盧敖游乎北海. 經乎太陰, 入乎玄闕, 至於蒙穀之上, 見一士焉. 深目而玄鬢, 渠頸而鳶肩, 豐上而殺下, 軒軒然方迎風而舞. 顧見盧敖, 慢然下其臂, 遯逃乎碑下. 盧敖就而視之, 方倦龜殼而食蛤梨, 盧敖與之語曰, 唯敖爲背羣離黨. 窮觀於六合之外者, 非敖而已乎. 敖幼而好遊, 至長不渝解. 周行四極, 唯北陰之未闚, 今卒睹夫子於是. 子殆可與敖爲友乎.

若士者齤然而笑曰, 嘻, 子中州之民, 寧肯而遠至此. 此猶光乎日月, 而載列星, 陰陽之所行, 四時之所生. 其比夫不名之地, 猶窔奧也. 若我, 南遊乎罔㝗之野, 北息乎沈墨之鄉, 西窮窅冥之黨, 東關鴻濛之光. 此其下無地, 而上無天, 聽焉無聞, 視焉無眴.

此其外猶有汰沃之氾. 其餘一舉而千萬里, 吾猶未能之在. 今子游始於此. 乃語窮觀, 豈不亦遠哉. 然子處矣. 吾與汗漫, 期于九垓之上, 吾不可以久. 若士舉臂而竦身, 遂入雲中.

盧敖仰而視之弗見, 乃止駕, 心杯治, 悖若有喪也. 曰, 吾比夫子, 猶黃鵠與壤蟲也. 終日行不離咫尺, 而自以爲遠豈不悲哉.

故莊子曰, 小年不及大年, 小知不及大知, 朝菌不知晦朔, 蟪蛄不知春秋. 此言明之有所不見也.

[註解] ○盧敖游乎北海(노오유호북해)……―같은 취지의 글이 《논형》〈도허편〉에 보인다. '노오(盧敖)'는 시황제(始皇帝) 때의 방사(方士). 봉래(蓬萊)에서 불사약을 구해 오겠다고 하여 황제의 신임을 얻었으나 후에 생명이 위태로워짐을 알게 되자 도망쳤다고 한다(《사기》〈始皇本紀〉). ○蒙穀(몽곡)―산 이름. 〈천문훈(天文訓)〉의 '몽곡(蒙谷)', 《서경》〈요전(堯典)〉의 '매곡(昧谷)'과 같다(穀과 谷은 음이 통한다). ○渠頸(거경)―대경(大頸). ○鳶肩(연견)―높게 치솟은 어깨. ○豊上而殺下(풍상이살하)―위쪽이 비대하고 아래쪽은 여위어 있는 모습. ○軒軒然(헌헌연)―경거(輕擧)한 모습. ○慢然(만연)―춤을 멈추다. ○倦龜殼(권귀각)―초인(楚人)은 거(倨 : 앉다)를 권(倦)이라고 한다. 귀각은 귀갑(龜甲). ○渝解(투해)―'투(渝)'는 '달라지다'란 뜻. '해(解)'는 '해(懈)'로서 태만한 것. ○若士(약사)―《문선(文選)》〈강문통별부(江文通別賦)〉 주(註)에 '신선전왈(神仙傳曰) 약사자선인야(若士者仙人也)'라고 되어 있으며 도장정화본(道藏精華本) 《신선전(神仙傳)》에 '노오약사(盧敖若士)' 1장(章)이 있는 것으로

볼 때(通行本 《신선전》에는 없다) 인명(人名 : 仙人)으로 풀이해야만 될지 모르겠다. 그러나 《회남자》를 놓고 볼 때, 앞 글의 '일사(一士)'를 이어받는 것으로 생각되며, 또 《논형》에는 '약사(若士)'란 문자조차 안 보이므로 여기서는 '이 사람(이 선비)'으로 풀이해 둔다. ○齤然(권연)―'권(齤)'은 결치(缺齒). 출치(出齒). 이를 드러내고 웃는 모습. ○載列星(재열성)―'재(載)'는 '대(戴)'와 같다. ○罔㝠之野(망량지야)―'망량(罔㝠)'은 '망량(罔兩)'과 같다. 끝이 없는 상태. 이하 '침묵(沈墨)' '요명(窅冥)' '홍몽(鴻濛)' 등 모두는 《장자》 〈소요유편〉에서 말하는 '무하유지향(無何有之鄕). 광막지야(廣莫之野)' 등과 같은 유(類)의 말. ○沈墨之鄕(침묵지향)―'침묵(沈墨)'은 '침묵(沈默)'과 같다. ○窅冥之黨(요명지당)―'요명(窅冥)'은 깊숙하고 은밀한 상태. 당(黨)은 '마을' '동리'. ○東關鴻濛之光(동광홍몽지광)―'홍몽(鴻濛)'은 동방(東方)의 야(野), 일출(日出)의 땅(〈숙진훈〉 참고). ○汗漫(한만)―막막해서 끝이 없는 것. 여기서는 그것을 의인화(擬人化)하고 있다. ○九垓(구해)―구천(九天). ○杯治(배치)―할 수 없음을 원망하는 것. ○朝菌(조균)―'버섯'의 일종. 일설에는 벌레 이름이라고도 한다. ○蟪蛄(혜고)―매미. 일설에는 베짱이.

복자(宓子)가 단보(亶父)를 다스리기 3년, 무마기(巫馬期)가 면의단갈(綿衣短褐)을 몸에 걸치고 변장하여 그 교화(教化) 상태를 시찰하러 갔다. 밤중에 어부가 고기를 잡더니 그것을 다시 물속에 놓아주는 것을 보고 무마기는 물었다. "무릇 그대가 고기를 잡는 것은 물고기가 필요하기 때문일 것이오. 그런데 애써 잡은 물고기를 다시 놓아주는 이유는 무엇이오?"

어부는 그 물음에 대답했다. "복자님은 사람들이 치어(稚魚) 잡는 것을 좋아하지 않으시기 때문입니다. 방금 내가 잡았던 것은 치어였습니다. 그래서 놓아준 것이지요." 무마기는 돌아와서 이 사실을 공자

(孔子)에게 보고했다. “복자의 덕은 구석구석에까지 퍼져 있습니다. 그
는 사람들이 어둠 속에서 행동할 때는 마치 엄중한 형벌이 바로 옆에
있는 양 행동하도록 하고 있습니다. 복자는 도대체 어떤 방법으로 이
렇게까지 교화시킨 것일까요?”

공자는 말했다. “나는 전에 치정(治政)의 방침을 복자에게 물었는
데 그는 ‘저에게 정성이 있으면 반드시 상대방에게도 나타납니다’라고
대답했었지. 복자는 틀림없이 그 치술(治術)을 사용한 것이다.”

그러기에 노자는 다음과 같이 말했다. “그를 떠나서 이것을 취하라.
(제12장, 제38장)”

[原文] 宓子治亶父三年, 而巫馬期絻衣短褐, 易容貌, 往觀化焉. 見
夜漁者得魚釋之. 巫馬期問焉曰, 凡子所爲魚者欲得也. 今得而釋
之何也.

漁者對曰, 宓子不欲人取小魚也. 所得者小魚, 是以釋之. 巫馬
期歸以報孔子曰, 宓子之德至矣. 使人闇行, 若有嚴刑在其側者. 宓
子何以至於此. 孔子曰, 丘嘗問之以治. 言曰, 誠於此者, 刑於彼.
宓子必行此術也.

故老子曰, 去彼取此.

[註解] ○宓子治亶父三年(복자치단보삼년)……—《여씨춘추》〈심응람(審
應覽)〉 구비편(具備篇)에 근거하여 초절(抄節)한 것으로 생각된다. 또 〈태
족훈〉에도 보인다. ‘복자(宓子)’는 공자의 제자. 이름은 자제(子齊), 자(字)
는 자천(子賤). 《논어》에는 공자가 복자를 칭찬하여 ‘군자로다. 그 사
람은 운운’(〈公冶長篇〉)하는 글이 보인다. ‘단보(亶父)’는 ‘단보(單父)’라
고도 쓰며 오늘날의 산동성 단현(單縣). ○巫馬期(무마기)—공자의 제자.
이름은 시(施), 자는 자기(子期 : 子旗). 그 이름은 《논어》〈술이편(述而

篇)〉에 보인다. ○絻衣短褐(면의단갈)—'단갈(短褐)'은 조모(粗毛)로 만든 단의(短衣)로서 천민의 옷. '면의(絻衣)'는 불상(不祥)인데(絻衣는 喪冠의 이름. 또는 喪棺을 매는 관끈) 역시 보잘것없는 복장일 것이다《여씨춘추》는 '短褐衣幣裘'라고 기록했다). ○去彼取此(거피취차)—이 구절은 《노자》에 보면 '피(彼)'란 '관능적인 쾌락'(제12장), '예(禮)·지(知)'(제38장)를 가리키며, '차(此)'란 '무위(無爲)의 도(道)'를 가리킨다. 여기서는 '명령에 의한 교화(敎化)'를 떠나 '자기 자신이 정성을 다하는 것'을 취하는 뜻으로 사용하고 있는 것이리라.

　망량(罔兩)이 경(景)에게 물었다. "소소(昭昭)는 신명(神明)한 것인가?" 경(景)이 대답했다. "아니야." 망량이 말했다. "그대는 어떻게 그런 단언을 할 수 있나?"

　경이 말했다. "부상(扶桑)이 아침 햇살을 받고 해가 우주를 비추면 소소의 빛은 사해(四海)를 비추게 되는데 그때 문을 닫고 창을 막아 버리면 도저히 스며들 수가 없지. 그러나 신명(神明)은 사방에 달하여 미치지 못하는 데가 없어서, 위로는 하늘에 닿고 아래로는 땅에 두루 퍼져서 만물을 화육(化育)하면서도 그 모습을 나타내지도 않아. 부앙(俯仰)하는 사이에 사해 밖에까지도 진무(鎭撫)하고 말지. 소소가 어찌 이런 곳에까지 빛을 보낼 수 있겠는가?"

　그러므로 노자는 다음과 같이 말했다. "천하 최상(最上)의 유(柔)가 천하 최상의 견(堅)을 부리고 있다.(제43장)"

原文　罔兩問於景曰, 昭昭者神明也. 景曰, 非也. 罔兩曰, 子何以知之. 景曰, 扶桑受謝, 日照宇宙, 昭昭之光, 輝燭四海, 闔戶塞牖, 則無由入矣. 若神明, 四通竝流, 無所不及, 上際於天, 下蟠於地, 化育萬物, 而不可爲象. 俛仰之閒, 而撫四海之外. 昭昭何足以明之.
　故老子曰, 天下之至柔, 馳騁天子之至堅.

註解　○罔兩問於景(망량문어경)－'망량(罔兩)'은 그림자 바깥쪽에 생기는 희미한 그림자. '경(景)'은 '영(影)', 즉 그림자. 양자(兩者)의 문답은 《장자》〈제물론편(齊物論篇)〉에 보이는데 그 내용은 다르다. ○昭昭(소소)－햇빛을 어느 정도 인격화(人格化)해서 한 말이다. ○扶桑受謝(부상수사)－'부상(扶桑)'은 동방의 해뜨는 땅에 있다고 하는 신목(神木). '사(謝)'는 '사(射)'. 아침 햇살이 비추는 것. ○若神明(약신명), 四通竝流(사통병류)……而不可爲象(이불가위상)－《장자》〈각의편(刻意篇)〉에 같은 글이 보이는데 단, 서두의 '신명(神明)'을 '정신(精神)'으로 적고 있다. '신명'은 우주 사이에 (혹은 사람의 마음에) 있는 영묘한 작용, 또는 그 주체(主體). 결국은 '도(道)' 혹은 그 작용을 의미한다. 여기서는 '일광(日光)'을 유형(有形)의 물(物)로 보고 그것보다 나은 것으로서 무형지도(無形之道)의 작용을 '신명'이라고 칭한 것이리라. '병(竝)'은 '방(旁)'이란 뜻. '제어천(際於天) 반어지(蟠於地)'의 구절, 또 《예기》〈악기편(樂記篇)〉에 '극어천(極於天) 반어지(蟠於地)'라고 보인다. 반(蟠)은 위(委 : 다하다). ○老子曰(노자왈)……－《노자》에 의하면 '지유(至柔)'는 물이고 '지견(至堅)'은 금석류(金石類). 여기서는 '소소(昭昭)'가 '호유(戶牖)'에 의해 차단되는 것에 대하여, '신명(神明)'의 '사통병류(四通竝流)'로서 실로 자재(自在)하는 모습을 이 구절 속에서 찾아내고 있는 것이리라.

　광요(光耀)가 무유(無有)에게 물었다. "그대는 도대체 존재하는 것인가? 아니면 존재하지 않는 것인가?" 무유는 대답하지 않았다. 광요는 다시 물을 수도 없어서 옆에 있으면서 그 상태를 살펴보는데 희미하여 형태도 보이지 않았다. 응시해도 그 형태는 보이지 않고 귀를 기울여도 그 소리는 들리지 않으며 손으로 만져보려고 해도 잡히는 것이 없고, 떨어져서 보아도 그 윤곽이 잡히지 않았다.

광요가 말했다. "고귀한 것이로다. 대체 누가 이 경지에까지 도달할 수 있단 말인가? 나는 만물의 근원에 무(無)가 있다 함을 알 수는 있지만 그 '무'도 없다는 것을 깨닫지는 못했어. 그 '무'를 없다고 하는 경지란 대체 어떻게 해야 그곳에까지 도달할 수 있단 말인가?"

그러므로 노자는 다음과 같이 말했다. "무유(無有)이기에 무간(無間)으로 들어갈 수가 있다. 나는 이것에서 무위(無爲)가 가치 있음을 깨달았다.(제43장)"

[原文] 光耀問於無有曰, 子果有乎, 其果無有乎. 無有弗應也. 光耀不得問, 而就視其狀貌, 冥然忽然. 視之不見其形, 聽之不聞其聲, 搏之不可得, 望之不可極也. 光耀曰, 貴矣哉, 孰能至于此乎.

予能有無矣, 未能無無也. 及其爲無無, 又何從至於此哉.

故老子曰, 無有入于無閒. 吾是以知無爲之有益也.

[註解] ○光耀問於無有(광요문어무유)……—'광요(光耀)'는 일단의 명지(明知)를 갖춘 사람. 앞 장(章)의 '소소(昭昭)'를 생각하게 한다. '무유(無有)'는 존재하지 않는다, 실체(實體)가 없다는 것을 의인화(擬人化)한 것으로서, 여기서는 깊이 도(道)를 체득한 인물이다. ○冥然忽然(명연홀연)—'명(冥)'은 어두컴컴한 상태, '홀(忽)'은 희미한 상태이다. ○視之不見其形(시지불견기형)……—《노자》 제14장 참조. ○予能有無矣(여능유무의), 未能無無也(미능무무야)—만물(萬物 : 有)의 근원은 무(無 : 有가 없는 상태)→무무(無無 : 無도 없는 상태)→무무무(無無無 : 無無도 없는 상태)라는 식으로 무한히 소급한다. 여기서는 '무'와 '무무'에 대해서 설명하고 있다. ○無閒(무간)—틈새가 없는 곳.

　　백공승(白公勝)이 모반을 꾸미던 중 조정에서 퇴궐하려고 일어났을 때 채찍을 거꾸로 짚었는데 철(鐵) 끝이 턱을 찔러서 피가 흘러 땅바닥에 떨어질 정도였건만 자신은 그것을 모르고 있었다. 정인(鄭人)은 이 소문을 듣고 말했다. "자기 턱조차 잊어버릴 정도라면 대체 무엇을 잊지 않는단 말인가?"

　　이 이야기는 정신이 밖으로 흐트러지고 마음이 속에서 망동하고 있을 때는 그 형해(形骸)를 되돌릴 수 없다는 것을 나타내고 있다. 즉 마음의 배려가 먼 곳에 있으면 가까운 데 것을 잊어버리는 게 도리다.

　　그러기에 노자는 다음과 같이 말했다. "문을 나가지 않고도 천하의 대세는 알 수 있고, 창문을 엿보지 않고도 천도(天道)의 유행(流行)은 알 수가 있다. 멀리 밖으로 나가면 나갈수록 그 지(知)는 더욱 좁아진다.(제47장)" 노자의 말은 이 같은 것을 설명하고 있다.

　　原文　白公勝慮亂, 罷朝而立, 倒杖策, 鐵上貫頤. 血流至地而弗知也. 鄭人聞之曰, 頤之忘, 將何不忘哉. 此言精神之越於外, 智慮之蕩於內, 則不能漏理其形也. 是故神之所用者遠, 則所遺者近也.

　　故老子曰, 不出戶以知天下, 不窺牖以見天道. 其出彌遠, 其知彌少. 此之謂也.

　　註解　○白公勝慮亂(백공승려란)……―백공승과 그 모반에 대해서는 〈도응훈〉에서 이미 설명한 바 있다. ○鐵(철)―채찍 끝에 붙어 있는 바늘. ○精神之越於外(정신지월어외), 智慮之蕩於內(지려지탕어내)―〈정신훈(精神訓)〉에 같은 취지의 논조가 있다. ○漏理(누리)―누(漏)는 공(空)을 보완한다는 뜻.

　　진(秦)나라 시황제(始皇帝)는 이미 천하를 얻었는데 이것을 지켜내기가 어렵다고 생각했다. 그래서 변경에 수비병을 보내어 장성(長城)을 쌓고 관소(關所)와 교량을 재정비하고 성채를 쌓았으며 역전(驛傳)을 구비하고 변리(邊吏)를 두었다. 그런데 유씨(劉氏)는 폐추(閉錘)를 돌리듯 아주 용이하게 진나라 천하를 탈취했다.

옛날 무왕(武王)은 주왕(紂王)을 치되 이를 목야(牧野)에서 격파했는데 그다음에는 비간(比干)의 묘(墓)를 봉토하고 상용(商容)의 향리(鄕吏)를 표창했으며, 기자(箕子)의 일족을 보호해 주고 성탕(成湯)의 사당에 제사 지냈으며, 거교(鉅橋)를 열어 곡식을 나누어 주고 녹대(鹿臺)를 열어 재화(財貨)를 방출케 했다.

진지(陣地)에 있는 북의 가죽을 찢고 북채를 꺾어 버리고, 활을 느슨하게 하고 시위를 잘랐으며, 병사(兵舍)에서 나와 노숙함으로써 평안함을 나타냈다. 또 검(劍)을 풀어놓고 대신 홀(笏)을 들고 있음으로써 원수 따위는 없음을 나타내기도 하였다. 이로써 천하 만민은 노래 부르고 생활을 즐겼으며, 제후들은 공물(貢物)을 가지고 앞다투어 내조(來朝)하여 34대 후까지 국가는 평안하고 태평했다.

그러기에 노자는 다음과 같이 말했다. "최선으로 닫는 방법은 빗장이나 자물쇠를 잠그지 않는 것인데 그래도 열 수가 없다. 최선의 묶는 방법은 새끼나 끈을 사용하지 않는 것인데 그래도 풀 수가 없다. (제27장)"

[原文] 秦皇帝得天下, 恐不能守. 發邊戍, 築長城, 修關梁, 設障塞, 具傳車, 置邊吏. 然劉氏奪之, 若轉閉錘.

昔武王伐紂, 破之牧野. 乃封比干之墓, 表商容之閭, 柴箕子之門, 朝成湯之廟, 發鉅橋之粟, 散鹿臺之錢. 破鼓折枹, 弛弓絶絃, 去舍露宿, 以示平易. 解劍帶笏, 以示無仇. 於此天下歌謠而樂之, 諸侯執幣相朝, 三十四世不奪.

故老子曰, 善閉者, 無關鍵而不可開也. 善結者, 無繩約而不可
解也.

[註解] ○轉閉錘(전폐추)−폐추(閉錘)는 격(格). 위쪽의 추(錘 : 고드랫
돌)는 박석(薄席 : 자리)을 매는 데 쓰이고 이를 반복시키는 것은 아주 용이
하다고 한다. ○封比干之墓(봉비간지묘)……散鹿臺之錢(산녹대지전)−〈주
술훈(主術訓)〉에 '석기자지수(釋箕子之囚)'로 되어있는 것을 여기서는
'시기자지문(柴箕子之門)'으로 적고 있다. '시(柴)'는 '새(塞)'란 뜻으로서
기자의 집 문에 위병소를 설치하여 보호했음을 가리킨다. 거교(鉅橋)는
주왕(紂王)의 곡식 창고이고, 녹대(鹿臺)는 주왕의 보물 창고이다. ○帶笏
(대홀)−'홀(笏)'은 의관 속대를 갖출 때 손에 드는 죽편(竹片). ○三十四
世(삼십사세)−무왕(武王)으로부터 전국시대 말기인 난왕(赧王)에 이르
는 34대를 가리킨다. ○老子曰(노자왈)……−주(周)나라 문치 정책은 무
비(武備)가 없는 최상의 방비(防備)라고 풀이하면서 이 구절과 연결시킨
것이리라.

윤수(尹需)는 수레 모는 기술을 배우고 있었는데 3년이 걸려도 그
극의(極意)를 터득하지 못했다. 남모르게 고민을 했는데 잠을 자면서
도 계속 궁리하고 있었다. 어느 날 밤, 꿈속에서 스승으로부터 추가
(秋駕)라고 하는 기술을 배웠다.
 날이 밝자 스승은 그에게 말했다. "나는 그대에게 극의를 가르쳐
주기 싫어서 가르치지 않았던 것이 아니다. 아직 그대에게는 그것을
받아들일 자격이 없음을 두려워했던 것이야. 오늘은 그대에게 추가
(秋駕)의 기술을 전수해 주겠다." 이 말을 듣자 윤수는 달려가서 북
면(北面)하고 말했다. "저에게 하늘의 은총이 내렸습니다. 어젯밤 꿈

에서 이미 그 기술을 받았습니다."

그러므로 노자는 다음과 같이 말했다. "끝까지 마음을 비우고, 착실하게 마음의 조용함을 유지하면 만물이 쌍쌍이 일어나더라도 그 근원으로 돌아간다는 것을 알 수 있다.(제16장)"

原文 尹需學御三年而無得焉. 私自苦痛, 常寢想之. 中夜, 夢受秋駕於師. 明日往朝. 師望而謂之曰, 吾非愛道於子也, 恐子不可予也. 今日敎子以秋駕. 尹需反走, 北面再拜曰, 臣有天幸, 今夕固夢受之.

故老子曰, 致虛極, 守靜篤, 萬物竝作, 吾以觀其復也.

註解 ○尹需學御三年(윤수학어삼년)……―《여씨춘추》에서는 윤수(尹需)를 '윤유(尹儒)'로 적고 있다. '어(御)'는 여기서는 거가(車駕)를 제어(制御)하는 기술이란 뜻. ○秋駕(추가)―제어를 잘하는 기술. ○老子曰(노자왈)……―'치허극(致虛極) 수정독(守靜篤)'을 윤수의 '학어(學御)'에 억지로 맞추는 형식을 취하고 '오이관기복야(吾以觀其復也)'를 꿈속에서 추가(秋駕)를 받은 것에 대응시킨 것 같다.

옛날 손숙오(孫叔敖)는 세 차례 영윤(令尹)에 임명되었지만 기뻐하는 기색이 없었고, 세 차례나 영윤 자리에서 물러나도 근심하는 기색이 없었다. 연릉(延陵)의 계자(季子)는 오(吳)나라 백성들이 시비곡직하고 왕이 되어 줄 것을 간청했지만 승낙하지 않았다. 허유(許由)는 천하를 물려주겠다고 해도 받지 않았다.

안자(晏子)는 최저(崔杼)와 맹세했는데 사경(死境)에 임해서도 맹약의 의를 변치 않았다. 이상의 사람들이 모두 이렇게 했던 것은 만사에 달관했었기 때문인데 정신이 사생(死生)을 초월해 있으면 외계 (外界)의 그 어느 것에도 마음이 현혹되는 일이 결코 없다.

형(荊 : 楚)나라에 차비(伜非)란 사람이 있었는데 간대(干隊)에서 보검(寶劍)을 손에 넣었다. 돌아서서 양자강을 건너던 도중 강심(江心)에 이르렀다. 그때 양후(陽侯)의 파도가 일어났고 두 마리의 교룡(蛟龍)이 배를 둘러쌌다. 차비는 사공에게 물었다. "일찍이 이런 일을 당하고도 살아남은 자가 있었소?" 사공은 대답했다. "아직 보지 못했습니다."

차비는 눈을 부라리며 갑자기 팔을 걷어 올리고 검을 뽑아 들면서 말했다. "무인(武人)의 싸움은 인의(仁義)의 예(禮)에 따라 할 일이다! 그런즉 겁탈하는 것은 용서할 수 없지. 본디 내 몸이 강심(江心)에 있는 것은 부육후골(腐肉朽骨)에 지나지 않는 것! 검을 버리고 내 몸을 보전할 수는 없어. 나는 조금도 미련을 갖지 않겠다!" 말을 끝내자 차비는 물속에 뛰어들어 교룡을 찌르고 마침내 머리를 베었다. 배 안의 사람들은 모두 무사했다. 풍파도 완전히 가라앉았다.

형나라에서는 차비에게 작(爵)을 내리고 집규(執圭)에 봉했다. 공자(孔子)는 이 이야기를 전해 듣고 말했다. "훌륭하도다. 자신이 부육후골이 되는 것을 두려워하지 않고, 검을 지킨 자, 그는 차비이다."

그러기에 노자는 다음과 같이 말했다. "오직 삶 때문에 행동하지 않는 자야말로 생명을 귀히 여기고 집착하는 자보다 현명하다.(제75장)"

原文 昔孫叔敖, 三得令尹無喜志, 三去令尹無憂色. 延陵季子, 吳人願一以爲王而不肯. 許由讓天下而弗受. 晏子與崔杼盟, 臨死地不變其儀. 此皆有所遠通也. 精神通於死生, 則物孰能惑之.

荊有伜非, 得寶劍於干隊. 還反度江, 至於中流, 陽侯之波, 兩蛟挾繞其船.

佽非謂榜船者曰, 嘗有如此而得活者乎. 對曰, 未嘗見也. 於是
佽非瞋目. 敦然攘臂拔劍曰, 武士可以仁義之禮說也. 不可劫而奪
也. 此江中之腐肉朽骨. 棄劍而全己, 余有奚愛焉. 赴江刺蛟, 遂斷
其頭. 船中人盡活, 風波畢除, 荊爵爲執圭. 孔子聞之曰, 夫善哉,
不以腐肉朽骨棄劍者, 佽非之謂乎.

故老子曰, 夫唯無以生爲者, 是賢於貴生焉.

註解 ○孫叔敖(손숙오)−초(楚)나라의 현명한 대부(大夫). ○令尹(영윤)
−초(楚)나라의 관명(官名)으로 재상에 해당. ○延陵季子(연릉계자)−공자
(公子) 계찰(季札). 오왕(吳王) 수몽(壽夢)의 넷째 아들. 수몽이 왕위를
계승시키고자 했으나 받지 않았고, 연릉에 봉해졌다. ○佽非(차비)−《여
씨춘추》에는 차비(次非)로 되어있다. 비슷한 이야기로서 우(禹)임금에
대한 것이 〈정신훈〉에 있다. ○干隊(간대)−오(吳)나라의 지명(地名). ○蛟
(교)−이무기, 교룡. 용(龍)의 일종. 혹은 '교(鮫)'로도 쓴다.

제(齊)나라 순우곤(淳于髡)은 합종책(合縱策)을 위왕(魏王)에게 설
명했다. 위왕은 그의 변설을 좋다면서 수레 10승(乘)을 주어 초(楚)
나라에 파견코자 했다. 그런데 떠나려고 할 때, 합종책은 완전치 못하
다며 생각을 고쳤다. 그래서 이번에는 연횡책(連衡策)을 설명했는데
그 변설도 그럴듯한 점이 있었다. 위왕은 사자(使者) 보내기를 그만
두고 순우곤을 멀리했다. 결국 합종책은 수포가 되고 연횡책도 성취되
지 못했는데 그것은 당연한 귀결이다.

대저 말에는 종지(宗旨)라고 하는 것이 있게 마련이며, 사물에는 대
본(大本)이라는 것이 있지 않으면 안 된다. 그 종(宗)과 본(本)을 잃게
되면 제아무리 말절(末節)의 기능이 많다 하더라도 오히려 적은 편이

낫다. 그러므로 주정(周鼎)에 수(倕)가 그 손가락을 물고 있는 그림을 그리게 했던 것은, 선왕이 대교(大巧)의 불가함을 경계했던 것이다.

그러기에 신자(愼子)는 다음과 같이 말했다. "대목(大木)이 문을 만들 때 잘 열리기만 하면 좋다고 생각하는 것은, 문의 본질을 모르기 때문이다. 즉 문이란 먼저 닫힌 다음에 비로소 잘 열리게 마련이다."

原文 齊人淳于髡, 以從說魏王. 魏王辯之, 約車十乘, 將使荊. 辭而行, 又以爲, 從未足也. 復以衡說, 其辭若然. 魏王乃止其行, 而疏其身. 失從之志, 而又不能成衡之事. 是其所以固也.

夫言有宗, 事有本. 失其宗本, 技能雖多, 不若其寡也. 故周鼎著倕, 而使齕其指. 先王以見大巧之不可爲也.

故愼子曰, 匠人知爲門能以開, 所以不知門也. 故必杜然後能開.

註解 ○齊人淳于髡(제인순우곤), 以從說魏王(이종설위왕)―'순우곤'은 《사기(史記)》〈맹자순경열전(孟子荀卿列傳)〉에 의하면 제(齊)나라 사람. 직하(稷下)의 학자 중 한 사람. 양(梁：魏) 혜왕(惠王)에게 유세했었다는 기사가 보인다. 단, 《사기》에서는 그가 왕의 마음을 꿰뚫고 왕을 경복(敬服)시켰다는 것과, 그의 변론에 매료된 왕이 경상(卿相) 자리를 주어 대우하고자 했으나 끝까지 사양하며 벼슬하지 않았다는 등의 기록이 있어, 이 책과는 인물상(人物像)을 달리하고 있다. ○倕(수)―명공(名工). ○愼子曰(신자왈)……―신자(愼子)는 신도(愼到). 전국시대의 사상가. 문(門)의 종본(宗本)은 여는 데 있는 것이 아니라 닫는 데 있다고 하는 의미.

묵가(墨家)에 전구(田鳩)라고 하는 사람이 있었는데 진(秦)나라 혜왕(惠王)을 알현하기를 염원했다. 그래서 거가(車駕)를 다발로 묶어 놓고 진나라에 체류하기 3년에 이르렀건만 알현할 수가 없었다. 객(客) 가운데 어떤 사람이 초왕(楚王)에게 전구에 관한 이야기를 했고, 그는 초왕을 알현하게 되었다. 초왕은 크게 기뻐하며 절(節)을 내주면서 사자(使者)의 자격으로 진나라에 파견했다.

덕택에 전구는 혜왕을 알현하게 되었고 자설(自說)을 피력할 수 있었다. 궁궐에서 나오자 개탄하고 있는 종자(從者)에게 말했다. "나는 진나라에 3년 동안이나 체류하고 있었으나 끝내 알현을 허락받지 못했다. 그 일은 초나라를 경유했더라면 쉬웠을 것인데 그것을 깨닫지 못했던 것이다. 사물에는 본디 가까워짐으로써 도리어 멀어지고, 멀어짐으로써 도리어 가까워지는 수가 있다!"

대저 대인(大人)의 방법은 승묵(繩墨)의 도움이 없이도 목적한 곳에 도달해 버린다. 이것이야말로 관자(管子)가 말한 '올빼미는 날면서 승묵을 유지하고 있다'라는 것이다.

原文 墨者有田鳩者. 欲見秦惠王. 約車申轅, 留於秦周年, 不得見. 客有言之楚王者, 往見楚王. 楚王甚悅之, 予以節使於秦. 至因見惠王而說之. 出舍喟然而歎告從者曰, 吾留秦三年, 不得見, 不識道之可以從楚也. 物故有近之而遠, 遠之而近者.

故大人之行, 不掩以繩, 至所極而己矣. 此所謂筦子梟飛而維繩者.

註解 ○田鳩(전구)—묵가로서는 중요한 인물이었을 것으로 생각되는데 그 이름은 《묵자》에는 보이지 않으며 경력도 불상(不詳)이다. 초왕과 만난 것은 《한비자》〈외저설좌상편(外儲說左上篇)〉에 보이며, 또 《한서(漢書)》〈예문지(藝文志)〉에 '전구자(田俅子) 3편'이라고 실려 있다. ○秦惠

王(진혜왕)—혜문왕은 효공(孝公)의 아들. 재위중(在位中) 처음으로 왕호(王號)를 칭했다. ○約車申轅(약거신원)—약(約)·신(申) 모두 속(束 : 다발로 묶다)이란 뜻으로서 수레를 해체하여 새끼로 묶어두는 것. 장기간 체류하는 상태를 가리킨다. ○周年(주년)—'주(周)'는 만 1년을 말함이다. 뒤에서 말하는 '삼년(三年)'과는 맞지 않는다. ○楚王(초왕)—위왕(威王), 혹은 회왕(懷王)이 이에 해당한다. ○節(절)—사자(使者)의 증표. ○大人(대인)—득도(得道)한 사람. ○筦子(관자)—관자(管子)와 같다. 관자는 춘추시대 제(齊)나라 환공(桓公)의 명재상.《관자》는 그의 이름을 가탁(假託)하여 한대(漢代)에 편찬되었다. 그 〈주합편(宙合篇)〉에 '새가 날아 준승(準繩)에 맞는다면 이것이 대인(大人)의 의(義)이다'라고 되어있다.

  예수(澧水)의 깊이는 천인(千仞)이나 되는데 진구(塵垢)를 받아들이지 않아서 금철(金鐵)을 던져 넣으면 바깥에서도 그 모습이 보일 정도이다. 그러나 그 정도로 깊고 또한 투명하건만 어별(魚鱉)이나 용사(龍蛇)들은 결코 그곳에서 살지 않는다. 즉 돌 위에서 오곡은 자랄 수가 없고, 독산(禿山)에서 큰사슴·사슴 따위는 뛰어놀지 않는다. 그런 것들을 숨길 만한 것이 없기 때문이다.

  옛날 조문자(趙文子)가 숙향(叔向)에게 물었다. "진(晋)나라의 여섯 장군 중 제일 먼저 멸망하는 것은 누구겠는가?" 숙향은 대답했다. "중행씨(中行氏)와 지씨(知氏)일 것입니다." 문자가 말했다. "어째서 그런가?"

  숙향이 대답했다. "그들이 하는 정치는 지나치게 치밀한 것을 현찰(賢察)이라고 하며 지나치게 과감한 것을 명석(明晰)이라고 합니다. 또 아랫사람을 책망하는 것을 충성되다 하고 모략이 많은 것을 공(功)이 있는 것으로 생각하고 있습니다. 비유해서 말한다면 마치 가

죽을 잡아 늘이는 것과 같아서, 가죽은 잡아 늘이면 분명 커지기는
합니다만 그것은 파열(破裂)의 길입니다.”

그러므로 노자는 다음과 같이 말했다. “정치가 어수룩하면 그 백성
은 순박(淳朴)해지고, 정치가 가찰(苛察)해지면 그 백성은 위축된다.
(제58장)”

原文　澧水之深, 千仞而不受塵垢, 投金鐵焉, 則形見於外, 非不
深且淸也, 魚鼈龍蛇莫肯之歸也. 是故石上不生五穀, 禿山不游麋
鹿, 無所陰蔽也.

　昔趙文子問於叔向曰, 晉六將軍, 其孰先亡乎. 對曰, 中行・知
氏. 文子曰, 何乎. 對曰, 其爲政也, 以苛爲察, 以切爲明, 以刻下
爲忠, 以計多爲功. 譬之猶鞹革者也. 鞹之大則大矣, 裂之道也.

　故老子曰, 其政悶悶, 其民純純. 其政察察, 其民缺缺.

註解　○澧水(예수)－섬서성(陝西省)의 강 이름. ○趙文子(조문자)－춘
추시대 말기, 진(晉)나라의 경(卿). 도공(悼公)의 재상. ○叔向(숙향)－진
(晉)나라 양설힐(羊舌肹)의 자(字). ○晉六將軍(진육장군)－‘육장군’은 육
경(六卿)을 가리킨다. ○以苛爲察(이가위찰)－‘가(苛)’는 밀(密)의 뜻으로
풀었다.

제(齊)나라 경공(景公)이 태복(太卜)에게 물었다. “그대의 술(術)
로는 무엇을 할 수 있소?” 태복이 대답했다. “신(臣)은 대지(大地)를
움직일 수 있습니다.” 안자(晏子)가 입궐해서 경공을 뵈었다. 경공이
말했다. “과인이 태복에게 ‘그대의 술(術)로는 무엇을 할 수 있소?’라
고 물었더니 그는 ‘신은 대지를 움직일 수 있습니다’라고 대답했는데

대체 대지를 움직일 수 있는 것이오?” 그때 안자는 잠자코 대답하지 않았다.

안자는 퇴궐한 다음 태복을 찾아가서 말했다. “나는 아까 수성(水星)이 방수(房宿)와 심수(心宿) 사이에 있는 것을 보았는데 땅은 움직이는 것일까요?” 태복이 말했다. “움직인다고 생각합니다.” 안자가 가자 태복은 서둘러 경공을 알현하고 말했다. “신이 땅을 움직이는 것이 아니오라 땅은 원래 움직이려 하고 있습니다.”

전자양(田子陽)은 이 이야기를 듣고 말했다. “안자가 묵묵부답이었던 것은 태복이 사죄(死罪)에 처해지는 것을 좋아하지 않았기 때문이며, 태복을 찾아가서 만났던 것은 경공이 속는 결과를 두려워했기 때문이다. 안자는 위로 충성을 다하고 아래로는 은혜를 베풀었다고 할 수 있으리라.”

그러기에 노자는 다음과 같이 말했다. “자기 자신은 방직(方直)하더라도 그것을 가지고 남을 재단하지 말고, 자기 자신은 청렴하더라도 그것을 가지고 남을 손상하지 말라.(제58장)”

[原文] 景公謂太卜曰, 子之道何能. 對曰, 能動地. 晏子往見公. 公曰, 寡人問太卜曰, 子之道何能. 對曰, 能動地. 地可動乎. 晏子默然不對. 出見太卜曰, 昔吾見句星在房心之閒, 地其動乎. 太卜曰, 然. 晏子出. 太卜走往見公曰, 臣非能動地, 地固將動也.

田子陽聞之曰, 晏子默然不對者, 不欲太卜之死. 往見太卜者, 恐公之欺也. 晏子可謂忠於上而惠於下矣.

故老子曰, 方而不割, 廉而不劌.

[註解] ○句星在房心之閒(구성재방심지간)—‘구성(句星)’은 구성(鈎星 : 水星을 가리키며 長星이라고도 한다). ‘방(房)’ ‘심(心)’은 28수(宿)의 하

나. ○田子陽(전자양) − 제(齊)나라 신하.

위(魏)나라 문후(文侯)가 곡양(曲陽)에서 여러 대부(大夫)에게 주연을 베풀었다. 잔치 자리가 무르익었을 때 문후는 탄식하면서 말했다. "어찌하여 과인은 예양(豫讓)과 같은 인물을 신하로 두지 못하는 것일까?" 건중(蹇重)이 술잔을 들어 문후에게 권하면서 말했다. "황공하오나 전하께 벌주를 바치나이다." 문후가 말했다. "그건 무슨 말이오?"

건중이 대답했다. "신은 이런 말을 들었습니다. 유명(有命)의 부모는 효자를 알지 못하고 유도(有道)한 군주는 충신을 알지 못한다고 했습니다. 원래 예양이 섬겼던 군주는 대체 어떤 사람이었습니까?" 문후는 건중의 벌주를 마시고 잔을 돌려주기도 전에 말했다. "그것은 ……관중(管仲)이라든가 포숙(鮑叔)과 같은 신하가 없었지. 그리하여 예양의 공이 나타나게 된 것이다."

그러므로 노자는 다음과 같이 말했다. "국가가 문란해지면 충신이 나타난다.(제18장)"

原文 魏文侯觴諸大夫於曲陽. 飮酒酣, 文侯喟然歎曰, 吾獨無豫讓以爲臣乎. 蹇重擧白而進之曰, 請浮君. 君曰, 何也. 對曰, 臣聞之, 有命之父母, 不知孝子, 有道之君, 不知忠臣. 夫豫讓之君, 亦何如哉. 文侯受觴而飮, 釂不獻. 曰, 無管仲·鮑叔以爲臣. 故有豫讓之功.

故老子曰, 國家昏亂有忠臣.

註解 ○魏文侯(위문후)−이름은 도(都). 전국시대 초기의 위왕(魏王).

현주(賢主)로 알려져 있다. ○豫讓(예양)─처음에는 중행씨(中行氏 : 〈主術訓〉 참조)를 섬겼는데 중행씨가 멸망한 다음 지백(知伯)을 섬겼고 인정을 받았다. 이윽고 지백과 조양자(趙襄子)가 싸운 끝에 지백이 토멸당하자 그 은혜를 잊지 않은 예양은, 몸에 옻칠하여 문둥병자로 가장하고 숯을 삼키어 벙어리 흉내를 내면서 조양자를 기습하여 원수를 갚고자 했다. 그러나 결국에는 실패했는데 그의 절개를 안 조양자가 가신(家臣)으로 받아들이려고 했으나 거절하고 죽었다. ○白(백)─'벌작(罰爵 : 杯)'의 이름. ○浮君(부군)─부(浮)는 벌(罰). 술을 가지고 군주를 벌하는 것. ○有命(유명)─행운. ○釂(조)─진(盡).

공자(孔子)가 환공(桓公)의 사당에 갔는데 그곳에 그릇 한 개가 있고 유치(宥卮)라는 이름이 붙여져 있었다. 공자는 "지금 여기서 내가 이 그릇을 볼 수 있었던 것은 실로 행운이다."라고 했다. 그리고 뒤돌아보며 "너희들, 물 좀 가져와라."라고 명했다. 물을 떠왔고 그 유치에 부었는데, 물의 양이 반쯤 차 있으면 똑바로 서 있는데, 가득 차게 되면 쓰러지고 말았다.

공자는 얼른 자세를 바로잡으면서 말했다. "영만(盈滿)을 유지한다는 것은 얼마나 멋진 일인가?" 옆에 있던 자공(子貢)이 물었다. "그렇다면 영만을 유지하는 데는 어떻게 해야 합니까?"

공자가 말했다. "자신의 마음을 억제하면서 겸양할 줄 알아야 한다." 자공이 말했다. "자신의 마음을 억제하고 겸양한다 함은 어떻게 하는 것입니까?"

공자는 말했다. "무엇이든지 성(盛)하면 반드시 쇠(衰)한다. 즐거움이 극에 이르면 슬픔이 시작되고 해가 남중(南中)에 오면 기울면서 옮겨가고, 달은 가득 차면 이지러진다. 그러므로 총명·예지를 속에 간직하고 있으면서 우(愚)로 이것을 지키고, 다문박변(多聞博辯)을 몸에 지니고 있으면서 누(陋)로써 이것을 지키며, 무용(武勇)을 갖추고 있으면서 외(畏)로써 이것을 지키고, 부귀광대(富貴廣大)가 있으면서 검(儉)으로써 이것을 지키며, 덕을 널리 천하에 펴면서 양(讓)으로써 이것을 지키는 것이다. 이 5개 조는 선왕(先王)이 천하를 유지하고 잃지 않았던 근거인데, 이 5개 조를 위반하면 반드시 위태로움에 빠질 것이다."

그러기에 노자는 다음과 같이 말했다. "이 도(道)를 몸에 지닌 자는 영만(盈滿)을 바라지 않는다. 본디 영만을 바라지 않으므로 구폐(舊弊)에도 견뎌내고 신기(新奇)를 구하고자 하지 않는다.(제15장)"

原文 孔子觀桓公之廟. 有器焉, 謂之宥卮. 孔子曰, 善哉, 予得見此器. 顧曰, 弟子取水. 水至灌之, 其中則正, 其盈則覆. 孔子造然革容曰, 善哉, 持盈者乎. 子貢在側曰, 請, 問持盈. 曰, 挹而損之.

曰, 何謂, 挹而損之. 曰, 夫物盛而衰, 樂極則悲, 日中而移, 月盈而虧. 是故聰明睿智, 守之以愚, 多聞博辯, 守之以陋, 武力毅勇, 守之以畏, 富貴廣大, 守之以儉, 德施天下, 守之以讓. 此五者先王所以守天下而弗失也. 反此五者, 未嘗不危也.

故老子曰, 服此道者不欲盈. 夫唯不盈, 故能弊而不新成.

註解 ○宥卮(유치)―'유(宥)'는 군주를 권계(勸戒)하는 뜻. '치(卮)'는 술이나 물을 담는 그릇인데 여기서는 '기(器)'와 같은 의미이다. 한편《순자》에서는 이 기(器)의 본명(本名)을 '의기(欹器)'라 했다. ○陋(누)―식견이 좁은 것. ○畏(외)―소심한 것. ○讓(양)―겸하(謙下). ○老子曰(노자왈)……―'고능폐이불신성(故能弊而不新成)'의 해석에는 여러 가지 설이 있는데 폐(弊)란 광영(光榮)을 숨기는 것, 신성(新成)이란 공명(功名)을

귀히 여기는 것.

　무왕(武王)이 태공(太公)에게 물었다. "과인이 주왕(紂王)의 천하를 토벌한 것은 신하이면서 그 주군을 시해한 것이고, 아랫사람이면서 그 윗사람을 토벌한 것이오. 과인은 후세에 군사를 함부로 쓰고 투쟁을 마구 하는 사태를 초래하지 않을까 걱정이 되는데 어떻소?"
　태공이 말했다. "좋은 점에 착안하셨습니다. 대저 사냥하는 사람은 사냥감을 손에 넣기 전까지는 그 상처가 작은 것을 걱정하지만, 일단 사냥감을 잡은 다음에는 그 고기를 너무 많이 상하게 한 것이 아닌가 걱정하게 마련입니다. 폐하께서 보위에 오래 계시기를 원하신다면 백성들의 총명을 가리시고, 무익한 일과 번잡한 교육으로 백성들을 인도하십시오. 그렇게 하시면 백성들은 그 업(業)을 즐기고 그 마음을 평안케 하며, 소소(昭昭)로부터 명명(冥冥)으로 이끌려가게 될 것입니다.
　그런 다음에는 투구를 벗기시고 관(冠)을 씌우시고, 검(劍)을 풀고 그 대신 홀(笏)을 들게 하시며, 삼년상을 제정하여 인구(人口)를 억제하시고, 말은 정중하게, 행동은 겸양하게 하여 백성들이 다투는 일이 없게 하시고, 주육(酒肉)의 잔치로 서로 마음을 통하게 하시고, 우슬(竽瑟)의 음악으로 즐기게 하시고, 귀신의 벌(罰)로 겁먹게 하시고, 번문욕례(繁文褥禮)로 질박(質朴)을 싸서 감추게 하시고, 후장구상(厚葬久喪)으로 그 가산(家産)을 기울이게 하시고, 유해(遺骸)에는 함주(含珠)・인시(鱗施)・윤조(綸組)를 함으로써 그 사치를 다하게 하여 그 재산을 소모케 하시고, 주거(住居)에는 우물을 깊게 파고 담장을 높이 쌓도록 권하시어 그 힘을 다 쓰도록 하실 일입니다.
　이렇게 해서 집안이 가난해지고 일족(一族)의 인구가 적어지게 되면 화(禍)가 발생할 걱정도 줄어들 것입니다. 이렇게 된 다음에 풍속을 온화하게 고쳐나가면 천하를 유지하게 되실 것입니다.”

그러기에 노자는 다음과 같이 말했다. “일단 동화(同化)한 것이 머리를 들려고 한다면 나는 이름 없는 나무토막에 의해 이것을 억제할 것이다.(제37장)”

原文 武王問太公曰, 寡人伐紂天下, 是臣殺其主, 而下伐其上也. 吾恐後世之用兵不休, 鬪爭不已. 爲之奈何.

太公曰, 甚善, 王之問也. 夫未得獸者, 唯恐其創之小也. 已得之, 唯恐傷肉之多也. 王若欲久持之, 則塞民於兌, 道令爲無用之事, 煩擾之敎. 彼皆樂其業, 佚其情, 昭昭而道冥冥.

於是乃去其瞀, 而載之尤, 解其劍, 而帶之笏, 爲三年之喪, 令類不蕃, 高辭卑讓, 使民不爭, 酒肉以通之, 竽瑟以娛之, 鬼神以畏之, 繁文滋禮, 以弇其質, 厚葬久喪, 以亶其家, 含珠·鱗施·綸組, 以貧其財, 深鑿高壟, 以盡其力. 家貧族少, 慮患者寡. 以此移風, 可以持天下弗失.

故老子曰, 化而欲作, 吾將鎭之以無名之樸也.

註解 ○塞民於兌(색민어태)─《노자》 제52·56장 참조. ‘태(兌)’는 구멍, 이목구비(耳目口鼻)의 7규(竅)를 가리키는데 《노자》에 의하면 관능적인 욕망을 제어하는 것. 여기서는 백성의 이목을 가리어 무지한 상태로 만드는 것. ○昭昭而道冥冥(소소이도명명)─정사(政事)·군사(軍事)의 세계를 소소(昭昭)라 하고 이것을 떠나 자신에게 매몰되는 경지를 명명(冥冥)이라고 했다. ○去其瞀(거기무), 而載之尤(이재지출)─‘무(瞀)’는 ‘무(鍪)’와 통하며 투구란 뜻. ‘출(尤)’은 ‘휼(鷸 : 물총새)’과 통하며, 물총새의 깃털로 장식한 관(冠)을 가리킨다. 천문(天文)을 주관하는 사람이 쓰는 관이라고 하는데 여기서는 널리 문관(文官)의 관을 가리킨다. ○老子曰

(노자왈)……—제37장의 '도(道)는 항상 무위(無爲)하지만, 하지 않는 일이 없다. 임금들이 만약 이것을 지킬 줄 안다면 만물(만민)은 스스로 생성변화(生成變化)하게 될 것이다'에 이어지는 구절이다. 생성변화란 일단 도(道)에 동화된 상황에서 일탈(佚脫)하는 자가 생겨나는 것을 가리키는 듯하다. '박(樸)'은 재목으로 가공되기 이전의 소재(素材), 즉 통나무를 가리킨다. 통나무는 목적에 따라 제재(製材)됨으로써 비로소 이름이 생겨나므로 그것을 무명(無名)이라고 한다. 글의 요지는 철두철미한 소박, 그 소박한 정치에 의해 백성들의 욕망을 억제케 한다는 의미이다.

권 13

범론훈(氾論訓)

편명(篇名)에 붙여진 해제(解題)에 '세상 여러 가지 사물에 관하여 널리 고금(古今)에 걸쳐 득실(得失)의 이치를 논하고, 도(道)에 의해 교화하고 크게 하나인 진리를 깨닫도록 한다. 그러므로 널리[氾] 논(論)한다는 의미를 취하여 편명으로 삼는다'라고 되어있다. 본편의 주제가 기성관념이라든가 원칙에 속박당하지 않고 필요에 따라, 그리고 때의 변화에 따라 직면하는 사물에 처했을 경우, 득실의 이치를 잃지 않는다는 점은, 오늘날에도 수긍이 간다.

이 〈범론훈〉은 《노자》 《장자》 《한비자》 《여씨춘추》 《논어》 《순자》 《춘추공양전》 《예기》 《사기(史記)》 《전국책(戰國策)》 등등, 고전 전반과 관련되어있는데 그중에서도 《여씨춘추》와 《전국책》과는 관련이 깊으며, 그것을 참고하면 〈범론훈〉의 사상을 밝히는 데도 중요한 단서가 될 것이다.

옛날 두건을 쓰고 깃도 없는 의복을 걸친 채로 천하를 다스리던 왕이 있었다. 그 왕의 덕(德)은 백성을 살리기는 했어도 죽이지는 않았고 주기는 했어도 빼앗지는 않았다.

그러므로 천하는 왕의 정치를 싫어하지 않았고 모두 왕의 덕을 기리었다. 그 당시 음양은 조화되고 풍우(風雨)는 시절에 따랐으며 만물은 번식하고, 까치집은 굽어보고도 찾을 수 있으며 금수(禽獸)는 줄에 매어 끌고 다닐 수 있었다. 어찌 소매 넓은 옷, 굵은 띠, 둥근 깃, 위모(委貌)·장보(章甫)의 관(冠) 등을 필요로 할 것인가?

옛날 백성은 습지(濕地)에 살고 굴에서 살았으므로 겨울에는 상설(霜雪)·무로(霧露)를 견뎌내지 못하고, 여름에는 더위와 모기·등에를 견뎌내지 못했다. 그래서 성인(聖人)이 나와 백성을 위해 흙을 쌓고 재목을 엮어 가옥을 만들고, 도리를 얹고 처마를 낮게 달아 비·바람을 막았으며 추위와 더위를 피하도록 하였다. 이렇게 해서 사람들은 안심하고 살 수 있게 되었다.

백여(伯余)가 처음으로 의복을 만들었을 때 삼을 째고 실을 뽑고 손가락에 걸어 천을 짰기 때문에 완성품은 그물과 같았다. 후세에는 길쌈하는 도구가 생겨나서 의복을 만드는 데도 더욱 편리해졌으므로 민중은 몸에 걸치어 추위를 막을 수 있게 된 것이다.

옛날에는 보습을 깎아서 밭갈이를 했으며, 대합(大蛤) 껍질을 갈아서 잡초를 베었으며, 나무로 낫을 만들어 나무를 베고, 항아리를 껴안고 물을 길었으므로, 민중은 고생을 해도 이익은 얼마 안 되었다. 후세에는 날이 붙은 보습이 생겨나고, 도끼로 나무를 베어내며, 두레박으로 물을 긷게 되었으므로, 민중은 안락하게 일해도 이익은 많게 되었다.

옛날에는 큰 강과 이름있는 계곡이 도로를 차단하여 왕래를 막고 있었다. 그래서 나무를 파고 널빤지를 깔아서 주운(舟運)을 열어 각

고장의 산물을 서로 교환하여 유무상보(有無相補)하게 되었다. 가죽 신발을 신고 도보로 천 리를 가고, 어깨에는 무거운 짐을 지는 등 고생이 많았는데, 나무를 구부려 수레바퀴를 만들고 짐수레를 만들어 마소가 끌어 민중은 먼 곳에 나가더라도 고생하지 않게 되었다.

맹금(猛禽)·맹수(猛獸)가 사람들을 해쳐도 막을 길이 없었는데, 금속을 녹이고 담금질하여 날카로운 무기를 만들게 되어 맹수도 해치지 못하게 되었다.

이처럼 민중은 곤경에 직면하면 보다 나은 수단을 찾아내고, 환해(患害)에 처하면 그것에 대한 대비책을 세웠던 것이다. 사람은 누구나 자신의 지혜를 사용하여 해(害)는 제거하고 이(利)를 취하는 것이다.

原文 古者有鍪而綣領, 以王天下者矣. 其德生而不殺, 予而不奪, 天下不非其服, 同懷其德. 當此之時, 陰陽和平, 風雨時節, 萬物蕃息, 烏鵲之巢, 可俯而探也, 禽獸可羈而從也. 豈必襃衣·博帶, 句襟·委章甫哉.

古者民澤處復穴, 冬日則不勝霜雪霧露, 夏日則不勝暑熱蚊虻. 聖人乃作, 爲之築土構木, 以爲室屋, 上棟下宇, 以蔽風雨, 以避寒暑, 而百姓安之. 伯余之初作衣也, 緂麻索縷, 手經指挂, 其成猶網羅. 後世爲之機杼勝複, 以便其用, 而民得以揜形御寒.

古者剡耜而耕, 摩蜃而耨, 木鉤而樵, 抱甀而汲, 民勞而利薄. 後世爲之耒耜耰鉏, 斧柯而樵, 桔皋而汲, 民逸而利多焉.

古者大川名谷, 衝絶道路, 不通往來也. 乃爲窬木·方版, 以爲舟航. 故地勢有無, 得相委輸. 乃爲蹻趹而超千里, 肩負儋之勤也, 而作爲之楺輪·建輿, 駕馬服牛, 民以致遠而不勞. 爲鷙禽·猛獸之害傷人, 而無以禁御也, 而作爲之鑄金·鍛鐵, 以爲兵刃, 猛獸不能爲害.

　故民迫其難, 則求其便, 因其患, 則造其備. 人各以其所知, 去其
所害, 就其所利.

註解　○古者有鍪而綣領(고자유무이권령)……—《순자》〈애공편(哀公
篇)〉에 애공의 질문에 대답하는 공자(孔子)의 말로서, '고지왕자(古之王
者) 유무이구령자의(有務而拘領者矣). 기정호생이오살언(其政好生而惡
殺焉). 시이봉재열수(是以鳳在列樹) 인재교야(麟在郊野), 오작지소(烏鵲
之巢), 가부이규야(可俯而窺也).'라고 되어있는 구절이 있다. '무(鍪)'는 투
구란 뜻인데 여기서는《순자》에서 말하는 '무(務)'와 같으며 모(帽)·모
(冒)·염(冄)과 통하고 두건(頭巾)을 의미한다. 후세에서 말하는 왕관(王
冠)이 제정되기 이전의 소박한 모습을 가리킴이다.《문자(文子)》〈상례
편(上禮篇)〉에 '고자피발이무권령(古者被髮而無卷領) 이왕천하(以王天
下)'라고 되어 있는 것을 고려할 때 혹은 봉발(蓬髮 : 머리를 풀어 산발한
것)의 뜻이다. 이 경우 두(兜)에는 좌우에 몇 개씩 직립한 칼 모양의 장
식이 있다는 점에서 봉발을 그것에 비유한 것으로 생각된다. 한편 '권령
(綣領)'은 가죽옷을 구부리는데 이것을 질(紩 : 縫)이라 하며 지금의 호가
(胡家) 위습(韋襲)과 같은 것이다.《순자》의 '곡령(曲領)'은 '구부러진
깃'이란 뜻. 요컨대 천 끝을 접어 구부려서 꿰매기만 한, 간소한 목도리
일 것이다. ○烏鵲(오작)……禽獸(금수)……—《장자》〈마제편(馬蹄篇)〉
에 '금수가계기이유(禽獸可係羈而遊) 오작지소가거원이규(烏鵲之巢可擧
援而闚)'라고 되어있는 것과 같은 취지. '생이불살(生而不殺)'이라는 왕
의 덕이 금수에까지 미친다는 것을 나타낸다. ○襃衣(포의)·博帶(박대)
—소매가 큰 옷과 폭이 넓은 띠. 예복·유복(儒服)이란 뜻이다. ○句襟
(구금)—깃을 구부려 장식하다. ○委章甫(위장보)—위(委)는 위모(委貌)
의 관(冠). 장보(章甫)도 역시 관명(冠名)이다.《예기(禮記)》〈교특생(郊
特牲)〉에 '위모는 주도(周道)이다. 장보는 은도(殷道)이다'라고 했다. ○

復穴(복혈)-복혈(覆穴 : 굴)과 같다. ○緂麻(담마)-'매다' '잣다'란 의미. ○伯余(백여)-황제(黃帝)의 신하. ○機杼勝複(기저승복)-'기(機)'는 베틀. '저(杼)'는 북. '복(複)'은 '직복(織複)'의 복(複). '승(勝)'은 '등(滕)'의 정자(正字). 《왜명초(倭名抄)》에 '직복(織複)' '등(滕)'을 길쌈한 천을 감는 도구라고 했다. 요컨대 이 네 글자는 직기(織機)의 부분으로서 모두 합치어 길쌈하는 도구란 의미. ○剡耜而耕(염사이경)-목제 보습을 깎아서 경작한다는 뜻일까? ○桔皐(길고)-두레박. ○窬木(유목)·方版(방판)-유(窬)는 공(空)이며 방(方)은 병(竝). 큰 나무를 파낸 배와 판(版 : 널빤지)을 깐 뗏목. ○靯蹻(단교)-짚신. 여기서는 도보(徒步)란 의미.

예로부터 내려오는 관습이더라도 (때에 맞지 않으면) 따르기 어렵고, 기구(器具)라 하더라도 의지할 수 없다. 마찬가지로 선왕(先王)의 법도라 하더라도 바꾸어 나가야 한다. 옛날의 제도에 의하면 혼례는 자신의 이름으로 하지 않았다. 그렇다면 순(舜)임금이 (아버지에게) 고하지 아니하고 아내를 맞은 것은 예(禮)에 어긋나는 것이 된다.

후사는 장남이 되도록 정해 있었는데 문왕(文王)이 백읍고(伯邑考)를 폐하고 무왕을 세운 것은 제도에 어긋나는 일이 된다. 예(禮)에 '남자는 30세로 아내를 취한다'라고 되어있는 점으로 볼 때, 문왕이 15세 때 무왕을 낳은 것은 법에 어긋난 것이 된다.

하후씨(夏后氏)는 조계(阼階) 위에 시체를 안치하고, 은인(殷人)은 당상(堂上) 두 번째 기둥 사이에 시체를 안치하고, 주인(周人)은 서계(西階) 위에 시체를 안치했다. 이처럼 예는 같지 않았다.

또 유우씨(有虞氏)는 도제(陶製) 관(棺)을 사용했고, 하후씨는 벽돌을 사용했으며, 은인(殷人)은 곽(槨)을 사용했고, 주인(周人)은 관에 깃털 장식을 하였다. 이처럼 매장하는 방법은 같지 않았다. 그리고 하후씨는 황혼 때 교제(郊祭)를 지냈고, 은인은 한낮에 교제를 지냈으며, 주인은 아침 해 뜰 때 교제를 지냈다. 이상은 제사가 같지 않았던 예이다.

또 요(堯)임금의 음악은 대장(大章), 순(舜)임금의 음악은 구소(九韶), 우(禹)임금의 음악은 대하(大夏), 탕(湯)임금의 음악은 대호(大濩), 주(周)나라 음악은 무상(武象)이었다. 이상은 음악이 같지 않았던 예이다. 즉 오제(五帝)는 각기 도(道)를 달리했어도 덕망은 똑같게 천하를 덮었고 삼왕(三王)은 각기 사적(事跡)을 달리했어도 명성은 똑같이 후세에 미쳤다.

이런 것들은 모두 시대의 변화에 따라 예악(禮樂)을 제정했기 때문인데 비유하자면 사광(師曠)이 금주(琴柱)를 상하좌우로 움직이면서 서있을 때, 그 위치를 자로 재지 않았건만 음률이 맞지 않는 게 없었던 것과 같다. 그런 까닭에 예악의 진수에 통하고 있는 사람이야말로 예악을 만들 수 있다는 것은, 곧 대본(大本)을 속에 간직하고 있으면서 그것을 시세에 적응시키는 법도로 시행할 수 있는 사람을 말한다.

노(魯)나라 소공(昭公)에게는 자모(慈母), 즉 유모가 있었는데 공은 이 자모를 사모했었다. 자모가 죽었을 때 복상했기 때문에 그 이래로 자모의 상(喪)에도 복상하게 되었다. 양후(陽侯)는 요후(蓼侯)를 죽이고 그 부인을 뺏었으므로 그 이후 주연 자리에 부인이 동석하는 것을 폐지하였다.

이처럼 선왕의 제도라 하더라도 좋지 않은 것은 폐지되고, 후세의 일이더라도 좋은 것은 장려된다. 그렇다면 예악에는 원래 항구불변인 것 등은 없는 것으로서, 즉 성인(聖人)은 예악을 제정하지만 그것에 제약받는 일이란 없는 것이다.

나라를 다스리는 데는 상도(常道)가 있는데 그것은 백성의 이(利)

를 첫째로 하는 것이다. 백성을 다스리는 데는 상도가 있는데 그것은 명령이 행해지도록 하는 것을 최상으로 친다. 그런 까닭에 만약 백성을 이롭게 하는 일이 있다면 반드시 고법(古法)을 따를 필요가 없고, 만약 사의(事宜)에 맞는 것이 있다면 반드시 구법에 따를 필요가 없다. 대저 하(夏)나라와 상(商)나라가 쇠미해진 것은 법을 바꾸었기 때문이 아니건만 멸망했고, 삼대(三代)의 흥기(興起)를 보면 전대(前代)의 법을 계승하지 않았건만 왕위에 올랐다.

이처럼 성인(聖人)의 법은 시대와 함께 변화하고, 예(禮)는 세속과 함께 변화하고 있다. 의복이나 기구는 각기 실용에 편리하도록 하고 법도나 제령(制令)은 각기 시의에 맞도록 했다. 즉 옛 법을 바꾸는 것은 잘못이 아니며 항상 구속(舊俗)에 따르는 것이 좋다고는 말할 수 없다.

原文　常故不可循, 器械不可因也, 則先王之法度, 有移易者矣. 古之制, 婚禮不稱主人, 舜不告而娶, 非禮也. 立子以長, 文王舍伯邑考而用武王, 非制也. 禮三十而娶. 文王十五而生武王, 非法也.

夏后氏殯於阼階之上, 殷人殯於兩楹之閒, 周人殯於西階之上, 此禮之不同者也. 有虞氏用瓦棺, 夏后氏塈周, 殷人用槨, 周人牆置翣, 此葬之不同者也.

夏后氏祭於闇, 殷人祭於陽, 周人祭於日出以朝, 此祭之不同者也. 堯大章, 舜九韶, 禹大夏, 湯大濩, 周武象, 此樂之不同者也. 故五帝異道, 而德覆天下, 三王殊事, 而名施後世. 此皆因時變而制禮樂者, 譬猶師曠之施瑟柱也, 所推移上下者, 無寸尺之度, 而靡不中音. 故通於禮樂之情者能作, 言有本主於中, 而以知榘矱之所周者也.

魯昭公有慈母而愛之, 死爲之練冠, 故有慈母之服. 陽侯殺蓼侯

而竊其夫人, 故大饗廢夫人之禮. 先王之制, 不宜則廢之, 末世之事,
善則著之. 是故禮樂未始有常也. 故聖人制禮樂, 而不制於禮樂.

治國有常, 而利民爲本, 政教有經, 而令行爲上. 苟利於民, 不必
法古, 苟周於事, 不必循舊. 夫夏商之衰也, 不變法而亡, 三代之起
也, 不相襲而王. 故聖人, 法與時變, 禮與俗化, 衣服器械, 各便其
用, 法度制令, 各因其宜. 故變古未可非, 而循俗未足多也.

註解 ㅇ婚禮不稱主人(혼례불칭주인)—《공양전(公羊傳)》은공(隱公) 2
년 및 환공(桓公) 8년조에 같은 구절이 보인다. ㅇ舜不告而娶(순불고이
취)—《맹자(孟子)》〈만장장구(萬章章句)〉상편에, 맹자가 만장으로부터
'순불고이취하야(舜不告而娶何也)'라는 질문을 받고, '고하면 얻을 수 없
었기 때문이다. 남자와 여자가 같이 사는 것은 인간의 중대한 일인데, 만
약 고한다면 인간이 중대한 일을 폐하여 부모를 원망하게 되었을 것이다.
그래서 고하지 않은 것이야(告則不得娶 男女居室 人之大倫也 如告則廢
人之大倫 以父母 是以不告也)'라는 대답을 한 구절이 보인다. ㅇ立子以
長(입자이장)—《공양전》은공(隱公) 원년조에 '입적이장(立適以長) 불이
현(不以賢) 입자이귀(立子以貴) 불이장(不以長)(適은 嫡子, 子는 庶子
임)'이라고 되어있는 것과 비슷하다. ㅇ伯邑考(백읍고)—문왕(文王)의 장
남. 상(商)나라에 인질로 잡혀갔다가 주왕(紂王)에게 삶아 죽이는 형을
당했다. ㅇ夏后氏殯於阼階之上(하후씨빈어조계지상)……—빈(殯)은 죽은
사람을 매장하기 전에 잠시 입관하여 안치하는 의례이다. 조계(阼階)는
주인이 오르는 동쪽의 계단으로 동계(東階)이고, 서계(西階)는 손님이 오
르는 서쪽 계단을 가리킨다. ㅇ矩矱(구확)—구확(矩矱)과 같다. 구(矩)는
구(矩)와 같으며 법(法)을 뜻한다. 확(矱)은 척(隻)과 같으며 도(度)를
의미한다. ㅇ魯昭公有慈母(노소공유자모)……—《예기》〈증자문편(曾子問
篇)〉에 자유(子游)가 '자모(慈母 : 乳母類)를 복상하기 실모(實母)와 같
이하는 것은 예(禮)일까요?'라고 물은 데 대하여 공자가 '비례(非禮)이지

만 일찍이 노소공이 친어머니에 이어 자모를 여의었을 때 슬픈 나머지 고례(古禮)에 어긋나고 국법을 문란케 한다는 비난에도 불구하고 감히 자모를 복상한 일이 있으며 이때로부터 자모도 복상하게 되었다'라고 대답한 구절이 있다. ○陽侯(양후)─양릉국(陽陵國)의 제후. ○蓼侯(요후)─고요(皐陶) 다음에 오른 언성국(偃姓國)의 제후.

백천(百川)은 근원을 달리하고 있으면서도 마침내 모두 바다로 흘러간다. 백가(百家)는 설(說)을 달리하면서도 하나같이 모두 세상 다스리는 것을 목적으로 하고 있다. 왕도(王道)가 세상에 행해지지 않게 되자 《시경(詩經)》이 생겨났고, 주왕실(周王室)이 쇠퇴해져서 예의가 붕괴되자 《춘추(春秋)》가 생겼다. 《시경》이나 《춘추》는 학문으로서는 훌륭하지만 모두 쇠세(衰世)의 산물에 지나지 않는다. 유자(儒者)는 이것을 바탕으로 하여 세상을 교도(敎導)하지만 어찌 삼대(三代)의 성시(盛時)에 미칠 수 있으리오.

《시경》이나 《춘추》를 옛날의 도(道)를 전하는 것이라며 소중히 여기지만 그 이전 《시경》과 《춘추》가 아직 생겨나기 이전에 성왕했던 세상도 있었다. 본디 도가 결여된 세상은 도가 온전해진 세상에는 미치지 못하며, 선왕(先王)의 책을 읽는 것은 그 말을 듣는 것에 미치지 못하고, 그 말을 듣는 것은 선왕이 말하고자 하는 본지(本旨)를 터득하는 것만 같지 못하다.

그런데 말하고자 하는 본지를 터득한 사람은 그것을 말로 표현코자 해도 되는 것이 아니다. 즉 이것이 도(道)다라고 말하는 그런 도는, 실은 참된 도가 아니다.

──────────

[原文] 百川異源, 而皆歸於海, 百家殊業, 而皆務於治. 王道缺而詩作, 周室廢禮義壞而春秋作. 詩・春秋學之美者也, 皆衰世之造

也. 儒者循之, 以敎導於世, 豈若三代之盛哉.

 以詩・春秋爲古之道, 而貴之, 又有未作詩・春秋之時. 夫道其缺也, 不若道其全也. 誦先王之書, 不若聞其言, 聞其言, 不若得其所以言. 得其所以言者, 言弗能言也. 故道可道者, 非常道也.

註解 ○王道缺而詩作(왕도결이시작)……―《맹자(孟子)》〈이루장구(離婁章句)〉 하편에 '맹자왈(孟子曰), 왕자지적식이시망(王者之迹熄而詩亡) 시망연후춘추작(詩亡然後春秋作) 운운'이라고 되어있는 것과 흡사한데 《맹자》에서는 '왕도가 쇠퇴해졌기 때문에 시(詩)가 망했다고 한 데 비하여 《회남자》에서는 왕도가 쇠퇴해졌기 때문에 시가 생겨났다'란 점에 주의해야 할 것이다. ○道可道者(도가도자), 非常道也(비상도야)―《노자》 제1장의 구절. '도가도(道可道)'는 여기서는 문맥상 '이것이 도다라고 말하는 도는'이라고 풀이했다.

 주공(周公)이 문왕(文王)을 섬기는 태도는 전단(專斷)하는 일이 없고, 무슨 일이든 왕의 허락을 받고 했으며, 태도는 옷의 무게도 견디지 못하는 듯했고, 말씨는 입에서 우물거릴 뿐 아무 말도 하지 않는 것 같았으며, 문왕을 모심에는 신중하고 순종하여 아들로서의 중책을 견뎌내지 못하는 것처럼 했다. 아들로서 훌륭했다고 할 수 있다.
 무왕(武王)이 세상을 떠나고 뒤를 이은 성왕(成王)은 어렸다. 주공은 문왕의 유업을 이어 천자의 자리에 서서 천하의 정무를 살피고 이적(夷狄)의 반란을 평정하고, 관숙(管叔) 채숙(蔡叔)의 죄를 처단하고, 병풍을 등지고(南面하고) 제후들을 알현했으며, 상벌・재결(裁決)은 주위 사람에게 묻는 일 없이 스스로 결정했는데, 이리하여 위세는 천지를 진동시키고 명성은 사해(四海)를 복종하게 하였다. 영매한 주

(主)였다고 해야겠다.

성왕이 성장하자 주공은 왕위를 돌려주고 정무도 되돌려 주었으며, 북면(北面)하여 예물을 바쳐 신하의 예를 갖추었고, 성왕에게 아뢴 다음에야 행하고 보고한 연후에야 실행했다. 마음대로 하려는 뜻도 없었고 공(功)을 자랑하려는 모습도 없었다. 신하로서 훌륭했다고 할 수 있다.

이처럼 하나의 몸이면서도 그 태도를 세 번이나 고칠 수 있었던 것은 그때그때의 상황에 대응을 잘했기 때문이다. 그런데 군주는 군주대로 자주 법령을 바꾸고, 국인(國人)은 국인대로 차례차례 다른 군주를 세우며, 개인은 개인대로 지위를 이용해서 자신의 호증(好憎)을 충족하고, 위세를 이용하여 자신의 기욕(嗜欲)을 채운다. 그러면서도 한쪽으로는 틀에 박힌 예의·법도에 의해 시세의 변화에 대처하고자 하더라도 그때그때 적절하게 되지 않는 것은 명명백백한 일이다.

그런데 성인(聖人)이 의거하는 바를 도(道)라 하고 행하는 바를 사(事)라고 한다. 도란 말하자면 종(鐘)이라든가 경(磬)이 한 번 음계(音階)를 정하면 그 이후에는 고쳐지는 일이 없는 것과 같으며, 사(事)란 이를테면 금슬(琴瑟)을 탈 때마다 조율하지 않으면 안 되는 것과 같다. 다시 말해서 (事인) 법제예의(法制禮義)는 치정(治政)을 위한 수단이기는 하지만 치정의 근본(根本)은 아니다.

인(仁)과 의(義)를 가지고 치정의 경기(經紀)로 삼는 것은 만세불변의 진리이다. 그러나 재능을 평가해서 사람을 쓰고, 공용(功用)을 심사하여 시세에 맞게 하는 단계가 되면 비록 날마다 바꾼다 해도 좋은 것이다. 어찌 천하에 만세불변의 법도 따위가 있을 수 있겠는가? 법이란 세상의 구체적인 사건에 적응하고 인도(人道)에 합치하며, 천지(天地)·귀신에게 순종할 때에 비로소 정치를 바르게 할 수 있는 것이다.

原文 周公事文王也, 行無專制, 事無由己, 身若不勝衣, 言若不出口, 有奉持於文王, 洞洞屬屬, 如將不能勝之. 可謂能子矣. 武王崩, 成王幼少. 周公繼文王之業, 履天子之籍, 聽天下之政, 平夷狄之亂, 誅管蔡之罪, 負扆而朝諸侯, 誅賞制斷, 無所顧問, 威動天地, 聲懾四海. 可謂能武矣. 成王旣壯, 周公屬籍致政, 北面委質, 而臣事之, 請而後爲, 復而後行, 無擅恣之志, 無伐矜之色, 可謂能臣矣.

故一人之身而三變者, 所以應時矣. 何況乎君數易世, 國數易君, 人以其位達其好憎, 以其威勢, 供其嗜欲, 而欲以一行之禮, 一定之法, 應時偶變, 其不能中權, 亦明矣.

故聖人所由曰道, 所爲曰事. 道猶金石一調不更, 事猶琴瑟每絃改調. 故法制禮義者, 治之具也, 而非所以爲治也.

故仁以爲經, 義以爲紀, 此萬世不更者也. 若乃人考其才, 而時省其用, 雖日變可也. 天下豈有常法哉. 當於世事, 得於人理, 順於天地, 祥於鬼神, 則可以正治矣.

註解 ○奉持(봉지)─봉지(捧持)와 같다. ○洞洞屬屬(통통촉촉)─《예기(禮記)》〈예기편(禮器篇)〉에 '통통호(洞洞乎)하는 것, 이것을 경(敬)이라 하고, 촉촉호(屬屬乎)하는 것, 이것을 충(忠)이라고 한다'라고 했다. 깊이 삼가면서 진심으로 섬기는 모습. ○履天子之籍(이천자지적)─《순자(荀子)》〈유효(儒効)〉〈강국편(彊國篇)〉, 《한시외전(韓詩外傳)》을 인용하여 적(籍)이란 위(位)라고 번역했다. 후문(後文)인 '속적(屬籍)'도 같다. ○委質(위질)─처음으로 사관(仕官)할 때 예물을 군주 앞에 놓는 것. 일설에는 무릎을 꿇고 몸을 땅에 대는 것. ○其不能中權(기불능중권)─권(權)이란 원래 저울의 분동(分銅)이다. 여기서 말하는 권(權)은 거기에서 파생하여 임기응변의 적확한 처치를 의미한다. ○金石(금석)─여기서는 금(金)은 종(鐘), 석(石)은 경(磬)이다. ○祥於鬼神(상어귀신)─상(祥)은 순야(順也).

옛날에는 남자들은 순박하여 꾸미지를 않았고, 공인(工人)은 견실하여 날림으로 일하지 않았으며, 상인(商人)은 실직(實直)하여 속이지 않았고, 여자들은 정정(貞正)하여 사기(邪氣)가 없었으므로 교화(敎化)하기가 쉬웠고 풍속은 바꾸기 쉬웠다.

그런데 지금은 세상의 덕의(德義)가 쇠해짐에 따라서 백성들의 풍속도 점점 경박해졌다. 순박하고 관용한 법으로 이미 악폐에 물든 백성을 다스리려고 하는 것은, 마치 철환(鐵丸)과 재갈, 바늘이 꽂혀 있는 채찍을 사용하지 않고 사나운 야생마를 몰려고 하는 것과 같다.

옛날, 신농씨(神農氏)의 세상에서는 제도법령이 없었어도 백성들은 잘 따랐고 당우(唐虞)의 세상에서는 제도법령이 있기는 했지만 형벌이 행해지는 일은 없었다. 하후씨의 세상에서는 하는 말에 거짓이 없었으므로 서로 그냥 믿었고, 은(殷)나라 세상에서는 말로써 맹세했으며, 주(周)나라 세상에서는 희생물로 제사를 지내며 맹약을 했었다.

오늘날에 이르게 되자 사람들은 부끄러움을 당해도 치욕 따위는 개의치 않고 이득을 탐낼 뿐, 거의 수치심이 없어졌다. 그런데도 신농씨의 도(道)로 이들을 다스리고자 하니 혼란에 빠질 것은 뻔한 일이다. 일찍이 백성자고(伯成子高)는 제후로 봉해지는 것을 사양하고 농부가 되었는데 천하 사람들은 그를 존경했다. 그러나 오늘날의 사람이 벼슬을 사양하고 숨어 산다면 마을에서 천시당할 뿐이니, 어찌 고금(古今)을 똑같이 취급할 수 있을 것인가?

먼 옛날, 무기는 활과 칼뿐으로, 목제(木製) 창에는 쇠붙이 날이 없었고 기다란 극(戟)에는 뾰족한 창끝이 없었다. 후세의 무기는 대형 병거(兵車)로 공격을 하고, 굴(堀)이라든가 장막으로 수비를 하며 연노(連弩)를 쏘고 소차(銷車)로 싸운다.

먼 옛날에는 나라를 토벌할 때에 아이는 죽이지 않았고, 노인은 사로잡지 않았다. 옛날에는 의(義)로 여겼지만 오늘날에는 웃음거리가 될

뿐이다. 먼 옛날에는 명예로웠던 것이더라도 오늘날에는 치욕을 당하
는 근본이 되며, 먼 옛날에는 다스리는 근본이 되었던 것도 오늘날에
는 문란해지는 근본이 되는 것이다.

原文 古者人醇工龐, 商樸女重. 是以政敎易化, 風俗易移也. 今
世德益衰, 民俗益薄, 欲以樸重之法, 治旣弊之民, 是猶無鏑・銜
櫪・策錣, 而御駻馬也.

　昔者神農無制令而民從, 唐虞有制令而無刑罰, 夏后氏不負言,
殷人誓, 周人盟. 逮至當今之世, 忍訽而輕辱, 貪得而寡羞. 欲以神
農之道治之, 則其亂必矣. 伯成子高, 辭爲諸侯而耕, 天下高之. 今
時之人, 辭官而隱處, 爲鄕邑之下. 豈可同哉.

　古之兵, 弓劍而已矣, 槽柔無擊, 脩戟無刺. 晩世之兵, 隆衝以
攻, 渠幨以守, 連弩以射, 銷車以鬪. 古之伐國, 不殺黃口, 不獲二
毛. 於古爲義, 於今爲笑. 古之所以爲榮者, 今之所以爲辱也. 古之
所以爲治者, 今之所以爲亂也.

註解 ○女重(여중)―정정(貞正)하여 사무(邪無)한 것이다. ○鏑(적)・
銜櫪(함귈)・策錣(책철)―적함(鏑銜)은 입 중앙의 철(鐵), 크기는 계자(雞
子)의 중황(中黃 : 脾臟)과 같고 마구(馬口)를 제어하는 곳이다. 철(錣)
은 췌(揣 : 채찍) 머리의 잠(箴 : 바늘)이다. '마구(馬口)에 물리는 철환(鐵
丸), 재갈, 바늘이 꽂혀진 채찍'의 뜻으로 풀이해 두며, 말을 다루기 위한
여러 도구를 가리킨다. ○夏后氏不負言(하후씨불부언), 殷人誓(은인서),
周人盟(주인맹)―《염철론(塩鐵論)》〈조성편(詔聖篇)〉에 '하후씨불배언(夏
后氏不倍言), 은서주맹(殷誓周盟), 덕신미쇠(德信彌衰)'라고 되어있다. 한
편 《예기(禮記)》〈단궁편(檀弓篇)〉에 '은인(殷人)은 서(誓)를 했는데 백
성은 비로소 배반하고 주인(周人)은 회(會)를 했는데 백성은 비로소 의

심하다'라고 되어있다. ○詢(구)—창피를 준다는 뜻. 후(詬)와 같다. ○辱(욕)—불명예(不名譽). 명예손상이란 의미. ○羞(수)—부끄러움, 창피 당하다. ○伯成子高(백성자고)……—백성자고는 요(堯)임금 때 사람으로 이 이야기는 《장자》〈천지편(天地篇)〉및 《여씨춘추》〈장리편(長利篇)〉에 상세히 나온다. ○隆衝(융충)—적군의 성벽을 쳐서 허물기 위한 병거(兵車). ○渠幨(거첨)—적군의 침입을 막기 위한 굴과 적군의 화살을 막기 위한 장막. 거(渠)는 일설에 의하면 갑옷이라고도 한다. ○連弩(연노)—일제히 발사할 수 있도록 몇 개의 노(弩)를 한 개의 현(絃)에 맨 것. ○銷車(소거)—소에게 끌도록 하는 수레 좌우에 칼날을 붙이어, 기계로 이것을 작동해서 적을 무찌르는 수레. ○黃口(황구)—노란 부리를 가진 새 새끼. 전(轉)하여 아이를 의미한다. ○二毛(이모)—백발(白髮)과 흑발(黑髮). 전하여 백발이 성성한 노인을 의미한다.

　그런데 신농(神農)·복희(伏羲)는 상벌제도를 두지 않았지만 백성들은 나쁜 짓을 하지 않았다. 그러나 위정자가 법을 폐지해서는 백성들을 다스릴 수가 없다. 순(舜)임금은 간척(干戚)을 들고 위용을 나타냈을 뿐인데 유묘(有苗)를 복속시켰다. 하지만 그렇다고 해서 정벌하는 자가 무기를 버린다면 강포한 적을 제압할 수가 없다.
　그렇게 볼 때 법도(法度)란 민정(民情)을 두루 살피어 때로는 부드럽게 때로는 엄하게 조절해야 하며, 기계(器械)란 시세의 변화에 따라 그것에 적합하도록 제정되어야 한다. 대저 성인(聖人)이 법을 정하자 만민은 이것에 제어되고, 현인(賢人)이 예(禮)를 세우자 불초한 사람은 이것에 구속되어왔다. 법에 제어되고 있는 백성은 함께 상세(上世)를 논할 수가 없고 예에 구속당하고 있는 사람은 변화에 적응할 수가 없다.

귀로 청탁(淸濁)을 분별하지 못하는 자에게는 음률을 조절시킬 수가 없고, 마음으로 치란(治亂)의 근원을 분별하지 못하는 자에게는 법을 정하도록 할 수가 없다. 반드시 독문(獨聞), 독견(獨見)의 총명함을 갖추고 있는 사람이라야만 도(道)를 반드시 필요한 것으로 시행할 수 있다.

原文　夫神農·伏羲, 不施賞罰而民不爲非. 然而立政者, 不能廢法而治民. 舜執干戚而服有苗. 然而征伐者, 不能釋甲兵而制彊暴. 由此觀之, 法度者, 所以論民俗而節緩急也. 器械者, 因時變而制宜適也.

夫聖人作法, 而萬民制焉. 賢者立禮, 而不肖者拘焉. 制法之民, 不可與遠擧, 拘禮之人, 不可使應變. 耳不知淸濁之分者, 不可令調音, 心不知治亂之源者, 不可令制法. 必有獨聞之聰獨見之明, 然後能擅道而行矣.

註解　○遠擧(원거)―이 말은《순자(荀子)》〈비상편(非相篇)〉에 보이며 멀리 상세(上世)의 일이란 뜻.

저 은(殷)나라는 하(夏)나라를 고쳤고, 주(周)나라는 은나라를 고쳤으며, 춘추(春秋)는 주나라를 고쳤다. 이처럼 삼대(三代)의 예(禮)가 같지가 않다면 어찌하여 고제(古制)만을 본보기로 삼을 것인가? 선생이 만들고 제자는 준수해야 한단 말인가? 법치(法治)의 유래를 변별하고 있기에 시세의 변화에 대응할 수 있는 것이요, 법치의 근본을 변별하지 못하면 고세(古世)에 따른다 해도 끝내는 세상을 문란하게 만들고 만다.

금세(今世)의 법도전적(法度典籍)은 때와 함께 고치고 예의는 세속과 함께 변해온 것이다. 학자들은 선인(先人)의 업(業)을 답습하고 전적을 의지하며 구교(舊敎)를 준수하고 이것이 아니면 세상은 다스려지지 않는다고 생각한다. 그러나 이런 태도는 마치 네모난 자루를 둥근 구멍에 맞추려는 것과 같아서 잘 맞추어 고정하려 해도 무리한 짓일 뿐이다.

예를 들어 유(儒)·묵(墨)은 삼대(三代) 문무(文武)를 찬양하는데 그것을 실천하려 하지는 않는다. 그런즉 하지도 않을 것을 그렇게 중얼거리는 결과가 된다. 또 금세(今世)를 비난하는데 이것을 고치려고 하지는 않는다. 그런즉 스스로 옳지 않은 것을 하는 결과가 된다. 옳은 것을 찬양하면서도 옳지 않은 것을 실천하고 있으니 종일 생각을 해도 치정(治政)에는 아무런 도움이 되지 않고 수고롭게 지혜를 짜내어도 군주에게 도움이 되지 않는다.

화공(畫工)은 즐겨 요괴(妖怪)를 그리고 개와 말 따위는 그리기 싫어하는데 그것은 왜일까? 그것은 요괴는 세상에 나타나지를 않는데 개나 말은 매일 볼 수가 있기 때문이다.

대저 위기를 구하고 난세를 다스리는 것은 지자(智者)가 아니면 할 수가 없다. 그러나 선왕에 대해서 언급하고 옛날 일을 찬양하는 것 정도는 우자(愚者)라 하더라도 충분히 할 수 있다. 그러므로 쓸모없는 법은 성왕(聖王)도 이를 하지 않았고, 실효가 없는 말은 성왕도 이에 귀를 기울이지 않았다.

原文 夫殷變夏, 周變殷, 春秋變周. 三代之禮不同, 何古之從. 大人作而弟子循. 知法治所由生, 則應時而變, 不知法治之源, 雖循古終亂. 今世之法籍與時變, 禮義與俗易. 爲學者循先襲業, 據籍守舊敎, 以爲非此不治. 是猶持方枘而周員鑿也, 欲得宜適致固焉, 則難矣.

今儒墨者, 稱三代文武而弗行, 是言其所不行也. 非今時之世而弗改, 是行其所非也. 稱其所是, 行其所非, 是以盡日極慮, 而無益於治, 勞形竭智, 而無補於主也.

今夫圖工好畫鬼魅, 而憎圖狗馬者何也. 鬼魅不世出, 而狗馬可日見也. 夫存危治亂, 非智不能, 而道先稱古, 雖愚有餘. 故不用之法, 聖王弗行, 不驗之言, 聖王弗聽.

[註解] ○變夏(변하), 周變殷(주변은), 春秋變周(춘추변주). 三代之禮不同(삼대지례부동)−삼대(三代)라고 하면 보통 하은주(夏殷周) 3대를 가리키는데 여기서는 은(殷)·주(周)·춘추(春秋)를 3대로 들고 있다. 이처럼 춘추를 1대로 치는 것은 한대(漢代) 공양가(公羊家)의 《춘추》 해석 때 제창되었다. ○大人作而弟子循(대인작이제자순)−이 한 구절은 앞뒤의 글과 이어지지 않는 것 같다. ○今世之法籍(금세지법적)……−《전국책(戰國策)》〈조책(趙策)〉에 '세여속화(勢與俗化), 이례여변구(而禮與變俱)'라고 되어있는 것과 비슷하다. ○夫圖工好畫鬼魅(부도공호화귀매)−이 이야기는 《한비자(韓非子)》〈외저설좌상(外儲說左上)〉에 상세한 설명이 있다.

천지 사이의 기(氣) 가운데 제일 좋은 것은 화기(和氣)이다. 화(和)란 음양이 조화되고 주야(晝夜)가 하루를 평분(平分)하는 것이다. 그리하여 만물이 춘분(春分)에 태어나고 추분(秋分)에 성숙되는 경우, 그 탄생과 성숙에는 반드시 화(和)의 정기(精氣)를 얻지 않으면 안 된다.

그러므로 성인(聖人)의 도(道)는 관용하면서도 엄율(嚴栗), 엄격하면서도 온화, 유약하면서도 강직, 용맹하면서도 인자하다. 강직에 치우치면 좌절하고, 유약에 치우치면 휘말린다. 성인은 강(剛)과 유(柔), 그 중간에 있으면서 도(道)의 본질을 터득하고 있다. 음기(陰氣)만을 모으면 침체되고, 양기만을 모으면 비양(飛揚)되고 만다. 음기·양기가 적당히 섞여 있어야만 조화될 수 있는 것이다.

묵승(墨繩)이라고 하는 자는 돌돌 말면 주머니에 넣을 수가 있고 이것을 쭉 펴면 곧아서 멀리 바라볼 수가 있다. 그러므로 성인은 몸에 익혀 실천한다. 대체로 길게 뻗더라도 방자하지 않고 짧게 오므려도 궁굴(窮屈)하지 않으며 길게 펴도 굳어지지 않고, 때가 지나도 잃지 않는 것은 묵승뿐일 것이다.

즉 은혜를 베풀기만 하면 나약(懦弱)에 빠지고 나약해져서는 권위가 서지 않는다. 엄격하게 일을 처리하기만 한다면 맹렬에 빠지고, 맹렬에 빠지면 군신(君臣)의 화(和)를 잃는다. 인애(仁愛)만 베풀게 되면 방종에 빠지고, 방종해서는 명령이 시행되지 않는다. 형벌을 엄하게만 하면 잔학에 빠지고, 잔학에 빠지면 군신 사이가 친해지지 않는다.

옛날 제(齊)나라 간공(簡公)은 스스로 국권(國權)을 포기하고 대신 장상(大臣將相)에게 맡겼는데, 위세를 빙자하여 사문(私門)에 도당을 만드는 자가 생겨나서 공도(公道)는 행해지지 않게 되었다. 즉 진성상(陳成常 : 田常)·치이자피(鴟夷子皮) 등이 간공을 시해하고 또 여씨(呂氏)가 어이없게 멸망 당했으며 그 대신 진씨(陳氏 : 田氏)가 제나라를 차지하게 된 것은 간공이 나약했기 때문이다.

정(鄭)나라 자양(子陽)은 성질이 강의(剛毅)하여 형벌 가하기를 좋아했는데, 그 형벌은 붙잡히면 결코 용서하지 않는 것이었다. 그의 측근자 중 실수로 활을 부러뜨린 자가 있었는데 죽을죄에 처해질 것을 두려워하던 나머지 미친개가 소동치는 틈을 타서 자양을 죽이고 말았다. 이것은 너무 강맹(剛猛)했기에 초래한 결과이다.

예를 들면 도(道)를 변별할 줄 모르는 자는, 나약한 자가 침범당하는 것을 보면 애써 강의(剛毅)해지려고 생각하고, 강의한 자가 멸망하는 것을 보면 애써 나약해지려고 한다. 이런 사람이야말로 그 마음에 본주(本主)가 없어서, 견문(見聞)이 외계(外界)의 움직임에 휘둘리는 자이다.

이렇게 되면 한평생을 끝낼 때까지 안정되고 침착해질 수가 없어서 비유컨대 음률을 모르는 자에게 탁음(濁音)으로 노래 부르게 하면 가라앉아서 완전(宛轉)의 묘(妙)가 없고, 청음(淸音)으로 노래 부르게 하면 힘이 빠져서 조화의 묘가 없는 것과 마찬가지이다.

그러나 한아(韓娥)·진청(秦靑)·설담(薛談)의 노래, 후동(侯同)·만성(曼聲)의 노래는 마음에 느껴지는 바가 있으며 그것이 속에 누적되어 넘쳐날 때 음성이 되어 나오는 것이므로 반드시 음률에 따라 사람의 마음에 화합된다. 왜냐하면 마음속에 본주(本主)가 있어서, 그것에 따라 소리의 청탁(淸濁)을 정하고, 외부로부터 지시받는 일 없이 자기 자신이 표준이 되어있기 때문이다.

예를 들면 눈먼 사람이 길을 갈 때, 어떤 사람이 '왼쪽으로 가라'고 하면 왼쪽으로 가고, '오른쪽으로 가라'고 하면 오른쪽으로 갈 것이다. 군자를 만나게 되면 평이한 길을 가겠지만 소인을 만나면 길가 구렁텅이에 떨어지고 만다. 왜냐하면 자기 눈으로는 외물을 전혀 볼 수가 없기 때문이다.

그러므로 위(魏)는 누적(樓翟)·오기(吳起), 두 사람을 썼기 때문에 서하(西河) 땅을 잃게 되었고, 제(齊)나라의 민왕(湣王)은 오로지 요치(淖齒)만을 썼기 때문에 동묘(東廟)에서 죽었다. 신하를 제어하는 술(術)을 몰랐기 때문이다.

문왕(文王)은 여망(呂望)·소공석(召公奭) 두 사람을 써서 왕이 되었고, 초(楚)나라 장왕(莊王)은 오로지 손숙오(孫叔敖)에게 맡겨 패자(霸者)가 되었다. 신하를 다루는 술(術)을 터득하고 있었기 때문이다.

原文 天地之氣, 莫大於和. 和者陰陽調, 日夜分. 故萬物春分而生, 秋分而成, 生之與成, 必得和之精. 故聖人之道, 寬而栗, 嚴而溫, 柔而直, 猛而仁. 太剛則折, 太柔則卷. 聖人正在剛柔之閒, 乃得道之本. 積陰則沈, 積陽則飛. 陰陽相接, 乃能成和.

夫繩之爲度也, 可卷而懷也, 引而伸之, 可直而晞. 故聖人以身體之. 夫脩而不橫短而不窮, 直而不剛, 久而不忘者, 其唯繩乎. 故恩推則懦, 懦則不威. 嚴推則猛, 猛則不和. 愛推則縱, 縱則不令. 刑推則虐, 虐則無親.

昔者齊簡公, 釋其國家之柄, 而專任大臣將相, 攝威擅勢, 私門成黨, 而公道不行. 故使陳成田常·鴟夷子皮, 得成其難, 使呂氏絶祀, 而陳氏有國者, 此柔懦所生也. 鄭子陽剛毅而好罰, 其於罰也, 執而無赦. 舍人有折弓者, 畏罪而恐誅, 則因獵狗之驚, 以殺子陽. 此剛猛之所致也.

今不知道者, 見柔懦者侵, 則務爲剛毅, 見剛毅者亡, 則務爲柔懦. 此本主無於中, 而見聞舛馳於外者也. 故終身而無所定趨. 譬猶不知音者之歌也, 濁之則鬱而無轉, 清之則燋而不調. 及至韓娥·秦青·薛談之謳, 侯同·曼聲之歌, 憤於志, 積於內, 盈而發音, 則莫不比於律, 而和於人心. 何則中有本主, 以定清濁, 不受於外, 而自爲儀表也.

今夫盲者行於道, 人謂之左則左, 謂之右則右. 遇君子則易道, 遇小人則陷溝壑. 何則目無以接物也. 故魏兩用樓翟·吳起, 而亡西河, 湣王專用淖齒, 而死于東廟. 無術以御之也. 文王兩用呂望·召公奭而王, 楚莊王專任孫叔敖而霸. 有術以御之也.

註解   ○寬而栗(관이율)……─《상서(尙書)》〈순전(舜典)〉에 '직이온(直而溫) 관이율(寬而栗)'이라고 되어 있다. 율(栗)은 율(慄)과 같다. 즉 공구(恐懼)·엄숙한 모습. 대조적인 두 가지의 성격을 연계하여 조화를 이루는 인격을 이상(理想)으로 삼는 설. ○可直而睎(가직이희)─희(睎)란 망(望 : 遠見). 묵승(墨繩 : 卷尺)을 곧게 폈을 때의 길이를 과장한 것이리라. ○鴟夷子皮(치이자피)─범려(范蠡)를 가리킨다. 춘추시대 월(越)나라 구천(勾踐)을 도와 패업(霸業)을 성취했는데 그후 '교토사주구팽(狡兎死走狗烹)'이란 말을 남기고 월나라를 떠나 제(齊)나라에 들어가서 '치이자피'로 변성명하고 막대한 재물을 모았다. 이 설은 《사기(史記)》〈월왕구천세가(越王勾踐世家)〉 및 〈화식열전(貨殖列傳)〉에 상세한 기록이 있다. ○使呂氏絶祀(사여씨절사), 而陳氏有國(이진씨유국)─태공망(太公望) 여상(呂尙)으로부터 시작되는 여제(呂齊)가 전상(田常)의 찬탈로 전제(田齊)가 된 것을 말함이다. 진씨(陳氏)는 전씨(田氏). ○鄭子陽(정자양)……─《여씨춘추》〈이속람(離俗覽)〉 적위편(適威篇)에 같은 취지의 글이 보인다. 《여씨춘추》에는 '자양(子陽)'으로만 되어있으므로 정(鄭)은 나라 이름일 것이다. ○韓娥(한아)·秦靑(진청)·薛談(설담)·侯同(후동)·曼聲(만성)─모두 노래의 명수. 만성(曼聲)은 일설에 만장(曼長)이라고도 한다. ○魏(위)─위문후(魏文侯). 일설에는 양후(襄侯). ○楚莊王(초장왕)─춘추오패(春秋五霸) 중 한 사람.

본디 현가고무(弦歌鼓舞)를 틀대로 연주하여 '악(樂)'을 익히고, 진퇴사의(進退辭儀)를 틀대로 행하여 '예(禮)'를 닦고, 후하게 장사지내며 복상(服喪)을 오래 하여 죽은 자를 조상하는 것은 공자(孔子)가 세운 설이다. 그러나 묵자(墨子)는 이것이 옳지 않다고 했다. 겸애(兼愛)하고 현인(賢人)을 존중하며 귀신을 숭상하고 명(命)을 부정하는 것은 묵자(墨子)가 세운 설이다.

　그러나 양자(楊子)는 이것을 옳지 않다고 했다. 자신의 본성을 온전케 하고, 속에 참된 것을 보존하며 외물(外物)에 따라 형체를 번거롭게 하지 말라는 것은 양자(楊子)가 세운 설이다. 그러나 맹자(孟子)는 이것을 옳지 않다고 했다. 이처럼 취사(取捨)하는 바는 사람에 따라 다르지만 각각 마음에 수긍되는 바가 있기에 주장하는 것이다.

　그러므로 시비(是非)에는 근거가 있는 것이며 그 근거를 얻으면 옳지 않다고 하는 일이 없고, 근거를 잃으면 옳다고 할 수가 없다. 단혈(丹穴)·태몽(太蒙)·반종(反踵)·공동(空同)·대하(大夏)·북호(北戶)·기굉(奇肱)·수고(脩股)의 백성들은 시비의 판단을 각기 달리하며 풍속 습관도 각각 다르다.

　또 군신(君臣)·상하·부부·부자(父子) 사이에는 각각 다른 임무가 있다. 이쪽의 시(是)는 저쪽의 시가 아니고, 이쪽의 비(非)는 저쪽의 비가 아니다. 예를 들자면 도끼와 큰 도끼, 송곳과 끌은 각각 어울리는 사용법이 있는 것과 같은 것이다.

原文　夫弦歌鼓舞以爲樂, 盤旋揖讓以脩禮, 厚葬久喪以送死, 孔子之所立也. 而墨子非之. 兼愛尙賢, 右鬼非命, 墨子之所立也. 而楊子非之. 全性保眞, 不以物累形, 楊子之所立也. 而孟子非之. 趨捨人異, 各有曉心.

　故是非有處, 得其處則無非, 失其處則無是. 丹穴·太蒙·反踵·空同·大夏·北戶·奇肱·脩股之民, 是非各異, 習俗相反. 君臣·上下·夫婦·父子有以相使也. 此之是, 非彼之是也. 此之非, 非彼之非也. 譬若斤斧椎鑿之各有所施也.

註解　○盤旋(반선)－빙글빙글 도는 것. 전(轉)하여 여러 종류의 의례(儀禮)에서의 동작을 가리킨다. ○揖讓(집양)－손을 맞잡으며 배례(拜

禮)하는 것. 전(轉)하여 주객(主客)이 상호간에 나누는 인사·사의(辭儀)의 총칭. ㅇ墨子非之(묵자비지)—그 설은 《묵자》〈비악편(非樂篇)〉〈비유편(非儒篇)〉〈절장편(節葬篇)〉 등에 보인다. ㅇ兼愛尙賢(겸애상현), 右鬼非命(우귀비명)—《묵자》에 있는 편명(篇名)들(右鬼는 明鬼篇). ㅇ楊子非之(양자비지)—양자(楊子)는 양주(楊朱). 위아설(爲我說)을 주장했던 것이 《맹자》에 의해서 알려졌다. 단 여기에 기록된 양자설은 위아설이라기보다 오히려 《장자》에 가깝다. 그는 후에 도가(道家)의 한 사람으로 분류되었으므로(《장자》에 자주 나오며 僞《열자》에 〈楊朱篇〉이 있다) 이런 언설(言說)이 부회(附會)되었던 것이리라. 양주가 묵자를 비판하는 말을 했는지 어땠는지는 불분명한데 아마도 《회남자》는 《맹자》에 양(楊)·묵(墨)을 함께 대조적으로 논란을 벌이는 말이 있다는 데서 이렇게 언급했을 것으로 생각된다. ㅇ孟子非之(맹자비지)—《맹자》〈진심장구(盡心章句)〉에 '양자(楊子)는 위아(爲我)를 취하여 털 한 개를 빼서 천하를 이롭게 하려 하지도 않았다'라고 되어있으며 〈등문공장구(滕文公章句)〉에 '양자의 위아는 그 군주를 무시하는 것이다'라고 되어있는 것에 의해 맹자의 양자 비판을 다소 알 수 있다. 또 그 비판은 《여씨춘추》가 양자를 평하여 '양생(楊生)은 자기를 귀히 여기다'(〈不二篇〉)라고 한 것과 거의 일치된다. ㅇ丹穴(단혈)·太蒙(태몽)·反踵(반종)·空同(공동)·大夏(대하)·北戶(북호)·奇肱(기굉)·脩股(수고)—'단혈(丹穴)'은 남방 태양 밑에 있는 땅, '태몽(太蒙)'은 태양이 떨어지는 서쪽 끝의 땅. '반종(反踵)'은 나라 이름, 그 나라 사람의 발자국은 진행 방향과 반대쪽으로 향하고 있다. '공동(空同)'은 북극성 바로 밑에 있는 땅. '대하(大夏)'는 서북쪽에 있는 나라. '북호(北戶)'는 남방에 있는 나라, 태양이 북쪽으로 지나가는 까닭에 북쪽 창(窓)을 열어야 한다는 데서 이렇게 부른다. '기굉(奇肱)'은 한 팔만 있는 백성. '수고(脩股)'는 다리가 긴 백성. 〈지형훈(墜形訓)〉에도 보인다. 모두 서남쪽에 산다.

우(禹)임금 때는 5개의 악기로 정치를 했다. 즉 종(鐘)·고(鼓)·경(磬)·탁(鐸)을 매달아 놓고, 도(鞀)를 장치해 놓은 다음, 사방에서 선비들이 모여들기를 기다렸다. 호령하여 말한다. "과인에게 도(道)를 가르쳐 주고자 하는 사람은 고(鼓)를 치고, 의(義)를 논하고자 하는 사람은 종을 치고, 사건을 보고하려는 사람은 탁(鐸)을 흔들고, 걱정거리를 말하려는 사람은 경(磬)을 치고, 호소할 일이 있는 사람은 도(鞀)를 흔들어 울리라."

이때 우임금은 한 번 식사하는 동안에 열 번이나 일어섰고, 한 번 목욕하는 동안에 세 번씩이나 머리를 맸다. 천하 백성들을 위해 심신의 노력을 다했다. 그래도 아직 선(善)을 행하지 못하고 충(忠)을 다하지 못하는 자는 재능이 모자란 탓이다.

진(秦)나라 때는 고전(高殿)을 짓고 큰 원유(苑囿)를 만들고, 먼 나라에까지 치도(馳道)를 만들고 금인(金人)을 주조하고, 변경에 병사들을 내보내고 목초를 거두어들이고, 인두세(人頭稅)를 키〔箕〕로 떠 담듯이 착취하고, 소부(少府)로 운반해서 집어넣고, 장년 남자는 서쪽으로는 임조(臨洮)·적도(狄道)에 보내고, 동쪽으로는 회계(會稽)·부석(浮石)에 보내고, 남쪽으로는 예장(豫章)·계림(桂林)에 보내고, 북쪽으로는 비호(飛狐)·양원(陽原)에 보냈는데 길가에서 죽는 자는 도랑의 수로 셀 정도였다. 이때 열심히 간언하는 자는 불길한 자라 했고, 인의(仁義)를 설명하는 자는 미친 사람이라고 했다.

고조(高祖) 황제의 치세에 이르러 멸망한 나라와 후사가 끊어진 나라를 재흥시켜 주고, 천하의 대의(大義)를 높이 세우며, 스스로도 소매를 걷어붙이고 무기를 손에 들어 만민을 구원해 내기 위해 황천(皇天)에 기도했다. 이때 영웅호걸은 산야(山野)에서 활약하고, 나아가서는 화살과 돌멩이의 공격을 받고, 물러나서는 계곡에 떨어지는 등, 백사(百死)에 일생(一生)하면서 천하의 권세를 다투고 무용을 휘두르고 성심을 다하여 승패에 생명을 걸었다. 이즈음에 대의광대(大衣廣帶)로 몸을 감싸고 유묵(儒墨)의 도를 말하는 자는 어리석은 자로 간주되었다.

전란(戰亂)이 멎고 천하가 평정되자 문왕(文王)의 창업을 따르고 무왕(武王)의 입공(立功)을 따라 천자의 자리에 오르고 유씨(劉氏)의 관(冠)을 새로이 만들고, 추(鄒)·노(魯) 땅의 유자(儒者)·묵자(墨者)를 모아 선성(先聖)의 유교(遺敎)를 밝히고 천자의 깃발을 세운 대로(大路)를 타고 구유(九斿)를 똑바로 세우고, 대종(大鐘)을 두드리고 명고(鳴鼓)를 치고 함지(咸池)를 연주하고, 간척(干戚)을 손에 들고 춤을 추었다.

이즈음에 무공(武功)을 세우려는 자가 있으면 의심받았다. 이처럼 한 세대 사이에 무(武)와 문(文)이 상추이(相推移)되었던 것은 시세에 응하여 사용되었기 때문이다.

요즈음 무(武)에 힘쓰는 자가 문(文)을 옳지 않다 하고, 문(文)에 힘쓰는 자는 무(武)를 옳지 않다 하며, 문·무는 서로 나무랄 뿐 시세에 맞는 역할을 분별하지 못한다. 이런 사람을 방구석만 보고 천하의 광대함을 모르는 자라고 한다. 즉 동면(東面)하고 보면 서쪽의 벽은 보이지 않으며, 남면(南面)하고 보면 북쪽의 방각(方角)은 보이지 않는다. 오직 어느 곳이든 둘러보는 사람이라야 사방을 모두 볼 수 있는 것이다.

原文 禹之時, 以五音聽治, 懸鐘鼓磬鐸置鞀, 以待四方之士. 爲號曰, 敎寡人以道者擊鼓, 諭寡人以義者擊鐘, 告寡人以事者振鐸, 語寡人以憂者擊磬, 有獄訟者搖鞀. 當此之時, 一饋而十起, 一沐而三捉髮, 以勞天下之民. 此而不能達善效忠者, 則才不足也.

秦之時, 高爲臺榭, 大爲苑囿, 遠爲馳道, 鑄金人, 發適戍, 入芻槀, 頭會箕賦, 輸於少府. 丁壯丈夫, 西至臨洮·狄道, 東至會稽·浮石, 南至豫章·桂林, 北至飛狐·陽原, 道路死人以溝量. 當此之時, 忠諫者謂之不祥, 而道仁義者謂之狂.

逮至高皇帝, 存亡繼絶, 擧天下之大義, 身自奮袂執銳, 以爲百姓, 請命于皇天. 當此之時, 天下雄儁豪英, 暴露于野澤, 前蒙矢石, 而後墮谿壑, 出百死而給一生, 以爭天下之權, 奮武厲誠, 以決一旦之命. 當此之時, 豊衣博帶而道儒墨者, 以爲不肖.

逮至暴亂已勝, 海內大定, 繼文之業, 立武之功, 履天子之籍, 造劉氏之冠, 總鄒魯之儒墨, 通先聖之遺敎, 戴天子之旗, 乘大路, 建九斿, 撞大鐘, 擊鳴鼓, 奏咸池, 揚干戚. 當此之時, 有立武者見疑. 一世之閒, 而文武代爲雌雄, 有時而用也.

今世之爲武者則非文也, 爲文者則非武也. 文武更相非, 而不知時世之用也. 此見隅曲之一指, 而不知八極之廣大也. 故東面而望, 不見西牆, 南面而視, 不覩北方. 唯無所嚮者, 則無所不通.

註解 ○五音(오음)—일반적으로는 궁(宮)·상(商)·각(角)·치(徵)·우(羽)의 5음계를 말하는데 여기서는 문맥상으로 보아 5가지 악기란 뜻이다. ○磬(경)—돌이나 옥으로 만든 타악기. ○鐸(탁)—대형 방울. ○鞀(도)—자루가 달려 있는 흔들이 악기. ○一饋而十起(일궤이십기), 一沐而三捉髮(일목이삼착발)—현인(賢人)이 오면 비록 식사나 목욕 중이더라도 그것을 중단하고 면접한다는 것. 유사한 구절이 《여씨춘추》〈유시람(有始覽)〉근청편(謹聽篇)에 보이며 또 《사기》〈노세가(魯世家)〉는 주공단(周公旦)이 그러했다고 적고 있다. 현인을 맞이하는 데 급급함을 가리키는 말이다. ○苑囿(원유)—조수(鳥獸)를 방사(放飼)하는 동산. ○馳道(치도)—황제 전용 도로. ○鑄金人(주금인)—금인(金人)은 청동 거인상(巨人象). 《사기》〈시황본기(始皇本紀)〉에 '천하의 병(兵 : 무기)을 거두고 이를 함양(咸陽)에 모아서 녹이어 종거(鐘鐻 : 종을 걸어 놓는 받침대)인 금

인(金人) 열둘을 만들다. 무게는 각각 천석(千石), 궁정(宮廷) 안에 두다’
라는 구절이 보인다. ○發適戍(발적수), 入芻槀(입추고)─《사기》〈진섭세
가(陳涉世家)〉에 ‘이세(二世) 원년 7월, 여좌(閭左 : 羽里의 左. 진시황 때
力投하는 자는 左, 富强한 자는 右에 살았다)의 적수(適戍)를 어양(漁陽)
에서 출발시키어 9백 명을 대택향(大澤鄕)에 둔치게 하다’라고 되어 있다.
또 《사기》〈시황본기〉이세(二世) 4월조에 공전(攻戰) 준비를 위한 군마
(軍馬)의 양말(糧秣)이 부족해서 ‘영(令)을 내리어 마구 거두어들이고,
군현(郡縣)에 숙속추고(菽粟芻槀)를 전륜(轉輪)했다. (轉輪에는) 모두 곡
식을 바쳤으므로 함양(咸陽) 3백 리 안에서는 곡식을 못 먹었다. 법을 운
용하기 점점 더 심각했다’라고 되어있다. 모두가 진나라 말기의 혹정(酷
政)을 나타낸 것인데 이것이 진섭·오광(吳廣)이 모반을 일으키는 원인으
로 전해 온다. ○頭會箕賦(두회기부)─두(頭)는 머리의 수, 회(會)는 세
는 것, 기(箕)는 키, 부(賦)는 세(稅)를 부과하는 것. 백성의 머릿수대로,
마치 키에 떠담듯 중세(重稅)를 부과한다는 의미이다. 한편 《사기》〈장
이진섭전(張耳陳涉傳)〉에 ‘진나라는 난정(亂政) 학형(虐刑)을 하여 이로
써 천하를 잔적(殘賊)하고……두회기렴(頭會箕斂)하여 이것으로써 군비
(軍費)에 충당했다……’라고 되어있다. ○少府(소부)─진관구경(秦官九卿)
의 하나. 산해지택(山海地澤)의 세를 주관하고 천자(天子)의 사부(私府)
에 공양하는 관직. ○總鄒魯之儒墨(총추노지유묵)─추(鄒)는 맹자(孟子)의
출신지, 노(魯)는 공자(孔子)의 출신지로서 모두 오늘날의 산동성에 있었
다. 고래로 유학자(儒學者)가 많았던 지방색을 띠고 있다. 단, 여기서 묵
가(墨家)를 병칭하고 있는 것은 그다음 글에서 예악(禮樂)의 흥기(興起)
를 설명하는 점으로도 난해하다. 당시의 관용적 언어로서 ‘유묵(儒墨)’이
라고 기록한 것이리라. ○大路(대로)─왕자(王者)의 수레. ○九斿(구유)
─9개의 기치가 있는 깃발. ○咸池(함지)─황제의 음악. ○干戚(간척)─
춤출 때 사용하는 방패와 도끼. ○東面(동면)……南面(남면)─같은 취지의
구절이 《여씨춘추》〈유시람〉 거우편(去尤篇)에 보인다.

나라가 존재하는 것은 도(道)가 있기 때문이며 집안이 망하는 것은 도리가 막히기 때문이다. 요(堯)임금은 1백 호(戶)도 안 되는 읍(邑)을 소유했을 뿐이고, 순(舜)임금은 송곳 꽂을 땅조차 갖지 못했었는데 천하를 소유했다. 우(禹)임금의 신하는 10명도 안 되었고, 탕왕(湯王)의 분봉(分封)은 사방 7리(里)도 안 되었지만, 제후의 왕이 되었다. 문왕(文王)은 기주(岐周) 사이에 거하면서 사방 백리의 땅을 다스리는 데 불과했지만, 천자가 된 것은 모두 왕도(王道)를 얻었기 때문이다.

한편 하(夏)나라 걸왕(桀王), 은(殷)나라 주왕(紂王)이 득세하고 있을 때는, 인적이 미치는 곳, 주차(舟車)가 통행하는 곳마다 군현(郡縣)이 없는 곳이 없었다. 그런데도 죽임을 당하여 천하의 웃음거리가 되었던 것은 망형(亡形)이 있었기 때문이다.

그러므로 성인(聖人)은 미묘한 변화를 포착하여 일이 되어가는 것을 통찰한다. 덕(德)이 성(盛)해지거나 또는 쇠(衰)해질 때도 제일 먼저 그 싹이 보이기 시작하는 것이다. 그러므로 왕도를 얻은 소국이더라도 반드시 대국이 되며 망형(亡形)이 있는 자는 성공하더라도 반드시 실패로 끝이 난다.

원래 하(夏)나라가 멸망하기 직전, 태사령(太史令)인 종고(終古)는 제일 먼저 상(商 : 殷)나라로 도망쳤는데 그 후 3년 만에 걸왕(桀王)은 망했다. 은나라가 멸망하기 직전 태사령인 상예(向藝)는 제일 먼저 문왕(文王)에게 귀복(歸服)했는데 그 후 1년 만에 주왕(紂王)은 망했다. 그런 까닭에 성인이 존망성패(存亡成敗)의 결과를 예측하는 데는 명조(鳴條)의 들판이라든가, 갑자일(甲子日)을 기다릴 필요가 없는 것이다.

原文 國之所以存者, 道得也. 家之所以亡者, 理塞也. 堯無百戶

之郭, 舜無置錐之地, 以有天下, 禹無十人之衆, 湯無七里之分, 以王諸侯, 文王處岐周之閒也. 地方不過百里, 而立爲天子者, 有王道也. 夏桀・殷紂之盛也, 人跡所至, 舟車所通, 莫不爲郡縣, 然而身死人手, 而爲天下笑者, 有亡形也.

故聖人見化, 以觀其徵. 德有盛衰, 風先萌焉. 故得王道者, 雖小必大, 有亡形者, 雖成必敗. 夫夏之將亡, 太史令終古, 先奔於商, 三年而桀乃亡, 殷之將敗也, 太史令向藝, 先歸文王, 朞年而紂乃亡. 故聖人之見存亡之迹, 成敗之際也, 非待鳴條之野, 甲子之日也.

註解　○堯無百戶之郭(요무백호지곽)……—같은 취지의 글이 《사기》〈소진전(蘇秦傳)〉에 보인다. ○湯無七里之分(탕무칠리지분)……文王(문왕)……地方不過百里(지방불과백리)……—《맹자》〈공손추장구(公孫丑章句)〉 상(上)에 근거하는 것으로 생각되는데 《맹자》에서는 탕왕의 영토를 70리라고 했다. ○夫夏之將亡(부하지장망)……殷之將敗也(은지장패야)……—《여씨춘추》〈선식람(先識覽)〉은 '대저 나라가 망하려는 때면 유도자(有道者)는 반드시 떠나는데 이는 고금이 같다'로 시작되는데 종고(終古)・상예(向藝)에 대하여 그곳에서 자세하게 설명하고 있다. ○鳴條之野(명조지야)—걸왕(桀王)은 명조(鳴條)의 들에서 탕왕(湯王)에게 사로잡혔다. ○甲子之日(갑자지일)—주왕(紂王)은 갑자일(甲子日)에 무왕(武王)에게 패했다.

지금 만약, 강자(強者)만이 반드시 이긴다고 하면, 사람들은 영토의 넓이와 영민(領民)의 수로 계산할 것이며, 부자(富者)만이 이익을 본다면 사람들은 곡창(穀倉)이나 재화(財貨)의 양으로 계산할 것이다. 분명 이대로라면 천승(千乘)의 군주로서 패왕(霸王)이 되는 자는 없을 것이고 만승(萬乘)의 나라로서 멸망하는 자는 없을 것이다. 존망의 행방이 이처럼 알기 쉽다고 하면 아무리 어리석은 사람이라 해도 논할 수 있을 것이다.

조양자(趙襄子)는 진양(晉陽)의 성(城)밖에 가지지 못했었는데 패자(覇者)가 되었으며, 지백(智伯)은 삼진(三晉)의 땅을 지배하면서도 붙잡히어 죽임을 당했다. 또 민왕(湣王)은 대국인 제(齊)나라 왕이었건만 멸망 당했고, 전단(田單)은 즉묵(卽墨)의 전투에서 큰 공을 세웠다.

그런 까닭에 나라가 멸망할 때는 대국이라 하더라도 믿을 것이 못되고, 도(道)가 행해질 때는 소국이라 하더라도 가벼이 여길 수가 없다. 따라서 나라를 존속시키는 조건은 도(道)를 얻는 데에 있는 것이지 큰 것에 있는 게 아니다. 멸망하는 원인은 도(道)를 잃는 데에 있는 것이며 작은 데에 있는 것이 아니다.

《시경(詩經)》에 말했다. '서토(西土)를 돌아보고 서토를 내 집으로 삼았다'라고 ─. 천명(天命)이 은(殷)나라를 떠나 주(周)나라로 옮겨간 것을 가리킴이다.

나라를 문란하게 만드는 군주는 영토의 확장만 꾀할 뿐 인의(仁義)에 힘쓰지 않고, 지위를 높이려고만 할 뿐 도덕에 힘쓰지 않는다. 이것이야말로 존국(存國)의 도(道)를 버리고 망국(亡國)의 길을 걷는 것이다. 걸왕(桀王)은 초문(焦門)에 갇혀 있으면서도 자신의 잘못을 깨닫지 못하고, 오히려 탕왕(湯王)을 하대(夏臺)에서 죽이지 않았던 일을 후회했다. 주왕(紂王)은 궁실(宮室)에 갇혀 있으면서도 자신의 잘못을 반성하지 않고, 오히려 문왕(文王)을 유리(羑里)에서 죽이지 않았던 일을 후회했다.

이 두 군주가 강력한 지위에 있을 때, 인의(仁義)의 도(道)를 수행했더라면 탕왕·무왕은 자신들의 죄에서 벗어나는 것조차 어려웠을

텐데 하물며 모반의 일 등에 생각이 미치기나 했겠는가? 대저 위로는 삼광지명(三光之明)을 교란하고, 아래로는 백성들의 마음이 떠났다면 탕왕·무왕이 없었더라도 누가 빼앗지 않았겠는가?

지금 만약 자신의 부덕함을 돌아보지 않고 도리어 남의 모반에 대비하려 한다 하더라도 천하는 한 명의 탕왕·무왕에 머무르지 않을 것이며, 한 사람을 죽인다 해도 반드시 그 뒤를 잇는 자가 생겨날 것이다.

그리고 탕왕·무왕이 약소하면서도 왕이 될 수 있었던 것은 도를 행했기 때문이며, 걸왕·주왕이 강대했으면서도 마침내는 왕권을 빼앗긴 것은 도를 행하지 않았기 때문이다. 지금 만약 왕으로서 도를 행하는 일 없이 반대로 뺏기게 될 인자(因子)를 거듭 쌓아 나간다면 그것이야말로 멸망에 이르는 길이다.

무왕이 은나라에 승리한 다음 궁전을 오행산(五行山)에 짓고자 했을 때, 주공(周公)은 말했다. "안 됩니다. 원래 오행산은 주위가 험준한 산으로 둘러싸여 있는 요새의 땅이온즉 우리의 덕이 세상을 덮게 되면 공물(貢物)을 바치려는 자가 멀리 돌아오지 않을 수 없을 것입니다. 또 만약 우리가 난폭하게 하였을 때는 천하가 우리를 치기 어려울 것입니다."

이 말이야말로 주(周)나라가 36세에 걸쳐 오래도록 멸망하지 않았던 이유이다. 주공은 용케도 영만(盈滿)을 유지했었다고 할 수 있다.

原文 今謂彊者勝, 則度地計衆, 富者利, 則量粟稱金. 若此則千乘之君, 無霸王者, 而萬乘之國, 無破亡者矣. 存亡之迹, 若此其易知也, 愚夫惷婦皆能論之.

趙襄子以晉陽之城霸, 智伯以三晉之地擒, 湣王以大齊亡, 田單以卽墨有功. 故國之亡也, 雖大不足恃, 道之行也, 雖小不可輕. 由

此觀之, 存在得道, 而不在於大也, 亡在失道, 而不在於小也. 詩云,
乃眷西顧, 此惟與宅. 言去殷而遷于周也.

故亂國之君, 務廣其地, 而不務仁義, 務高其位, 而不務道德, 是
釋其所以存, 而造其所以亡也. 故桀囚於焦門, 而不能自非其所行,
而悔不殺湯於夏臺. 紂拘於宣室, 而不反其過, 而悔不誅文王於羑
里. 二君處彊大之勢, 脩仁義之道, 湯武救罪之不給, 何謀之敢慮.
若上亂三光之明, 下失萬民之心, 雖微湯武, 孰弗能奪也. 今不審
其在己者, 而反備之于人.

天下非一湯武也, 殺一人, 則心有繼之者也. 且湯武之所以處小
弱而能以王者, 以其有道也. 桀紂之所以處, 彊大而見奪者, 以其
無道也. 今不行人之所以王者, 而反益己之所以奪, 是趨亡之道也.

武王克殷, 欲築宮於五行之山. 周公曰, 不可. 夫五行之山, 固塞
險阻之地也. 使我德能覆之, 則天下納其貢職者廻也. 使我有暴亂
之行, 則天下之伐我難矣. 此所以三十六世而不奪也. 周公可謂能
持滿矣.

註解 ○趙襄子(조양자)……智伯(지백)……─지백(智伯)이 한(韓)·위
(魏)와 함께 조(趙)를 치려고 했을 때, 진양(晉陽)의 성안에 있던 양자(襄
子)가 한·위와 내통하고 반대로 지백을 멸망시킨 고사(故事). 그 이후
진(晉) 땅은 한·위·조 세 나라, 즉 삼진(三晉)으로 분열되는데 그 중에
서도 조(趙)가 제일 유력했었다. 《사기》〈조세가(趙世家)〉 참조. 〈인간훈
(人間訓)〉에 상세한 기록이 있다. ○湣王(민왕)……田單(전단)……─전
국시대 말기, 제(齊)나라는 6개국 연합군의 공격을 받았는데 그때 민왕은
망명했다. 한때 제나라는 망했었는데 후일 전단(田單)이 즉묵(卽墨) 땅에
서 연군(燕軍)을 격파하고 제나라를 재흥(再興)시킨 고사(故事). 《사기》
〈전경중완세가(田敬仲完世家)〉 참조. ○詩云(시운)……─《시경》〈대아
(大雅)〉 황의(皇矣)의 한 구절. 주(周)나라가 서쪽에서 일어난 것을 가리

켜 이렇게 말한다. ○桀囚於焦門(걸수어초문)－지명 미상(地名未詳). 〈주술훈(主術訓)〉에도 '금지초문(擒之焦門)'이란 구절이 보인다. 그러나 걸왕이 토벌당한 지명에 대해서는 〈본경훈(本經訓)〉에서는 '벌걸어남소(伐桀於南巢) 방지하대(放之夏臺)', 〈수무훈(脩務訓)〉에서는 '곤하남소(困夏南巢) 초이기과(譙以其過) 방지역산(放之歷山)', 또 《상서(尙書)》〈중훼지고(仲虺之誥)〉는 '탕방걸우남소(湯放桀于南巢)'라고 기록하는 등 여러 책이 일정치 않다. ○三光之明(삼광지명)－해와 달과 별의 빛. ○五行之山(오행지산)－산서성·하남성 경계에 있는 산. 태행산(太行山)이라고도 한다.

옛날 《주서(周書)》에 다음과 같은 말이 있다. '상언(上言)은 실용에 있어서 하(下), 하언(下言)은 실용에 있어서 상(上)'——. 상언이란 상(常：원칙)이며 하언이란 권(權：適宜)이다. 이것이 바로 존망(存亡)의 분기(分岐)가 되는 술(術)인데 성인(聖人)만이 이 권(權)을 알고 있다.

하는 말은 틀림없이 성실하고, 약속한 일은 반드시 지킨다. 이것은 세상에서 아주 훌륭한 일이다. 직궁(直躬)은 그 아버지가 양(羊)을 훔쳤는데 증언하였고, 미생(尾生)은 부인과 약속을 지키다가 죽었다. 정직이 지나쳐서 아버지의 도둑질을 증언하고, 성실이 지나쳐서 물에 빠져 죽는다면, 아무리 정직하고 성실하다 하더라도 대체 어느 누가 존경하겠는가?

또 전쟁터에서 군명(君命)을 어기는 것은 대죄(大罪)이다. 진(秦)나라 목공(穆公)이 군사를 이끌고 정(鄭)나라를 치기 위해 주(周)나라를 지나 동진(東進)했다. 때마침 정나라 상인(商人)인 현고(弦高)는 서쪽으로 소를 팔러 가던 중이었는데 주나라·정나라 국경에서 진나라 군단과 만났다. 정백(鄭伯)의 명령이라며 속이고 위로하겠다는 구실로 소 열두 마리를 잡아 진나라 장병들을 대접했다.

이렇게 해서 정나라 공격을 중단시킴으로써 정나라를 지켰다. 즉 일이란 것은 경우에 따라 성실성이 도리어 허물이 되고, 속임수가 도리어 공로가 된다.

예(禮)를 잃고도 큰 공을 세운 것은 어떤 경우인가? 옛날 초(楚)나라 공왕(恭王)이 진(晉)나라 여공(厲公)과 음릉(陰陵)에서 싸울 때 여기(呂錡)는 공왕을 쏘아 눈을 맞추고 왕을 사로잡았다. 그러자 반왕(潘尫)·양유기(養由基)·황쇠미(黃衰微)·공손병(公孫丙) 등 네 명의 대부(大夫)는 힘을 합치어 왕을 뺏어 왔는데 왕은 겁에 질린 나머지 정신을 잃고 말았다. 황쇠미는 하는 수 없어서 왕을 발길로 걷어찼다. 그러자 왕은 겨우 제정신을 차리면서 진노했으므로 네 명의 대부는 왕을 모시고 되돌아갈 수 있었다.

옛날 창오요(蒼吾繞)가 아내를 맞아들였는데 미인이었으므로 형에게 양보했다. 이것은 이른바 충애(忠愛)했기 때문이겠으나 역시 해서는 안 될 일이다. 그러므로 성인(聖人)은 사물의 곡직(曲直)을 생각하고 이것과 굴신부앙(屈伸俯仰)하여 일정한 규범을 가지지 않는다. 때로는 움츠러들고 때로는 늘어나서 물가에 나는 갈대처럼 유약(柔弱)하더라도 겁을 먹어 기력을 잃고 있는 것은 아니며, 강강맹의(剛强猛毅), 뜻이 높아 하늘 높이 있더라도 자랑하는 것은 아니다. 때의 세(勢)에 따라 때의 변화에 대응하기 때문인 것이다.

대저 신하가 군주와 만나는 경우, 무릎을 꿇고 허리를 굽히며 존경의 정을 나타내는 것이 예이다. 그러나 위급함에 쫓기게 되자 군주를 발로 걷어찼다 하여 천하에 누가 비난할 것인가? 즉 속에 충성이 있으면 예를 잃었다는 비난은 논외(論外)가 되는 것이다.

효자가 부모를 섬기는 경우, 유화한 표정으로 몸을 굽히고 허리띠를 부축해 드리고 신발을 가지런히 놓아 드린다. 그러나 일단 어버이가 물에 빠지는 날에는 그 머리채를 붙잡고 구해내는데 결코 교만해서가 아니다. 죽음에서 구해내고자 하는 일념에서일 뿐이다. 그러므로 물에 빠진 어버이를 마구 움켜잡고, 또 제사 지낼 때면 거리낌 없이 군주의 이름도 부른다. 그것은 부득이해서 그러는 것인데 그러므로 권(權)이 필요한 것이다.

그러므로 공자(孔子)는 말했다. "함께 도(道)를 배울 수는 있지만 함께 도를 행하기는 어렵다. 함께 도를 행할 수는 있지만 함께 세상에 서기란 어렵다. 함께 세상에 설 수는 있지만 권(權)을 함께하기는 어렵다"라고 —.

실로 이 권(權)이란 성인(聖人)만이 통찰할 수가 있다. 도(道)에 거스르는 것 같다가도 최후에 맞는 것, 이것을 권이라고 하며, 도에 맞는 것 같다가도 결국에는 거스르는 것, 이것을 권을 모르는 것이라고 한다. 권을 모르는 자는 선행(善行)도 추행(醜行)으로 끝나고 만다.

예(禮)란 실질을 채색하는 것이요, 외견(外見)을 장식하기 위한 작위여서 긴박하고 궁급(窮急)한 일에 직면해서는 아무런 도움도 되지 않는다. 성인은 외견을 장식하여 세상과 교제하는 한편 실질을 잘 파악해서 좋은 것을 찾는다. 일면적인 몇몇 가지에 사로잡히고 응고되어 융통성이 없는 짓은 하지 않는다. 그러기에 실패는 적고 성공하는 일이 많으며, 호령은 천하에서 행해지는데 아무도 이것을 비난하는 자가 없는 것이다.

원문

原文　昔者周書有言曰, 上言者下用也, 下言者上用也. 上言者常也, 下言者權也, 此存亡之術也. 唯聖人爲能知權.

言而必信, 期而必當, 天下之高行也. 直躬, 其父攘羊, 而子證之. 尾生與婦人期而死之. 直而證父, 信而溺死, 雖有直信, 孰能貴之. 夫三軍矯命, 過之大者也. 秦穆公興兵襲鄭, 過周而東. 鄭賈人弦高,將西販牛, 道遇秦師於周鄭之閒. 乃矯鄭伯之命, 犒以十二牛賓秦師, 而卻之以存鄭國. 故事有所至, 信反爲過, 誕反爲功.

何謂失禮而有大功. 昔楚恭王, 與晉厲戰於陰陵, 呂錡射恭王中目, 因而擒之. 潘尫・養由基・黃衰微・公孫丙, 相與篡之. 恭王懼而失體, 黃衰微擧足蹴其體. 恭王乃覺, 怒其失禮, 奮體而起. 四大夫載而行.

昔蒼吾繞娶妻而美, 以讓兄. 此所謂忠愛, 而不可行者也. 是故聖人論事之曲直, 與之屈伸偃仰, 無常儀表, 時屈時伸, 弱柔如蒲葦, 非攝奪也. 剛强猛毅, 志厲靑雲, 非夸矜也. 以乘時應變也.

夫君臣之接, 屈膝卑拜, 以相尊禮也. 至其迫於患也, 則擧足蹴其體, 天下莫能非也. 是故忠之所在, 禮不足以難之也. 孝子之事親, 和顏卑體, 奉帶運履. 至其溺也, 則捽其髮而拯, 非敢驕侮, 以救其死也. 故溺則捽父, 祝則名君. 勢不得不然也. 此權之所設也.

故孔子曰, 可以共學矣, 而未可以適道也. 可與適道, 未可以立也. 可以立, 未可與權. 權者聖人之所獨見也. 故忤而後合者, 謂之知權, 合而後舛者, 謂之不知權, 不知權者, 善反醜矣.

故禮者實之華而僞之文也. 方於卒迫窮遽之中也, 則無所用矣. 是故聖人以文交於世, 而以實從事於宜, 不結於一迹之塗, 凝滯而不化. 是故敗事少, 而成事多, 號令行于天下, 而莫之能非矣.

<u>註解</u>　○周書(주서)—종횡가(縱橫家)인 소진(蘇秦)이 읽었다는 《주서음부(周書陰符)》유(類)일까?(《史記》〈蘇秦傳〉참조). 또 《한비자》〈설림하(說林下)〉에 '이 주서(周書)에 소위 하언(下言)하여 상용(上用)하는 자이다'라고 되어있는 글이 참고된다. 한편 〈설산훈(說山訓)〉에 '상언약사(上言若絲) 하언약륜(下言若綸)'이라는 구절이 보이는데 여기서의 상하(上下)는 군신(君臣)의 뜻이어서 본편의 의미와는 다르다. ○直躬(직궁),

其父攘羊(기부양양), 而子證之(이자증지)-이 직궁설화(直躬說話)는《논어》〈자로편(子路篇)〉에도 보이는데, 참된 직(直)은 부자간에 서로 덮어주는 것이며, 직궁의 직은 참된 직이 아니라고 했다. 한편《한비자》〈오두편(五蠹篇)〉은 사(私)를 위해 공(公)을 굽히지 아니한 직궁을 도리어 긍정한다. 효(孝)를 중시하는 유가(儒家)와 법(法)을 중시하는 법가(法家)와의 사상 대립을 내세운 설화로 알려져 있다. 한편《장자》〈도척편(盜跖篇)〉에도 '직궁증부(直躬證父) 미생익사(尾生溺死) 신지환야(信之患也)'라고 되어 있는데 이것은 그러한 유가·법가의 사상 대립을 의식해서 한 것이 아니라, 단지 신(信 : 直)을 완고할 정도로 고집한 자의 어리석음을 말한 것에 지나지 않는다. 본편의 것도 〈도척편〉과 같은 의미로 인용한 것이라는 생각이 든다. ○尾生(미생)-미생지신(尾生之信)에 대해서는 다른 데서도 '미생지신불여수우지탄(尾生之信不如隨牛之誕)'(〈설림훈〉), '미생사기량주지하(尾生死其梁柱之下) 차신지비야(此信之非也)'(〈설림훈〉) 등으로 평하고 있는 것이 보이며, 또《사기》〈소진전〉에도 자세히 기록되어 있다. 거기서는 증삼(曾參)의 효(孝), 백이(伯夷)의 염(廉)과 함께 미생지신이 보잘것없는 것이라고 설명하고 있다. ○秦穆公(진목공)……-기원전 627년의 일이며《사기》〈진본기(秦本紀)〉에 상세하다. 이 설화는 〈도응훈〉, 〈설산훈〉, 〈인간훈〉 등에서도 볼 수 있다.《여씨춘추》〈선식람(先識覽)〉 회과편(悔過篇)에도 상세히 나와 있는데 목공의 평가 방법에 중점을 두고 있다. ○時屈時伸(시굴시신)……-《순자》〈불구편(不苟篇)〉에 '군자(君子)……언기지광미(言己之光美) 의어순우(擬於舜禹) 참어천지(參於天地) 비과탄야(非夸誕也). 여시굴신(與時屈伸) 유종약포위(柔從若蒲葦) 비섭겁야(非懾怯也). 강강의(剛强毅) 미소불신(靡所不信) 비교폭야(非驕暴也). 이의변응(以義變應) 지당곡직고야(知當曲直故也)'라고 하여 같은 내용이 설명되어있는 것을 참조할 것. ○攝奪(섭탈)-섭(攝)은 섭(懾)의 가차(假借). 섭(懾)은 공포, 두려움이란 의미이다. 탈(奪)은 뺏는 것이 아니라 반대로 잃는 것. ○孔子曰(공자왈)……-《논어》〈자한편

〈子罕篇)〉에 '가여공학(可與共學) 미가여적도(未可與適道) 가여적도(可與適道) 미가여립(未可與立) 가여립(可與立) 미가여권(未可與權)'이라는 구절이 있는데 글자 수는 적지만 그 논지는 같다. 따라서 글 속의 '이(以)'는 '함께'라고 읽었다. 이 구절은 《설원》〈권모편(權謀篇)〉에도 보인다.

성성(猩猩)은 과거는 알지만 미래는 모르고, 건곡(乾鵠)은 미래는 알지만 과거를 모른다. 이처럼 각각 일장일단을 지니고 있다. 옛날 장홍(萇弘)은 주왕실의 역법(曆法)을 주관했는데 천지간의 기(氣), 일월의 운행, 풍우의 이변, 율력(律曆)의 술(術) 등에 통하지 않는 것이 없었다. 그런데도 자신의 배가 갈려져 죽을 줄은 몰랐다.

소진(蘇秦)은 본디 거마(車馬)도 가지지 못한 필부(匹夫)로서 짚신을 신고 짐을 등에 지고 삿갓을 쓰고 제국을 돌아다녔는데 대국의 군주를 설득했고 제후들을 따르게 할 정도였다. 그런데도 그 자신은 거열형(車裂刑)을 면하지 못했다.

서(徐)나라 언왕(偃王)은 자혜(慈惠)를 베풀며 친히 인의(仁義)를 실천했기 때문에 내조(來朝)하는 자가 32개국을 헤아릴 정도였다. 그런데도 자신은 죽임을 당했고 나라는 멸망했으며 자손은 끊어지고 말았다. 대부 종(種)은 월왕(越王) 구천(勾踐)을 보좌하였고, 왕을 위해 원수를 갚게 함으로써 치욕을 씻게 했을 뿐 아니라 부차(夫差)를 사로잡고 국토를 개척하기 수천 리에 이르렀다. 그런데도 이윽고는 촉루검(屬鏤劍)을 물고 엎어져 죽었다.

이상은 모두 치란(治亂)의 기미(機微)에는 숙달해 있었지만 본성을 온전케 할 줄 몰랐던 사람들이다. 즉 장홍은 천도(天道)는 알았지만 인사(人事)를 몰랐고, 소진은 권모는 알았지만 화복(禍福)은 몰랐고, 서나라 언왕은 인의는 알았지만 때를 몰랐고, 대부 종은 충(忠)은 알았지만 모(謀)는 몰랐다.

　그러나 성인은 그렇지 않다. 세정(世情)을 감안해서 일을 처리하고 일의 경중을 헤아리어 모책을 쓴다. 이리하여 성인은 광대한 천하에 풀어놓더라도 지나치게 느슨해지는 일이 없고 이를 아주 좁은 속에 넣더라도 꽉 막히는 일이 없다.

原文　猩猩知往而不知來, 乾鵠知來而不知往. 此脩短之分也. 昔者萇弘周室之執數者也, 天地之氣, 日月之行, 風雨之變, 律曆之數, 無所不通. 然而不能自知鈹裂而死. 蘇秦匹夫徒步之人也. 靼蹻嬴蓋, 經營萬乘之主, 服諾諸侯. 然不自免於車裂之患.

　徐偃王被服慈惠, 身行仁義, 陸地之朝者三十二國. 然而身死國亡, 子孫無類. 大夫種輔翼越王勾踐, 而爲之報怨雪恥, 擒夫差之身, 開地數千里. 然而身伏屬鏤而死.

　此皆達於治亂之機, 而未知全性之具者. 故萇弘知天道而不知人事, 蘇秦知權謀, 而不知禍福, 徐偃王知仁義而不知時, 大夫種知忠而不知謀. 聖人則不然, 論世而爲之事, 權事而爲之謀. 是以舒之天下而不窕, 內之尋常而不塞.

註解　○猩猩(성성)―북방의 짐승 이름. 인면수신(人面獸身), 황색. 사람이 질주하는 것을 보면 사람의 성자(姓字)를 안다. 또 과거사를 안다. 그리고 술을 좋아하는데 사람의 술을 마신다. 그래서 취하여 그 몸이 붙잡히게 되는 것을 모른다. 그러므로 앞일을 모른다고 한다. ○乾鵠(건곡)―작(鵲 : 까치). 사람의 장차 생길 일 가운데 우희(憂喜)의 징조가 있으면 운다. 그래서 앞일을 안다. 그해에 바람이 많이 불 것을 알아채고 나뭇가지가 많은 곳에 둥지를 틀면 사람들은 모두 그 알을 찾아서 꺼낸다. 그러므로 지난 일을 모른다고 한다. ○萇弘(장홍)―주(周)나라 선왕(宣王)

때의 대부(大夫). ㅇ鈹裂(피열)─피(鈹)는 피(披)와 통한다. '열다'란 의미. 《장자》〈거협편(胠篋篇)〉에 '장홍이(萇弘胣)'의 이야기가 있는데《석문(釋文)》에 '장(腸)을 고(刳 : 가르다)하는 것을 이(胣)라고 한다'라 되어 있다. 여기서는 그것에 따라 '피열(鈹裂)'을 배를 갈라서 죽이는 형(刑)의 일종으로 풀이했다. ㅇ靯蹻蠃蓋(단교영개)─단교(靯蹻)는 짚신 종류. 영(蠃)은 영(蠃)과 통하며 바구니를 뜻한다. 개(蓋)는 삿갓. 허름한 차림으로 여행하는 것을 가리킨다. ㅇ徐偃王(서언왕)─전기불상(傳記不祥). 〈인간훈(人間訓)〉에서는 초(楚)나라 장왕(莊王 : 기원전 613~기원전 591년 재위)에게, 《한비자》〈오두편(五蠹篇)〉 및 〈설산훈(說山訓)〉에서는 초나라 문왕(文王 : 기원전 689~기원전 677년 재위)에게, 《사기》〈주본기(周本紀)〉에서는 주(周)나라 목왕(穆王 : 기원전 9세기에 재위)에게 각각 멸망당했다고 되어 있어서 여러 설이 일치되지 않는다. 왕은 인정(仁政)에 의해서 얻은 성망으로 인하여 주위로부터 경계(警戒)를 받았고 그래서 침입을 초래했는데, 왕은 민중을 사랑하는 나머지 침입군과 맞서 싸우지 않았으므로 결국에는 몸을 망치고 나라를 멸망시켰다. ㅇ被服慈惠(피복자혜)─피복(被服)이란 몸을 던져 행한다는 의미이다. ㅇ萇弘知天道(장홍지천도)………大夫種知忠(대부종지충)……─〈설산훈〉에 '대부 종(種)은 월(越)나라를 강성하게 만드는 방법은 알았지만 몸을 보존하는 방법은 몰랐고, 장홍은 주(周)나라를 온존케 하는 방법은 알았지만 자기 몸이 망하는 것은 몰랐다'라고 되어 있는 것과 같다. ㅇ舒之天下而不窕(서지천하이부조), 內之尋常而不塞(내지심상이불색)─여기서는 성인(聖人)의 처세에 대해서 말한 것인데 〈인간훈〉에서는 이 구절과 거의 일치되는 구절을 도(道)의 상태에 대해서 기록하고 있으며 〈요략(要略)〉에서는 이 구절을 편(篇)의 맺는 구절로 썼다(舒를 布로, 內를 置로 적고 있다). 〈원도훈(原道訓)〉에 '서지멱어육합(舒之幎於六合) 권지불영어일악(卷之不盈於一握)'이라고 되어있는 것도 같은 취지이다. 한편 《대대례기(大戴禮記)》〈주언편(主言篇)〉에도 있다. 심(尋)이란 8척(尺), 상(常)이란 그 갑절로서 모두 길이의 단위.

　예컨대 지금 천하는 황란(荒亂)해져 예의는 끊어지고 강기(綱紀)는 폐해지고, 강약(强弱)이 서로 격렬하게 다투고, 무력에 의해 서로 침략하고 신하와 군주는 구별이 없고 귀천에는 서열이 없으며 무구(武具)에는 이가 득실거리고 제비와 참새는 막사(幕舍)에 둥지를 틀며 병사는 휴식할 틈도 없다고 하자.
　그런데도 새삼스럽게 근엄한 표정을 짓고 공검(恭儉)한 예용(禮容)을 취하려고 하면 반드시 무시당하고 억눌러서 이것을 시킨다는 것은 불가능하다. 천하는 안녕하고 정교(政敎)는 평온하게 행해지며 민중은 근신하고 화목하며, 상하는 서로 친밀해졌다고 하자. 그런데다가 또 의기(意氣) 왕성하며 무용(武勇)을 떨친다면, 반드시 사직(司直)의 금령(禁令)에 저촉 당하는 것을 면하게 된다.
　그러므로 성인(聖人)은 때로는 음(陰) 때로는 양(陽), 때로는 약하게 때로는 강하게, 그 시기에 따라서 동정(動靜)하고 물건의 자질에 따라 공을 이루며, 표면의 움직임을 보아 이면(裏面)을 찰지(察知)하고 사물의 싹을 보아 그 되어가는 것을 통찰하며 변화에 따라 형상을 바꾸고 운행에는 재빠르게 대응한다. 이렇게 해서 일생 무슨 일을 하든 간에 괴로워하는 일이 없다.
　사물에는 행할 수는 있지만 입으로 말할 수 없는 것이 있고, 입으로 말할 수는 있지만 행할 수 없는 것이 있다. 하기는 쉽지만 이루기 어려운 것이 있고, 성취하기 어려워서 실패하기 쉬운 것이 있다.
　이른바 행할 수는 있지만 입으로 말하기 어려운 것이 출처진퇴(出處進退)이며, 입으로는 말할 수 있지만 하기 어려운 것이 거짓으로 속이는 것이다. 하기 어렵고 성취하기도 어려운 것이 사업이며 성취하기

어려운 데다가 실패하기 쉬운 것이 명성(名聲)이다. 이런 네 가지 술
책은 단지 성인만이 통찰하여 가슴속에 담아둘 수 있는 것이다.

原文 使天下荒亂, 禮義絶, 綱紀廢, 彊弱相乘, 力征相攘, 臣主
無差, 貴賤無序, 甲冑生蟣蝨, 燕雀處帷幄, 而兵不休息. 而乃始服
屬臾之貌, 恭儉之禮, 則必滅. 抑而不能興矣. 天下安寧, 政教和平,
百姓肅睦, 上下相親. 而乃始立氣矜, 舊勇力, 則必不免於有司之
法矣.

是故聖人者, 能陰能陽, 能弱能彊, 隨時而動靜, 因資而立功, 物
動而知其反, 事萌而察其變, 化則爲之象, 運則爲之應, 是以終身
行而無所困. 故事有可行而不可言者, 有可言而不可行者. 有易爲
而難成者, 有難成而易敗者.

所謂可行而不可言者趨舍也. 可言而不可行者僞詐也. 易爲而難
成者事也. 難成而易敗者名也. 此四策者, 聖人之所獨見而留意也.

註解 ○恭儉之禮(공검지례)-'공검(恭儉)'은 정중하고 신중한 것. 예
(禮)를 말하는 경우 자주 사용된다. 예를 들면 〈태족훈(泰族訓)〉의 '공검
존양자(恭儉尊讓者) 예지위야(禮之爲也)', 《예기(禮記)》〈악기편(樂記篇)〉
의 '공검이호례자(恭儉而好禮者) 의가소아(宜歌小雅)', 《맹자》〈등문공장
구(滕文公章句)〉 상편의 '현군필공검례하(賢君必恭儉禮下)' 등등. ○有
司之法(유사지법)-유사(有司)란 민중을 관할하는 책임 관원. ○隨時而動
靜(수시이동정), 因資而立功(인자이입공)-《한비자》〈유로편(喩老篇)〉에
도 '성인무상행야(聖人無常行也)……수시이거사(隨時以擧事) 인자이입공
(因資而立功) 운운'이란 구절이 보인다. 자(資)는 대상이 되는 사물이 스
스로 갖춰져 있는 성질 ○易爲而難成者事也(이위이난성자사야). 難成而易
敗者名也(난성이이패자명야)-이것과 동류(同類)의 글이 〈인간훈〉에 '사

자난성이이폐야(事者難成而易廢也) 명자난립이이폐야(名者難立而易廢也)’
라 하여 보이며, 또 〈설림훈〉의 ‘시난득이이실야(時難得而易失也)’도 같
은 발상(發想)이다.

한 치[寸]를 좁혀서라도 한 자[尺]를 펼 수만 있다면 성인(聖人)
은 그렇게 하며, 조금 굽히더라도 대직(大直)을 얻을 수 있다면 군자
는 이것을 행한다. 주공(周公)에게는 동생을 죽인 부담이 있었고, 제
(齊)나라 환공(桓公)에게는 왕위를 다툰 오명이 있지만 주공은 의(義)
에 의해 이 결함이 보완되었고, 환공은 공에 의해 이 추태가 소멸되어
모두 현인(賢人)이 되었다.
지금 만약 사람의 사소한 과실 때문에 그 대미(大美)를 덮어 버린
다면 천하에 단 한 명의 성왕(聖王)·현상(賢相)도 없게 된다. 눈에
흠집이 있더라도 보는 데 지장이 없으면 지져서는 안 되며, 목에 병
소(病巢)가 있더라도 호흡에 지장이 없으면 구멍을 뚫어서는 안 된다.
강가에 구묘(丘墓)가 무수하더라도 역시 평지(平地)라고 할 수 있으며,
수면(水面)에 높은 파도가 있어서 상하의 차이가 심(尋) 상(常)에 이
르더라도 역시 수평(水平)이라고 할 수 있다.
옛날 조자(曹子)는 노(魯)나라를 위해 군사를 이끌고 세 차례나 싸
웠지만 승리하지 못하고 천리 땅을 잃었다. 이때 조자가 뒷일을 돌아
보지 않고 퇴각도 하지 않으며 진중에 머무르다가 자기 목을 찔렀다
면 평생을 패군(敗軍)의 노장(虜將)으로 남았을 것이다.
그러나 조자는 패배를 부끄러워하기보다 공을 세우지 못한 채로 죽
는 것을 부끄러워했다. 그래서 가(柯) 땅에서 있은 회맹(會盟)에서 3
척 검을 빼들고 환공(桓公)의 가슴에 들이대며 세 번 싸워 잃었던 땅
을 돌려받았기 때문에 그의 용명(勇名)은 천하에 퍼졌고 그의 공로는

노나라에 두루 퍼지게 되었다.

관중(管仲)은 공자(公子) 규(糾)를 보좌했는데 그 임무를 완수할 수 없었다. 즉 지자(智者)라고 할 수 없다. 도망쳐 망명했는데 공자 규가 죽었을 때 순사(殉死)하지 않았다. 즉 용자(勇者)라고 말할 수 없다. 붙잡혀 큰칼을 쓰고 있으면서도 그것을 치욕으로 여기지 않았다. 즉 정절(貞節)이 있다고 말할 수 없다.

대저 이 세 가지의 행위가 있었으니 일개 선비라 하더라도 친구로 사귀지 않을 것이며 임금도 신하로 쓰지 않을 것이다. 그러나 관중은 옥에서 풀려나자 이윽고 제나라의 국정을 확립하고 제후들을 구합(九合)하여 천하를 바로잡았다. 만약 관중이 몸을 던져 죽음을 택하고 후도(後圖)를 돌아보지 않았더라면 어찌 이 패업(霸業)이 있을 수 있었겠는가?

原文 詘寸而伸尺, 聖人爲之, 小枉而大直, 君子行之. 周公有殺弟之累, 齊桓有爭國之名. 然而周公以義補缺, 桓公以功滅醜, 而皆爲賢. 今以人之小過, 揜其大美, 則天下無聖王賢相矣. 故目中有疵, 不害於視, 不可灼也, 喉中有病, 無害於息, 不可鑿也. 河上之丘冢, 不可勝數, 猶之爲易也. 水激興波, 高下相臨, 差以尋常, 猶之爲平.

昔者曹子爲魯將兵, 三戰不勝, 亡地千里. 使曹子計不顧後, 足不旋踵, 刎頸於陳中, 則終身爲破軍擒將矣. 然而曹子不羞其敗, 恥死而無功. 柯之盟, 揄三尺之刃, 造桓公之胸, 三戰所亡, 一朝而反之, 勇聞于天下, 功立於魯國.

管仲輔公子糾, 而不能遂, 不可謂智. 遁逃奔走, 不死其難, 不可謂勇. 束縛桎梏, 不諱其恥, 不可謂貞. 當此三行者, 布衣弗友, 人君弗臣. 然而管仲免於累紲之中, 立齊國之政, 九合諸侯, 一匡天下. 使管仲出死損軀, 不顧後圖, 豈有此霸功哉.

註解 ○詘寸而伸尺(굴촌이신척)……―맹자(孟子)는 이것과 같은 내용인 '왕척이직심(枉尺而直尋) 의약가위야(宜若可爲也)'란 말에 대하여 이(利)를 반대급부로 한 말이라고 비판하며 물리쳤다.《맹자》〈등문공장구(滕文公章句)〉 하편 참조. 굴(詘)은 굴(詘). 즉 굴(屈)과 같다. ○周公以義補缺(주공이의보결)―이 경우 의(義)란 성왕(成王)의 섭정(攝政)으로서, 천하를 태평하게 다스린 것을 가리킨다. 상세한 것은 〈범론훈〉 참조. ○桓公以功滅醜(환공이공멸추)―이 경우 공(功)이란 천하의 패자로 군림한 것을 가리킨다. ○尋常(심상)―심(尋)은 8척(尺), 상(常)은 1장(丈) 6척(尺). ○曹子(조자)―조말(曹沫). 춘추시대 노(魯)나라 사람. 용력(勇力)으로 장공(莊公)을 섬겼다.《사기(史記)》〈자객열전(刺客列傳)〉 등에 상세한 기록이 있다. 조쾌(曹翽)・조예(曹劌)라고도 한다. ○柯之盟(가지맹)―기원전 681년, 제나라 가(柯) 땅에서 있었던 회맹(會盟・講和). 이때 환공은 관중의 진언을 받아들이어 조말과 한 약속을 지켰기 때문에 그후 천하의 제후들로부터 신임을 얻어 패자가 되었다고 한다.《사기》〈제태공세가(齊太公世家)〉 참조. ○管仲免於累紲之中(관중면어누설지중)……―관중은 환공의 심복이었던 포숙(鮑叔)과 죽마고우 관계였는데 관중의 재능을 익히 알고 있던 포숙은 환공에게 그를 처형하지 말고 등용하라고 설득했다. 그 때문에 관중은 그후 환공의 신임을 얻을 수 있게 되었다고 한다.《사기》〈관안열전(管晏列傳)〉 참조. '누설(累紲)'은 죄인을 묶는 밧줄. 전(轉)하여 옥에 갇히는 것을 말한다. ○後圖(후도)―제(齊)나라의 재흥(再興)을 가리킨다.

이제 군주가 신하를 평가하는 경우, 대공(大功)을 고려하는 일도 없고, 대행(大行)을 파악하는 일도 없이 사소한 선행(善行)에 따라 하려고 한다면 현인(賢人)을 잃게 되는 것은 당연한 이치이다. 그러므로 사람에게 후덕(厚德)이 있으면 사소한 무절조(無節操)를 탐하지 않고 대예(大譽)가 있으면 사소한 실수를 책망하지 않는다.

대저 소 발자국에 괸 빗물에 철갑상어나 다랑어 등 큰 물고기는 있을 리 없고, 벌집에 까치의 커다란 알은 들어갈 수 없다. 이것은 작은 것으로서는 큰 것을 포용할 수 없기 때문이다.

사람은 누구나 단점이 없는 자란 없다. 실로 그 대체(大體)가 좋으면 비록 소소한 잘못이 있더라도 괘념치 말 일이며, 반대로 만약 대체가 나쁘면 비록 촌리(村里)에서 선행(善行)이 있더라도 중용하지 말아야 한다. 본디 안탁취(顏啄聚)는 양보(梁父)의 대도(大盜)였는데 제(齊)나라의 충신이 되었다. 단간목(段干木)은 진(晉)나라에서 발 넓은 거간꾼이었는데 문후(文侯)의 스승이 되었다.

맹묘(孟卯)는 자기 형수를 아내로 맞이하여 5명의 자녀까지 낳게 했건만 그래도 위(魏)나라 재상이 되어 위급함을 구해냈고 우환을 물리쳤다. 경양(景陽)은 술을 탐닉하여 머리를 산발하고 부인을 유혹했지만 제후를 위압했다. 이 네 사람은 모두 단점이 있었지만 그럼에도 불구하고 공명(功名)이 썩지 않았다. 그것도 도(道)를 터득하고 있었기 때문이다.

계애(季哀)·진중자(陳仲子)는 절조를 지키고 고결하게 행동하며, 오군(汚君)을 섬기지 않고 난세(亂世)의 녹은 받지 않았다. 그러나 그 때문에 굶어 죽었고 국가의 위급존망에 기여하지 못했는데 그것은 어찌 된 일일까? 그것은 하찮은 절조를 지키기는 했지만 대국적 도(道)를 잃었기 때문이다. 즉 소사(小事)를 신중히 하는 자는 대공(大功)을 이루기가 어렵고, 고고(孤高)함을 내세우는 사람은 중인(衆人)에게 받아들여지지 않는다. 몸이 큰 사람은 관절(關節)이 길고 발이 큰 사람은 보폭(步幅)이 넓다.

예로부터 현재에 이르기까지 오제삼왕(五帝三王)조차도 그 행위가 완벽한 사람은 없었다. 그런 까닭에 《역경(易經)》에 '작은 잘못은 지장이 없다. 정정(貞正)한 태도를 유지하고 있으면 된다'라고 한 것은 사람에게 잘못이 없을 수는 없지만, 그것이 큰 잘못이어서는 안 된다는 의미이다.

대저 요(堯)·순(舜)·탕(湯)·무(武)는 역대 제왕 중에서도 가장 성덕(盛德)의 천자이며 제(齊)나라 환공(桓公), 진(晉)나라 문공(文公)은 오패(五霸) 중에서도 가장 영매한 군주이다. 그러나 그 요임금은 자비롭지 못한 아버지로 일컬어졌고, 순임금은 아버지를 비하(卑下)했다는 비방을 받았으며, 탕왕·무왕은 방시(放弑)의 비행이 있었고, 오백(五伯)에게는 난폭한 음모가 있었다.

그런 까닭에 군자는 한 인물에게서 완벽을 구하지 않는다. 품행이 방정하다 하여 상처입히지 않고, 청렴실직하다 하여 책망하지 않으며, 박람통요(博覽通曉)하다 하더라도 꾸짖지 않고, 문무를 겸비하고 있더라도 강요하거나 해서는 안 된다.

사람에게는 능력 상응한 것을 구하고 자기 자신에게는 도덕의 완성을 부과하는 것이다. 남에게 능력 상응한 것을 구하면 이루어내기 쉽고, 자기 자신에게는 도덕의 완성을 부과하면 그것은 이루기가 어렵다. 이루기 어려운 것을 부과하면 자신의 행위는 고상해지며, 이루기 쉬운 것이라면 이쪽의 요구도 만족하게 된다.

원래 하후씨(夏后氏)의 미옥(美玉)이나 명월주(明月珠)라고 해서 흠이 없는 것은 아니다. 그런데도 천하 사람 모두가 이것을 보물로 여기는 것은 왜일까? 사소한 흠집 따위는 도저히 그 대미(大美)를 훼방할 수 없기 때문이다.

原文 今人君論其臣也, 不計其大功, 總其略行, 而求其小善, 則失賢之數也. 故人有厚德, 無閒其小節, 而有大譽, 無疵其小故. 夫牛蹏之滂, 不能生鱣鮪, 而蜂房不容鵠卵. 小形不足以包大體也.

夫人之情, 莫不有所短. 誠其大略是也, 雖有小過, 不足以爲累. 若其大略非也, 雖有閭里之行, 未足大擧. 夫顔啄聚, 梁父之大盜也, 而爲齊忠臣. 段干木, 晉國之大駔也, 而爲文侯師. 孟卯妻其嫂, 有五子焉, 然而相魏, 寧其危, 解其患. 景陽淫酒被髮, 御於婦人, 而威服諸侯, 此四人者, 皆有所短. 然而功名不滅者, 其略得也.

季哀·陳仲子, 立節抗行, 不入滂君之朝, 不食亂世之食, 遂餓而死, 不能存亡接絶者何. 小節伸而大略屈. 故小謹者無成功, 訾行者不容於衆. 體大者節疏, 蹠距者擧遠. 自古及今, 五帝三王, 未有能全其行者也. 故易曰, 小過亨, 利貞. 言人莫不有過, 而不欲其大也.

夫堯舜湯武, 世主之隆也, 齊桓·晉文, 五霸之豪英也. 然堯有不慈之名, 舜有卑父之謗, 湯武有放弑之事, 五伯有暴亂之謀. 是故君子不責備於一人. 方正而不以割, 廉直而不以切, 博通而不以訾, 文武而不以責. 求於人, 則任以人力, 自脩則以道德. 責人以人力, 易償也. 自脩以道德, 難爲也. 難爲則行高矣, 易償則求贍矣. 夫夏后氏之璜, 不能無考, 明月之珠, 不能無纇. 然而天下寶之者何也. 其小惡不足妨大美也.

註解 ○計其大功(계기대공), 總其略行(총기약행)—'약행(略行)'은 대행(大行)이란 의미. 대공(大功)·약행(略行)이라고도 한다. 한때의 공(功)·행(行)에 비하여 그 '대(大)'를 말하는 것이 아니라 대국적 견지, 종합적 판단에서의 대공·약행이다. ○小善(소선)—근엄실직(謹嚴實直)·정려각근(精勵恪勤)의 유(類)를 가리키는 것이리라. ○顔啄聚(안탁취)—춘추시대 말기의 제(齊)나라 사람. 안탁취(顔涿聚), 안착취(顔斸聚)·안촉추(顔

燭趨)라고도 한다. 《여씨춘추》〈존사편(尊師篇)〉에 '자장(子張) 노지비가야(魯之鄙家也) 안탁취(顔涿聚) 양보지대도야(梁父之大盜也) 학어공자(學於孔子)'라고 되어있고 《한비자》〈십과편(十過篇)〉에 '전성자소이수유제국자(田成子所以遂有齊國者) 안탁취지력야(顔啄聚之力也)'라고 되어있으며 《한시외전(韓詩外傳)》 권9 및 《설원》〈정간편(正諫篇)〉 등에 상세한 설명이 있다. ○梁父(양보)—선산(善山) 부근의 산(山). ○段干木(단간목)—전국시대 초기의 중개인, 또는 은자(隱者)라고도 한다. 《여씨춘추》〈존사편〉에 '단간목진국지대조야(段干木晉國之大駔也) 학어자하(學於子夏)'라고 되어있으며, 또 같은 〈기현편(期賢篇)〉 및 〈수무훈(脩務訓)〉에는 문후(文侯)가 단간목을 존경했던 이야기가 상세히 기록되어있다. ○大駔(대조)—조(駔)는 교저(驕㳂 : 오만불손한 사람, 隱士, 高士 등의 類)를 가리킨다. 일설에 시쾌(市儈 : 중개인, 거간꾼)라고 되어있다. ○孟卯(맹묘)—전국시대의 제(齊)나라 사람. 망묘(芒卯)라고도 한다. 지사(智詐)로 위(魏)나라 소왕(昭王)에게 중용되었고 이어서 안리왕(安釐王) 때 진(秦)나라의 침공에서 위나라를 구해냈다. 이 일을 가리키는 것이리라. ○景陽(경양)—전국시대 초(楚)나라의 장군. 진(秦)나라가 조(趙)나라 한단(邯鄲)을 포위했을 때 초나라에서는 경양을 파견하여 조나라를 구원해 냈다. 이 일을 가리키는 것이리라. ○季哀(계애)—노(魯)나라 사람. 공자(孔子)의 제자. 《사기》〈중니제자열전(仲尼弟子列傳)〉에 '공철애(公哲哀), 자(字)는 계차(季次), …… 아직 벼슬을 하지 않았다'라고 되어있으며 같은 〈유협전(游俠傳)〉에는 '원헌(原憲)·계차(季次)는 여항(閭巷)의 사람이다'라고 되어있는데 계차의 휘(諱)가 '계애(季哀)'이다. ○陳仲子(진중자)—전국시대 제(齊)나라 사람. 《맹자》〈등문공장구(滕文公章句)〉 하편에 보이는데, 맹자는 그의 청렴결백함을 가리켜 '지렁이나 된 후라야 그 절조를 충족시킬 것이다'라고 비판했다. 《순자》〈비십이자편(非十二子篇)〉도 '사추(史鰌)'와 함께 그를 논란했고 또 《한비자》〈외저설좌상(外儲說左上 : 陳仲을 田仲으로 기록했다)〉도 무익한 견호(堅瓠)에 비유하며 비판하고 있다. ○訾行(자행)―자(訾)는 비방하다. 도량이 좁고 남의 단점을 비방하기 좋아하며 저만 잘났다고 하는 것. ○體大者節疏(체대자절소), 蹠距者擧遠(차거자거원)―소(疏)란 긴 것. 차(蹠)란 다리, 거(距)란 크다. 전문(前文)인 '소근자(小謹者) 운운'과 반대되는 의미로 인용한 비유. '절소(節疏)'는 '소절(小節)'에 대해서 하는 말이고 '거원(擧遠)'은 '대략굴(大略屈)'에 대해서 하는 말인 것으로 생각된다. ○易曰(역왈)……―《역경(易經)》소과(小過)의 괘사(卦辭). 과(過)를 지나치다는 의미로 풀이하는 수도 있으나 여기서는 앞뒤 문맥으로 보아 과실(過失)이란 의미로 풀이해 둔다. ○豪英(호영)―〈태족훈(泰族訓)〉에 '지(智)가 만인(萬人)보다 나은 자, 이를 영(英)이라 하고 천인(千人)인 자 이를 준(俊)이라 하며, 백인(百人)인 자 이를 호(豪)라 하고, 십인(十人)인 자 이를 걸(傑)이라고 한다'라 한 것을 참조. ○堯有不慈之名(요유부자지명), 舜有卑父之謗(순유비부지방), 湯武有放弑之事(탕무유방시지사), 五伯有暴亂之謀(오백유폭란지모)―요(堯)임금이 아들인 단주(丹朱)에게 왕위를 물려주지 아니하고, 남인 순(舜)에게 선양한 것, 순임금이 아버지 고수(瞽瞍)를 추방하여 서민의 신분으로 떨어뜨린 것을 가리킨다. 또 탕왕(湯王)이 하왕(夏王) 걸(桀)을, 무왕(武王)이 은왕(殷王) 주(紂)를 각각 신하의 지위에 있으면서 방벌(放伐)한 것과 춘추오백(春秋五伯 : 五霸)이 모두 무력을 가지고 천하에서 패(霸)를 칭한 것을 가리킨다.《한비자》〈충효편(忠孝篇)〉 및 《장자》〈도척편(盜跖篇)〉에 위와 같은 관점에서 이런 인물들을 비판하고 있는 글이 있는 것을 참조할 것. ○方正而不以割(방정이불이할), 廉直而不以切(염직이불이절)―《노자》제58장에 '성인방이불할(聖人方而不割) 염이불예(廉而不劌)'라고 되어 있는 것과 흡사하다. ○夏后氏之璜(하후씨지황)―하후씨(夏后氏 : 夏王朝)의 보옥(寶玉). 역대(歷代)로 전해왔다. 혹은 동성(同姓) 제후를 봉건할 때 사용되던 보옥(寶玉)으로서 하후씨와는 직접 관계가 없다고도 했다. ○不能無考(불능무고)―고(考)는 흠이란 의미.《설문(說文)》에 고(考)는 후(朽)의 가차(假借)로서 '유

(洧)', 즉 흠이라고 했다.

　이제 남의 단점만 들추어내고 장점에는 눈길도 주지 않으면서 현인(賢人)을 천하에서 구하려고 한다면 그것은 무리다. 백리해(百里奚)가 소를 기르고, 이윤(伊尹)이 솥을 짊어지고, 태공망(太公望)이 칼을 두드리고, 영척(甯戚)이 상가(商歌)를 부르던 때, 이미 그 미질(美質)은 갖추어져 있었을 것이다.
　그러나 사람들은 그들의 지위가 낮고 하는 일이 더럽다 하여 보통 사람들보다 뛰어난 그들의 지략(智略)을 못 알아보고 어리석은 사람이라고 했었다. 이윽고 천자(天子)의 삼공(三公)이 되고 제후(諸侯)의 현상(賢相)이 되자 그때서야 비로소 보통사람과 다르다는 것을 믿게 되었다.
　대저 이윤이 주방 속에서 몸을 일으키고 태공망이 술과 고기를 파는 상점에서 발탁되고, 관중이 감옥에서 풀려나고 영척이 소가 끄는 수레 밑에서 기용되어, 목욕하고 몸을 청결케 하여 관화(爟火)로 불결함을 털어버리고 조정에 임석(臨席)하여 삼공의 자리에 취임하고, 안으로는 국가에 부끄러움이 없이, 밖으로는 제후들에게 부끄러움이 없었던 것은 하늘이 내린 부명(符命)과 시세가 그들에게 있어 합치되어 있었기 때문이다.
　그러므로 아직 공적이 없을 때 그 어짊을 안다는 것은 요(堯)임금이 순(舜)임금의 어짊을 꿰뚫어 보았던 것을 가리킴이요, 공적이 확립된 다음에 그 어짊을 아는 것은 시정(市井) 사람들이 순임금의 어짊을 알아차리게 된 것을 가리킴이다.
　그런 까닭에 현인을 변별하는 술수를 버리고 초야에서 인물을 찾으려 하면 얻지 못할 것은 뻔한 노릇이다. 왜냐하면 열심히 찾고자 하기는 하지만 사람을 취하는 술수를 모르고 있기 때문이다.

原文 今志人之所短, 而忘人之所脩, 而求得其賢於天下則難矣.
夫百里奚之飯牛, 伊尹之負鼎, 太公之豉刀, 甯戚之商歌, 其美有
存焉 者矣. 衆人見其位之卑賤, 事之洿辱, 而不知其大略, 以爲不
肖. 及其爲天子三公, 而立爲諸侯賢相, 乃始信於異衆也.

　夫發于鼎俎之閒, 出于屠酤之肆, 解于累紲之中, 興千牛頜之下,
洗之以湯沐, 祓之以爟火, 立之于本朝之上, 倚之于三公之位, 內
不慙於國家, 外不愧於諸侯, 符勢有以內合.

　故未有功而知其賢者, 堯之知舜. 功成事立而知其賢者, 市人之
知舜也. 爲是釋度數, 而求之於朝肆草莽之中, 其失人也必多矣.
何則能效其求, 而不知其所以取人也.

註解 ○今志人之所短(금지인지소단)……―〈도응훈(道應訓)〉에 같은
표현의 내용이 보인다. ○百里奚(백리해)―춘추시대, 처음에는 우(虞)나라
대부(大夫)였는데 우왕(虞王)은 그의 간언을 받아들이지 않았다가 마침
내는 진(晉)나라에 멸망당하고 만다. 그 때문에 백리해는 한때 유랑하는
몸이 되어 소를 치며 살았는데 그후 진(秦)나라 목공(穆公)을 섬기게 되
었고 그 패업(霸業)을 도와 큰 공적을 남겼다. 《여씨춘추》〈신인편(愼人
篇)〉 등에 상세한 기록이 있다. ○伊尹(이윤)―《사기》〈은본기(殷本紀)〉
에 '이윤명아형(伊尹名阿衡) 아형욕간탕이무유(阿衡欲奸湯而無由) 내위
유신씨잉신(乃爲有莘氏媵臣) 부정조(負鼎俎) 이자미설탕(以滋味說湯) 치
우왕도(致于王道)'라고 되어있다. 이윤이 탕왕을 섬기기 위해 조리사가
되었음을 설명하는 것이다. ○太公(태공)―태공망(太公望) 여상(呂尙). 주
문왕(周文王)의 스승이다. 처음에는 위수(渭水) 가에서 낚시를 드리우고,
혹은 소를 잡아 그 고기를 팔아서 생활을 했었다. 《사기》〈제태공세가(齊

太公世家)〉 참조. ㅇ甯戚(영척)―〈도응훈〉에 상세한 기록이 있다. 또 《여씨춘추》〈거난편(擧難篇)〉에도 거의 같은 설화가 보인다. ㅇ商歌(상가)―비통한 음조의 노래. ㅇ爟火(관화)―일광(日光)에서 채취한 불. 제사 때 사용한다. ㅇ符勢有以內合(부세유이내합)―부(符)란 하늘의 부(符), 즉 하늘이 걸맞는 사람에게 준 사명, 또는 그 표시. 세(勢)란 때의 추세, 즉 시세(時勢). '내합(內合)'은 안으로 군주와 합하는 것으로 볼 때 하늘의 부(符)와 시세가 군주의 마음과 합치되는 것을 의미하게 된다.

대저 서로 비슷한 것에 인주(人主)는 현혹당하고 서로 닮아 형태가 유사한 것에 세인(世人)은 현혹당한다. 예를 들면 오만한 자는 지자(知者)와 같지만 진짜 지자는 아니고, 우자(愚者)는 인자(仁者)와 비슷하지만 진짜 인자는 아니며, 고집쟁이는 용자(勇者)와 비슷하지만 진짜 용자는 아니다. 각 사람의 차이가 옥(玉)과 석(石), 아욱[葵]과 비름[莧] 같다면 인물 평가는 쉽다. 그렇건만 이것을 혼란케 만드는 것은 궁궁(芎藭)과 호본(藁本), 사상(蛇牀)과 미무(麋蕪)처럼 되어있기 때문이다.

예컨대 보통 도공(刀工)은 막야(莫邪)와 비슷한 검(劍)에 현혹당하지만 다만 구야(歐冶)만은 강(鋼)의 품종을 잘 분별하며, 보통 옥공(玉工)은 벽로(碧盧)가 옥과 비슷한 점에 현혹당하지만 단지 의돈(猗頓)만은 옥의 품질을 잘못 보는 일이 없다. 암우한 임금은 군자로 가장한 가신·소인에게 속지만, 단지 성인(聖人)만은 미(微)를 보아 명(明)을 살필 수가 있다.

예를 들면 뱀은 그 머리를 한 자만 들면 그 길고 짧음을 알 수가 있고, 코끼리는 이빨을 보면 크고 작음을 알 수가 있다. 설촉(薛燭)·용자(庸子)는 손톱 정도의 작은 부분만 힐끔 보아도 검(劍)의 이둔(利

鈍)을 알았고 유아(兪兒)·역아(易牙)는 치수(淄水)와 면수(澠水)의 물이 섞이더라도 한 모금만 마시고도 그 감고(甘苦)를 알았다. 성인이 사람을 감별하는 경우도 어느 한 가지 행위만 보더라도 현(賢)·우(愚)의 차별을 알았다.

공자는 늠구(廩丘)의 땅을 받지 않고 평생 권세를 잡으려 하지 않았으며, 허유(許由)는 천자의 자리를 사퇴하고 평생 제후에 봉해지려고도 하지 않았다. 대저 지금까지 화상(火傷)을 입었던 일이 없더라도 불을 감히 잡으려고 하지 않는 것은 불이 물건을 태운다는 것을 보아 알기 때문이다. 칼로 벤 일이 없더라도 칼을 감히 잡으려고 하지 않는 것은 칼이 물건을 해(害)친다는 것을 보아 알기 때문이다. 이처럼 생각해 나가면 몰랐던 미발(未發)의 것을 논할 수가 있고 한 작은 부분을 보면 전체를 알 수가 있는 것이다.

따라서 인물 평가의 비결은 귀인인 경우는 어떤 인물을 천거하는지를 관찰하고, 부자인 경우는 어떤 사람에게 베푸는지를 관찰하며, 곤궁한 자인 경우는 받지 않는 점에 착안하고, 비천한 자인 경우는 하지 않는 점에 착안하며, 가난한 자인 경우는 받지 않는 점에 착안할 일이다.

또 곤란한 일에 대처하는 모습을 보고 그 용기의 정도를 알며, 쾌락으로 유혹해 보아 그 의지의 견고한 정도를 본다. 재물을 맡기어 그 인자한 정도를 평가하고 공포 속에 빠뜨려서 그 절조(節操)의 정도를 알아본다. 이렇게 해야만 사람의 구석구석까지 알아볼 수 있다.

原文　夫物之相類者, 世主之所亂惑也. 嫌疑肖象者, 衆人之所眩耀. 故狠者類知而非知, 愚者類仁而非仁, 戇者類勇而非勇. 使人之相去也. 若玉之與石葵之與莧, 則論人易矣. 夫亂人者, 若芎藭之與藁本也, 蛇牀之與麋蕪也. 故劍工惑劍之似莫邪者, 唯歐冶能

名其種. 玉工眩玉之似碧盧者, 唯猗頓不失其情. 闇主亂于姦臣小
人之疑君子者, 唯聖人能見微以知明.

故蛇擧首尺而脩短可知也, 象見其牙而大小可論也. 薛燭・庸子,
見若爪甲於劍, 而利鈍識矣, 臾兒・易牙, 淄澠之水合者, 嘗一哈
水, 而甘苦知矣. 故聖人之論賢也, 見其一行, 而賢不肖分矣.

孔子辭廩丘, 終不盜刀鉤. 許由讓天子, 終不利封侯, 故未嘗灼
而不敢握火者, 見其有所燒也. 未嘗傷而不敢握刃者, 見其有所害
也. 由此觀之, 見者可以論未發也, 而觀小節, 可以知大體矣.

故論人之道, 貴則觀其所擧, 富則觀其所施, 窮則觀其所不受,
賤則觀其所不爲, 貧則觀其所不取. 視其更難, 以知其勇, 動以喜
樂, 以觀其守, 委以財貨, 以論其仁, 振以恐懼, 以知其節, 則人情
備矣.

註解 ○嫌疑肖象者(혐의초상자)－혐의(嫌疑)는 비슷해서 헷갈리기 쉬
운 것. 초상(肖象)은 형태가 비슷한 것. ○眩耀(현요)－눈이 부실 정도로
빛나는 것. 여기서는 그 때문에 눈이 어두워져서 판단하기 어렵다는 의미
이다. '요(耀)'는 '요(燿)'로도 기록한다. ○狠者(한자)－《군서치요(群書治
要)》에 '한(狠)은 만(慢)이다'라고 되어있는 점에서 방만하고 강하게 자
설(自說)을 펴는 인물을 가리키는 것으로 생각된다. ○戇者(공자)－《설
문(說文)》에 어리석음의 의미로 되어있다. 여기서는 우직(愚直), 완고, 즉
고집쟁이. ○芎藭(궁궁)－향초(香草). ○藁本(호본)－덩굴풀. ○蛇牀(사상)
－돌미나리. ○蘪蕪(미무)－미나리. 향초(香草)이다. ○莫邪(막야)－이름난
검(劍). ○歐冶(구야)－명공(名工). ○碧盧(벽로)－옥(玉)과 비슷한 돌. ○
猗頓(의돈)－노(魯)나라의 부자(富者). ○薛燭(설촉)・庸者(용자)－유아(臾
兒)・역아(易牙)와 대(對)를 이루고 있다. 두 사람의 이름. ○臾兒(유아)・
易牙(역아)－모두 맛을 아는 제(齊)나라 사람. '유아(臾兒)'는 《장자》〈변
무편(騈拇篇)〉에 맛을 아는 명인(名人)이라고 기록한 '유아(兪兒)'와 같

다. '역아(易牙)'는 제나라 환공(桓公)의 요리사. 〈정신훈(精神訓)〉, 〈주술훈(主術訓)〉에 보이며, 특히 치면(淄澠)의 물맛을 구별할 수 있다는 점에 대해서는 〈도응훈(道應訓)〉 참조. ㅇ孔子辭廩丘(공자사늠구)ㅡ제나라 경공(景公)이 공자를 늠구에 봉하려고 했을 때, 공자는 자신의 의견이 받아들여지지 않는데 허록(虛祿)을 먹는 것이 옳지 않다며 사퇴했다고 한다(《여씨춘추》〈離俗覽〉 高義篇).

옛날, 상(賞)을 잘 주는 사람은 비용을 조금 들이고도 중인(衆人)을 장려했고, 벌(罰)을 잘 주는 사람은 형(刑)을 줄이면서도 간사(姦邪)를 금했으며, 시혜를 잘하는 사람은 재물을 조금 쓰고서도 덕을 베풀었고, 취하기를 잘하는 사람은 많이 거두어들여도 원망을 사는 일이 없었다.

조양자(趙襄子)는 진양(晉陽) 땅에서 포위당했다. 포위를 푼 다음 공적이 있던 자 5명을 포상했는데 고혁(高赫)을 그 필두(筆頭)로 삼았다. 좌우에 있는 자들이 말했다. "진양의 난에서 고혁은 대단한 공로도 없었는데 이제 그를 필두로 포상하심은 어찌 된 일입니까?" 조양자는 말했다. "진양에서 포위당했을 때, 과인의 사직과 국가는 위태로움에 빠져 있었소. 그래서 군신(群臣)들이 과인을 모멸했는데 그중에서 고혁만이 군신(君臣)의 예를 잃지 않았소."

이렇게 해서 한 사람을 포상한 결과 천하의 신하 모두는 어디까지나 군주에게 충성하지 않는 자가 없었다. 이것이야말로 상을 조금 주고도 중인을 장려했던 실례이다.

제(齊)나라 위왕(威王)은 큰 가마솥을 궁중에 걸어놓고 무염(無鹽)의 수령을 문책했다. "그대에 대한 칭찬은 나날이 과인의 귀에도 들어오는데 그대가 한 일을 조사해 보니 전야(田野)는 황폐해졌고 미창

(米倉)은 텅텅 비었으며, 감옥은 가득 차 있다는 게야. 그대는 간사한 짓만 하면서 과인을 섬기려는 것이렷다!" 즉시 삶아 죽이고 말았다. 제나라는 이런 일이 있고 난 다음 32년간 거리에 떨어진 물건조차 집어가는 자가 없었다. 이것이야말로 형(刑)을 적게 하고 악행을 금지한 실례이다.

진(秦)나라 목공(穆公)은 멀리 산유(山遊)를 나갔을 때 수레가 망가져서 오른쪽 말이 도망쳤는데 야인(野人)들이 이 말을 잡았다. 목공이 말을 타고 달리어 기산(岐山) 기슭 남쪽에까지 와보니 공교롭게도 야인들은 말을 잡아서 먹는 중이었다.

목공은 "준마(駿馬) 고기를 먹고 술을 즉시 마시지 않으면 몸이 상하는 법이다. 과인은 그대들이 병에 걸리지 않을까 걱정이네."라며 그들에게 술을 충분히 마시게 한 다음 돌아갔다. 그로부터 1년이 지나 목공은 진(晉)나라 혜공(惠公)과 한원(韓原)에서 싸우게 되었다.

진나라 군단은 목공이 탄 수레를 포위했고 양유미(梁由靡)는 목공이 탄 수레의 말을 잡아끌며 당장에라도 사로잡으려고 했다. 그때 말고기를 먹었던 3백여 명은 모두 죽음을 두려워하지 않고 목공을 위해 수레 밑에서 싸웠다. 마침내 진나라를 격파했고 혜공을 포로로 잡아 돌아올 수가 있었다. 이것이야말로 재물을 적게 쓰고도 덕을 베푼 실례이다.

제나라 환공(桓公)은 정벌에 나서려고 했으나 무구(武具)와 무기가 부족하였다. 그래서 죄가 무거운 자에게는 물소 가죽으로 만든 투구와 극(戟)을 한 자루씩 공출케 하고, 죄가 가벼운 자에게는 동철(銅鐵)을 바치게 함으로써 죄를 사해 주었고 소송에서 이기지 못한 자에게는 한 다발의 화살을 공출케 하였다. 중인(衆人)은 모두 기뻐하며 곧 화살을 만들고 동철로 검(劍)을 주조했다. 이렇게 해서 불의한 나라를 정벌했고 무도한 나라를 정복하여, 마침내 천하의 패자(覇者)가 되었다. 이것이야말로 많이 거두어들이고도 원망을 듣지 않은 실례이다.

성인(聖人)은 민중이 좋아하는 바를 따라 선행을 장려하고, 싫어하는 바를 따라 악행을 금지한다. 이렇게 해서 한 사람에게만 상을 주어도 천하는 모두 성인을 찬양하며, 한 사람에게만 벌을 주어도 천하 모두가 성인을 두려워한다. 즉 지상(至上)의 상은 금품을 들이지 않으며, 지상의 벌은 형을 남발하지 않는 데 있다.

공자(孔子)는 소정묘(少正卯)를 죽임으로써 노(魯)나라의 악행을 그림자까지 없앴으며, 자산(子産)은 등석(鄧析)을 죽임으로써 정(鄭)나라의 악행이 없어지게 했다. 신변 가까운 곳으로부터 먼 곳을 통찰하고 작은 일로부터 큰일을 추지(推知)한 것인데, 즉 성인은 요점을 지키는 것만으로 광대한 곳을 다스린다고 함은 이상과 같은 것을 가리키는 것이다.

原文 古之善賞者, 費少而勸衆, 善罰者, 刑省而姦禁, 善予者, 用約而爲德, 善取者, 入多而無怨.

趙襄子圍於晉陽. 罷圍而賞有功者五人, 高赫爲賞首. 左右曰, 晉陽之難, 赫無大功. 今爲賞首何也. 襄子曰, 晉陽之圍, 寡人社稷危, 國家殆. 羣臣無不有, 驕侮之心, 唯赫不失君臣之禮. 故賞一人, 而天下之爲臣者, 莫不終忠於其君. 此賞少而勸衆者也.

齊威王設大鼎於庭中, 而數無鹽令曰, 子之譽日聞吾耳, 察子之事, 田野蕪, 倉廩虛, 囹圄實. 子以姦事我者也. 乃烹之. 齊以此三十二歲, 道路不拾遺. 此刑省姦禁者也.

秦穆公出遊而車敗, 右服失. 野人得之. 穆公追而及之岐山之陽. 野人方屠而食之. 穆公曰, 夫食駿馬之肉, 而不還飮酒者傷人. 吾恐其傷汝等. 徧飮而去之. 處一年, 與晉惠公爲韓之戰. 晉師圍穆公之車, 梁由靡扣穆公之驂, 將獲之. 食馬肉者三百餘人, 皆出死爲穆公戰於車下. 遂克晉, 虜惠公以歸. 此用約而爲德者也.

齊桓公将欲征伐, 甲兵不足. 令有重罪者, 出犀甲一戟, 有輕罪者, 贖以金分, 訟而不勝者, 出一束箭. 百姓皆說, 乃矯箭爲矢, 鑄金而爲刃, 以伐不義, 而征無道, 遂霸天下. 此入多而無怨者也. 故聖人因民之所喜而勸善, 因民之所惡而禁姦. 故賞一人而天下譽之, 罰一人而天下畏之. 故至賞不費, 至刑不濫.

孔子誅少正卯, 而魯國之邪塞, 子産誅鄧析, 而鄭國之姦禁. 以近諭遠, 以小知大也. 故聖人守約而治廣者, 此之謂也.

註解 ○趙襄子圍於晉陽(조양자위어진양)……ー이 설화는 〈인간훈(人間訓)〉에 상세히 나와 있다. 같은 취지의 글이 《여씨춘추》〈효행람(孝行覽)〉 의상편(義賞篇)에 있는데 본문의 근거로 보인다. 한편 《한비자》〈난일(難一)〉, 《사기》〈조세가(趙世家)〉, 《설원》〈복은편(復恩篇)〉에도 보이는데 《한비자》에서는 양자(襄子)를 선상자(善賞者)로 보는 데 반대하고 있다는 점이 주목된다. ○齊威王設大鼎於庭中(제위왕설대정어정중)……ー《사기》〈전경세가(田敬世家)〉에 위왕에 대한 같은 취지의 내용이 보인다. 단, 거기서는 '무염령(無鹽令)'을 '아대부(阿大夫)'로 적고 있고, 결말을 '제후문지(諸侯聞之) 막감병어제이십여년(莫敢兵於齊二十餘年)'이라고 기록했다. 무염(無鹽)도 아(阿)도 제나라 지명(地名)인 것은 분명한데 동일한 땅의 이명(異名)인지 아닌지는 분명치 않다. ○圇圄(영어)ー영(圇)도 어(圄)도 감옥이란 뜻이다. ○秦穆公出遊(진목공출유)……ー목공(穆公)은 춘추오패(春秋五霸) 중 한 사람. 같은 취지의 글이 《여씨춘추》〈중추기(仲秋紀)〉 애사편(愛士篇)에 보인다. ○野人(야인)ー무뢰한. 유협도(遊俠徒). ○扣(구)ー구(拘)와 같다. 붙잡다란 의미. ○梁由靡(양유미)ー진(晉)나라의 대부(大夫). ○孔子誅少正卯(공자주소정묘)……ー《사기》〈공자세가(孔子世家)〉에 공자 나이 56세 되던 해 노(魯)나라의 대사구(大司寇)가 되어 법을 다스릴 때 있었던 일이라고 했다. 한편 공

자가 소정묘를 주살(誅殺)한 이유는 《순자》〈유좌편(宥坐篇)〉에 상세한 기록이 있다. ○子産誅鄧析(자산주등석)……─《순자》〈유좌편〉은 이 사건을 군자지주(君子之誅)라 적고 있다. 한편 등석의 주살은 이설(異說)도 있는데 예를 들면 《좌전(左傳)》 정공(定公) 9년조에서는 '정나라 사천(馴歆), 등석을 죽이는 데 그 죽형(竹刑)을 사용했다'라고 되어있어서, 사천이 등석을 죽인 것으로 되어있다.

천하에 선(善)을 행하는 것만큼 쉬운 것이 없고, 불선(不善)을 행하는 것만큼 어려운 것이 없다. 이른바 선을 행한다는 것은 조용하게 무위(無爲)로 하는 것이며, 이른바 불선(不善)을 행한다는 것은 초조하게 욕심을 많이 부리는 것이다. 정(情)에 맞는 것을 수용하고 나머지 일을 버리면, 외물(外物)에 유혹당하는 일이 없고 본성인 채로 행동하며, 내재(內在)하는 참됨을 보유하고 있으면 자신(의 본성)을 바꿀 필요가 없다.

그러므로 선을 행하는 것은 용이한 것이다. 성벽을 뛰어넘고 견고한 요새를 건너뛰며, 할부(割符)를 훔치고 자물쇠·봉인(封印)을 훔치며, 나아가서는 찬탈(簒奪)을 하고, 시역(弑逆)을 하며, 교사(矯詐)하고 무고(誣告)하는 것은 사람의 본성이 아니다. 그런 까닭에 불선을 행하는 것은 어렵다.

그런데 사람이 감옥에 갇히게 되는 죄를 범하고 처형의 슬픔에 빠지는 것은 만족할 줄 모르는 욕망에 이끌리어 세상의 법률에 따르지 않기 때문이다. 어떻게 그렇다는 것을 알 수 있는 것일까? 천하에 숨김이 없는 공법(公法)은 말한다. '묘(墓)를 파헤치는 자는 죽을죄에 처하고 절도한 자는 형벌을 가한다'라고 ─.

이상은 유사(有司)가 집행하는 것이다. 본디 법령은 간사한 자들을 법망 속에 모으는데 옥리(獄吏)는 범죄인을 어디까지나 추적한다. 그렇다면 아무리 어리석은 자라 하더라도 악행을 저지르고 도망칠 수 없다는 것, 금령을 깨고 면죄될 수 없다는 것을 잘 알고 있다. 그런데도 성악자(性惡者)는 욕망을 억제하지 못하여 죽을죄에 처해지고 형륙(刑戮)의 치욕을 받게 된다.

그리고 입추(立秋) 후에 사법관이 차례로 성문을 나오면 시중에서 처형당하여 죽은 자의 피가 거리에 흘러넘친다. 이런 일은 재리(財利)의 욕심에만 눈이 어두워져서 죽음의 근심에 생각이 미치지 못하기 때문이다.

예를 들어 병사들이 배치되고 무구(武具)가 모두 갖추어지고 양군이 대치하고 있을 때 장군이 명령을 내리어 '적군의 목을 베는 자에게는 작(爵)을 주고, 적군에게 굴복하는 자는 요참(腰斬)의 형(刑)에 처한다'라고 했건만, 부대의 병사들은 모두 전진해서 목을 베는 공을 세울 수가 없고, 후퇴하여 요참의 형을 받았다고 하자.

이것은 죽음의 공포에서 도망치고자 한 것이 오히려 피할 수 없는 죽음으로 향한 것이 된다. 그러므로 사람은 이해(利害)는 표리(表裏)를 이루고, 화복(禍福)은 서로 이웃해 있다는 것을 살펴서 알지 않으면 안 된다.

原文 天下莫易於爲善, 而莫難於爲不善也. 所謂爲善者, 靜而無爲也. 所謂爲不善者, 躁而多欲也. 適情辭餘, 無所誘惑, 循性保眞, 無變於己. 故曰, 爲善易. 越城郭, 踰險塞, 姦符節, 盜管璽, 簒弑矯誣, 非人之性也.

故曰, 爲不善難. 今人所以犯囹圄之罪, 而陷於刑戮之患者, 由嗜慾無厭, 不循度量之故也. 何以知其然. 天下縣官法曰, 發墓者誅, 竊盜者刑. 此執政之所司也. 夫法令罔其姦邪, 勒率隨其蹤跡.

無愚夫惷婦, 皆知爲姦之無脫也, 犯禁之不得免也.

　然而不材子不勝其欲, 蒙死亡罪, 而被刑戮之羞. 然而立秋之後, 司寇之徒繼踵於門, 而死市之人, 血流於路. 何則惑於財利之得, 而蔽於死亡之患也.

　夫今陳卒設兵, 兩軍相當, 將施令曰, 斬首者拜爵, 而屈撓者要斬. 然而隊伯之卒, 皆不能前逐斬首之功, 而後被要斬之罪. 是去恐死而就必死也. 故利害之反, 禍福之接, 不可不審也.

[註解]　○符節(부절)－부(符)도 절(節)도 할부(割符)를 뜻한다. ○管璽(관새)－관(管)은 장(藏)에 붙이는 자물쇠. 새(璽)는 왕자(王者)의 봉인(封印). ○度量(도량)－도(度)는 자, 량(量)은 말. 여기서는 행위의 가치 기준이 되는 것을 가리킨다. ○縣官(현관)－조정(朝廷)·천자(天子)의 뜻. ○勒率(늑솔)－죄인을 책질(策質)하는 관원. 옥리(獄吏). ○隨其蹤跡(수기종적)－종적(蹤跡)은 족적(足跡). 여기서는 추적(追跡)한다는 의미이다. ○惷婦(준부)－준(惷)은 우(愚)와 같다. ○然而立秋之後(연이입추지후)……－입추가 지난 후에 범죄인을 처형하는 것은 〈시칙훈(時則訓)〉에 보인다. ○要斬(요참)－요(要)는 요(腰)와 같다. 허리서부터 양단(兩斷)하는 형으로서 중죄인에게 과(科)한다. ○隊伯之卒(대백지졸)－병사들의 편성 인원수에 따라 오(伍：5명), 대(隊：50명), 백(伯：100명)이라고 칭하는 것은, 《일주서(逸周書)》《통전(通典)》 등에 나온다. ○利害之反(이해지반)－이(利)가 도리어 해(害)가 되고, 해가 도리어 이가 되는 것을 가리킨다. 후문(後文)에 '이해지반복(利害之反覆)'이라고 되어있는 것도 같다. 〈인간훈〉에 '사혹욕리(事或欲利) 적족이해지(適足以害之) 혹욕해지(或欲害之) 급반이리지(及反以利之)'라고 되어있는 것이 참조된다. ○禍福之接(화복지접)－화(禍)가 바뀌어 복이 되고 복이 바뀌어 화가 되기 쉽다는 뜻으로 화복은 서로 표리(表裏)를 이룬다는 뜻이다.

사물에는 꼭 이것이다 하며 바랐던 것이 도리어 그것을 잃는 결과가 되기도 하고, 피하고자 했던 것이 도리어 몸에 덤벼드는 경우가 있다. 초(楚)나라 사람이 배를 타고 가다가 대풍(大風)을 만났는데 파도가 높이 일자 무서워서 스스로 물속에 뛰어들었다. 삶에 집착하고 죽음을 두려워하지 않았던 것은 아니다. 죽음을 두려워하던 나머지 정신이 흐려져서 도리어 삶을 잊고 만 것이다. 사람의 욕망이란 이것과 같다.

제(齊)나라 사람 중 돈을 훔친 자가 있었는데 거리가 혼잡한 틈으로 도망을 쳤다가 붙잡혔다. 옥리(獄吏)가 "너는 어찌하여 거리에서 돈을 훔쳤느냐?"라며 그 까닭을 묻자 "나는 인간 따위는 안중에도 없었습니다. 안중에 있었던 것은 돈뿐이었습니다."라고 대답했다. 욕망을 위해서는 자기가 하는 짓이 어떤 짓인지조차 모르는 법이다.

그러므로 성인(聖人)은 변화에 따라 교묘하게 동정(動靜)을 하고 수여(受與)를 도에 맞도록 하며 호증(好憎)을 자제하여 정에 치우치는 일이 없고, 희로(喜怒)에 절도를 가지고 그 조화를 꾀한다. 대저 동정에 때를 얻으면 우환도 일어나지 아니하고 수여가 적절하면 죄에 빠지는 일도 없으며, 호증이 제어되면 근심이 다가오지 않고, 희로에 절도가 있으면 원한으로 고민하는 일이 없다.

도(道)에 통달한 사람은 부당하게 얻고자 하지는 않지만, 그렇다고 해서 복을 사양하는 일도 없고, 현실적으로 소유하는 것은 버리지 않지만 갖지 못했다 하여 구하는 일도 없다. 언제나 만족하고 있지만 넘치는 일이 없고, 언제나 무욕(無慾)으로 있는 까닭에 아주 쉽사리 만족한다.

예를 들면 낙숫물로도 항아리와 통을 넘치게 할 수 있지만 장강(長江)·황하(黃河)의 물을 가지고도 물이 새는 술잔을 채울 수는 없다. 사람의 마음도 이것과 마찬가지이다. 자신 속에 도술(道術)에 의한 잣대를 지니고 있으면 먹는 것은 공복(空腹)을 채우고, 의복은 추위를 막으며 7척의 내 몸을 보양하는 데 충분하다.

그러나 만약 도술의 잣대에 의하지 않고 자의에 의해 규율(規律)하게 되면 만승(萬乘)의 세(勢)도 존귀하다기에 부족하고 천하의 부(富)도 쾌락으로 삼기에 부족할 것이다.

손숙오(孫叔敖)는 세 차례 영윤(令尹)의 자리에서 물러났었는데 조금도 근심하는 안색이 없었다. 작록(爵祿)도 그의 마음을 묶어놓을 수 없었다. 형(荊 : 楚)나라의 차비(佽非)는 두 마리의 교룡(蛟龍)이 그가 탄 배를 양쪽에서 뒤집어엎으려고 했지만 조금도 동요하지 않았다. 괴물도 그의 마음을 놀라게 할 수는 없었다.

성인(聖人)은 심지(心志)를 평안하게 유지하고 정신을 안에서 지키고 있으므로 그 어떤 것도 그를 미혹시킬 수가 없다. 대저 취한 자는 구부리고 성문에 들어가면서 7척 정도의 소문(小門)으로 생각하며, 또 장강(長江)·회하(淮河)를 건너는 데 1장(丈) 안팎의 도랑 정도로 생각한다. 술이 그의 정신을 흐리게 만들었기 때문이다.

겁쟁이는 밤에 세워놓은 표석(表石)을 보고 유령이 아닌가 생각하고, 자빠져 있는 돌을 보고는 호랑이가 아닌가 생각한다. 공포가 그의 기력을 뺏어갔기 때문이다. 하물며 이 세상에 괴물 따위는 없다고 하는 자에게 있어서는 더 말해 무엇하랴.

原文 事或欲之, 適足以失之, 或避之, 適足以就之. 楚人有乘船而遇大風者. 波至而恐, 自投於水. 非不貪生而畏死也. 惑於恐死, 而反忘生也. 故人之嗜慾, 亦猶此也. 齊人有盜金者, 當市繁之時, 至掇而走. 勒問其故曰, 而盜金於市中何也. 對曰, 吾不見人, 徒見金耳, 志所欲則忘其爲矣.

是故聖人審動靜之變, 而適受與之度, 理好憎之情, 和喜怒之節.

夫動靜得則患弗過也. 受與適則罪弗累也. 好憎理則憂弗近也. 喜怒節則怨弗犯也. 故達道之人, 不苟得, 不讓福, 其有弗棄, 非其有弗索, 常滿而不溢, 恆虛而易足. 今夫霤水足以溢壺榼, 而江河不能實漏扈.

故人心猶是也. 自當以道術度量, 食充虛, 衣禦寒, 則足以養七尺之形矣. 若無道術度量, 而以自儉約, 則萬乘之勢, 不足以爲尊, 天下之富, 不足以爲樂矣.

孫叔敖, 三去令尹, 而無憂色, 爵祿不能累也. 荊佽非, 兩蛟夾繞其船, 而志不動, 怪物不能驚也. 聖人心平志易, 精神內守, 物莫足以惑之. 夫醉者俛入城門, 以爲七尺之閨也. 超江淮, 以爲尋常之溝也. 酒濁其神也. 怯者夜見立表, 以爲鬼也, 見寢石, 以爲虎也. 懼揵其氣也. 又況無天地之怪物乎.

註解 ○齊人有盜金者(제인유도금자)……—《여씨춘추》〈선식람(先識覽)〉거유편(去宥篇), 《열자(列子)》〈설부편(說符篇)〉 등에 상세한 기록이 있다. ○常滿而不溢(상만이불일), 恆虛而易足(항어이이족)—도(道)에 통달한 사람은 허(虛)·만(滿), 어떤 것이더라도 그곳에 안주(安住)하되, 굳이 허를 피하여 만을 구한다거나 혹은 만을 배척하고 허와 친해지려는 짓은 하지 않는다는 것이리라. 이런 점에서 도가(道家)가 허를 숭상하는 것과 다르다. ○若無道術度量(약무도술도량), 而以自儉約(이이자검약)—일반적으로는 '무(無)'를 '검약(儉約)'까지 적용시켜 '만약 도술의 도량이 있다면서 스스로 검약하는 일이 없다면'이라고 풀이하는데 구문상(構文上) 다소 무리일 것으로 생각되기에 '도량(度量)'까지만 적용하였다. ○又況無天地之怪物乎(우황무천지지괴물호)—다음 절에 '천하의 괴물은 성인(聖人)이 홀로 보는 것'이라고 되어있는 것에서 추찰할 때 괴물의 정체를 찰지(察知)하는 성인은 그때그때 일어나는 이변(異變)에도 동요하지 않는데, 세상 사람들은 그 존재를 모르므로 일일이 이변에 두려움을 느끼게

된다는 의미이리라.

　대저 자웅(雌雄)이 서로 교접하고 음양(陰陽)이 서로 부딪쳐서, 날개 있는 것[鳥類]은 새끼를 부화시키고, 털 있는 것[獸類]은 새끼를 낳는데, 유약한 것이 가죽과 살이 되고 건강한 것이 이빨과 뿔이 되더라도 사람들은 이상하게 생각하지 않는다. 물속에서 대합(大蛤)이 생기고 산속에서 금옥(金玉)을 생산해 내더라도 사람들은 이상하게 생각하지 않는다. 느티나무 노목(老木)이 불을 일으키고 사체(死體)의 피가 도깨비불을 일으켜도 사람들은 이상하게 생각하지 않는다.

　산속에 효양(梟陽)이 나타나고, 물속에 망상(罔象)이 나타나고 나무 속에 필방(畢方)이 나타나고, 우물 속에 분양(墳羊)이 나타나면 사람들은 이상하게 생각한다. 견문(見聞)하는 일이 적어서 지식이 깊지 못하기 때문이다.

　천하의 괴물은 성인(聖人)만 볼 수가 있고 이해(利害)의 반복(反覆)은 지자(知者)만 통요할 수가 있다. 같고 다른 것의 아리송한 것은 세속 사람들이 헷갈리기 쉬운 것들이다. 대저 천하의 모든 사람이 모든 것을 견문할 수는 없다. 그러므로 귀신이라든가 길흉(吉凶)을 빌어 금계(禁戒)하고 같은 모양의 물건을 종합하고 같은 물건을 추측하고 재서 변상(變象)이라고 칭하는 것이다. 어떻게 해서 그렇다는 것을 알 수 있는 것일까?

　세속의 말에 ‘선조(先祖)를 제사 지낼 경우는 돼지 새끼를 최상의 제물로 치고, 죽은 사람을 장사 지내는 경우는 가죽옷을 부장품으로 넣지 말아야 한다. 칼을 들고 장난치는 자는 태조(太祖)가 그 팔꿈치를 부러뜨리고, 문지방을 베고 자는 자는 귀신이 그 목을 밟는다’라고 한다. 이런 것들은 모두 법령에 있는 것도 아니려니와 또 성인의 구전(口傳)에 있는 것도 아니다.

선조를 제사 지낼 때 돼지 새끼를 최상의 제물로 치는 것은 돼지 새끼가 들짐승이라든가 사슴보다 제물로서 뛰어나기 때문이 아니다. 그런데도 신명(神明)이 이것만을 흠향하는 것은 왜일까? 생각건대 돼지 새끼는 사람들이 언제나 기르고 있어서 구하기가 쉽기 때문이다. 즉 편리하기 때문에 최상으로 치는 것이다.

가죽옷을 부장품으로 넣어서는 안 된다는 것은 두꺼운 비단, 얇은 비단만으로도 충분히 따뜻해서가 아니다. 세상 사람에게 있어 가죽옷은 구하기 어려워서 귀중품인 까닭에 후세에 전해야 하는데 죽은 사람에게는 도움이 되지 않는다. 즉 산사람에게 꼭 필요한 것으로 생각했기 때문이다. 다시 말해서 유용하기 때문에 기피한 것이다.

칼을 들고 장난을 치면 그 태조가 팔꿈치를 부러뜨린다는 것은 왜일까? 칼을 들고 장난을 치면 반드시 실수를 범한다. 실수를 범하면 반드시 큰 상처를 입게 된다. 피투성이가 되는 원수끼리의 싸움도 아니건만, 형벌에 처해진 꼴이 되고 만다. 어리석은 사람은 그런 점을 깨닫지 못한다. 그래서 태조를 빌어 무섭게 생각하도록 한 것이다.

문지방을 베고 자면 귀신이 그 목을 밟는다고 하는데 귀신은 현묘하게 변화하여 형체를 없앨 수 있은즉, 문 따위를 통과하지 않고도 다닐 수가 있고, 또 만약 공중을 날아서 출입한다면 밟을 까닭이 없다. 실은 문은 통풍이 되는 곳인데 이 바람기는 음양에 있어 나쁘므로 이 바람을 쐬면 반드시 병에 걸린다. 그래서 귀신의 행위인 양 가탁하여 경계하는 것이다.

이런 것들은 모두 서책죽백(書策竹帛)에 기록해서 관부(官府)에 보관하고 있는 것이 아니다. 그러므로 길흉(吉凶)에 가탁하여 그것을 밝혀 놓은 것이다. 어리석은 자는 실해(實害)에 대해서 무지한 까닭에 귀신의 위력을 빌어 교훈을 널리 펴고자 했던 것이다.

그 유래는 아주 멀므로 어리석은 자는 길흉에 관계되는 것으로 생각하고, 오만한 자는 쓸데없는 미신이라고 생각한다. 다만 유도자(有道者)만이 그 참 의미를 알고 있다.

原文 夫雌雄相接, 陰陽相薄, 羽者爲雛鷇, 毛者爲駒犢, 柔者爲皮肉, 堅者爲齒角, 人弗怪也. 水生蚨蝛, 山生金玉, 人弗怪也. 老槐生火, 久血爲燐, 人弗怪也. 山出梟陽, 水生罔象, 木生畢方, 井生墳羊, 人怪之. 聞見鮮而識物淺也.

天下之怪物, 聖人之所獨見, 利害之反覆, 知者之所獨明達也. 同異嫌疑者, 世俗之所眩惑也. 夫見不可布於海內, 聞不可明於百姓. 是故因鬼神襪祥而爲之立禁, 總形推類, 而爲之變象. 何以知其然也.

世俗言曰, 饗大高者, 而豕爲上牲. 葬死人者, 裘不可以藏. 相戲以刃者, 太祖軷其肘, 枕戶橉而臥者, 鬼神蹠其首. 此皆不著於法令, 而聖人之所不口傳也. 夫饗大高而豕爲上牲者, 非豕能賢於野獸·麋鹿也, 而神明獨饗之何也. 以爲豕者家人所常畜而易得之物也. 故因其便以尊之.

裘不可以藏者, 非能具絺綿·曼帛, 溫煖於身也, 世以爲, 裘者難得貴賈之物也. 而可傳於後世, 無益於死者, 而足以養生, 故因其資以譽之.

相戲而刃, 太祖軷其肘者, 夫以刃相戲, 必爲過失, 過失相傷, 其患必大. 無涉血之仇爭忿鬪, 而以小事自內於刑戮, 愚者所不知忌也. 故因太祖以累其心. 枕戶橉而臥, 鬼神履其首者, 使鬼神能玄化, 則不待戶牖而行, 若循虛而出入, 則亦無能履也. 夫戶牖者, 風氣之所從往來, 而風氣者, 陰陽粗㧖者也. 離者必病. 故託鬼神, 以伸誡之也.

凡此之屬, 皆不可勝著於書策竹帛, 而藏於官府者也. 故以襪祥

明之. 爲愚者之不知其害, 乃借鬼神之威, 以聲其敎, 所由來者遠
矣, 而愚者以爲禨祥, 而狠者以爲非. 唯有道者, 能通其志.

註解 ㅇ梟陽(효양)－효양(梟陽)·효양(梟羊)이라고도 한다. 짐승 이름,
비비(狒狒). 산(山)의 정(精).《산해경(山海經)》〈해내남경(海內南經)〉에
도 나온다. ㅇ罔象(망상)－물〔水〕의 정(精).《장자》〈달생편(達生篇)〉에
'수유망상(水有罔象)',《석문(釋文)》에 '망상(罔象), 상여소아(狀如小兒)
적흑색(赤黑色) 적조대이장비(赤爪大耳長臂). 일운(一云) 수신명(水神
名)'이라는 구절이 보인다. ㅇ畢方(필방)－새 모양의 신(神). 일설에는 불
의 정(精). 또《한비자》〈십과편(十過篇)〉,《산해경》〈서산경(西山經)〉
등에도 보인다. ㅇ墳羊(분양)－흙의 정(精). 노(魯)나라의 계자(季子)가
우물을 따라가 흙항아리를 얻었는데 그 속에 양(羊)이 있었다고 한다. 그
경위는《국어(國語)》〈노어(魯語) 하(下)〉,《사기》〈공자세가(孔子世家)〉
에 상세히 나와 있다. ㅇ禨祥(기상)－길흉의 조짐, 또는 길흉. 기(禨)도
상(祥)도 모두 조(兆)란 의미로서 길조·흉조 어느 경우든 단독으로 사용되
는 수가 있다. ㅇ具絺綿(구제면)·曼帛(만백)－'제면(絺綿)'은 두꺼운 비단,
'만백(曼帛)'은 올이 가는 비단. ㅇ玄化(현화)－현묘한 가운데 모습을 바꾸
는 것. ㅇ粗挵(조각)－조추(粗㩙)·추추(麤㩙)와 같으며 조략(粗略)한 것.

지금 세상에서 우물·부뚜막·대문·방문·쓰레받기·빗자루, 절구
와 절굿공이를 제사 지내는 것은 그것들이 신령스러움을 갖추고 있어
서 인간의 제사를 받을 만하다고 생각해서가 아니다. 그 은덕을 고마워
하고 신세를 지고 있다는 생각을 하고 있기 때문이다. 즉 시기를 정하
여 그 은덕을 밝히는 것은 그 공적을 잊지 않으려 하기 때문인 것이다.
  구름이 암벽에 부딪쳐 솟구쳐 오르고, 뭉치고 모여서 아침 동안에
천하에 비를 뿌릴 수 있는 것은 오직 태산(太山)뿐이며, 한발(旱魃)

이 3년씩 이어져도 흐름이 끊기지 않고 그 혜택은 백리 저쪽에까지 미치며 초목을 윤택하게 만드는 것은 오직 강하(江河)뿐이다. 그러므로 천자(天子)는 순위를 정해 놓고 이것들을 제사 지낸다.

 말[馬] 중에서도 사람을 위난(危難)에서 구해낸 말은 죽었을 때 후하게 장사지내며, 소 중에서도 사람을 위해 덕행이 있었던 소는 죽었을 때 우차(牛車)의 하대(荷臺)를 깔개로 삼아 장사지낸다. 마소의 공적도 잊지 않는데, 하물며 사람의 공적에 대해서랴. 성인(聖人)이 그 인은(仁恩)을 거듭 감사하는 이유가 바로 이것이다.

 그러기에 염제(炎帝)는 불을 만들었는데 죽은 다음에는 부뚜막의 신(神)이 되었고, 우(禹)는 천하를 위해 힘을 기울였는데 죽은 다음에는 토지신(土地神)이 되었으며, 후직(后稷)은 농경을 시작했는데 죽은 다음에는 곡물신(穀物神)이 되었고, 예(羿)는 천하의 해(害)를 제거했는데 죽은 후에는 종포(宗布)가 되었다. 이것이야말로 귀신을 제사 지내게 된 유래이다.

原文 今世之祭井竈・門戸・箕箒・臼杵者, 非以其神爲能饗之也, 恃賴其德, 煩苦之無已也. 是故以時見其德, 所以不忘其功也. 觸石而出, 膚寸而合, 不崇朝而雨天下者, 唯太山. 赤地三年, 而不絶流, 澤及百里, 而潤草木者, 唯江河也. 是以天子秩而祭之.

 故馬免人於難者, 其死也, 葬之以帷爲衾, 牛有德於人者, 其死也, 葬之以大車之箱爲薦. 牛馬有功, 猶不可忘, 又況人乎. 此聖人所以重仁襲恩. 故炎帝作火, 死而爲竈, 禹勞天下, 死而爲社, 后稷作稼穡, 死而爲稷, 羿除天下之害, 死而爲宗布. 此鬼神之所以立.

註解 ○觸石而出(촉석이출), 膚寸而合(부촌이합)……是以天子秩而祭之(시이천자질이제지)―본문은 《공양전(公羊傳)》 희공(僖公) 31년조에 '삼

망자하(三望者何) 망제야(望祭也) 연즉갈제(然則曷祭) 제태산하해(祭太山河海) 갈위제태산하해(曷爲祭太山河海) 산천유능윤우백리자(山川有能潤于百里者) 천자제이제지(天子祭而祭之). 촉석이출(觸石而出) 부촌이합(膚寸而合) 불숭조이편우호천하자(不崇朝而徧雨乎天下者) 유태산이(唯太山爾) 하해윤우천리(河海潤于千里)'라고 되어있는 것에 바탕을 두고 있는 것일까? ○膚寸而合(부촌이합)—부(膚)란 손가락 네 개를 가로로 맞댄 폭. 촌(寸)이란 손가락 한 개의 가로 폭. 전(轉)하여 짧은 길이란 뜻이다. 구름이 피어오르고 조각구름이 모여서 큰 비구름이 되는 것을 가리킨다. ○秩(질)—순서를 세우다. 등차(等差)를 세우다란 의미이다. ○炎帝(염제)……爲竈(위조)—염제(炎帝)는 화덕(火德)에 의해 왕이 되었으므로 조신(竈神)이 되었다고 한다. ○禹勞天下(우로천하), 死而爲社(사이위사)—우(禹)는 치수(治水)의 공적에 의해 토지신(土地神)이 되었다고 한다. ○后稷(후직)……爲稷(위직)—후직은 주(周)나라 선조. 후에 농경신(農耕神)으로 제사를 지냈다. ○羿(예)—활의 명인(名人). ○宗布(종포)—재해를 제거하는 신.

초(楚)나라 북쪽 땅에 임협(任俠)을 일로 삼고 있는 자가 있었는데 그 아들들이 그 일을 그만두라고 자주 간언하였지만 귀 기울여 들으려 하지 않았다. 현(縣)에 도적 떼가 일어났는데 한패일 것으로 의심한 관원이 그의 집을 샅샅이 수색했다. 과연 그 패거리였음이 발각되어 한밤중에 황망히 도망했는데 도중에서 추격을 당했다.

그러나 지난날 은혜를 입었던 자들은 모두 그를 위해 싸웠으므로 그 덕택에 그곳을 빠져나와 집으로 돌아왔다. 그는 아들에게 말했다. "너희는 종종 내가 임협 일하는 것을 반대했었다. 지금 위급한 경우를 당하여 나는 협자(俠者)이기에 도망칠 수가 있었다. 너희가 아무리 간언해도 나는 안 들을 것이다"라고 —.

이것은 난(難)을 면하는 수단은 알고 있었지만, 난을 없애는 수단은 모르는 것이 된다. 일을 논할 때, 이러하다면 잘못하게 마련이다.

송(宋)나라 사람이 딸을 시집보내게 되었다. 그가 딸에게 말했다. "시집을 갔다고 해서 만사가 끝나는 것은 아니다. 자칫하다가는 이혼당하는 일도 있을 것이야. 은밀히 돈을 모아두거라. 듬뿍 모아두면 다시 시집가기 쉬워질 것이니까"라고 ─. 딸은 아버지의 계책을 받아들여 은밀히 돈을 훔쳐다가 모아두었다. 사위는 이 사실을 알아차리고 쫓아냈다.

아버지는 자신의 잘못을 인정하지 않았다. 어디 그뿐인가. 계획대로 되었다며 흐뭇한 표정을 지었다. 이혼당하는 일도 있을 것이라면서 재산을 훔쳐 모을 줄은 알았어도, 훔쳐 모은 것이 이혼의 사유가 될 것은 알아차리지 못한다. 일을 논할 때 이렇게 되어서는 도리에 위배되는 것이라 하겠다.

지금 여기에 운송업자가 있어서 수레에 짐을 가득 싣고 소에게 끌도록 하는데 수레 바퀴축이 부러지면 큰일이라며 끝채 축 위에 부목(副木)을 댄다면, 끝채 축에 의해 수레 바퀴축이 더 잘 부러진다는 것을 깨닫지 못한 처사가 된다.

초나라 왕이 패옥(佩玉)을 허리에 차고 토끼를 쫓을 때, 달릴 때마다 그 패옥을 상하게 해서는 안 되겠다며, 예비 패옥도 함께 허리에 찼다. 두 개의 패옥이 서로 부딪쳐서 파손을 재촉하는 결과가 되고 말았다. 난국(亂國)의 정치란 마치 이런 것이다.

原文 北楚有任俠者, 其子孫數諫而止之, 不聽也. 縣有賊, 大搜其廬. 事果發覺, 夜驚而走. 追道及之. 其所施德者, 皆爲之戰, 得免而遂反. 語其子曰, 汝數止吾爲俠. 今有難, 果賴而免身, 而諫我不可用也. 知所以免於難, 而不知所以無難. 論事如此, 豈不惑哉.

宋人有嫁子者, 告其子曰, 嫁未必成也. 有如出, 不可不私藏, 私藏而富, 其於以復嫁易. 其子聽父之計. 竊而藏之. 若公知其盜也, 逐而去之. 其父不自非也, 而反得其計. 知爲出藏財, 而不知藏財所以出也. 爲論如此, 豈不勃哉.

今夫僦載者, 救一車之任, 極一牛之力. 爲軸之折也, 有如轅軸其上以爲造, 不知軸轅之趣軸折也.

楚王之佩玦而逐菟, 爲走而破其玦也, 因珮兩玦以爲之豫, 兩玦相觸, 破乃逾疾. 亂國之治, 有似於此.

註解 ○廬(려)—암(庵)·여인숙·집 등의 의미가 있다. 여기서는 집이란 의미. ○宋人有嫁子者(송인유가자자)……—같은 종류의 설화(說話)가 《한비자》〈설림상편(說林上篇)〉, 《여씨춘추》〈효행람(孝行覽)〉 우합편(遇合篇) 등에 보인다. ○若公知其盜也(약공지기도야)—'약공(若公)'은 사위란 의미. 일설에는 사위의 아버지라고도 한다. 《한비자》에서는 '고(姑)'라 하였고 《여씨춘추》에서는 '고종(姑妐)'이라고 했다. ○僦載者(추재자)—추(僦)는 돈을 주고 고용하다. 혹은 빌리다란 의미. 수레를 임차(賃借)한 사람.

저 올빼미의 눈은 크지만 시력(視力)은 쥐에 미치지 못하고, 노래기의 발은 많지만 달리는 힘은 뱀에 미치지 못한다. 물체 가운데도, 크지만 작은 것에 미치지 못하고, 많지만 적은 것에 미치지 못하는 것이 있다.

강(强)이 약(弱)이고 약이 강이며, 위(危)가 안(安)이고 존(存)이 망(亡)이란 것에 이르면, 성인(聖人)이 아니고서야 누가 이것을 꿰뚫어볼 수 있겠는가? 대소존비(大小尊卑)의 차별 등은 논할 가치조차 없다. 오로지 도(道)가 존재하는 것만이 존귀하다 할 것이다. 어떻게 그것을 알 수 있을까?

천자(天子)가 교정(郊亭)에 거하면 구경(九卿)은 종종걸음을 치고, 대부(大夫)는 빠른 걸음으로 가고, 앉아 있는 자는 몸을 구부리고 기대고 있던 자는 자세를 바로잡는다. 그런데 이때, 명당태묘(明堂太廟)에서는 신하들이 관(冠)을 걸고, 검(劍)을 풀어놓으며 띠를 느슨하게 매고 휴식을 취한다. 교정(郊亭)은 넓고 묘당(廟堂)은 좁아서 그러는 것이 아니다. 지존(至尊)이 그곳, 즉 교정에 있기 때문이다.

천도(天道)가 귀한 것은 단지 천자를 존숭하기 때문만은 아니며 있는 곳, 모두 이것을 우러러보게 마련이다. 칩충(蟄蟲)이라든가 까치집까지도 똑같이 하늘을 향하여 있는 것은 지화(至和)가 그곳에 있기 때문이다. 제왕(帝王)이 성심성의껏 도(道)를 속에 품고, 지화(至和)와 일체가 될 수 있다면 조수초목(鳥獸草木)조차도 그 혜택을 받지 않는 것이 없을 것인즉 하물며 만민(萬民)은 더 말할 나위도 없다.

原文 夫鴟目大而眡不若鼠, 蚈足衆而走不若蛇. 物固有大不若小, 衆不若少者. 及至夫彊之弱, 弱之彊, 危之安, 存之亡也, 非聖人孰能觀之. 大小尊卑, 未足以論也. 唯道之在者爲貴. 何以明之.

天子處於郊亭, 則九卿趨, 大夫走, 坐者伏, 倚者齊. 當此之時, 明堂太廟, 懸冠解劍緩帶而寢. 非郊亭大而廟堂狹小也, 至尊居之也.

天道之貴也, 非特天子之爲尊也. 所在而衆仰之. 夫蟄蟲鵲巢, 皆嚮天一者, 至和在焉爾. 帝者誠能包槀道合至和, 則禽獸草木, 莫不被其澤矣, 而況兆民乎.

註解 ○眡(시)-시(視)의 별체(別體). ○郊亭(교정)-교외의 고급 정자. ○九卿(구경)-《예기》〈왕제편(王制篇)〉에 천자(天子)의 신하를 ‘삼

공(三公) 구경(九卿), 27대부(大夫) 81원사(元士)'로 헤아린다. 구경의 자리에 있는 벼슬아치란 의미. ○明堂太廟(명당태묘)-명당(明堂). 명당의 중심을 태묘라고 칭하는 데서 이렇게 붙여 부르기도 한다. 그다음의 묘당(廟堂)도 같다. ○蟄蟲(칩충)-겨울잠을 자는 벌레. ○皆嚮天一者(개향천일자)-'개천일(皆天一)로 향하다'라고 번역할 수도 있겠으나 '천일(天一)'이란 흉성(凶星)의 이름. 논지로 보아 그렇게 번역하는 것은 어울리지 않는다. ○至和(지화)-도(道)에 의해 실현되는 현상계(現象界)의 지상절대적(至上絶對的) 조화의 모습.

권 14

전언훈(詮言訓)

'전(詮)'은 '만사를 구비한 말', 또는 '골라낸 말' 정도의 의미이다. 〈전언훈〉 곳곳에 《역경(易經)》 《시경(詩經)》 《노자(老子)》 등의 말을 '고왈(故曰)'이라 인용하고 있는 점으로 볼 때, 특히 이런 것들을 가리키는 것 같다. 또 본편 전체를 '전언(詮言)'이라고 칭한 것인지도 모른다.

논지는 《역경》 《시경》의 인용문이 있다고 하여 유가적(儒家的)인 것이 아니다. 서두에 '태일(太一)'을 말하고 편말(篇末)에서 '태충(太沖)'을 설명한 것으로도 알 수 있듯이 논조는 도리어 도가적(道家的)이다. 그러나 물론 순수한 도가의 말은 아니다. 무위(無爲)라는 개념으로 유유자적하며 시절의 도래를 기다리는 것으로 해석하는 것처럼, 일의 이루어짐과 이루어지지 않음에는 사람의 지혜나 힘이 미치지 않는다고 하는, 말하자면 운명적 요소가 많다는 것을 역설하고 있다.

천지간에 만연하며 혼돈하고 있으면서 소박한 모양 그대로 작위(作爲)하지 않고 물체를 만들어 내는 것, 이것을 태일(太一)이라고 한다. 마찬가지로 일(一)에서 생겨나는데 그 만들어진 모습은 각각 달라서, 새도 되고 물고기도 되고 짐승도 되는, 이것을 분물(分物)이라고 한다. 이 분물은 종류나 무리로 나뉘는데, 따라서 생겨난 성명(性命)도 같지 아니하다.

모두 유(有)로서 형(形)을 가지고 개별(個別)로 흩어져서 서로 통하지 못하고 뿔뿔이 나뉘어져 만물이 되는데 대종(大宗)으로 복귀할 수는 없는 것이다.

그런데 움직이고 있는 것을 생(生)이라 하고 죽어 버린 것을 궁(窮)이라고 한다. 이 모든 것들은 물(物)이며, 물(物)이 아니면서 물(物)을 물(物)답게 하는 것은 아니다. 물을 물답게 하는 것은 만물 중에는 없다.

옛일을 생각해 보면 태초(太初)에 사람은 무(無)에서 생겨나고 유(有)로 형(形)을 얻었는데, 형을 얻으므로 외물(外物)에 제약받는다. 그 생겨난 본원(本源)으로 되돌아갈 수가 있고 형을 얻기 이전의 상태처럼 몸을 처신하는 것, 이것을 진인(眞人)이라고 한다. 진인이란 본디 태일(太一)과 일체(一體)가 되어있는 것이다.

原文 洞同天地, 渾沌爲樸, 未造而成物, 謂之太一. 同出於一, 所爲各異, 有鳥有魚有獸, 謂之分物. 方以類別, 物以羣分, 性命不同. 皆形於有, 隔而不通, 分而爲萬物, 莫能反宗.

故動而謂之生, 死而謂之窮. 皆爲物矣, 非不物而物物者也. 物物者, 亡乎萬物之中.

稽古太初, 人生於無, 形於有. 有形而制於物. 能反其所生, 若未有形, 謂之眞人. 眞人者未始分於太一者也.

註解 ○洞同天地(통동천지)―통(洞)은 관통하다. 천지를 관통하여 일체가 되는 것. 태일(太一)의 원기(元氣)가 충만해 있는 모습. ○太一(태일)―이 말이 가지는 의미는 다양한데 여기서는 만물의 근원적 존재로서 만물을 생성해내는 영적(靈的)인 기능이란 의미이다. ○方以類別(방이유별), 物以羣分(물이군분)―《역경》〈계사전(繫辭傳) 상(上)〉에 '방이유취(方以類聚) 물이군분(物以羣分)'이라고 되어있다. 방(方)은 사(事)란 의미로서 요컨대 만물이 유별(類別)되는 모습. ○性命(성명)―생겨나면서 개물(個物) 속에 갖춰져 있는 것이 성(性)이고, 개물을 밖에서 제약하고 있는 것이 명(命)이다. ○宗(종)―근본, 근원. ○不物而物物者(부물이물물자)―물(物)이 아니면서 물(物)을 물(物)답게 하는 것은 물(物)을 초월하여 물(物)에 그 본래적인 상태를 갖추게 하는 것, 즉 도(道)이다. ○眞人(진인)―도를 체득한 사람. 특히 《장자(莊子)》에 자주 나온다.

성인(聖人)은 명성의 주인이 되지 않고, 책모(策謀)를 내는 부(府)가 되지 않으며, 사업의 책임자가 되지 않고 지략의 주인이 되지 않는다. 무형(無形)인 상태에 몸을 숨기고 행동을 하더라도 흔적을 남기지 않으며 무짐(無朕)의 경지에서 자적하고 있다. 복의 근원이 되는 일을 하지 않고 화(禍)의 근원이 되는 일을 하지 않으며 허무한 상태로 몸을 유지하고 부득이한 때 비로소 움직인다.

본디 복을 바라는 자는 자칫하다가는 화를 초래하고, 이(利)를 바라는 자는 자칫하다가는 해(害)를 입는다. 즉 무위(無爲)이면 평안하게 있을 수 있는 자가 그 평안함의 근원을 잃으면 위험에 빠지고, 작위하는 일이 없어서 평안한 자가 그 평안하게 되는 근본을 잃으면 혼란해지는 것이다.

별은 하늘 위에서 나란히 빛나고 있으므로 사람들이 손가락으로 가리킨다. 의(義)는 덕목(德目)에 나란히 드러나기 때문에 사람들이 주목한다. 사람들로부터 손가락질받는 것[별]은 이동하면 그 궤적[章]이 남고, 사람들로부터 주목받는 것[義]은 행동하면 그 적(迹)이 남는다. 이동하여 궤적이 남으면 비난을 당하고, 행동하여 행적이 남으면 논란이 되기도 한다.

그런 까닭에 성인은 총명함을 가려 형태를 나타내지 않고 행적을 숨겨 무위를 유지한다. 왕자(王子) 경기(慶忌)는 검(劍)에 의해 죽임을 당했고, 예(羿)는 복숭아나무로 만든 몽둥이에 의해 죽었으며, 자로(子路)는 위(衛)나라에서 저(菹)를 당했고, 소진(蘇秦)은 혀를 놀렸기 때문에 죽임을 당했다.

사람은 모두 그 장점을 소중히 여기고 단점을 천하게 여긴다. 그러나 천하게 여기는 것을 드러내는 결과가 된다. 소중히 여기는 쪽(장점)은 형태를 취하며 나타나는데, 천하게 여기는 쪽(단점)은 아무런 조짐도 보이지 않기 때문이다.

그러므로 호표(虎豹)는 강한 까닭에 사살되고, 원유(蝯狖)는 민첩하므로 붙잡히고 만다. 그 천하게 여기는 것을 소중하게 여기고, 그 소중한 것을 천하게 여길 수 있다면 그 사람이야말로 함께 지상(至上)의 의론을 말하기에 족할 것이다.

原文 聖人不爲名尸, 不爲謀府, 不爲事任, 不爲智主. 藏無形, 行無迹, 遊無朕. 不爲福先, 不爲禍始, 保於虛無, 動於不得已. 欲福者, 或爲禍, 欲利者, 或離害. 故無爲而寧者, 失其所以寧則危, 無事而治者, 失其所以治則亂.

星列於天而明, 故人指之. 義列於德而見, 故人視之. 人之所指, 動則有章, 人之所視, 行則有迹. 動有章則詞, 行有迹則議. 故聖人揜明於不形, 藏迹於無爲. 王子慶忌死於劍, 羿死於桃棓, 子路菹於衛, 蘇秦死於口.

人莫不貴其所脩, 而賤其所短. 然而皆溺其所貴, 而極其所賤. 所貴者有形, 所賤者無朕也. 故虎豹之彊來射, 蝯狄之捷來措. 人能貴其所賤, 賤其所貴, 可與言至論矣.

註解 ○不爲名尸(불위명시)……不爲智主(불위지주)─《장자》〈응제왕편(應帝王篇)〉에 근거한다. '시(尸)'는 《장자》 성현영소(成玄英疎)에 '주(主)'의 의미라고 했다. ○遊無朕(유무짐)─《장자》〈응제왕편〉에 보인다. 짐(朕)은 조짐, 징조. ○不爲福先(불위복선), 不爲禍始(불위화시)─《장자》〈각의편(刻意篇)〉에 같은 글이 있다. 화·복, 어느 쪽이든지 그 원인이 되는 행위를 하지 않는 것. ○動於不得已(동어부득이)─《장자》〈각의편〉에 '부득이이후기(不得已而後起)'라고 되어 있는 것과 같다. ○訶(가)─비난받다. ○王子慶忌(왕자경기)─오왕(吳王) 요(僚)의 조카(동생의 아들). 〈설산훈(說山訓)〉〈설림훈(說林訓)〉, 《여씨춘추》〈중동기(仲冬紀)〉 충렴편(忠廉篇)에서는 경기를 오왕 요의 아들이라고 했다. 합려(闔閭)는 요를 시살(弑殺)했는데 경기가 용건(勇健)했으므로 요리(要離)에게 경기를 칼로 찌르게 했다. 요리가 경기를 죽이는 경위에 대해서는 《여씨춘추》〈충렴편〉, 《오월춘추(吳越春秋)》〈합려내전(闔閭內傳)〉 제4 등에 상세히 기록되어 있다. ○羿死於桃棓(예사어도봉)─봉(棓)은 대장(大杖 : 큰 몽둥이). 〈설산훈〉에서는 '도부(桃部)'라 적고 있고 지명(地名)이라고 했다. 《좌전(左傳)》 양공(襄公) 4년조에 의하면 예(羿)는 신하인 한착(寒浞)의 음모에 의하여 사냥 나갔다가 돌아오는 길에 가신(家臣)들의 손에 죽임을 당했다. ○子路葅於衛(자로저어위)─자로(子路)가 위(衛)나라 내란에 휩쓸리어 죽임을 당한 경위는 《사기》〈중니제자열전(仲尼弟子列傳)〉에, 그리고 그 유해가 해(醢 : 소금에 절이는 것)로 만들어진 것은 《예기(禮記)》〈단궁(檀弓) 상(上)〉에 보인다. ○蘇秦死於口(소진사어구)─《사기》〈소진열전〉에 의하면 소진은 제(齊)나라에서 자객에 의해 죽임을 당했다고 한다. 연(燕)나라를 위해 책략을 썼던 결과인데 직

접적으로는 그의 변설과의 관계는 기록되어 있지 않다. ㅇ虎豹之彊(호표지강)……來措(내조)─《장자》〈응제왕편〉에 같은 취지의 구절이 있다. 또 〈무칭훈(繆稱訓)〉, 〈설림훈〉에도 있다. 위의 세 가지 예는 모두 '호표지강(虎豹之彊)'을 '호표지문(虎豹之文)'으로 적고 있다. 분명 무늬(반점) 때문에 사살당하기 쉽다는 편이 알기 쉽고, 여기서는 원문(原文)을 '강하기 때문에(자신감이 넘쳐서)'라고 보기 때문에 '강(彊)'이라고 기록한 것이리라. ㅇ蝯狖(원유)─원숭이.

자신을 믿는 사람은 훼예포폄(毀譽褒貶)에 의해 동요시킬 수가 없다. 족(足)한 줄을 아는 사람은 권세이욕(權勢利慾)에 의해 유혹할 수가 없다. 그런 까닭에 성(性)의 진정에 통하고 있는 사람은 성(性)이 거부하는 일은 하지를 않는다. 명(命)의 본질에 통하고 있는 사람은 명(命)으로서 어찌할 수도 없는 일은 하지 않는다. 도(道)에 통하고 있는 사람은 외물(外物)도 그 조화를 어지럽히지 못한다.

첨하(詹何)는 말했다. "수신(修身)했는데도 나라가 문란해졌다는 예를 아직 들어본 적이 없다. 난신(亂身)인데도 나라가 다스려졌다는 예를 아직 들어본 적이 없다."라고 ─.

대저 구(矩)가 바르지 못하면 방형(方形)을 만들 수가 없다. 규(規)가 바르지 못하면 원형(圓形)을 만들 수 없다. 몸이야말로 만물의 규구(規矩)이다. 자신이 구부러져 있는데 남을 교정할 수 있었다는 예를 아직 들어본 적이 없다. 천명(天命)에 근거를 두고 심술(心術)을 닦으며 호증(好憎)의 정(情)을 제어하고 정성(情性)에 맞도록 하면 치도(治道)는 잘 행해지게 된다.

천명에 근거를 두면 화복(禍福)에 유혹당하는 일이 없다. 심술(心術)을 닦으면 함부로 희로(喜怒)하지 않는다. 호증(好憎)의 정(情)을 제어하면 무용한 것을 탐내지 않는다. 정성(情性)에 맞으면 욕심은 절도(節度)를 넘지 않는다. 화복에 유혹당하지 않으면 동정(動靜)은 이(理)를 따른다.

함부로 희로하지 않으면 상벌(賞罰)이 불공평해지지 않는다. 무용한 것을 탐내지 않으면 욕심에 의해 성(性)을 해치는 일이 없다. 욕심이 절도를 넘지 않으면 성(性)을 함양하고 족한 줄을 안다. 이 사자(四者)는 모두 자기 자신의 밖에서 구할 수 있는 것이 아니고 남에 의한 것이 아니며 어디까지나 자기 자신에게 돌아올 때만이 얻어지는 것이다.

천하는 지(智)에 의해 처리할 수 있는 것이 아니다. 혜(慧)에 의해 파악할 수도 없다. 사(事 : 政務)에 의해 다스릴 수도 없다. 인(仁)에 의해 귀복(歸服)시킬 수도 없다. 강(强)에 의해 억압할 수는 없다. 오자(五者)는 모두 사람의 재능이다. 덕(德)이 성(盛)하지 못하면 그중 한 가지도 성취하지 못한다. 덕이 확립되면 오자(五者) 또한 안정된다. 그러나 오자만이 표면에 나오면 덕은 있어야 할 위치를 잃는다.

즉 도를 얻으면 우자(愚者)라 하더라도 오자(五者)를 행하기에 충분하며 도(道)를 잃으면 지자(智者)라 하더라도 부족하다. 강을 건너는 데 유영술(遊泳術)을 몸에 익히고 있지 않으면 힘이 세더라도 반드시 물에 빠지는데, 유영술을 몸에 익히고 있으면 빠지더라도 반드시 건널 수 있다. 하물며 물 위를 떠가는 배에 몸을 싣고 있는 경우는 두 말할 나위도 없다.

原文　自信者, 不可以誹與遷也. 知足者, 不可以勢利誘也. 故通性之情者, 不務性之所無以爲. 通命之情者, 不憂命之所無奈何. 通於道者, 物莫足滑其和.

詹何曰, 未嘗聞身治而國亂者也. 未嘗聞身亂而國治者也. 矩不正, 不可以爲方, 規不正, 不可以爲員. 身者事之規矩也. 未聞枉己而能正人者也. 原天命, 治心術, 理好憎, 適情性, 則治道通矣. 原天命, 則不惑禍福. 治心術, 則不妄喜怒. 理好憎, 則不貪無用. 適情性, 則欲不過節. 不惑禍福, 則動靜循理.

不妄喜怒, 則賞罰不阿. 不貪無用, 則不以欲害性. 欲不過節, 則養性知足. 凡此四者, 弗求於外, 弗假於人, 反己而得矣.

天下不可以智爲也. 不可以慧識也. 不可以事治也. 不可以仁附也. 不可以强勝也. 五者皆人才也. 德不盛, 不能成一焉. 德立則五無殆. 五見則德無位矣. 故得道則愚者有餘, 失道則智者不足. 渡水而無游數, 雖强必沈, 有游數, 雖羸必遂, 又況託於舟航之上乎.

註解 ○知足者(지족자)―《노자》제46장의 구절. ○故通性之情者(고통성지정자)……所無奈何(소무나하)―〈태족훈(泰族訓)〉에 거의 똑같은 글이 보인다. 또 《장자》〈달생편(達生篇)〉에 '달생지정자(達生之情者) 불무생지소이위(不務生之所以爲). 달명지정자(達命之情者) 불무지지소무나하(不務知之所无奈何)'라 하여 유사한 구절이 보인다. ○詹何曰(첨하왈)……―〈도응훈(道應訓)〉에서 이미 설명했다. ○治心術(치심술)―〈정신훈(精神訓)〉에서 이미 설명했다. 한편 '심술(心術)'이란 말은 《순자》〈해폐편(解蔽篇)〉에 보이며 《관자》의 편명에 〈심술(心術)〉상·하가 있다. ○五者(오자)―지(智)·혜(慧)·사(事)·인(仁)·강(强). ○游數(유수)―수(數)는 술(術)이란 의미.

정치하는 근본은 한마디로 백성을 안정시키는 것이다. 백성을 안정시키는 근본은 백성의 일용(日用)을 충만케 해주는 것이다. 백성의 일용을 충만케 해주는 근본은 백성의 때를 뺏지 않는 것이다. 백성의 때를 뺏지 않는 근본은 국사(國事)를 줄이는 데에 있다. 국사를 줄이는 근본은 위정자의 욕심을 절제하는 데에 있다. 욕심을 절제하는 근본은 본성으로 돌아가는 데에 있다. 본성으로 돌아가는 근본은 작위(作爲)를 제거하는 데에 있다. 작위를 제거하면 허(虛), 허(虛)하면 평정(平靜)하다. 평정은 도(道)의 근본이다. 허(虛)는 도(道)가 깃드는 곳이다.

천하를 보유할 수 있는 자는 반드시 그 나라를 멸망시키지 않는다. 그 나라를 보유할 수 있는 자는 반드시 그 집안을 문란케 하지 않는다. 그 집안을 통어할 수 있는 자는 반드시 그 몸을 잊지 않는다. 그 몸을 닦는 자는 반드시 그 마음을 산란케 하지 않는다. 그 마음을 채근하는 자는 반드시 그 성(性)을 잃지 않는다.

그 성을 온전케 할 수 있는 자는 반드시 도(道)에 현혹당하지 않는다. 그러기에 광성자(廣成子)는 말했다. "신중하게 네 내면(內面)을 지키고, 고루 네 외측을 차폐(遮閉)하라. 많이 아는 것은 해(害)를 가져온다. 보면 안 된다. 들으면 안 된다. 신(神)을 확실히 안에 유지하여 안정하면 외형(外形)도 자연히 바르게 될 것이다."라고 ─. 자신을 확립하지 못하고, 밖을 아는 자는 결코 없는 법이다.

그러므로 《역경(易經)》에 '주머니를 여미면 허물도 없고 칭찬도 없으리라(括囊無咎無譽)'라고 했다.

패왕(覇王)의 업(業)을 성취하는 자는 반드시 승리를 얻는 자이다. 적에게 이기는 자는 반드시 강자(强者)이다. 강자가 될 수 있는 자는 반드시 남의 힘을 이용하는 자이다. 남의 힘을 이용할 수 있는 자는 반드시 인심을 얻는 자이다. 인심을 얻을 수 있는 자는 반드시 자득(自得)하고 있는 자이다. 자득할 수 있는 자는 반드시 유약(柔弱)하다.

강(强)은 자기에게 미치지 못하는 것에게는 이기고 같은 강도(强度)인 것에 대해서는 서로 싸운다. 유(柔)는 자기보다 나은 것에게 이기며 그 힘은 측량할 수 없다. 그러므로 다세(多勢)를 가지고도 이기지 못할 정도인 상대에 대승(大勝)을 거두는 것은 단지 성인(聖人)

만이 가능하다.

原文　爲治之本, 務在於安民. 安民之本, 在於足用. 足用之本, 在於勿奪時. 勿奪時之本, 在於省事. 省事之本, 在於節欲. 節欲之本, 在於反性. 反性之本, 在於去載. 去載則虛, 虛則平. 平者道之素也. 虛者道之舍也.

能有天下者, 必不失其國. 能有其國者, 必不喪其家. 能治其家者, 必不遺其身. 能脩其身者, 必不忘其心. 能原其心者, 必不虧其性. 能全其性者, 必不惑於道. 故廣成子曰, 愼守而內. 周閉而外, 多知爲敗. 毋視毋聽. 抱神以靜, 形將自正. 不得之己, 而能知彼者, 未之有也. 故易曰, 括囊. 無咎無譽.

能成霸王者, 必得勝者也. 能勝敵者, 必强者也. 能强者, 必用人力者也. 能用人力者, 必得人心也. 能得人心者, 必自得者也. 能自得者, 必柔弱也. 强勝不若己者, 至於與同則格. 柔勝出於己者, 其力不可度. 故能以衆不勝成大勝者, 唯聖人能之.

註解　○虛者道之舍也(허자도지사야)―《장자》〈인간세편(人間世篇)〉심재조(心齋條)에 ‘유도집허(唯道集虛)’라고 되어있다. ○廣成子曰(광성자왈)……―《장자》〈재유편(在宥篇)〉에 황제(黃帝)에 대한 광성자의 말로서 ‘무시무청(無視無聽) 포신이정(抱神以靜) 형장자정(形將自正)……신여내(愼女內) 폐여외(閉女外) 다지위패(多知爲敗)’라 하여 유사한 글이 보인다. 광성자는 《장자》에 의하면 공동(空同)의 산에 산다고 하는 체도자(體道者). ○易曰(역왈)……―《역경(易經)》 곤괘(坤卦) 육사효사(六四爻辭)의 글. ‘주머니를 여민다(括囊)’를 바깥을 배제하고 안을 지키라는 뜻으로 해석한 것이리라. ○能成霸王者(능성패왕자)……必自得者也(필자득자야)―〈태족훈(泰族訓)〉에 거의 같은 글이 있다.

수영의 달인(達人)은 노 젓는 방법을 배우지 않고도 배를 젓는다. 근력이 강한 자는 승마술을 배우지 않고도 말을 탄다. 천하의 일을 가볍게 보는 자는 그 몸이 외물(外物)에 구애받지 않는 까닭에 천하의 일에 잘 대처할 수 있다. 태왕(泰王) 고공단보(古公亶父)가 분(邠) 땅에 있을 때 적인(狄人)이 공격해 왔다. 왕은 피폐(皮幣)와 주옥(珠玉)을 보내어 명(命)을 받들고자 했건만 받아들이지 않았다. 노인들에게 사과하고 기주(岐周) 땅으로 옮겨 갔다.

그런데 백성들은 어린아이를 업고 노인을 부축하며 따랐다. 그래서 마침내 나라를 만들어 냈던 것이다. 이 일을 확대해서 생각하면 주(周)나라가 4대(四代) 만에 천하를 지배할 수 있었던 것도 당연한 일이었다.

천하에 대하여 작위(作爲)를 하지 않는 자는 반드시 천하를 통치할 수 있는 자이다. 상설우로(霜雪雨露)가 만물을 생살(生殺)하는데, 하늘은 아무 일도 하지 않지만 그래도 만물은 하늘을 떠받든다. 문서법령(文書法令)을 가지고 관민(官民)을 통제하는 것은 관원들이며, 군주는 아무 일도 하지 않는데 그래도 관민은 군주를 떠받든다.

토지를 개척하고 야초(野草)를 제거한 것은 후직(后稷)이며, 황하의 물을 끌어들이고 장강(長江)을 깊게 준설한 것은 우(禹)이며, 송사를 듣고 빠르게 조치한 것은 고요(皋陶)인데, 그러나 성(聖)이라 칭함을 받는 것은 요(堯)임금뿐이다. 즉 도(道)를 체득하고 그것에 따라 통어하는 자는 자기 자신은 그런 능력을 가지고 있지 않지만 반드시 유능한 자에게 자신의 일을 시킨다. 그 도를 체득하지 못하면 기예(技藝)가 많더라도 아무런 보탬이 안 되는 것이다.

배가 강을 건널 때 무인선(無人船)이 한쪽에서 밀려와 접촉하여 이쪽 배를 뒤집은 경우, 화는 나겠지만 분명 원망하지는 않을 것이다. 한 명이라도 그 배에 있었고 '강가에서 멀리 떨어지라'든가 '강가로 다가 가라'고 말하며 재삼 소리쳤건만 응하지 않았다고 하면 틀림없이 욕을 퍼부을 것이다. 앞의 경우에는 노하지 않고 이번에는 노하는 것은, 앞에서는 허(虛)이고 이번에는 실(實)이기 때문이다. 사람이 자신을 허(虛)하게 하여 처세해 나간다면 누가 그를 비난할 것인가?

原文 善游者, 不學刺舟而便用之. 勁筋者, 不學騎馬而便居之. 輕天下者, 身不累於物, 故能處之. 泰王亶父處邠, 狄人攻之. 事之以皮幣珠玉而不聽, 乃謝耆老而徙岐周, 百姓攜幼扶老而從之, 遂成國焉. 推此意. 四世而有天下, 不亦宜乎.

無以天下爲者, 必能治天下者, 霜雪雨露, 生殺萬物, 天無爲焉, 猶之貴天也. 厭文搔法, 治官理民者, 有司也, 君無事焉, 猶尊君也. 辟地墾草者, 后稷也. 決河濬江者, 禹也. 聽獄制中者, 皋陶也. 有聖名者, 堯也. 故得道以御者, 身雖無能, 必使能者爲己用. 不得其道, 伎藝雖多, 未有益也.

方船濟乎江, 有虛船從一方來, 觸而覆之, 雖有忮心, 必無怨色. 有一人在其中, 一謂張之, 一謂歙之, 再三呼而不應, 必以醜聲隨其後. 向不怒而今怒, 向虛而今實也. 人能虛己以遊於世, 孰能訾之.

註解 ○刺舟(자주)—이 말은 〈원도훈(原道訓)〉에서 이미 설명했다. 또 〈설산훈(說山訓)〉에도 보인다. ○泰王亶父(태왕단보)……遂成國焉(수성국언)—〈도응훈(道應訓)〉에서 설명한 바 있다. ○四世而有天下(사세이유천하)—사세(四世)란 태왕단보—계력(季歷)—문왕(文王)—무왕(武王). 4대 만에 주(周)나라는 천하를 얻었다. ○厭(염)—지(持). ○后稷(후직)—주(周)나라 시조인 기(棄). '후직(后稷)'이란 농관(農官)의 장(長)이란 의미이다. 순(舜)임금에 의해 임명되었다(《尙書》〈舜典〉). ○禹(우)·皋陶(고요)—모두 순임금에 의해 임명되었다(《尙書》〈舜典〉). ○方船濟乎江

(방선제호강)……孰能眥之(숙능자지) - 같은 뜻의 글이 《장자》〈산목편(山木篇)〉에 있다.

도(道)를 버리고 지(智)에 의지하는 자는 위험에 빠지며, 자연의 수(數)을 무시하고 재주를 부리는 자는 곤란을 당한다. 다욕(多慾)인 까닭에 파멸한 자는 있지만 무욕(無慾)인 까닭에 위난에 빠진 자는 아직 없다. 잘 다스리고자 기획하다가 도리어 나라를 어지럽히는 자는 있지만 평상(平常)을 지켰기 때문에 나라를 잃은 자는 아직 없다. 즉 지(智)는 이것에 의해 환난을 면한다고 장담할 수가 없고 우(愚)는 이것에 의해 안녕을 잃는 데 이른다고 못박을 수 없다.

안분(安分)을 지키고 천리(天理)에 따르되 실패했다고 해서 걱정하지 아니하고 성공했다고 해서 기뻐하지 말 일이다. '이루었다'는 것은 한 일에 의한 것이 아니고 '얻었다' 함은 구한 것에 의한 것은 아니다. '입(入)'에 대해서는 받기만 할 뿐 취하러 나가지 않고, '출(出)'에 대해서는 건네주기만 할 뿐 억지로 주지는 않는다. 만물은 봄철에 태어나고 가을철에 죽는다. 이처럼 태어남을 받는 것은 그것을 덕(德)으로 치지 않고 죽임을 당하는 것도 그것을 원망하지 않는다면 도(道)에 가까울 것이다.

성인(聖人)은 남에게서 비난받을 행위를 하지 않는데 그렇다고 해서 남이 자신을 비난하는 것을 미워하지 않는다. 칭찬받을 만한 덕을 쌓고 있지만 그렇다고 해서 남이 자기를 칭찬해 주기를 바라지 않는다. 화(禍)가 닥쳐오지 못하도록 할 수는 없지만 자신이 그것을 맞아들이는 일은 없을 것으로 확신하고 있다. 복을 불러들일 수는 없지만 자신이 그것을 물리치지는 않을 것으로 확신하고 있다.

화가 찾아온 경우, 그것을 구(求)했기 때문에 생긴 것은 아니므로 궁지에 빠지더라도 걱정을 하지는 않는다. 복이 찾아온 경우 그것을 구해서 이루어진 것이 아니므로 만사가 잘되어 가더라도 자랑하는 일은 없다. 화복의 제어는 자신에게 관계되는 일이 아님을 잘 알고 있기 때문이다. 이렇게 해서 성인은 한거(閑居)하며 마음을 즐기고, 무위(無爲)로 있어도 천하는 다스려지는 것이다.

성인은 이미 있는 것을 지키고 아직 얻지 못한 것을 구하지 않는다. 아직 얻지 못한 것을 구하면 이미 있는 것까지도 잃고 만다. 이미 있는 것을 다스리고 있으면 바라는 것은 들어오는 것이다. 그런 까닭에 용병(用兵)하는 자는 먼저 이길 수 없는 상태로 만들어 놓고 서서히 적군에게 이길 시기를 기다린다. 나라를 다스리는 자는 먼저 뺏지 못할 상태로 만들어 놓고 서서히 적에게서 뺏을 시기를 기다릴 일이다.

순(舜)임금은 이 도리를 역산(歷山)에서 닦았는데 사해(四海) 안은 그의 교화(敎化)에 따랐고, 문왕(文王)은 이 도리를 기주(岐周)에서 닦았는데 천하는 그 풍속을 고쳤다. 만약 순임금이 천하의 이(利)를 추구하면서 자신을 닦는 도(道)를 잊었었다면 그 한몸조차 지켜내지 못했을 것이다. 한움큼의 땅도 유지하지 못했을 것이 분명하다.

대저 치정(治政)에는 난(亂)이 일어나지 않는다는 보증이 없다. 그런데 평치(平治)만을 하는 자는 반드시 위험에 빠진다. 또 행위는 비난받지 않는다는 보증이 없다. 그런데 명성(名聲)을 구하는 일에만 급급한 자는 반드시 좌절한다.

복(福)은 화(禍)가 없는 것이 최상이고 이(利)는 손해가 없는 것이 최고이다. 행동이라고 하는 것은 손해보지 않으면 이익이 있고, 이루지 못하면 실패하며, 이익이 생기지 않으면 손해를 본다는 식으로 모두가 험난하다. 이것에 의지하는 것은 위험하다. 예를 들면 진(秦)나라는 융(戎)에서는 이겼으면서 효(殽)에서 패했으며, 초(楚)나라는 제하(諸夏)에서 이겼으면서 백거(柏莒)에서 패했다.

그런데 도(道)는 이것에 의해 적극적으로 이(利)를 추구할 수는 없지만 안녕한 가운데 해(害)를 피할 수는 있다. 그러므로 굳이 화를 면하는 것을 상(常)으로 여기며 복 받는 것을 상(常)으로 여기지 않고, 굳이 죄에 빠지지 않는 것을 상(常)으로 여기고 공(功) 있는 것을 상(常)으로 여기지 말 일이다.

성인(聖人)은 고민하는 일이 없고 미리 준비하는 일도 없으며, 오는 사람은 내버려 두며 마중하지 않고, 떠나는 자는 내버려 두며 전송하지 않는다. 사람은 분망하게 동서남북으로 돌아다니는데 혼자서만 중앙에 선다. 그런 까닭에 모두 구부러진 것 가운데서도 곧음을 잃지 않는다. 천하는 모두 흘러가는데 홀로 서있는 장소를 떠나지 않는다.

原文 釋道而任智者必危, 棄數而用才者必困. 有以欲多而亡者, 未有以無欲而危者也. 有以欲治而亂者, 未有以守常而失者也. 故智不足免患, 愚不足以至於失寧. 守其分, 循其理, 失之不憂, 得之不喜. 故成者非所爲也, 得者非所求也. 入者有受而無取, 出者有授而無予. 因春而生, 因秋而殺. 所生者弗德, 所殺者非怨, 則幾於道也.

聖人不爲可非之行, 不憎人之非己也. 脩足譽之德, 不求人之譽己也. 不能使禍不至, 信己之不迎也. 不能使福必來, 信己之不攘也. 禍之至也. 非其求所生, 故窮而不憂. 福之至也. 非其求所成, 故通而弗矜. 知禍福之制, 不在於己也. 故閒居而樂, 無爲而治.

聖人守其所以有, 不求其所未得. 求其所未得, 則所有者亡矣. 修其所已有, 則所欲者至. 故用兵者, 先爲不可勝, 以待敵之可勝也. 治國者, 先爲不可奪, 以待敵之可奪也. 舜脩之歷山, 而海內從化, 文王脩之岐周, 而天下移風. 使舜趨天下之利, 而忘修己之道, 身猶弗能保, 何尺地之有.

故治未固於不亂, 而事爲治者必危, 行未固於無非, 而急求名者必剉也. 福莫大無禍, 利莫美不喪. 動之爲物, 不損則益, 不成則毀, 不利則病, 皆險也. 道之者危. 故秦勝乎戎而敗乎殽, 楚勝乎諸夏而敗乎柏莒.

故道不可以勸而就利者, 而可以寧避害者. 故常無禍, 不常有福, 常無罪, 不常有功. 聖人無思慮, 無設儲, 來者弗迎, 去者弗將. 人雖東西南北, 獨立中央. 故處衆枉之中, 不失其直. 天下皆流, 獨不離其壇域.

註解 ○攘(양)-물리치다. ○舜脩之歷山(순수지역산)……文王脩之岐周(문왕수지기주)-순(舜)임금은 황제가 되기 전에 역산(歷山)에서 경작했었다고 한다. 또 주(周)나라 개조(開祖) 중 한 사람인 고공단보(古公亶父)는 융적(戎狄)의 진공(進攻)에 의해 기산(岐山)으로 옮겨갔는데 그 증손자인 문왕은 그곳에서 힘을 비축했다고 한다. ○移風(이풍)-《효경(孝經)》〈광요도장(廣要道章)〉, 《예기(禮記)》〈악기(樂記)〉 등에 '이풍역속(移風易谷)'이란 말이 있다. 풍속을 바꾸어 고치는 것. ○未固於不亂(미고어불란)……未固於無非(미고어무비)-'고(固)'는 '필(必)'과 같은 뜻. ○故秦勝乎戎而敗乎殽(고진승호융이패호효)-《좌전(左傳)》희공(僖公) 33년조에 진군(秦軍)이 활(滑) 땅에 침공했을 때 진(晉)나라는 강융(姜戎)과 함께 진군을 효(殽) 땅에서 격파한 기사가 실려 있다. ○楚勝乎諸夏而敗乎柏莒(초승호제하이패호백거)-《춘추(春秋)》정공(定公) 4년조에 채공(蔡公)이 오자(吳子)를 거느리고 백거(柏擧)에서 초(楚)나라를 깼다고 되어있다. 제하(諸夏)는 중원(中原)의 땅. ○常(상)-'존경하다' '떠받들다'와 통한다. ○無思慮(무사려), 無設儲(무설저)-《장자》〈각의편(刻意篇)〉에 '사려(思慮)치 않고 예모(豫謀)치 않는다'라고 되어있으나 여기서 말하는 '설저(設儲)'란 '예모(豫謀)'와 같은 뜻으로서 앞일을 미리 상상하며 기우(杞憂)하는 것을 이름이다. ○來者弗迎(내자불영), 去者弗將(거자불장)-

《맹자》〈진심장구(盡心章句)〉하편에 '왕자불추(往者不追) 내자불거(來
者不拒)'라고 되어있으며 《장자》〈대종사편(大宗師篇)〉에 '기위물(其爲
物：道) 무불장야(无不將也) 무불영(无不迎)'이라고 되어 있고, 같은 〈응
제왕편(應帝王篇)〉에 '지인지용심약경(至人之用心若鏡) 부장불영(不將
不迎) 응이부장(應而不藏)'이라는 구절이 보인다. 한편 《장자》 성현영소
(成玄英疎)에 '장(將)은 보내다이다'라고 했다. ○壇域(단역) − 단(壇)이
놓여진 장소, 즉 그곳에 서있어야 할 장소.

그러므로 득도(得道)한 사람은 자진해서 좋아하는 짓을 하지 않고
추(醜)한 것을 피하지도 않으면서 하늘의 도(道)를 따른다. 중인(衆
人)의 선두에 서지 않고 그렇다고 해서 자신의 껍질 속에 틀어박히지
도 않으며 하늘의 이(理)에 따른다. 앞의 일을 꾀하지 않으며 그렇다
고 해서 호기(好機)를 버리지 않으며 하늘의 섭리에 따른다.

  얻기를 구하지 않되 얻은 것을 잃지 않으며, 안으로는 불려(不慮)
의 화(禍)가 없고, 밖으로는 망외(望外)의 복을 기대하지 않는다. 이
미 화복(禍福)에 초연한즉 어찌 사람들로부터 해(害)침을 받는 일이
있겠는가?

  선(善)을 행하면 주목받고 불선(不善)을 행하면 비난당한다. 주목
받게 되면 무거운 짐이 되고 비난당하면 환난을 초래한다. 즉 도술
(道術)은 이것에 의해 나아가서 명성(名聲)을 구할 수는 없지만 물러
나서 몸을 닦는 계기는 된다. 이것에 의해서 이(利)를 얻을 수는 없지
만 해(害)를 멀리할 수는 있다. 그러므로 성인(聖人)은 행동으로 명
성을 구하지 않고 예지로 칭찬받고자 하지 않는다.

  자연 그대로를 따라갈 뿐 자신의 의지가 가해지지 않는다. 사려(思
慮)는 자연을 일탈하지 않고 행동은 무위(無爲)의 덕(德)을 넘지 않

으며, 사업은 도(道)를 초월하지 않는다. 일을 하는 자는 성취하지 못하는 수가 있고 이(利)를 구하는 자는 얻지 못하는 수가 있다. 사람은 궁해지는 수가 있지만 도(道)를 통하지 않는 곳이 없다. 도(道)와 다투면 흉(凶)해진다. 그런 까닭에 《시경(詩經)》에 '어느 사이에 상제(上帝)의 법칙에 따라갔다'라고 한 것이다.

득도(得道)한 사람은 지혜는 있어도 그것을 사용하는 일은 없고 무지한 자와 같이 무위(無爲)의 도(道)에 거하며, 능력은 있어도 그것을 발휘하는 일은 없고 무능한 자와 함께 무위의 덕(德)을 행한다. 그 지(智)는, 그것이 있음을 고한 다음에야 비로소 그 기능을 알아차릴 수 있고 그것을 이용하는 자가 나와서야 비로소 그 성과를 알아챈다. 지혜가 있더라도 무지한 것처럼, 능력이 있더라도 무능한 것처럼 행동하는데 그것은 무위자연의 도리를 정당하다고 하기 때문이다.

그러므로 공(功)을 천하에 떨쳐도 그 영예에 동참하지 않고, 은택(恩澤)은 후세에까지 미치더라도 명성(名聲)을 보유하지 않는다. 그것은 도리가 관통하고 있어서이며 인위(人爲)가 없어지기 때문이다.

명(名)과 도(道)는 나란히 함께 나타나는 일이 없다. 사람이 명(名)을 얻게 되면 도(道)는 쓰여지지 않게 되고, 도가 사람을 지배하면 명(名)은 소멸된다. 도와 인(人 : 人爲)은 맹렬하게 싸운다. 인(人)을 발휘하는 자는 도를 소멸시키는 자이다. 인(人)이 발휘되어 도가 소멸되면 위난은 멀리서도 덤벼든다. 즉 세간(世間)에 명성을 드날리면 그것은 또 쇠망(衰亡)의 날이 다가오는 것을 의미한다.

명성을 주인으로 삼는 자는 반드시 선(善)을 행하는데 선을 행하고자 하는 자는 반드시 무엇인가 일을 벌이기 시작한다. 일을 시작하면 공(公)을 버리고 사(私)에 붙으며 자연의 과정을 버리고 자기 자신을 의지하게 된다.

선을 행하여 칭찬을 받고 현인(賢人)처럼 행동함으로써 명성을 떨치려고 하면 그 치도(治道)는 고성(古聖)에 따르지 않고 그 사업은 시의(時宜)를 무시하게 된다. 치도가 고성을 따르지 않게 되면 자신의 책임만이 무거워지며 사업이 시의를 무시하면 공험(功驗)도 오르지 않는다. 책임만 무겁고 공험은 적으며, 이런 사태를 덮어나갈 여유도 없는데, 억지로 사업을 일으키어 잘 되어 나가기를 원하며 무리하게 행동하면서 적중되기를 바란다.

성공한다 하더라도 도저히 그 책임을 벗을 수가 없는데 사업을 하다가 실패하면 그 몸을 파멸시켜도 부족하게 된다. 그런 까닭에 선을 행하는 데에 신중해야 하는 것이, 악(惡)을 행할 때처럼 신중하다면 도(道)에 가깝다.

原文   故不爲好, 不避醜, 遵天之道. 不爲始, 不專己, 循天之理, 不予謀, 不棄時, 與天爲期. 不求得, 不辭福, 從天之則. 不求所無, 不失所得, 內無奇禍, 外無奇福. 禍福不生, 安有人賊. 爲善則觀, 爲不善則議. 觀則生責, 議則生患. 故道術不可以進而求名, 而可以退而脩身.

不可以得利, 而可以離害. 故聖人不以行求名, 不以智見譽. 法脩自然, 己無所與. 慮不勝數, 行不勝德, 事不勝道. 爲者有不成, 求者有不得. 人有窮, 而道無不通. 與道爭則凶. 故詩曰, 弗識弗知, 順帝之則.

有智而無爲, 與無智者同道, 有能而無事, 與無能者同德. 其智也, 告之者至, 然後覺其動也, 使之者至, 然後覺其爲也. 有智若無智, 有能若無能, 道理爲正也. 故功蓋天下, 不施其美, 澤及後世, 不有其名, 道理通而人僞滅也.

名與道不兩明. 人受名, 則道不用, 道勝人, 則名息矣. 道與人競

長, 章人者, 息道者也. 人章道息. 則危不遠矣. 故世有盛名, 則衰
之日至矣. 欲尸名者, 必爲善, 欲爲善者, 必生事, 事生則釋公而就
私, 貨數而任己. 欲見譽於爲善, 而立名於爲賢, 則治不脩故, 而事
不須時. 治不脩故, 則多責, 事不須時, 則無功. 責多功鮮, 無以塞
之, 則妄發而邀當, 妄爲而要中. 功之成也, 不足以更責. 事之敗也,
足以敝身. 故重爲善, 若重爲非, 而幾於道矣.

註解　○詩曰(시왈)……順帝之則(순제지칙)-《시경》〈대아(大雅)〉 황의
(皇矣)에 나오는 구절.　○人僞(인위)-'위(僞)'는 인위(人爲).　○人(인)……
道(도)-'인(人)'은 앞에서 설명한 '인위(人爲)'. 도(道)는 도리(道理). 즉,
인위(人爲)와 자연의 대치이다.　○尸(시)-관장하다. 주관하다.　○更(경)-
상(償).

　천하에 신의(信義)의 선비가 없는 것은 아니다. 그러나 화재(貨財)
를 놓고 그것을 분배하는 경우 반드시 주(籌)를 조작하여 그 분배를
정한다. 공평이란 점에서는 유심(有心)한 것이 무심(無心)한 것에 미
치지 못한다고 생각하기 때문이다. 천하에 염직(廉直)한 선비가 없는
것은 아니다. 그러나 귀중한 보배를 지키는 자는 반드시 문을 닫고
봉인(封印)을 완전하게 한다. 염직이란 점에서는 유욕(有欲)한 자가
무욕(無欲)한 자를 따르지 못한다고 생각하기 때문이다.
　남이 자기의 결점을 왈가왈부하면 그 사람을 원망한다. 그러나 거
울이 그 추태를 비춰주면 그 거울을 격찬한다. 사람은 물체에 접할
때면 자신의 심정에 관여되지 않도록 하면 재난을 면할 수가 있다.
　공손룡(公孫龍)은 언사(言辭)에 밝았는데 명실(名實)을 혼란케 만
들었고, 등석(鄧析)은 변설이 교묘했는데 법을 혼란케 만들었으며, 소

진(蘇秦)은 설득을 잘했는데 나라를 멸망하게 하였다. 자연스러운 도(道)에 의하면, 선(善)은 겉으로 나타나지 않고, 자연스러운 이(理)를 체득하면 교자(巧者)로서의 이름도 오르지 않는다.

그러므로 기교(技巧)에 의해 힘으로 싸우는 자는 처음에는 양(陽)이지만 그 끝은 항상 음(陰)이 된다. 지혜에 의해 나라를 다스리는 자는 처음에는 잘 다스리지만 그 끝은 항상 어지러워진다.

물을 하류로 흘려보내는 것은 누구든지 하지 못하는 일이 없을 것이다. 그러나 끌어올리어 역류(逆流)시키려는 것은 교자(巧者)가 아니면 할 수 없다. 즉 문식(文飾)이 훌륭하면 질(質)이 가려지고 사교(邪巧)하면 올바름이 저해당하는 것이다.

原文 天下非無信士也. 臨貨分財, 必探籌而定分. 以爲有心者之於平, 不若無心者也. 天下非無廉士也. 然而守重寶者, 必關戶而全封. 以爲有欲者之於廉, 不若無欲者也. 人擧其疵, 則怨人. 鑑見其醜, 則善鑑. 人能接物而不與己焉, 則免於累矣.

公孫龍粲於辭而貿名, 鄧析巧辯而亂法, 蘇秦善說而亡國. 由其道, 則善無章, 脩其理, 則巧無名. 故以巧鬪力者, 始於陽, 常卒於陰. 以慧治國者, 始於治, 常卒於亂. 使水流下, 孰弗能治. 激而上之, 非巧不能. 故文勝則質揜, 邪巧則正塞也.

註解 ○籌(주)—계산할 때 사용하는 막대기. ○公孫龍(공손룡)—전국시대 조(趙)나라 사람. 명가(名家)의 대표적인 인물. 궤변을 한다 하여 비난당했는데 한편으로는 논리적인 인식론(認識論)의 체계화에 힘썼다는 평가도 있다. ○鄧析(등석)—춘추시대 정(鄭)나라의 대부(大夫). 명가(名家)의 학문을 닦았다고 한다. 사전(駟顓 : 일설에는 子産)에게 죽임을 당했다.《좌전(左傳)》정공(定公) 9년조,《여씨춘추》〈심응람(審應覽)〉이

위편(離謂篇) 등에 보인다. ○蘇秦(소진)―전국시대에 합종책(合縱策)을 주장했다. 연횡책(連衡策)의 장의(張儀)와 함께 당시의 대표적인 유세가였다. ○故以巧(고이교)……卒於亂(졸어란)―이 구절과 유사한 글이 《장자》〈인간세편(人間世篇)〉에 보인다.

덕(德)은 자기 수양에 도움이 되는 것이어서 남을 횡포하게 만들 수가 없다. 도(道)는 자국(自國)의 평치(平治)에 도움 되는 것이어서 타국을 혼란에 빠뜨릴 수가 없다. 성현(聖賢)으로서의 자질을 갖추었다 하더라도 폭란(暴亂)의 세상을 만나지 않는 한 그것에 의해 내 몸을 온전케 할 수는 있어도 그것에 의해 패왕(覇王)이 될 수는 없다.

탕무(湯武)가 왕이 되었던 것은 걸주(桀紂)의 횡포가 있었기 때문이다. 걸주는 탕무의 현명함 때문에 횡포하게 되었던 것은 아니다. 탕무는 걸주의 횡포를 만났기에 왕이 되었다. 그러므로 현왕(賢王)도 반드시 우합(遇合)을 기다린다. 우합은 호기(好機)를 만나야 얻어지는 것이다. 지능을 쏟아서 성취할 수 있는 것이 아니다.

군주는 행동을 신중하게 하면서도 선행(善行)의 미명(美名)이 떨치지 않게 하고, 은택을 끼쳐 주면서도 인자(仁慈)의 명예가 오르지 않도록 할 일이다. 이렇게 하면 선비는 선을 행하면서도 그 선의 유래(由來)를 알지 못한다. 백성은 이익을 향수하면서도 그 이익의 유래를 모른다. 즉 무위(無爲)인 채 자연적으로 다스려지는 것이다.

선이 영예가 되면 선비는 명성을 다투어 구하게 되고, 이(利)에 그 본(本)이 있게 되면 백성은 이것을 얻고자 공(功)을 다툰다. 이 두 가지의 다툼이 일어나면 비록 현인(賢人)이 있더라도 다스릴 수가 없다. 그런 까닭에 성인은 선을 행하더라도 자취를 남기지 않고 인애를 베풀더라도 명성을 지워 버리는 것이다.

외국과 교섭하여 원조를 구하고, 대국을 섬기어 안태(安泰)를 꾀하기보다 내정(內政)을 정비하고 시기를 기다리는 편이 좋다. 대저 타국을 섬기는 데는 옥백(玉帛)의 공물(貢物)을 사용하거나 반드시 비굴한 말을 사용한다. 옥백에 의해 섬기고자 하면 재화(財貨)는 바닥이 나도 욕망은 한이 없다.

몸을 낮추고 말을 공손히 하는 것으로 하면 아무리 설명해도 참된 우교(友交)는 맺어지지 않는다. 맹약(盟約)이나 조약을 맺을 때 일단은 맹약이 정해졌다 하더라도 금방 등을 돌리고 만다. 나라의 재화가 거의 바닥날 정도로 바치더라도, 스스로 믿을 만한 도(道)가 없으면 몸을 온존하기에 충분하다고 할 수 없다.

만약 외교책을 완전히 버리고, 신중하게 내정(內政)을 펴며, 토지의 생산을 충분히 해서 저축을 풍성하게 하고, 백성에게 사력(死力)을 다하게 하여 성(城)을 견고하게 하고, 상하가 한마음이 되며, 군신(君臣)이 뜻을 같이하고 사직(社稷)을 지키며, 비록 죽음에 이르러서도 그 백성이 이탈하지 않게 되면, 명예를 앞세우는 자는 죄가 없으므로 이를 토벌하지 못하고, 이(利)를 앞세우는 자는 승산이 없으므로 이를 공격하지 않게 된다. 이것이야말로 완벽하게 나라를 보전하는 도(道)이다.

原文 德可以自脩, 而不可以使人暴. 道可以自治, 而不可以使人亂. 雖有聖賢之寶, 不遇暴亂之世, 可以全身, 而未可以霸王也. 湯武之王也, 遇桀紂之暴也. 桀紂非以湯武之賢暴也. 湯武遭桀紂之暴而王也. 故雖賢王, 必待遇. 遇者能遭於時而得之也. 非智能所求而成也.

君子脩行而使善無名, 布施而使仁無章. 故士行善, 而不知善之所由來. 民澹利, 而不知利之所由出. 故無爲而自治. 善有章, 則士爭名, 利有本, 則民爭功.

二爭者生, 雖有賢者, 弗能治. 故聖人揜迹於爲善, 而息名於爲仁也.

外交而爲援, 事大而爲安, 不若內治而待時. 凡事人者, 非以寶幣, 必以卑辭, 事以玉帛, 則貨殫而欲不饜. 卑體婉辭, 則諭說而交不結. 約束誓盟, 則約定而反無日.

雖割國之錙錘以事人, 而無自恃之道, 不足以爲全. 若誠外釋交之策, 而愼脩其境內之事, 盡其地力, 以多其積, 厲其民死, 以牢其城, 上下一心, 君臣同志, 與之守社稷, 斅死而民弗離. 則爲名者, 不伐無罪, 而爲利者, 不攻難勝. 此必全之道也.

註解 ○湯武(탕무)─은(殷)나라 탕왕(湯王)과 주(周)나라 무왕(武王). 탕왕은 하(夏)나라 걸왕(桀王)을, 무왕은 은나라 주왕(紂王)을 각각 토멸했다. ○桀紂(걸주)─하(夏)나라 걸왕(桀王)과 은(殷)나라 주왕(紂王). 한편 이런 논지는 《여씨춘추》〈효행람(孝行覽)〉 장공편(長攻篇)에도 보인다. ○錙錘(치추)─치(錙)는 6냥(兩), 추(錘)는 2치(錙). 즉 아주 작은 양(量)을 가리킨다. ○盡其地力(진기지력)─전국시대 위(魏)나라 이회(李悝)가 '진지력(盡地力)'인 토지 이용법을 설명한 것이 《한서(漢書)》〈식화지(食貨志)〉 상(上)에 보인다. ○與之守社稷(여지수사직), 斅死而民弗離(효사이민불리)─《맹자》〈양혜왕장구(梁惠王章句)〉 하편에 '여민수지(與民守之) 효사이민불거(効死而民弗去)'라고 되어있다. 효(斅)는 효(効)와 음(音)이 통한다.

백성은 함께 가야 하는 도(道)를 가지며 모두 준수해야 할 법을 갖는다. 그러나 의(義)에 의해 그 도를 견고하게 하고, 위신(威信)에 의해 필수적인 것으로 할 수 없기 때문에 군주를 세워 백성을 통일시키게 된다. 군주가 일(一 : 道)을 견지하면 다스려지고 상(常 : 法)이 없으면 문란해진다.

군주는 '위(爲)'에 의한 치정(治政)을 하기 위한 것이 아니라, '무위(無爲)'에 의한 치정을 하기 위한 것이다. 무위란 어떤 것인가? 지자(智者)도 그 자리를 이용하여 일을 일으키지 않고, 용자(勇者)도 그 자리를 이용하여 폭력을 휘두르지 않으며 인자(仁者)도 그 자리를 이용하여 은혜를 베풀지 않는다. 이것이야말로 무위라고 하는 것일까? 본디 무위란 일(一)을 얻는 것이다. 그 일(一)은 만물의 본(本)이며 둘도 없는 도(道)이다.

대저 사람의 성(性)이란 것은 젊었을 때는 상궤(常軌)를 잃고, 장년(壯年)이 되면 횡포해지며, 늙어서는 이(利)를 좋아한다. 일신(一身)의 것도 이처럼 몇 번이나 변화한다. 하물며 군주가 법을 자주 바꾸고 나라가 군주를 자주 바꾸게 되면, 사인(士人)은 그 자리를 이용하여 호악(好惡)을 억지로 관철시키고, 하민(下民)은 각각 흐트러져서 도저히 다스려지지 않는다.

그러므로 군주가 일(一)을 잃으면 그 혼란은 군주가 있지 않은 때보다 더 심해질 것이다. 즉 《시경(詩經)》에 '잘못도 실수도 없이 모두 옛것을 따르네(不愆不忘 率由舊章)'라고 한 것은 그런 의미이다.

군주가 지(智)를 좋아하면 시의(時宜)에 등을 돌리고 자신에 의지코자 하며, 명수(命數)를 버리고 사려(思慮)에 의지하려고 한다. 천하는 박대(博大)한데 인지(人智)는 천박(淺薄)하다. 천박한 것으로 박대한 것을 채우고자 하는 짓은 그 누구도 가능한 일이 아니다. 함부로 지(智)에 의지하다가는 반드시 잃는 것이 많다. 그러므로 지(智)를 좋아하는 것은 곤궁해지는 길이다.

군주가 용(勇)을 좋아하면 적(敵)을 깔보고 방비를 허술하게 하며 자신의 힘을 과신하여 원조를 거절한다. 그러나 한 사람의 힘으로 강적(强敵)을 방어하며, 중다(衆多)에 의지하지 않고 오로지 자신의 재지(才智)를 앞세워서는 도저히 방어할 수가 없다. 그런 까닭에 용(勇)을 좋아하는 것은 위험에 빠지는 길이다.

군주가 베풀기를 좋아하면 일정한 절도(節度)가 없게 되며, 윗사람이 절도가 정해지지 않으면 아랫사람의 욕망은 그칠 줄을 모른다. 가령 부렴(賦斂)을 많이 해서 국고(國庫)를 채우고자 하면 백성들의 원망을 산다. 조금 거두어 많이 베풀코자 하더라도 수량은 결코 보유될 수 없다. 그러므로 베풀기를 좋아하는 것은 원망을 초래하는 길이다.

인지용력(仁智勇力)은 사람의 뛰어난 재능이다. 그러나 그것에 의해 천하를 평치(平治)할 수 있는 것은 아니다. 이런 점으로 볼 때 현능(賢能)은 의지할 것이 못 되며, 도술(道術)이야말로 닦아서 얻지 않으면 안 되는 것임이 명백하다 할 수 있다.

原文 民有道所同道, 有法所同守, 爲義之不能相固, 威之不能相必也, 故立君以一民. 君執一則治, 無常則亂.

君道者, 非所以爲也, 所以無爲也. 何謂無爲. 智者不以位爲事. 勇者不以位爲暴, 仁者不以位爲惠. 可謂無爲矣.

夫無爲則得於一也. 一也者, 萬物之本也, 無敵之道也. 凡人之性, 少則猖狂, 壯則暴强, 老則好利. 一人之身, 旣數變矣. 又況君數易法, 國數易君, 人以其位通其好憎, 下之徑衢, 不可勝理. 故君失一, 則亂甚於無君之時. 故詩曰, 不愆不忘, 率由舊章. 此之謂也.

君好智, 則倍時而任己, 棄數而用慮. 天下之物博而智淺, 以淺澹博, 未有能者也. 獨任其智, 失必多矣. 故好智, 窮術也.

好勇, 則輕敵而簡備, 自侸而辭助. 一人之力以圍强敵, 不杖衆多而專用身才, 必不堪也. 故好勇危術也.

　好與則無定分. 上之分不定, 則下之望無止. 若多賦歛實府庫, 則與民爲讐, 少取多與, 數未之有也. 故好與, 來怨之道也.

　仁智勇力, 人之美才也, 而莫足以治天下. 由此觀之, 賢能之不足任也, 而道術之可脩明矣.

註解　○位(위)―능력. ○下之徑衢(하지경구)―경(徑)은 소도(小道). 구(衢)는 기로(岐路). 번잡하고 통일성이 없는 것을 비유한다. 여기서는 민중이 흐트러져서 통합성이 없는 것을 가리킨다. ○故詩曰(고시왈)……舊章(구장)―《시경》〈대아(大雅)〉 가락(假樂)에 있는 구절. '솔(率)'은 따르다란 의미이다.

　성인(聖人)은 마음 그대로 행동하고, 중인(衆人)은 욕망 그대로 행동한다. 군자는 정기(正氣)에 따라 행하고 소인은 사기(邪氣)에 따라 행한다. 내면은 본성에 따르고 외면은 의(義)와 일치되며, 이(理)에 따라 행동하고 외물(外物)에 사로잡히지 않는 것이 정기(正氣)이다. 미미(美味)를 좋아하고 가무음곡(歌舞音曲)에 빠지며 희로(喜怒)를 드러내고 후환(後患)을 돌아보지 않는 것이 사기(邪氣)이다.

　사(邪)와 정(正)은 서로 상처를 입히고 욕망과 본성은 서로 해쳐 양립할 수가 없다. 한 쪽이 서면 한 쪽은 폐해지는 것이다. 그런 까닭에 성인은 욕망을 없애고 본성에 따른다.

　눈은 색(色)을 좋아하고 귀는 소리를 좋아하며 입은 맛을 좋아한다. 접촉하여 기뻐하고 이해(利害)를 분별하지 않는 것은 기욕(嗜慾)이다. 먹어서 신체에 해가 되고, 들어서 도(道)에 어긋나며, 보아서 본성을 상하게 할 때, 삼관(三官)이 서로 다툴 때 의(義)에 의하여 이것을 통어하는 것은 심(心)이다. 종기를 째면 아프다. 극약을 먹으면 쓰다. 그러나 이것을 행하는 것은 신체에 좋기 때문이다.

목이 마를 때 물을 마시면 시원하다. 배가 고플 때 듬뿍 먹으면 만족한다. 그러나 이것을 통어하는 것은 성(性)에 해가 되기 때문이다. 이 사자(四者)는 귀나 눈이나 입도 취사(取捨)할 줄을 모르며, 마음이 제어해야만 각각 그 적당함을 알게 되는 것이다. 이런 점으로 볼 때 욕망을 방임해 두어도 좋은 것이 아님을 알게 될 것이다.

대저 몸을 다스리고 본성을 함양하며, 침기(寢起)를 절제하고 음식을 적절하게 먹으며 희노의 감정을 느슨하게 하고 동정(動靜)을 편안하게 하여, 자신이 원래 갖추고 있는 것을 발휘시킨다면 사기(邪氣)는 생기지 않는다. 어찌 상처와 종기 나는 것을 괴로워하는 것이 사전에 예비하는 것과 같을 수 있겠는가?

소를 삶는 솥이 펄펄 끓으면 파리나 등에 따위는 가까이 오지 못한다. 곤륜산(崑崙山)의 옥(玉)으로 귀걸이를 하면 먼지와 때 따위는 끼지 않는다. 성인은 버리고자 하는 마음을 가지지 않더라도 마음에 추함이 없고, 아름다움을 몸에 지니고자 하지 않더라도 아름다움이 갖춰져 있다.

또 제사 지낼 때면 부모를 생각하기만 할 뿐 복을 구하지는 않는다. 빈객의 향응에는 경건한 태도를 유지할 뿐, 덕을 베풀어 주기를 원하지 않는다. 구하는 마음이 없는 자가 유지해 나갈 수 있는 것이다.

존귀한 자리에 있는 자는 공도(公道)에 따라 사설(私說)을 가지지 않는다. 그러기에 그 '존귀함'을 칭찬받는 것이지 '현(賢)'을 가지고 칭찬받는 것은 아니다. 대지(大地)를 소유하고 있는 자는 불변의 도(道)에 따라 권모(權謀)에 참여치 않는다.

그러기에 '평(平)'으로 칭찬받는 것이지 '지(智)'를 가지고 칭찬받는 것은 아니다. 안으로는 폭정(暴政)에 의해 민중들이 이반하는 일이 없고, 밖으로는 책모를 쓰다가 제후들로부터 반감을 사는 일이 없으며, 상하는 엄밀하게 질서를 이루는데 비평하려는 자도 막연하여 포착할 수가 없다. 이것이 이른바 '무형(無形)에 감추어지는' 것이다. 무형에 감추어지지 않으면 어찌 형태가 있는 것으로 나타낼 수가 있을까?

原文 聖人勝心, 衆人勝欲. 君子行正氣, 小人行邪氣. 內便於性, 外合於義, 循理而動, 不繫於物者, 正氣也. 重於滋味, 任於聲色, 發於喜怒, 不顧後患者, 邪氣也, 邪與正相傷, 欲與性相害, 不可兩立, 一置一廢.

故聖人損欲, 而從性. 目好色, 耳好聲, 口好味. 接而說之, 不知利害, 嗜慾也. 食之不寧於體, 聽之不合於道, 視之不便於性, 三官交爭, 以義爲制者心也. 割痤疽, 非不通也. 飮毒藥, 非不若也. 然而爲之者, 便於身也. 渴而飮水, 非不快也. 饑而大飧, 非不澹也. 然而弗爲者, 害於性也. 比四者, 耳目口, 不知所取去. 心爲之制, 各得其所. 由是觀之, 欲之不可勝明矣.

凡治身養性, 節寢處, 適飮食, 和喜怒, 便動靜, 使在己者得, 而邪氣因而不生. 豈若憂痕疪之與痤疽之發, 而豫備之哉. 夫函牛之鼎沸, 而蠅蚋弗敢入. 崑山之王瑱, 而塵垢弗能汚也. 聖人無去之心, 而心無醜, 無取之美, 而美不失. 故祭祀思親, 不求福. 饗賓脩敬, 不思德. 唯弗求者, 能有之.

處尊位者, 以有公道而無私說, 故稱尊焉, 不稱賢也. 有大地者, 以有常術而無鈐謀, 故稱平焉, 不稱智也. 內無暴事以離怨於百姓, 外無賢行以見忌於諸侯, 上下之禮襲而不離, 而爲論者. 莫然不見所觀焉. 此所謂藏無形者. 非藏無形, 孰能形.

註解 ○勝心(승심)—'승(勝)'은 '임(任)'의 의미. ○三官(삼관)—식(食)・

청(聽)·시(視). ○四者(사자)—종기·극약·갈증·시장기. ○瘕疵(하자)— 흠. 상처. ○痤疽(좌저)—종기, 부스럼. ○函牛(함우)—소 한 마리를 삶을 만한 솥. 소를 통째로 삶을 수 있는 큰 솥. ○崑山(곤산)—곤륜산(崑崙山). 명옥(名玉)의 산지로 알려져 있다. ○瑱(진)—귀걸이 옥. ○不稱賢也(불칭현야)—이 경우의 '현(賢)'은 지혜, 재주란 뜻이다. ○常術(상술)—상도(常道). 항상 불변의 도. ○鈐謀(검모)—권모술수. ○襲(습)—의하다. ○非藏無形(비장무형), 孰能形(숙능형)—난해한데 유형(有形 : 천하 국가의 統治)은 무형에 감추어짐으로써(無爲를 유지함으로써) 질서가 잡힌다는 의미가 된다.

삼대(三代)가 도(道)로 삼은 것은 따르고 순응한다[因]는 것이다. 즉 우(禹)가 강하(江河)의 치수를 할 때 물[水]을 따랐다. 후직(后稷)이 씨를 뿌리어 곡류(穀類)를 심었던 것은 땅[地]을 따랐다. 탕왕(湯王)·무왕(武王)이 폭란(暴亂)을 평정한 것은 때[時]를 따랐다. 그렇다면 천하는 손에 들어오는 것이지 무리하게 취하는 것이 아니다.

패왕(覇王)의 지위는 받는 것이지 구하는 것이 아니다. 지(智)에 의하면 다른 사람은 논쟁을 벌이게 되고, 힘에 의하면 다른 사람들은 투쟁을 도발한다. 남의 지(智)를 상실케 할 수는 없어도 그 지를 이쪽으로 향하게 할 수는 있다. 남의 힘을 상실케 할 수는 없어도 그 힘을 이쪽에 향하도록 만들 수는 있다.

이 두 가지는 항상 명확한 형태로 계속 존재하고 있다. 그러므로 군주의 현(賢)이 밖으로 나타나지 않으면 제후(諸侯)는 방비를 굳히지 않는다. 군주의 우(愚)가 겉으로 나타나지 않으면 민중은 원망하지 않는다. 민중이 원망하지 않으면, 백성의 노동력을 얻을 수가 있고 제후가 방비를 굳히지 않으면 천하를 얻을 시의(時宜)를 얻게 될 것이다. 일은 백성과 협력해서 하는 것이며, 공(功)은 시의를 얻어야 성취되는 것이다. 성인은 이것을 무위(無爲) 가운데 행했다.

노자(老子)가 '호랑이도 그 발톱을 세우지 않고, 물소도 그 뿔을 쓸 곳이 없도다'라고 한 것은 곧 이것을 가리키는 것이다.

북은 소리를 안에 담아두지 않기 때문에 소리를 낼 수가 있다. 거울은 모양을 가지고 있지 않기 때문에 모양을 비춰내는 것이다. 금석(金石)은 울림소리를 내지만 두드리지 않으면 울리지 않는다. 관소(管簫)는 음색(音色)을 내지만 불지 않으면 소리가 나지 않는다. 성인은 지(智)를 속에 간직하고 있는데 어떤 일에도 앞서서 호령을 내리는 일은 없다. 그러나 일에 직면하면 이것을 제어하고 어떤 것에도 자재로이 대응한다.

겉을 꾸미는 것은 속을 상하게 한다. 정욕을 조장시키는 것은 정신을 해치게 한다. 문식(文飾)을 드러내는 것은 실질을 가리게 한다. 잠시라도 실질을 잃는 일이 없도록 노력을 하는 것은 본성을 곤궁케 한다. 백 걸음 나아가는 동안에도 그 용자(容姿)를 잃지 않는 것은 반드시 그 신체를 해친다. 그러므로 날개가 아름다운 것은 골해(骨骸)를 해치며 지엽(枝葉)이 아름다운 것은 근경(根莖)을 해친다. 양자(兩者 : 안과 겉)가 모두 아름다운 것은 천하에 존재하지 않는다.

原文 三代之所道者因也. 故禹決江河, 因水也. 后稷播種樹穀, 因地也. 湯武平暴亂, 因時也. 故天下可得而不可取也.

覇王可受而不可求也. 任智則人與之訟, 任力則人與之爭. 未有使人無智者, 有使人不能用其智於己者也. 未有使人無力者, 有使人不能施其力於己者也. 此兩者常在久見. 故君賢不見, 諸侯不備. 不肖不見, 則百姓不怨. 百姓不怨, 則民用可得, 諸侯弗備, 則天下之時可承. 事所與衆同也. 功所與時成也. 聖人無焉.

故老子曰, 虎無所措其爪, 兕無所措其角, 蓋謂此也.

鼓不臧於聲, 故能有聲. 鏡不設於形, 故能有形. 金石有聲, 弗叩弗鳴. 管簫有音, 弗吹無聲. 聖人內藏, 不爲物先倡. 事來而制, 物至而應.

飾其外者, 傷其內. 扶其情者, 害其神, 見其文者, 蔽其質. 無須臾忘爲質者, 必困於性. 百步之中, 不忘其容者, 必累其形. 故羽翼美者, 傷骨骸, 枝葉美者, 害根莖. 能兩美者, 天下無之也.

註解 ○三代(삼대)―하(夏)·은(殷)·주(周). ○江河(강하)―강(江)은 장강(長江), 하(河)는 황하. ○不可取也(불가취야)―강해서 취할 수 없다. ○老子曰(노자왈)―《노자》 제50장에 '선섭생자(善攝生者) 육행불우(陸行不遇) 시호(兕虎)……시무소투기각(兕無所投其角) 호무소조기조(虎無所措其爪)……부하고(夫可故) 이무기사지(以無其死地)'라고 되어있다. 시(兕)는 서(犀 : 물소)의 일종. 《노자》에서는 선하게 삶을 섭(攝 : 養)하는 자에 대해서는 시호(兕虎)도 해치지 않는다. 그것은 그들이 죽는 것을 두려워하지 않기 때문이다. 즉 삶에 구애받지 않는 자야말로 도리어 장수할 수 있다는 취지이다. 여기서는 시호(兕虎)를 밖의 제후에 비유하고 있다. ○管簫(관소)―피리의 종류. 소(簫)는 관(管)을 가로로 늘어놓아 만든 것. ○無須臾忘爲質者(무수유망위질자)……―의식적으로 질(質)에 힘쓰는 잘못을 가리킨다. 질(質)은 문(文)보다도 존귀한 것으로 여기는데 질을 인위적으로 추구해서는 안 되는 것이다. 한편 《문자(文子)》에서는 '현(賢)'을 '질(質)'로 적고 있다.

하늘은 밝은데 그것은 백성의 어두움을 우려해서가 아니다. 사람들은 문과 창문을, 구멍을 내서 만들어 스스로 조명(照明)을 취한다. 대지(大地)는 풍요로운데 그것은 백성의 빈곤함을 걱정해서가 아니다.

사람들은 나무를 베어내고 풀을 깎아서 스스로 부(富)를 획득한다. 지덕(至德)의 도(道)는 언덕과 산이 우뚝 솟아있어서 가는 사람의 목표가 된다. 즉 자신을 있는 그대로 유지하면서 남을 채워주는 것이지, 남을 위해 베풀고자 하는 것은 아니다.

한편 그것을 이용하려는 자도 그 은혜를 입었다고는 생각하지 않는데, 그러기에 안녕하게 영속(永續)된다. 천지는 주는 일은 하지 않는다. 그런 까닭에 뺏지도 않는다. 일월(日月)은 은혜를 표시하지 않는다. 그러므로 원망받는 일도 없다. 은혜를 기뻐하는 자는 반드시 원망하는 일도 많고 은혜를 주기를 기뻐하는 자는 반드시 뺏기도 잘한다. 행위의 흔적을 무위(無爲) 가운데 감추고 천지의 자연에 따르는 자만이 천리(天理)인 채로 따르고 이름을 받을 수가 있다. 명성이 일어나면 도(道)도 행해지고 도가 행해지면 위계(位階) 따위도 없어진다.

그런데 명예가 생겨나면 비방이 이에 따르고, 선(善)이 표면에 나타나면 악(惡)이 이것에 따른다. 이(利)는 해(害)의 시작이요 복은 화(禍)의 앞잡이이다. 단지 이(利)를 구하지 않는 자만이 해(害)를 받지 않게 되고, 복을 구하지 않는 자만이 화를 받지 않고 살 수 있다. 제후(諸侯)이면서 패자(覇者)가 되기를 구하는 자는 반드시 그 제후의 지위를 잃고, 패자이면서 왕이 되고자 하는 자는 반드시 그 패자의 지위도 잃는다.

즉 제후의 나라는 안온하게 유지하는 것이 상태(常態)이며 패왕(覇王)이 되는 것은 기우(奇遇)에 지나지 않는다. 몸은 삶을 온전케 하는 것이 상태이지 부귀를 얻는 것은 기우에 지나지 않는다. 천하를 취하고자 하되 그 나라를 해치는 짓은 하지 않고, 국사(國事)에 분주하되 그 몸을 해치는 짓은 하지 않는 자, 이런 사람이야말로 천하를 맡을 수가 있다.

도(道)를 모르는 자는 이미 자신에게 있는 것을 버리고 도리어 자신에게 없는 것을 구한다. 고생하고 걱정하며 결국에는 어긋나는 짓을 한다. 즉 복이 오면 기뻐하고 복이 떠나면 두려워한다. 정신은 모략으로 피곤해지고 지혜는 세상사에 소모되어, 화복(禍福)이 차례로 일어난다. 평생 자신에게서 일어난 결과임을 후회하지도 않고 도리어 남을 원망한다. 기뻐하지 않을 때는 걱정한다는 식으로 마음속은 언제나 불안정하다. 항상 지니고 있으면서도 밖을 비추는 거울[玄德]을 가지지 못한다. 이것을 광생(狂生)이라고 하는 것이다.

原文 天有明, 不憂民之晦也. 百姓穿戶鑿牖, 自取照焉. 地有財, 不憂民之貧也. 百姓伐木芟草, 自取富焉. 至德道者, 若丘山嵬然不動, 行者以爲期也. 直己而足物. 不爲人贛. 用之者, 亦不受其德. 故寧而能久. 天地無予也. 故無奪也. 日月無德也. 故無怨也. 喜德者, 必多怨, 喜予者, 必善奪. 唯滅迹於無爲, 而隨天地自然者, 唯能勝理, 而爲受名. 名興則道行, 道行則人無位矣.

故譽生則毀隨之, 善見則惡從之. 利則爲害始, 福則爲禍先. 唯不求利者, 爲無害, 唯不求福者, 爲無禍. 侯而求霸者, 必失其侯. 霸而求王者, 必喪其霸.

故國以全爲常, 霸王其寄也. 身以生爲常, 富貴其寄也. 能不以天下傷其國, 而不以國害其身者, 焉可以託天下也. 不知道者, 釋其所已有, 而求其所未得也. 苦心愁慮, 以行曲. 故福至則喜, 禍至則怖. 神勞於謀, 智遽於事, 禍福萌生, 終身不悔己之所生, 乃反怨人. 不喜則憂, 中未嘗平, 持無所監, 謂之狂生.

註解 ㅇ贛(공)-주다. 내리다. ㅇ理(이)-천리(天理). ㅇ焉可以託天下也(언가이탁천하야)-《노자》 제13장 말미의 글〈道應訓〉에 이미 나왔다)에 근거하고 개변(改變)한 것이다. ㅇ遽(거)-지치다. 피로하다. ㅇ萌生

(맹생)―돋아나는 모습. ㅇ所監(소감)―현덕(玄德). ㅇ狂生(광생)―근본을 가지지 못한 자. 〈남명훈(覽冥訓)〉에 '개광생이무기본자야(皆狂生而無其本者也)'라고 되어있다.

군주가 인(仁)을 좋아하면 공적이 없는 자가 상을 받고 죄를 범한 자가 용서받는다. 형(刑)을 좋아하면 공적이 있는 자가 파면되고 무죄한 자가 주살(誅殺) 당한다. 호악(好惡)의 정(情)을 가지지 않은 군자라면 베풀어도 덕이 되지 않는다. 준승(準繩)에 따르고 스스로는 정사(政事)에 관여하는 일이 없는 것처럼 하면 하늘과 땅이 덮어주고 실어주는 것과 같이 된다.

즉 화합하고 관용하는 것은 군주이며 규제하고 주살하는 것은 법률이다. 백성이 주살 당하더라도 원망하지 않는 것을 도(道)라고 한다. 도가 이기면 사람은 무사하게 된다.

성인(聖人)은 기이한 복장을 걸치지 아니하고 기교(奇矯)한 행동을 하지 않는다. 복장도 행동도 하는 말도 모두 사람들로부터 주목받는 일이 없고 순조로워도 화려하게 행동하지 않으며, 곤궁해도 두려워하지 않고 영달해도 눈에 띄지 않으며, 묻혀 지내도 궁해지는 일이 없고, 남과 다른 점이 있더라도 의심받지 않으며, 관용함으로써 중인(衆人)과 함께 있게 되고 이름을 붙일 수가 없다. 이것을 '대통(大通)'이라고 한다.

승강(昇降)·집양(揖讓)·추상(趨翔)·주선(周旋) 등의 제례(諸禮)는 부득이한 행위이며 몸에 지닌 본성에서 나오는 것이 아니므로 인정(人情)에도 부합하지 않는다. 부득이한 짓을 해서 영합하지 않을 일이다. 어찌 새삼스러운 소위(所爲)를 가할 필요가 있겠는가?

대저 부득이하여 노래를 부르는 자는 비애(悲哀)의 정(情)을 불러 일으키는 것을 목적으로 하지 않으며, 부득이하여 춤을 추는 자는 우미(優美)함을 보여주기 위해서 추지 않는다. 감상(感傷)이라든가 우미(優美)함을 위해 가무(歌舞)하지 않는 자는 모두 마음속에 그런 뿌리가 없기 때문이다.

　도박을 잘하는 자는 대승(大勝)하기를 바라지 아니하고, 패배하는 것을 두려워하지 않으며, 마음을 평정(平靜)에 집중시키어 육저(六箸)를 적절하게 던지고 육기(六棊)를 도리에 맞도록 진행한다. 그러므로 반드시 이기지는 못하더라도 확실하게 점수를 벌려 나갈 수 있다. 왜냐하면 승리는 시운(時運)에 따르는 것이지 욕심을 내어 얻어지는 것은 아니기 때문이다.

　명기수(名騎手)는 선두에 서려고 안달하지 아니하고 뒤처지는 것을 두려워하지 않으며 완급(緩急)의 고삐 조절을 적절하게 하여 기수의 마음은 말과 일체가 된다. 그러므로 반드시 선두에 설 수는 없더라도 분명 말에게 전력을 기울이게 할 수 있다. 왜냐하면 선두에 서는 것은 시운(時運)이지 욕심을 내서 얻어지는 것이 아니기 때문이다.

　즉 욕심을 없애면 승운(勝運)을 놓치는 일이 없고 지(智)를 버리면 도(道)가 확립되는 것이다. 상인(商人)은 여러 가지 장사에 손을 넓혀나가면 실패하고, 공인(工人)은 여러 가지 기술을 몸에 익히다가는 궁해지고 만다. 마음이 한 점(点)에 집중하지 못하기 때문이다. 즉 큰 나무는 나뭇가지의 끝이 말라 버리고 대해(大海)·대하(大河)는 깊은 곳이 더러워지는 것과 같다.

　지(智)가 있더라도 필연의 도리를 얻지 못하면 송곳으로 구멍을 뚫어도 관통되지 않는다. 백 가지 기술이 있다 하더라도 하나인 도(道)가 없으면 비록 그 기술을 수득(修得)해도 유지할 수 없다. 그런 까닭에 《시경(詩經)》에 '훌륭한 군자는 그 도(道)가 하나이다. 그 도는 하나이기에 그 마음은 굳게 맺어져 있네'라고 하였다. 군자는 하나인

도에 맺어져 있는 것일까?

原文 人主好仁, 則無功者賞, 有罪者釋. 好刑, 則有功者廢, 無罪者誅. 及無好者, 誅而無怨, 施而不德. 放準循繩, 身無與事, 若天若地, 何不覆載. 故合而舍之者君也, 制而誅之者法也. 民已受誅無所怨憾, 謂之道. 道勝則人無事矣.

聖人無屈奇之服, 無瑰異之行. 服不視, 行不觀, 言不議, 通而不華, 窮而不懾, 榮而不顯, 隱而不窮, 異而不見怪, 容而與衆同, 無以名之, 此之謂大通.

升降揖讓, 趨翔周遊, 不得已而爲也. 非性所有於身, 情無符檢. 行所不得已之事, 而不解構耳. 豈加故爲哉. 故不得已而歌者, 不事爲悲, 不得已而舞者, 不矜爲麗. 歌舞而不事爲悲麗者, 皆無有根心者. 善博者不欲牟, 不恐不勝, 平心定意, 投得其齊, 行由其理, 雖不必勝, 得籌必多. 何則勝在於數, 不在於欲.

馳者不貪最先, 不恐獨後, 緩急調乎手, 御心調乎馬, 雖不能必先載, 馬力必盡矣. 何則先在於數, 而不在於欲也. 是故滅欲則數勝, 棄智則道立矣. 賈多端則貧, 工多技則窮. 心不一也.

故木之大者, 害其條, 水之大者, 害其深. 有智而無術, 雖鑽之不通, 有百技而無一道, 雖得之弗能守. 故詩曰, 淑人君子, 其儀一也, 心如結也. 君子其結於一乎.

註解 ○屈奇之服(굴기지복)—체형(體型)에 맞지 않는 복장. ○瑰異之行(괴이지행)—'괴(瑰)'는 기이하다. 또는 기교한 행동. ○揖讓(집양)—손을 마주잡고 하는 인사. 겸양의 뜻을 나타낸다. ○趨翔(추상)—귀인 앞을 지나갈 때 공수(拱手)하며 몸을 약간 숙이고 잰걸음으로 지나가는 예(禮). ○符檢(부검)—부(符 : 표)에 의해 증거하는 것. 여기서는 완전하게 합치

되는 것. ○解構(해구)－영합하다. 〈숙진훈(俶眞訓)〉에서 '해구(解構)란 회합(會合)하는 것이다.'라고 했다. ○博(박)－도박. ○牟(무)－《초사(楚辭)》 초혼(招魂)의 왕일(王逸) 주에 '배승(倍乘)을 무(牟)라고 한다'라 했다. 보통의 배승을 가리키는 것. ○投得其齊(투득기제)－제(齊)는 그 적(適)을 얻는 것. ○勝在於數(승재어수)－'수(數)'는 인력(人力)으로는 어찌할 수 없는 운명. 즉 승패는 시운(時運)에 달려 있다는 뜻이다. 그러나 무위(無爲)인 채 시운에만 따르라는 것이 아니라 승리에 구애되면 모처럼 찾아오는 승운을 놓치게 된다는 것이다. '진인사대천명(盡人事待天命)'이란 정도의 의미이다. ○馳者(추자)－마술(馬術) 경기의 기수(騎手). 여기서는 특히 그 명인(名人)을 가리킨다. ○詩曰(시왈)……必如結也(필여결야)－《시경》〈국풍(國風)〉 조풍(曹風) 시구(鳲鳩)의 구절. 단,《시경》에서는 '야(也)'자를 모두 '혜(兮)'자로 적고 있다. '숙인(淑人)'은 선인(善人). 정전(鄭箋)에 '숙(淑)은 선(善)이다.'라고 했다. '의(儀)'는 여기서는 도(道).

순(舜)은 오현(五絃)의 금(琴)을 타면서 '남풍(南風)의 시(詩)'를 노래 불렀고 그것에 의해 천하를 다스렸다. 주공(周公)은 제사 음식을 거두지 않고 종고(鐘鼓)를 대(臺)에서 내리지 않았으며, 그것에 의해 성왕(成王)을 보좌하여 해내(海內)는 평화로웠다.

그런데 서민은 혼자서 백무(百畝)의 땅을 지키는 데도 쉴 틈이 없는 것은 이것을 맡긴 사람이 없기 때문이다. 성인(聖人)이 혼자서 천하 만사를 담당하면서 날짜에 여유가 있는데도 빨리 처리해야 할 일이 없는 것은 남에게 맡기기 때문이다.

존귀한 자리에 앉는 사람은 시(尸)와 같으며 관직에 임하는 자는 제주(祭主)와 같다. 시(尸)는 비록 개 가죽을 벗기고 돼지고기를 구울 수 있더라도 하지를 않는다. 하지 않더라도 상관없기 때문이다. 비록 조(俎)와 두(豆)를 진설하는 순서라든가 서직(黍稷)을 바치는 순서를 알고 있더라도 가르쳐 주지 않는다. 하지 않더라도 상관없기 때문이다. 제주(祭主)의 일을 할 수 없는 자는 제주가 될 수 없지만 시(尸)가 되는 것은 상관이 없기 때문이다.

말을 다룰 수 없는 자는 어자(馭者)가 될 수 없지만 군주로서 수레 왼편에 앉는 것은 상관이 없다. 그런 까닭에 자리가 존귀할수록 내 몸은 편안해지고 내 몸이 위대하게 될수록 일은 적어진다. 예컨대 금(琴)의 줄을 매는 데 소현(小弦)은 단단히 매지만 대현(大弦)은 느슨하게 매는 것과 같다.

무위(無爲)인 것이 도(道)의 본체이다. 집후(執後)가 도의 양태(樣態)이다. 무위가 유위(有爲)를 제어할 수 있는 것은 도(道)의 술(術)이다. '집후(執後)'가 '선(先)'을 제어할 수 있는 것은 도의 수(數)이다. 도술에 의하면 강하고 필연의 이(理)를 밝히면 안녕하다.

이제 남에게 변씨(卞氏)의 벽옥(璧玉)을 주는 경우 결코 주고자 하지 않는 것은 '선(先)'이다. 요구해 오면 그것을 내주고 원망스럽기는 하지만 거역하지 않는 것은 '집후(執後)'이다. 세 사람이 한 방에 있을 때, 두 사람이 다투되 서로 옳다고 믿으며 상대방의 말에 귀를 기울이려고 하지 않는다면 남은 한 사람은 우매하더라도 반드시 옆에서 이 다툼을 판결하게 된다. 그것은 지혜가 있는 자이기 때문이 아니라 다투지 않고 있기 때문이다.

두 사람이 싸울 때 한 겁쟁이가 옆에 있으면서 한 사람을 도우면, 그 사람은 반드시 이기고 한 사람을 도우면 그 사람은 재액을 면할 수 있는 것처럼, 싸우는 자가 강하더라도 반드시 한 사람의 겁쟁이에게 제어 당하고 만다. 그것은 용맹스럽기 때문이 아니라 싸우지 않고 있었기 때문이다.

이것에 의하면 뒤에 선 자가 앞선 자를 제어하고 조용한 자가 바쁘게 움직이는 자를 제어하는 것은 필연적인 도리이다. 그런데도 세상 사람들은 도에 어긋나게, 필연적 도리를 버리고, 우연의 기회를 찾으며 항상성이 있는 도리를 고치어 지혜에 의해 막으려고 한다.

잘 되어가지 않으면 실패했다고 생각하고, 잘 되어가면 올바른 도(道)에 따라 나타난 것이라고 생각하며, 함부로 행동하고 잘못 고쳐 나가며 죽을 때까지 깨닫지를 못하는 것, 이것을 '광(狂)'이라고 한다. 화(禍)를 당하면 굴복하고 복을 얻으면 증장(增長)하며, 실패하면 후회하고, 성공하면 자만하는 식이어서 본도(本道)로 돌아올 줄 모르는 것, 이것을 '광인(狂人)'이라고 하는 것이다.

原文 舜彈五絃之琴, 而歌南風之詩, 以治天下. 周公殽腏不收於前, 鐘鼓不解於縣, 以輔成王而海內平. 匹夫百畮一守, 不遑啓處, 無所移之也. 以一人兼聽天下, 日有餘而治不足, 使人爲之也.

處尊位者如尸, 守官者如祝宰. 尸雖能剝狗燒彘, 弗爲也. 弗能無虧. 俎豆之列次, 黍稷之先後, 雖知不敎也. 弗能無害也. 不能祝者, 不可以爲祝, 無害於爲尸. 不能御者, 不可以爲僕, 無害於爲佐. 故位愈尊, 而身愈佚, 身愈大, 而事愈少. 譬如張琴小絃雖急, 大絃必緩.

無爲者, 道之體也. 執後者, 道之容也. 無爲制有爲, 術也. 執後之制先, 數也. 放於術則强, 審於數則寧.

今與人卞氏之璧, 未受者先也. 求而致之, 雖怨不逆者後也. 三人同舍, 二人相爭, 爭者各自以爲直, 不能相聽, 一人雖愚, 必從旁而決之. 非以智, 以不爭也. 兩入相鬪, 一贏在側, 助一人則勝, 救一人則免, 鬪者雖强, 必制一贏, 非以勇也, 以不鬪也.

由此觀之, 後之制先, 靜之勝躁, 數也. 倍道棄數, 以求苟遇, 變常易故, 以知要遮. 過則自非, 中則以爲候, 闇行繆改, 終身不寤,

此之謂狂. 有禍則詘, 有福則嬴, 有過則悔, 有功則矜, 遂不知反,
此謂狂人.

註解   ○舜彈五絃之琴(순탄오현지금), 而歌南風之詩(이가남풍지시), 以
治天下(이치천하)─《예기》〈악기(樂記)〉에도 '석자(昔者) 순작오현지금
(舜作五弦之琴) 이가남풍(以歌南風)'이라고 되어있으며 그 정주(鄭註)에
'남풍은 장양(長養)의 바람이다. 이로써 부모의 장양을 말할 뿐, 그 말은
아직도 들리지 않누나'라고 했다. ○殽胾(효이)─효(殽)는 뼈가 붙어 있는
고기. 《경전석문(經典釋文)》 예기전례(禮記典禮) 상(上)에 '숙육(熟肉)의
뼈가 있는 것을 효(殽)라고 한다'라는 해설이 있다. '이(胾)'는 뼈가 들어
있는 젓갈. 《설문(說文)》에 '유골해야(有骨醢也)'라고 했다. ○縣(현)─
종(鐘)·고(鼓)를 걸어놓는 것. ○百晦(백묘)─백묘(百畝). 묘(晦)는 묘(畝)
의 본자(本字). ○一守(일수)─일부일부(一夫一婦)를 지키는 것. ○治不
足(치부족)─할 일이 없어서 한가로운 것. ○尸(시)─위패. 조상의 제사
때 신령(神靈) 대신 제사를 받는 자. ○俎(조)─궤(机) 모양의 제기(祭器).
○豆(두)─굽이 달린 그릇. ○黍稷(서직)─제물(祭物). ○佐(좌)─수레 왼
쪽에 타는 자. 어자(御者)는 중앙에 타고 군주는 그 왼쪽에 탄다. ○小絃
(소현)─금(琴)의 가느다란 줄. 〈태족훈(泰族訓)〉에도 '장금자(張琴者) 소
현급이대현완(小絃急而大絃緩)'이라고 되어있다. ○執後(집후)─뒤에 위
치를 잡는 것. 즉 일부러 뒤처지는 것. 《노자》에 '시이성인(是以聖人) 후
기신이신선(後其身而身先)'(제7장)이라고 되어있다. ○術(술)─도술(道術).
○卞氏之璧(변씨지벽)─초(楚)나라의 변화(卞和)가 얻었던 옥벽(玉璧).
《한비자》〈화씨편(和氏篇)〉 등에 보인다. ○受(수)─여기서는 '수(授)하
다'란 의미로 번역했다. ○故(고)─도리(道理).

컴퍼스[規]로 그린 원(圓), 자[矩]로 그린 사각(四角), 정연한 행

동, 위세를 갖춘 모습으로는, 소수(少數)를 통솔하는 데는 좋지만 다수를 통어할 수는 없다. 여뀌나 채소를 나란히 심고 병이나 항아리에는 받침대를 괴어 놓으며, 곡식을 되어 찧고 쌀을 되어 밥 짓는 것 등은 집안을 다스리는 데는 좋지만 나라 다스리는 데는 쓸모가 없다.

그릇을 닦아서 밥을 먹게 하고 술잔을 씻어서 마시게 하며, 손을 씻은 다음 식사를 들게 하는 것은 한 가정의 노인을 봉양하는 데는 좋으나 삼군(三軍)의 군대를 먹이는 데는 쓸모가 없다.

간이(簡易)하지 않으면 대(大)를 다스리고 중(衆)을 정돈할 수는 없다. 큰 예악(禮樂)은 반드시 간이(簡易)하다. 이(易)하면 하늘과 같고 간(簡)하면 땅과 같아서 모든 것을 실을 수가 있다. 대악(大樂)은 원망의 음색(音色)이 없고, 대례(大禮)는 무리한 것을 강요하지 않는다. 그러므로 사해(四海) 안의 모든 것을 통괄한다. 그런 까닭에 제(帝)가 되는 것이다.

마음에 근심이 있는 자는 광상(筐牀)이나 임석(衽席)에 눕더라도 안면(安眠)할 수가 없고, 고반(菰飯)이나 우육(牛肉)도 맛있게 먹을 수가 없으며, 금슬(琴瑟)이나 명우(鳴竽)를 들어도 즐겁지가 않다. 우환이 없어져야 비로소 먹는 것이 맛있고 잠을 편안하게 자며 태평해져서 잔치 자리도 즐거워진다. 이런 점에서 볼 때 산다는 것에는 즐거움이 있고, 죽는다는 것에는 슬픔이 있다.

그런데 지금은 사람들이 본성이 즐거워하지 않는 일을 자꾸 늘리고 그것에 의해 본성이 즐거워하는 바를 해치고 있다. 그러므로 천하를 지배할 만한 부(富)를 가지고, 천자(天子)라는 귀한 지위에 있더라도 역시 비애(悲哀)하는 사람의 경지를 면치 못하는 것이다.

대저 사람의 본성은 편안한 것을 즐기고 근심과 괴로움을 싫어하며, 평온한 것을 즐기고 고통받기를 싫어하게 마련이다. 마음이 항상 무욕(無慾)한 것을 평온이라고 할 수 있고, 신체가 항상 무사한 것을 평안이라고 할 수 있다. 마음을 평온한 경지에 풀어놓고 신체를 평안한 경지에 이르게 하며, 그런 상태에서 천명(天命)을 기다리고 내면세계에서 즐기며, 외계(外界)에 얽매이는 일이 없다면 비록 천하의 크기를 가지고도 그 몸의 한 단편(斷片)도 바꿀 수가 없고, 비록 일월(日月)이 숨더라도 그 뜻을 흐트러뜨리는 일이 없다.

그런 까닭에 천하더라도 귀한 것 같고, 빈곤하더라도 부유한 것 같다. 대도(大道)는 형태가 없고, 대인(大仁)은 사(私)가 없으며, 대변(大辯)은 소리가 없고, 대렴(大廉)은 불평이 없으며, 대용(大勇)은 자랑하지 않는다. 이 다섯 가지를 착실히 몸에 익히고 버리는 일이 없다면 거의 방(方)으로 향하여 갈 수 있을 것이다.

原文 員之中規, 方之中矩, 行成獸, 止成文, 可而將少, 而不可以將衆. 蓼菜成行, 甁甌有堤, 量粟而舂, 數米而炊, 可以治家, 而不可以治國. 滌杯而食, 洗爵而飮, 浣而後饋, 可以養家老, 而不可以饗三軍. 非易不可以治大, 非簡不可以合衆. 大樂必易. 大禮必簡. 易故能天. 簡故能地. 大樂無怨, 大禮不責. 四海之內, 莫不繫統, 故能帝也.

心有憂者, 筐牀衽席, 弗能安也. 菰飯犓牛, 弗能甘也, 琴瑟鳴竽, 弗能樂也. 患解憂除, 然後食甘, 寢寧, 居安, 游樂. 由是觀之, 生有以樂也, 死有以哀也, 今務益性之所不能樂, 而以害性之所以樂. 故雖富有天下, 貴爲天子, 而不免爲哀之人.

凡人之性, 樂恬而憎憫, 樂佚而憎勞. 心常無欲, 可謂恬矣. 形常無事, 可謂佚矣. 遊心於恬, 舍形於佚, 以佚天命, 自樂於內, 無急於外, 雖天下之大, 不足以易其一槩, 日月庾, 而無漑於志. 故雖賤如貴, 雖貧如富. 大道無形, 大仁無親, 大辯無聲, 大廉不嗛, 大勇不矜. 五者無棄, 而幾鄕方矣.

註解   ○行成獸(행성수)−정연하게 진형(陣形)을 이루어 행동하는 것. ○蓼菜成行(요채성행), 瓶甌有堤(병구유제)……−'요채(蓼菜)'는 여뀌와 채소, '제(堤)'는 병이나 항아리 등을 안정시키기 위해 그 바닥에 까는 것. ○浣而後饋(완이후궤)−'완(浣)'은 손을 씻다. ○大樂(대악), 大禮(대례)− 예악(禮樂)은 원래 도가(道家)가 제일 배척하던 것인데 여기서는 그것에 대(大)를 얹음으로써 유가(儒家)의 예악을 초월하는 참된 예악이라며 이것을 용인한다. 유도(儒道)를 절충한 사상의 하나이다. ○易故能天(이고능천). 簡故能地(간고능지)−《역경(易經)》〈계사전(繫辭傳) 상(上)〉에 '건이이지(乾以易知) 곤이간능(坤以簡能)'이라고 되어있다. 건(乾)은 하늘, 곤(坤)은 땅을 나타낸다. ○筐牀(광상)−대나무를 엮어서 평평하게 만든 침상. ○衽席(임석)−요를 깐, 부드러운 침상. ○菰飯(고반)−'고(菰)'는 쌀(벼)과 같은 열매를 맺는 수초(水草). ○犓牛(추우)−여물로 기른 소. ○鳴竽(명우)−피리의 일종. ○一槩(일개)−《설문(說文)》에 '개(槩)'를 '골(扢)・두(斗)・곡(斛)이다'라고 했다. 소량(小量)을 가리킴이다. ○溉(개)−관(灌). ○大道無形(대도무형)……大勇不矜(대용불긍)−《장자》〈제물론편(齊物論篇)〉에 '부대도불칭(夫大道不稱) 대변불언(大辯不言) 대인불인(大仁不仁) 대렴불겸(大廉不嗛) 대용불기(大勇不忮)'라고 되어있다. ○嗛(겸)−원망하다. ○方(방)−도(道).

군대에서 명령을 많이 내리면 혼란해지고, 주석(酒席)에서 약속하는 일이 많으면 언쟁이 일어난다. 문란해지면 패배하고 언쟁하면 서로 해친다. 그리하여 처음에는 도읍을 출발한 병사는 언제나 풀이 우거진 변두리 땅에서 패사(敗死)하게 되고 환락으로 시작한 주석은 언제나 비탄으로 끝나게 된다. 그러나 그 시작을 간이(簡易)하게 하면 그 끝은 반드시 조화를 이루게 되는 것이다.

지금 여기에 미주(美酒)라고 하는 좋은 술이 있고 그것으로 향응을 하며 몸을 낮추면서 말을 공손히 하고 함께 즐기기에 힘쓰고자 하는데, 술잔이 찼다, 안 찼다로 싸우다가 오히려 다툼이 되며 서로 해치고 친척들과 함께 원한을 사고 미워하는 상태로 발전된다. 이것은 술의 폐해이다. 시(詩)의 폐해는 편향(偏向), 악(樂)의 폐해는 중상(中傷), 예(禮)의 폐해는 혹박(酷薄)이다.

치(徵)의 음계(音階)에는 우(羽)의 음(音)이 섞여 있으며, 우(羽)의 음계에는 치(徵)의 음도 섞여 있다. 이런 각 오음(五音)에는 모든 음이 갖춰져 있는데, 특히 치(徵)라든가 우(羽)의 음계라고 이름이 붙여진 것은 현저한 음에 따라서 그렇게 부르는 것이다. 즉 인의지용(仁義智勇)은 성인(聖人)이 그 모두를 몸에 갖추고 있는데, 그래도 한 가지씩 이름이 지어진 것은 그 현저한 것에 따라서 그렇게 칭해진 것이다.

양기(陽氣)가 동북(東北)에서 일어나 서남(西南)에서 다하고, 음기(陰氣)는 서남에서 일어나 동북에서 다한다. 음양이 나뉘어지기 시작하는 때는 항상 조화를 이루어 서로 비슷한데, 날마다 각각 그 유별(類別)을 분명케 하고 차츰 서로 멀어지면서, 혹은 뜨겁기가 모래를 태울 정도가 되기도 하고, 혹은 춥기가 물을 얼게 할 정도가 된다. 그러므로 성인은 거듭 쌓기 시작하는 무렵에 신중한 법이다.

물은 산에서 발원하여 바다로 흘러들고 벼는 들에서 나서 창고에 수납된다. 출발점을 보면 그 귀결(歸結)을 알 수 있는 것이다. 제사를 지낼 때 자리(깔개)는 억새·갈대로 짠 것을 제일로 여기고 제상(祭床)에는 현주(玄酒)를 윗자리에 놓고, 조(俎)는 생선을 제일로 여기며, 두(豆)에 있어서는 대갱(大羹)을 제일로 여긴다.

이런 것들은 모두 보기에도 안 좋고 맛도 없는 것들인데, 선왕(先王)이 이것을 존귀하게 여겼던 것은 근본을 앞에 하고 말절(末節)을 뒤로 돌려야 한다고 생각했기 때문이다.

성인은 사물에 대처할 때 스스로는 변하는 일이 없이 사물의 변화

에 응하는 능력이 있다. 본디 추위와 더위는 상반하는 것으로서 대한
(大寒)에는 지면이 갈라지고 물은 어는데 불은 그 세(勢)가 쇠퇴해지
는 일이 없고, 대서(大暑)에는 돌을 태우고 금속을 녹이는데 불은 그
맹렬함을 더하지 않는다. 불이 한서(寒暑)의 변화에 따라 자체에 손
익(損益) 되는 일이 없는 것은 일정한 질(質)을 보유하고 있기 때문이
다.

原文 軍多令則亂, 周多約則辯. 亂則降北, 辯則相賊. 故始於都
者, 常卒於鄙, 始於樂者, 常卒於悲. 其作始簡者, 其終卒必調. 今
有美酒嘉肴以相饗, 卑體婉辭以接之, 欲以合歡, 爭盈爵之閒, 反生
鬪, 鬪而相傷, 三族結怨, 反其所憎, 此酒之敗也. 詩之失僻, 樂之
失刺, 禮之失責.

徵音非無羽聲也, 羽音非無徵聲也. 五音莫不有聲, 而以徵羽定
名者, 以勝者也. 故仁義智勇, 聖人之所備有也. 然而皆立一名者,
言其大者也.

陽氣起於東北, 盡於西南. 陰氣起於西南, 盡於東北. 陰陽之始,
皆調適相似, 日長其類, 以侵相遠, 或熱焦沙, 或寒凝水. 故聖人謹
愼其所積.

水出於山, 而入於海, 稼生於野, 而藏於廩. 見所始, 則知終矣.
席之先雚蕈, 樽之上玄酒, 俎之先生魚, 豆之先泰羹, 此皆不快於
耳目, 不適於口腹, 而先王貴之, 先本而後末.

聖人之接物, 千變萬軫, 必有不化而應化者. 夫寒之與煖相反, 大
寒地坼水凝, 火弗爲衰其熱, 大暑鑠石流金, 火弗爲益其烈. 寒暑之
變, 無損益於己, 質有之也.

註解 ○爭盈爵之閒(쟁영작지간), 反生鬪(반생투)－작(爵)은 마실 때

잔이 찼다, 차지 않았다 하며 다투는 것. ○三族(삼족)—친족(親族). 부(父)·자(子)·손(孫). 부(父)와 자기와 자(子)의 곤제(昆弟), 부모·형제·처자, 부(父)와 모(母)와 처(妻)의 족(族) 등 여러 가지 설이 있다. ○詩之失僻(시지실벽), 樂之失刺(악지실자), 禮之失責(예지실책)—'벽(僻)'은 인간이나 사회의 부정적인 면만 강조하는 경향. '자(刺)'는 높은 자리에 있는 사람에 대한 비판. '책(責)'은 남에 대해서 지나치게 엄한 태도로 대하는 것이리라. ○五音(오음)—〈시칙훈(時則訓)〉 참조. ○藿藫(관담)—'관(藿)'은 《이아(爾雅)》 석초(釋草)에서는 '환란(芄蘭 : 박주가리)'이라고 했다. ○玄酒(현주)—의례(儀禮)에 사용하는 물. ○泰羹(태갱)—오미(五味)를 하지 않은 국. ○千變萬軫(천변만진)—'진(軫)'은 전(轉)하는 것. 즉 천변만화(千變萬化).

성인(聖人)은 항상 뒤처지며 앞서지 않고, 항상 대응할 뿐 창도(唱導)하지 않으며, 나아가서 구하는 일이 없고 물러서서 양보하는 일도 없다. 시절에 편승할 생각으로 3년이 지나면 때는 멀어져 가서 자신의 앞에 있고, 시절에 멀어지고자 하여 3년이 지나면 때는 자신의 뒤에 있다. 멀어지려고도, 가까워지려고도 하지 않으며 그 중간에 서있다.

천도(天道)는 편사(偏私)가 없고 단지 덕있는 자의 편을 든다. 유도자(有道者)는 시의(時宜)를 잃으면서까지 남에게 주려 하지는 않고, 무도자(無道者)는 시의에 어긋나가며 남으로부터 취한다. 비록 자신을 바르게 하여 시명(時命)을 기다리고 있어도 시절이 멀어져가는 경우 출영하며 되돌리지는 않는다. 가는 사람을 막고 합일(合一)코자 하더라도 시절이 멀어져가는 경우 따라가서 되돌릴 수는 없다.

그런 까닭에 '내가 무위무책(無爲無策)이었기 때문에 천하가 멀어졌다'라고 말할 수도 없고, '내가 바라지 않았기 때문에 천하가 도래

(到來)하지 않는다'라고도 말할 수 없는 것이다.

옛날 자기 자신을 제대로 보존했던 사람은 덕을 즐기고 몸의 천함에 무관심했었기 때문에 명성(名聲)을 위해 뜻을 움직이는 일은 없었다. 또 도(道)를 즐기고 몸의 빈궁함에 무관심했기 때문에 이욕(利慾)을 위해 마음을 움직이는 일은 없었다. 비록 명리(名利)가 천하에 충만하더라도 뜻은 미동(微動)도 하지 않았다.

그래서 청렴함으로써 마음을 즐기고, 평정을 가짐으로써 마음이 평온했다. 이렇게 해서 그 몸을 닦은 사람이야말로 함께 도(道)를 이야기할 수가 있다.

내 몸이 생(生)을 향수(享受)했을 때부터 황망(荒芒)의 태고(太古)에 이르기까지 얼마나 먼가? 내 몸이 멸망한 다음 언제 끝날지 모르는 천하의 끝에 이르기까지는 또 얼마나 멀단 말인가! 수십 년의 수명을 가지고 천하의 어지러움을 걱정하는 것은 하수(河水)가 적은 것을 걱정하여 눈물로 이것을 늘어나게 하려는 것과 비슷하다.

거북은 3천 년, 하루살이는 3일의 수명에 지나지 않는다. 그 하루살이가 거북을 위해 양생법(養生法)을 걱정한다면 사람들은 반드시 웃을 것이다. 그러므로 천하의 어지러움을 걱정하지 않고, 자기 몸 수양하기를 즐거워하는 사람, 이런 사람이야말로 함께 도(道)를 이야기할 수가 있다.

原文 聖人常後而不先, 常應而不唱, 不進而求, 不退而讓. 隨時三年, 時去我先, 去時三年, 時在我後. 無去無就, 中立其所. 天道無親, 唯德是與. 有道者, 不失時與人. 無道者, 失於時而取人. 直己而待命, 時之去, 不可迎而反也. 要遮而求合, 時之去, 不可追而援也. 故不曰我無以爲而天下遠. 不曰我不欲而天下不至.

古之存己者, 樂德而忘賤. 故名不動志. 樂道而忘貧. 故利不動心. 名利充天下, 不足以槪志. 故廉而能樂, 靜而能澹. 故其身治者, 可與言道矣.

　自身以上至於荒芒亦遠矣. 自死而天下, 無窮亦滔矣. 以數雜之壽, 憂天下之亂, 猶憂河水之少, 泣而益之也. 龜三千歲, 浮游不過三日. 以浮游而爲龜憂養生之具, 人必笑之矣. 故不憂天下之亂, 而樂其身之治者, 可與言道矣.

[註解]　○無去無就(무거무취), 中立其所(중립기소)－성인(聖人)은 시의(時宜)란, 원해서 얻어지는 것이 아님을 자각하고 그것에 초연하고 있음을 가리키는 말이다. ○天道無親(천도무친), 唯德是與(유덕시여)－《노자》 제79장에 '천도무친(天道無親), 상여선인(常與善人)'이라고 되어있는 뜻을 포함하고 있다. ○有道者(유도자)……無道者(무도자)……－유도자는 하늘이 준 때를 지상(至上)의 것으로 삼아 소중히 하는데, 무도자는 그 반대임을 말함이다. ○澹(담)－안정된 모양. ○荒芒(황망)－상고(上古) 때. ○滔(도)－만장(曼長). ○數雜之壽(수잡지수)－잡(雜)은 잡(帀). 자(子)에서부터 해(亥)에 이르기까지를 1잡(帀)이라고 한다. 1잡은 12년. ○浮游(부유)－거략(渠略). 즉 하루살이를 가리킴이다.

　군자는 선(善)을 행하더라도 복이 반드시 찾아오게 할 수는 없다. 또 나쁜 짓을 하지 않지만 화(禍)가 오지 않도록 할 수는 없다. 복이 찾아오더라도 구해서 그렇게 된 것은 아니므로 그 공(功)을 자랑하는 일이 없다. 화가 닥치더라도 그 원인을 만든 것은 아니므로 그 행위를 후회하는 일은 없다.

　내면(內面)의 수양이 완성되어 있는데, 뜻밖의 화가 닥치는 것은 모두 천명(天命)이지 인위적 결과는 아니다. 그러므로 마음속을 항상 평정하게 함으로써 덕을 어기는 일이 없으면 개가 짖더라도 놀라지 않고 자신의 본성을 믿게 된다. 즉 도(道)를 변별한 자는 미혹 당하지 않으며 천명을 변별한 자는 걱정하는 일이 없다.

만승(萬乘)의 군주는 죽으면 그 유해(遺骸)를 광야(廣野) 속에 묻고 그 혼백을 명당(明堂) 안에서 제사 지낸다. 신(神)은 형(形)보다 귀중하다. 그러므로 신(神)이 우위(優位)를 차지하면 형(形)이 종속하고, 형(形)이 이기면 신(神)은 궁해진다. 총명함을 사용하더라도 반드시 신(神)에게 복귀한다. 이것이야말로 태충(太沖)이라고 하는 것이다.

原文 君子爲善, 不能使福必來. 不爲非, 而不能使禍無至. 福之至也, 非其所求, 故不伐其功. 禍之來也, 非其所生, 故不悔其行. 內修極而橫禍至者, 皆天也, 非人也. 故中心常恬漠, 不累其德, 狗吠而不驚, 自信其情. 故知道者不惑, 知命者不憂.

萬乘之主, 卒葬其骸於廣野之中, 祀其鬼神於明堂之上. 神貴於形也. 故神制則形從, 形勝則神窮. 聰明雖用, 必反諸神, 謂之太沖.

註解 ○萬乘之主(만승지주)—병거(兵車) 1만 대를 보유하는 군주. ○明堂(명당)—여기서는 영묘(靈廟). ○神(신)—혼백, 영혼, 또는 정신의 현묘한 작용. ○形(형)—육체. ○故神制則形從(고신제즉형종), 形勝則神窮(형승즉신궁)—《문자(文子)》〈부언편(符言篇)〉에 '고신제형즉종(故神制形則從) 형승신즉궁(形勝神則窮)'이라고 되어있다. ○太沖(태충)—충(沖)은 조(調). 음양의 기(氣)가 혼연히 조화된 상태. 《장자》〈응제왕편(應帝王篇)〉에 '태충막승(太沖莫勝)'이라고 되어있으며 《열자(列子)》〈황제편(黃帝篇)〉에 '태충막짐(太沖莫朕)'이란 구절이 보인다('莫朕'은 형적을 갖추지 않은 것. '莫勝'은 보다 우수한 것이 없다는 의미로도 해석되지만 또 勝은 朕의 뜻으로 볼 수도 있다).

권 15

병략훈(兵略訓)

'병략'이란 전쟁을 할 때의 모략, 즉 전략(戰略)이
다. 고대 중국에는 병법서인 《손자(孫子)》를 대표
로 하는 이른바 무경칠서(武經七書)가 있었다. 이
무경칠서는 무과(武科)에 응시하는 사람이면 누구
나 숙독해야 하는 책들이었다.

이 〈병략훈〉도 무경칠서를 바탕으로 하고 있기는
하지만 그것에 도가(道家)의 사상을 접목하고 있
다는 점이 특징이다. '무위(無爲)로 할 수 없는 일
이 없다'라고 하는 명제(命題)를 내걸고 있는 도가
의 사상을 적용하면, '최소한의 노력으로 최대한의
효과를 올릴 수 있기 때문'이다.

요컨대 본편에서 설명하는 병법은 실전에 적용하
는 병법이라기보다 도가라든가 유가(儒家)의 사상
으로 수식되고 이념화된 병법이다.

고대에서 병력(兵力)을 행사하는 것은 국토의 확대를 욕심내고 금옥(金玉)의 약탈을 탐내서가 아니라 멸망할 것 같은 나라를 존속시키고, 단절되려는 집안을 이어지게 하며, 천하의 난(亂)을 평정하고 만민의 해(害)를 제거코자 한 것이었다.

무릇 혈기가 있는 동물은 입에 이빨이 있고 머리에는 뿔을 가지고 있으며 앞발에는 발톱이 있고 뒷발에는 며느리발톱이 있다. 뿔이 있는 것은 받고 이빨이 있는 것은 물며 독이 있는 것은 쏘고 발굽이 있는 것은 걷어찬다. 기쁠 때는 서로 희롱하지만, 화가 나면 서로 해치는데 이것은 하늘에서 받은 본성이다.

사람에게는 의식(衣食)에 대한 욕망이 있는데 물량(物量)은 그것을 채워주기에 부족하다. 그러므로 사람이 무리로 섞여 살 때 분배가 균등하지 못하여 욕구가 만족하지 않으면 다툼이 일어난다. 다툼이 일어나면 강한 자가 약한 자를 위협하고, 용기 있는 자가 겁쟁이를 침해한다. 사람에게는 강한 근골(筋骨)도 날카로운 이빨도 없다.

그러므로 피혁(皮革)을 쪼개어 투구를 만들고 쇠를 녹여 칼을 만들었다. 탐욕한 사람이 그것을 사용해서 천하에 위해(危害)를 가하면 만민은 소동하고 안주(安住)할 땅을 잃는다. 성인(聖人)이 일어나 강포한 자를 토벌하고 난세(亂世)를 평정하며 위험을 없애고 더러움을 제거하며 탁한 것을 맑게 하고 위난을 편안케 한다. 이렇게 하여 인류는 중도에서 멸절하지 않고 이어져 왔다.

전쟁의 기원은 오래되었다. 황제(黃帝)는 일찍이 염제(炎帝)와 싸우고, 전욱(顓頊)은 일찍이 공공(共工)과 싸웠다. 또 황제는 탁록(涿鹿)의 들에서 싸우고, 요(堯)는 단수(丹水) 가에서 싸웠으며, 순(舜)은 유묘(有苗)를 쳤고, 계(啓)는 유호(有扈)를 공격했다. 오제(五帝) 무렵부터 (전쟁을) 억지할 수는 없었다. 하물며 쇠세(衰世)에서는 더 말할 것도 없을 것이다.

본디 전쟁이란 폭동을 억지하고 난적(亂賊)을 토벌하기 위한 것이다. 염제가 화재(火災)를 일으켰기 때문에 황제(黃帝)는 그를 사로잡았고, 공공이 수해를 일으켰기 때문에 전욱은 그를 죽였다. 도(道)에 의해 가르치고 덕(德)에 의해 인도하더라도 듣지 않으면 무력을 사용해서 위협을 가하고, 위협을 해도 따르지 않으면 전쟁으로 억압하게 된다.

그러나 그렇게 하더라도 성인에 의한 병력의 행사는 엉클어진 머리에 빗질하고, 밭의 잡초를 뽑아내는 것과 같아서 제거하는 것은 적고 가져오는 이익은 큰 법이다.

原文 古之用兵者, 非利土壤之廣, 而貪金玉之略. 將以存亡繼絶, 平天下之亂, 而除萬民之害也. 凡有血氣之蟲, 含牙帶角, 前爪後距. 有角者觸, 有齒者噬, 有毒者螫, 有蹏者趹. 喜而相戲, 怒而相害, 天之性也.

人有衣食之情, 而物弗能足也. 故羣居雜處, 分不均, 求不贍則爭. 爭則强脅弱, 而勇侵怯. 人無筋骨之强, 爪牙之利. 故割革而爲甲, 鑠鐵而爲刃. 貪昧饕餮之人, 殘賊天下, 萬人搔動, 莫寧其所. 有聖人, 勃然而起, 乃討强暴, 平亂世, 夷險除穢, 以濁爲淸, 以危爲寧. 故人得不中絶.

兵之所由來者遠矣. 黃帝嘗與炎帝戰矣, 顓頊嘗與共工爭矣. 故黃帝戰於涿鹿之野, 堯戰於丹水之浦, 舜伐有苗, 啓攻有扈. 自五帝而弗能偃也. 又況衰世乎.

夫兵者所以禁暴討亂也. 炎帝爲火災, 故黃帝擒之. 共工爲水害, 故顓頊誅之. 敎之以道, 導之以德而不聽, 則臨之以威武. 臨之以威武而不從, 則制之以兵革. 故聖人之用兵也, 若櫛髮耨苗, 所去者少, 而所利者多.

註解 ○略(약)-약취(略取), 약탈하다. ○有血氣之蟲(유혈기지충)-체내에 혈액이 통하는 동물. ○貪昧(탐매)-탐(貪)도 매(昧)도 욕심내다란 의미. ○饕餮(도철)-원래는 짐승의 이름(그 모양은 鐘鼎의 무늬에 새겨져 있다). 전(轉)하여 악인(惡人)이란 의미이다. 도(饕)는 욕심내는 자, 철(餮)은 음식을 탐하는 자. ○勃然(발연)-급히 일어나다, 무성하게 일어나는 상태. ○黃帝嘗與炎帝戰(황제상여염제전)-황제(黃帝)는 염제(炎帝)와 제위(帝位)를 다투어, 판천(阪泉) 땅에서 세 차례 싸워 승리를 거두었다고 전해진다(《사기》〈五帝本紀〉). 염제는 신농씨(神農氏)의 후예, 일설에는 신농씨 자신이라고도 한다. ○顓頊嘗與共工爭(전욱상여공공쟁)-공공(共工)이 전욱(顓頊 : 上古 五帝의 한 사람)과 제위(帝位)를 다투다가 천주(天柱)를 부러뜨렸다고 하는 전설(〈天文訓〉 1절)에 근거를 두고 있다. ○黃帝戰於涿鹿之野(황제전어탁록지야)-황제(黃帝)는 탁록(涿鹿 : 하북성 탁록현)에서 치우(蚩尤)와 싸워 죽였다고 한다(《사기》〈五帝本紀〉). ○舜伐有苗(순벌유묘)-순(舜)임금 때 유묘(有苗 : 三苗)가 여러 차례 난을 일으켰으므로 순임금은 이들을 쳐서 삼위(三危) 땅으로 내몰았다《서경》〈舜典〉,《사기》〈五帝本紀〉). ○啓攻有扈(계공유호)-하(夏)나라 제2대 왕인 계(啓 : 禹王의 아들) 때, 유호씨(有扈氏)가 배반했으므로 감(甘) 땅에서 멸망시켰다(《서경》〈甘誓〉,《사기》〈五帝本紀〉). ○炎帝爲火災(염제위화재)-《여씨춘추》〈맹추기(孟秋紀)〉 탕병편(蕩兵篇)에 '전쟁의 유래는 아주 오래이다. 황염(黃炎)은 물과 불을 사용했다'라는 구절이 보인다. ○共工爲水害(공공위수해)-공공(共工)에게는 전욱(顓頊) 때 재세설(在世說)과 요순(堯舜) 때 재세설이 있으며 요순 때 난 홍수의 원인을 공공에게 돌리는 설이 있으므로 이렇게 기록한 것이리라. ○兵革(병혁)-무기와 갑주. 전(轉)하여 공전(攻戰)이란 의미이다.

무고한 백성을 죽이고 불의(不義)한 군주를 기르는 것은 해악(害

惡) 중 이보다 더한 것이 없고, 천하의 재물을 다 써서 한 사람의 욕망을 채워준다는 것은 화(禍)도 그 이상의 심각한 것이 없다. 만약 하(夏)나라 걸왕(桀王)이나 은(殷)나라 주왕(紂王)이 백성들에게 해악(害惡)을 끼친다 하더라도 그 즉시 그 죄과를 깨닫는다면 포격(炮格)을 집행하기까지에 이르지는 않았을 것이다.

진(晉)나라 여왕(厲王)이라든가 송(宋)나라 강공(康公)이 한 가지 불의(不義)를 저질렀을 때, 그 몸이 죽고 나라가 멸망했더라면 침탈하여 포학의 극도에까지 이르지는 않았을 것이다.

이 네 명의 군주는 모두 소과(小過)가 있었을 때 그들을 토벌하는 자가 없었다. 그 때문에 천하를 어지럽게 하고 백성을 해쳤으며, 한 사람의 사악(邪惡)을 멋대로 저지르게 하여 천하 속에 화를 조장한 것으로서 이것은 천도(天道)가 승인하지 않는 것이다. 군주를 세우는 것은 폭동을 억제하고 난적(亂賊)을 토벌하기 위함이다.

만민의 힘을 업고 도리어 잔학하게 되면 호랑이에게 날개를 달아주는 격이어서 어찌 제거해 버릴 일이 아니겠는가? 대저 못에서 물고기를 기르는 사람은 반드시 수달을 쫓아 버리고, 새나 짐승을 기르는 사람은 반드시 시랑(豺狼)을 쫓아낼 것이다. 하물며 백성을 다스리는 경우 더 말할 필요도 없을 것이다.

그러므로 패왕(覇王)의 전쟁은 의론을 거듭하여 숙려(熟慮)하고 양책(良策)을 세워서 승리를 꾀하며 정의(正義)에 입각하여 원조한다. 현존(現存)하는 것을 멸망시키는 것이 아니라 망해가는 것을 도와서 존속시키려고 하는 것이다. 따라서 적국의 군주로서 백성에게 포학한 짓을 한다는 말을 들으면 군사를 일으키어 국경지대에 이르러, 그 불의를 질책하고 그 과실을 비난한다.

또 군사가 그 (도읍의) 교외에까지 도달하면 군대에 명하기를 다음과 같이 한다. ‘나무를 베지 마라. 분묘(墳墓)를 파헤치지 마라. 오곡을 불태우지 마라. 저장물에 불을 지르지 마라. 백성을 포로로 잡지 마라. 가축을 뺏지 마라.'라고 ─.

그리고 사람을 보내 말한다. "모국(某國)의 군주는 하늘에 오만하고 귀신을 모독하며 무고한 자를 옥에 가두고 무죄한 자를 죽이고 있다. 이것이야말로 하늘이 주멸(誅滅)해야 하는 자이고 백성이 원수로 삼아야 하는 자이다. 우리 군대가 온 것은 불의한 자를 없애고 유덕한 자에게 나라를 돌려주기 위함이다.

하늘의 도를 거스르며 백성의 적(賊)에게 따르는 자는, 그 몸은 죽임을 당하고 그 일족은 멸망될 것이다. 일가(一家)를 들어 목숨을 구하는 자에게는 봉록(俸祿)으로 그 집을 줄 것이다. 마을과 함께 목숨을 청하는 자에게는 상으로 그 마을을 줄 것이다. 향(鄕)과 함께 목숨을 청하는 자에게는 봉토(封土)로 그 향(鄕)을 줄 것이다. 현(縣)과 함께 목숨을 청하는 자에게는 제후(諸侯)로 세워 그 현(縣)을 줄 것이다."라고 ─.

그 나라에 이기더라도 위해(危害)를 백성에게 미치지 않도록 하고, 그 군주를 폐하여 정치를 고치고, 우수한 선비를 존중하고 현량한 인물을 현창하며, 고아와 과부를 구해주고 빈궁한 자에게 은혜를 베풀며, 죄수들을 해방하고 공있는 자에게는 상을 준다. 백성은 문을 열어 그들을 맞아들이고, (그들을 환영하기 위해) 쌀을 찧어 보관해 둔다. 그리고 오로지 그들이 도래하지 않는 것을 걱정하는 것이다.

이것이야말로 은(殷)나라 탕왕(湯王)이라든가 주(周)나라 무왕(武王)이 왕자(王者)가 된 이유이며, 제(齊)나라 환공(桓公)이나 진(晉)나라 문공(文公)이 패자(覇者)가 된 원인이다. 이리하여 군주가 무도(無道)를 행하면 백성이 의병의 도래를 바라기를 마치 가뭄에 비를 기다리고, 목마른 자가 물을 찾는 것과 같다. 대저 누가 무기를 마주할 수 있겠는가? 그러므로 의병이 도래하면 싸우지 않고 전쟁은 끝나고 마는 것이다.

만세(晚世)의 전쟁은 군주가 무도(無道)하여도 반드시 (城에) 굴을 파고, 담을 높이 쌓고 지키지 않는 자가 없다. 공격하는 쪽도 포학을 막고 피해를 제거하려는 것은 아니다. 토지를 침략하여 영토를 확장하기 위해서이다. 따라서 주검을 팽개치고 피를 흘리며 서로 공방(攻防)을 반복하면서 날을 거듭하여도 패왕(霸王)으로서의 공적이 세상에 드러나지 않는 것은 자기를 위해서 하는 것이기 때문이다.

대저 토지를 얻기 위해 싸우는 자는 왕업(王業)을 성취하지 못하고 일신(一身)을 위해 싸우는 자는 공을 세울 수가 없다. 남을 위해 일을 일으키는 자에게는 중인(衆人)들이 이를 지지해 주고 자기를 위해 일을 일으키는 자에게서는 중인들이 떠나간다. 중인에게 지지받는 군세(軍勢)는 비록 약소하더라도 반드시 강해지며 중인이 떠나가는 군세는 비록 강대하더라도 반드시 멸망하는 법이다.

原文 殺無罪之民, 而養無義之君, 害莫大焉. 殫天下之財, 而贍一人之欲, 禍莫深焉. 使夏桀・殷紂, 有害於民, 而立被其患, 不至於爲炮格. 晉厲・宋康, 行一不義, 而身死國亡, 不至於侵奪爲暴. 此四君者, 皆有小過, 而莫之討也.

故至於攘天下, 害百姓, 肆一人之邪, 而長海內之禍. 此天倫之所不取也. 所爲立君者, 以禁暴討亂也. 今乘萬民之力, 而反爲殘賊, 是爲虎傅翼. 曷爲弗除. 夫畜池魚者, 必去猵獺, 養禽獸者, 必去豺狼, 又況治人乎.

故霸王之兵, 以論慮之, 以策圖之, 以義扶之. 非以亡存也, 將以存亡也. 故聞敵國之君, 有加虐於民者, 則擧兵而臨其境, 責之以不義, 刺之以過行. 兵至其郊, 乃令軍師曰, 毋伐樹木, 毋抉墳墓, 毋蘕五穀, 毋焚積聚, 毋捕民虜, 毋收六畜.

乃發號施令曰, 某國之君, 傲天侮鬼, 決獄不辜, 殺戮無罪. 此天之所誅也. 民之所仇也. 兵之來也, 以廢不義而復有德也. 有逆天之道, 帥民之賊者, 身死族滅. 以家聽者, 祿以家, 以里聽者, 賞以里, 以鄕聽者, 封以鄕, 以縣聽者, 侯以縣.

尅國不及其民, 廢其君而易其政, 尊其秀士而顯其賢良, 振其孤寡, 恤其貧窮, 出其囹圄, 賞其有功. 百姓開門而待之, 淅米而儲之. 唯恐其不來也. 此湯武之所以致王, 而齊桓晉文之所以成霸也. 故君爲無道, 民之思兵也, 若旱而望雨, 渴而求飮. 夫有誰與交兵接刃乎. 故義兵之至也, 至於不戰而止.

晚世之兵, 君雖無道, 莫不設渠塹, 傳堞而守. 攻者非以禁暴除害也. 欲以侵地廣壤也. 是故至於伏尸流血, 相支以日, 而霸王之功不世出者, 自爲之故也. 夫爲地戰者, 不能成其王. 爲身戰者, 不能立其功. 擧事以爲人者, 衆助之, 擧事以自爲者, 衆去之. 衆之所助, 雖弱必强, 衆之所去, 雖大必亡.

註解 ○炮格(포격)—화형(火刑). ○晉厲(진려)—춘추시대 진(晉)나라의 여공(厲公). 기원전 581~기원전 573년 재위. 진초(秦楚)를 침으로써 외정(外征)에서는 공을 세웠는데 내란에 의해 살해당했다. ○宋康(송강)—전국시대 송(宋)나라의 강공(康公 : 이름은 偃). ○令軍師曰(영군사왈)—군사(軍師)는 군대란 뜻. 또는 장수 휘하에 있으면서 전략을 계획하는 사람. ○毋捕民虜(무포민로)—민로(民虜)는 전쟁에서 포로가 된 백성(《禮記》〈曲禮〉). ○不辜(불고)—고(辜)는 죄(罪)란 뜻이다. ○囹圄(영어)—일반적으로는 감옥. 여기서는 감옥에 들어있는 사람. 즉 수인(囚人). ○堞(첩)—성벽 위에 친 작은 담장.

전쟁은 도(道)를 잃으면 약해지고 도를 얻으면 강해진다. 장군은 도를 잃으면 (用兵이) 졸렬해지고 도를 얻으면 교묘해진다. 나라는 도를 얻으면 존속되고 도를 잃으면 멸망한다. 여기서 말하는 도란 원(圓)을 취지로 하고 방(方)에 따르며, 음(陰)을 짊어지고 양(陽)을 품으며 유(柔)를 좌(左)로 하고 강(剛)을 우(右)에 두며, 하(下)에 유(幽)를 밟고 상(上)에 명(明)을 실으며, 변화하여 상(常)이 없고 하나인 근원을 몸으로 삼으며 무방(無方)에 대응한다. 이것이야말로 신명(神明)이다.

대저 원(圓)이란 하늘이며 방(方)이란 땅이다. 하늘은 원형이어서 끝이 없으므로 그 전형(全形)을 보아 취할 수는 없다. 땅은 방형(方形)이어서 한계가 없으므로 그 입구를 엿보아 알 수가 없다. 하늘은 만물을 화육(化育)하는데 그 기능에는 형상이 없고, 땅은 만물을 생장시키는데 그 기능은 숫자로 나타내지 못한다. 혼혼침침(渾渾沈沈)인데 대체 누가 그 깊은 뜻을 알 수 있으리오.

모든 물체에는 조짐이 있는데 도(道)에만은 조짐이 없다. 조짐이 없는 이유는 일정한 형세(形勢)가 없기 때문이다. (道가) 막히는 일 없이 돌아가는 모습은 일월(日月)의 운행과도 비슷하다. 봄과 가을에 신진대사(新陳代謝)가 있는 것처럼, 해와 달에게 주야(晝夜)가 있는 것처럼, 도(道)가 돌아가는 것은 끝이 났다가는 다시 시작되고 밝았다가는 다시 어두워져서 그 이치를 알아낼 수가 없다.

(道는) 물체의 형태를 밝혀내지만 스스로는 형태를 가지지 않는다. 그러기에 조화(造化)의 공(功)을 이룰 수가 있다. 물체를 물체답게 만드는데 스스로는 물체가 되지 않는다. 그러기에 만물에게 이기며 굴복하는 일이 없다. 전쟁을 형성하는 그 극치는 형태가 없는 곳까지 왔을 때 이것을 지극하다고 하는 것이다.

그런데 진정한 전쟁은 해치는 일 없이, 귀신에 통하는 면이 있다. 5종(種)의 병기(兵器)는 아직 갈지 않았는데도 천하에 감히 전쟁을 일으키는 자가 없으며, 큰북은 아직 곳간에서 꺼내지도 않았는데 제후(諸侯)는 두려워하여 그 자리에서 의기소침해지고 마는 것이다. 그러므로 묘전(廟戰)하는 자는 제(帝)가 되며 신화(神化)하는 자는 왕(王)이 된다.

이른바 묘전(廟戰)이란 천도(天道)에 따른 방법이며, 신화(神化)란 사계(四季)에 따른 방법이다. 국내에서 정치하기만 해도 먼 곳에서까지 그 덕을 사모하여, 아직 싸우지도 않은 사이에 이미 승리를 거두고 제후들도 그 위세에 굴복하는 것은 내정(內政)이 잘 되고 있기 때문이다.

原文 兵失道而弱, 得道而强. 將失道而拙, 得道而工. 國得道而存, 失道而亡. 所謂道者, 體圓而法方, 背陰而抱陽, 左柔而右剛, 履幽而戴明, 變化無常, 得一之原, 以應無方. 是謂神明. 夫圓者天也. 方者地也. 天圓而莫端, 故不得觀其形. 地方而無垠, 故莫能窺其門. 天化育而無形象, 地生長而無計量, 渾渾沈沈, 孰知其藏.

凡物有朕, 唯道無朕. 所以無朕者, 以其無常形勢也. 輪轉而無窮, 象日月之運行. 若春秋有代謝, 若日月有晝夜, 終而復始, 明而復晦, 莫能得其紀. 制刑而無刑, 故功可成. 物物而不物, 故勝而不屈. 刑兵之極也, 至於無刑, 可謂極之矣.

是故大兵無創, 與鬼神通. 五兵不厲, 天下莫之敢當, 建鼓不出庫, 諸侯莫不, 慴悷沮膽其處. 故廟戰者帝. 神化者王. 所謂廟戰者法天道也. 神化者法四時也. 脩政於境內, 而遠方慕其德, 制勝於未戰, 而諸侯服其威, 內政治也.

註解 ○體圓而法方(체원이법방)……—이하의 4구절은 원(圓)과 방(方), 음과 양, 유(柔)와 강(剛), 유(幽)와 명(明) 등등으로 대립 개념을 병기

(竝記)한다. 모두가 이른바 도(道)가 대립하는 양자(兩者)를 그 속에 함유하고 있음을 나타낸다. 한편 '배음이포양(背陰而抱陽)'은 《노자》 제42장의 구절. ○無方(무방)―모든 방면. ○渾渾沈沈(혼혼침침)―심오하여 알기 어려운 모습. ○物物而不物(물물이불물)―조물주로서의 도(道)의 모습을 설명하는 구절. 《장자》〈산목편(山木篇)〉에 '만물을 뜻대로 부리되 만물에 구애됨이 없다(物物而不物於物)'란 구절이 있으며 〈지북유편(知北遊篇)〉에 '사물을 사물로 존재하게 해주는 것은 사물 자체가 아니다(物物者非物)'란 구절이 있는데 이것들과 같다. ○勝而不屈(승이불굴)―《손빈병법(孫臏兵法)》〈기정편(奇正篇)〉에도 보인다. ○刑兵之極也(형병지극야), 至於無刑(지어무형)―《손자(孫子)》〈허실편(虛實篇)〉에 보인다. ○大兵(대병)―대(大)는 참된, 또는 본래의라는 의미. 도가적(道家的) 용어이다. 《노자》 제41장에 '대방무우(大方無隅) 대기만성(大器晩成) 대음희성(大音希聲) 대상무형(大象無形)'이라고 되어있다. ○慴悷(습전)―두려워 놀라는 것. ○沮膽(저담)―크게 놀라다. ○廟戰(묘전)―전쟁을 개시하기에 앞서 조상을 모신 사당에서 작전계획을 세우는 것. 묘획(廟劃), 묘산(廟算), 묘책(廟策), 묘략(廟略) 등도 같은 말이다. 《손자》〈시계편(始計篇)〉에도 '아직 싸우지 않고 묘산하여 이기는 자는 산(算)을 얻는 수가 많다'라는 구절이 보인다.

옛날, 도(道)를 체득한 사람[聖人]은 조용히 있을 때는 천지(天地)를 본받고 움직일 때는 일월(日月)에 순응하며, 기뻐하고 노할 때는 사시(四時)에 합하고 소리칠 때는 뇌정(雷霆)에 따르며, 음성은 팔풍(八風)과 같고, 굴신(屈伸)은 오행(五行)의 기(氣)의 소장(消長)에 어긋나지 않아서 일거일동이 천지자연의 이치에 따랐다.

아래로는 개린(介鱗)으로부터 위로는 모우(毛羽)에 이르기까지 분별하여 계통을 세우고 만물백족(萬物百族)의 근본에서부터 말단에 이르기까지 모든 것에게 순서를 정해 놓았다. 또 좁은 곳에 들어가도 궁굴(窮屈)하는 일이 없고 넓은 곳에 있어도 틈새가 남지 않으며, 금석(金石)을 적시고 초목(草木)을 젖게 하며, 천지 사방간(四方間) 아무리 세소(細少)한 것이라도 뒤따라가지 않는 것이 없다.

도(道)의 기능이 두루 침윤(浸潤)하는 모습은 실로 유연하고 섬세해서 미치지 않는 곳이 없다. 이리하여 승리의 위력도 다대한 것이 되는 것이다.

대저 사술(射術)은 기본을 몸에 익히지 않으면 과녁에 맞히지 못한다. 준마(駿馬)도 채찍 한 번 대지 않으면 천리(千里)에 이르지 못한다. 원래 싸우면 반드시 승리하는 것은 진지의 북을 치는 날에 있는 것이 아니다. 평소부터 무형(無形)으로 일을 처리하기, 오래되었기 때문이다.

즉 득도(得道)의 전쟁이란 수레는 서있는 채 인(軔)을 끄르지 않고, 기마(騎馬)는 안장을 올려놓지 않고, 북은 먼지를 털지 않고, 기(旗)는 말려 있는 채 펴지 않고, 투구는 화살을 맞지 않고, 칼은 피에 물들지 않고, 조정(朝政)은 자리를 바꾸지 않고 상인(商人)은 상점을 철시하지 않고, 농부는 논밭을 떠나지 않고 의(義)를 들어 상대방을 견책한다. 대국은 반드시 조공(朝貢)을 바쳐오고 소국은 반드시 투항한다. 백성의 욕구에 따라 백성의 힘을 업고 백성을 위해 잔적(殘賊)을 제거하려는 것이기 때문이다.

대저 이익이 같으면 죽음을 함께하고 마음이 같으면 함께 일을 이루어내며 욕구가 같으면 서로 돕는다. 도(道)에 따라 행동하면 천하는 나를 위해서 호응하고 백성에 대해서 배려하면 천하는 나를 위해서 싸우는 법이다. 사냥꾼이 새를 쫓을 때면 수레는 달리고 사람은 뛰는 등 각자가 전력을 다한다. 형벌에 의해 위협받는 것도 아니건만 살피거나 매복하는 것은 서로 이로운 점이 일치되기 때문이다.

같은 배에 타고 장강(長江)을 건널 때, 돌연 강풍과 풍랑을 만나게 되면 전혀 모르던 남남끼리의 집단이 서둘러 물건을 들어내고 배 안의 물을 퍼내기를 마치 좌우의 손이 하듯 하는 것은 은혜를 베풀고자 함이 아니요, 그 우환이 일치되기 때문이다.

즉 명왕(明王)이 병사를 쓰는 것은 천하를 위하여 해악을 제거하고 만민과 함께 그 이익을 향수하기 위함이다. 백성이 일하는 모습은 마치 자식이 아비를 위해, 동생이 형을 위해서 하는 것처럼 한다. 그 위압(威壓)이 가해지는 곳은 산은 무너지고 강둑은 허물어 놓는 것 같아서 어떤 적군도 대항하지 못한다.

이렇게 해서 용병을 교묘하게 하는 자는, 스스로 남을 위해 일하는 자를 쓰는데, 용병에 무능한 자는 자기를 위해 일하는 자를 쓰게 마련이다. 스스로 일하는 자를 쓰게 되면, 천하에 유용(有用)하지 않은 자가 없게 된다. 자기를 위해 일하는 자를 쓰게 되면 얻어지는 것이 적다.

原文 古得道者, 靜而法天地, 動而順日月, 喜怒而合四時. 叫呼而比雷霆, 音氣不戾八風, 詘伸不獲五度. 下至介鱗, 上及毛羽, 條脩葉貫, 萬物百族, 由本至末, 莫不有序. 是故入小而不偪, 處大而不窕. 浸乎金石, 潤乎草木, 宇中六合, 振豪之末, 莫不順比. 道之浸洽, 㵀淖纖微, 無所不在. 是以勝權多也.

夫射儀度不得, 則枯的不中. 驥一節不用, 而千里不至. 夫戰而勝者, 非鼓之日也. 素行無刑久矣. 故得道之兵, 車不發軔, 騎不被鞍, 鼓不振塵, 旗不解卷, 甲不離矢, 刃不嘗血, 朝不易位, 賈不去肆, 農不離野, 招義而責之. 大國必朝, 小城必下. 因民之欲, 乘民之力, 而爲之去殘除賊也.

故同利相死, 同情相成, 同欲相助. 順道而動, 天下爲嚮, 因民而

慮, 天下爲鬪. 獵者逐禽, 車馳人趨, 各盡其力. 無刑罰之威, 而相
爲斥闉要遮者, 同所利也. 同舟而濟於江, 卒遇風波, 百族之子, 捷
捽招杼船, 若左右手, 不以相德, 其憂同也. 故明王之用兵也, 爲天
下除害, 而與萬民共享其利. 民之爲用, 猶子之爲父, 弟之爲兄. 威
之所加, 若崩山決塘, 敵孰敢當.

　故善用兵者, 用其自爲用也. 不能用兵者, 用其爲己用也. 用其
自爲用, 則天下莫不可用也. 用其爲己用, 所得者鮮矣.

註解　○詘伸(굴신)－굴(詘)은 굴(譎)로서 굴(屈)과 통한다. 신체를 굽
히거나 펴거나 한다는 뜻에서 발전하여 널리 동작 일반을 가리킨다. ○介
鱗(개린)－충어류(蟲魚類). ○毛羽(모우)－조수류(鳥獸類). ○條脩葉貫(조
수엽관)－'조(條)'는 지(枝). 가지마다 쓿고 잎마다 꿰뚫다. 즉 잡연한 것
을 분별하고 정리해서 순서를 정하는 것. ○偪(핍)－핍(逼)과 같다. 좁혀지
다. 막히다. ○振豪之末(진호지말)－호(豪)는 호(毫)와 같다. 호(毫)는 가
느다란 털, 여기서는 모필(毛筆)이란 뜻이다. 진호(振毫)는 붓을 흔들다.
즉 붓으로 문자를 쓴다는 의미이다. 진호지말(振毫之末)은 붓으로 쓴 문
자의 단말(端末)을 가리킨다. ○濄淖(가뇨)－가(濄)도 뇨(淖)도 유연한
상태. ○軔(인)－수레바퀴가 돌아가는 것을 멈추게 하는 나무. ○小城(소
성)－성(城)은 이른바 도시국가. ○斥闉(척인)－척(斥)은 살피다. 인(闉)
은 막다. 즉 적을 살피고 적의 침공을 막다. ○要遮(요차)－요(要)에는 매
복한다는 의미가 있다. 차(遮)는 차단하다. 매복하여 기다리다가 적의 침
공을 차단하다. ○同舟而濟於江(동주이제어강)……－《손자(孫子)》〈구
지편(九地篇)〉에 '한 배를 타고 건너다가 풍랑을 만나면 서로 구해주려
는 것이 좌우의 손과 같다'라는 구절이 있다. ○百族之子(백족지자)－여
러 종족의 사람. 여기서는 단지 성(姓)이 다른 사람들, 즉 남을 가리키는
것으로 생각해도 좋다. ○捷捽招杼船(첩졸초저선)－첩(捷)은 재빠르다. 졸
(捽)은 잡다, 저(杼)는 서(抒)와 통하며 물을 푸다란 의미로 생각된다.

전쟁에는 세 가지 요체가 있다. 국가를 다스리고 영토를 정비하며 인의(仁義)를 행하고 은덕을 베풀며 올바른 법칙을 정하고 사도(邪道)를 막는다. 군신(群臣)은 서로 화친하고 백성은 화합하며 상하는 마음을 하나로 하고 군신(君臣)은 힘을 합친다.

이렇게 되면 제후들도 그 위광에 신복(信服)하고 사방 이적(夷狄)도 그 덕을 기리게 되며 묘당(廟堂) 깊숙한 곳에서 정치하되 천리 밖 외국과 절충을 하고 팔짱 긴 채로 지시해도 천하는 모두 응하게 된다. 이것이 용병(用兵)의 상책이라는 것이다.

토지는 넓고 백성은 많으며 군주는 현명하고 장군은 충성스러우며 나라는 부(富)하고 병사는 강하며 약속한 것은 반드시 실천되고 호령은 확실하다. 양군이 대치하고 북이나 종(鐘)은 서로 바라볼 수 있을 만큼 접하는데 병도(兵刀)를 접하기까지에 이르지 않는 동안 적병은 도망치고 만다. 이것이 용병의 중책(中策)이다.

토지의 편의를 숙지(熟知)하고 음양의 이용에 습숙(習熟)하며 기습·정공(正攻)의 응변에 통하고, 때로는 대오를 짓고 때로는 분산(分散)하는 결단을 잘 내리기는 한다. 북채를 잡고 북을 쳐서 울리며 백도(白刀)를 맞부딪고 화살이 날며 피바다를 건너 터져 나온 창자를 질질 끌며 죽은 자를 짊어지고 부상자를 부축하되, 유혈은 천리에 이르고 해골이 전쟁터에 낭자하다. 이런 후에야 겨우 승리를 거둔다. 이것은 용병의 하책(下策)이란 것이다.

지금 천하 사람들은 모두 말초(末梢)를 다스리기에 열심일 뿐 근본을 닦는 노력을 하고자 하지 않는다. 이것은 근원을 버리고 가지를 심는 것과 마찬가지다.

전쟁에 있어 승리의 일조(一助)가 되는 방책은 허다한데 필승을 얻는 방책은 적다. 갑주(甲冑)는 견고하고 무기는 예리하며 병거(兵車)는 튼튼하고 군마(軍馬)는 질이 좋으며 비축도 충분하고 사졸(士卒)

도 다수인 것은 군사에 있어 큰 버팀목이다. 그러나 이것에 의해 승리를 기대할 수는 없다.

일월·성신의 운행, 형덕(刑德)·기해(奇賌)의 비술(祕術), 배향(背向)·좌우(左右)의 편법에 통효하고 있는 것은 전쟁에 도움이 되기는 한다. 그러나 이것에 의해 안전을 기할 수는 없다. 양장(良將)이 반드시 승리하는 이유는 (그가) 헤아릴 수 없는 지(智)와, 말로는 표현할 수 없는 도(道)를 가지고 있어서 중인(衆人)과는 동열(同列)에 세울 수 없는 것을 가지고 있기 때문이다.

(士卒의) 능력을 헤아리어 맡기는 일에 신중하고 행동에는 시기를 놓치지 않으며 문관[吏]과 무관[卒]과의 직분을 구별하고 무기를 정비하며 행오(行伍)·십백(什伯)의 군세(軍勢)를 정비해서 적절하게 배치하고, 북과 군기(軍旗)의 소재를 명시한다. 이것이 위관(尉官)이다.

각 진영을 구별하고 분담 구역을 정하며 배신한 군(軍)을 처분한다. 이것이 사마관(司馬官)이다. 진퇴에는 지형(地形)의 험이(險易)를 알고 적군의 상황을 보고서는 그 강약(强弱)을 알며 정찰을 한 다음에는 기억해 둔다. 이것이 후관(候官)이다. 행군을 빠르게 하고 군자(軍資)의 수송을 정체없이 하며 보루(堡壘) 쌓는 높이를 균등하게 하고 장병들의 거처를 편안케 하며 우물과 취사장은 가까이에 마련한다. 이것이 사공관(司空官)이다.

군단의 배후에 있으면서 물자를 수장(收藏)하고 군의 이동과 주둔할 때는 헤어짐이 없이 따르며 불필요한 인부가 없게 하고 수송물자도 남는 것이 없도록 한다. 이것이 여관(輿官)이다.

대저 이 오관(五官)은 장군에게 있어, 마치 고굉(股肱)이나 수족(手足)과 같은 것이다. 적임자를 골라 그 재질을 헤아려보고 관직은 그 임무에 맞게, 사람은 그 사무를 감당해낼 수 있도록 배치한다. 그들에게 정책을 알려주고 다시 군령을 내리되, 마치 그들을 호표(虎豹)에 발톱이 있고, 비조(飛鳥)에 육핵(六翮)이 있는 것처럼 모두 도움이 되도록 하는 것이다. 하지만 모두 승리를 도와주는 도구는 될지언정 반드시 승리를 얻기 위한 도구는 아니다.

原文 兵有三詆. 治國家, 理境內, 行仁義, 布德惠, 立正法, 塞邪隧. 羣臣親附, 百姓和輯, 上下一心, 君臣同力. 諸侯服其威, 而四方懷其德, 脩政廟堂之上, 而折衝千里之外, 拱揖指撝, 而天下響應. 此用兵之上也.

地廣民衆, 主賢將忠, 國富兵強, 約束信, 號令明. 兩軍相當, 鼓鐸相望, 未至交兵接刃, 而敵人奔亡. 此用兵之次也.

知土地之宜, 習險隘之利, 明奇正之變, 察行陳解續之數. 縮枹而鼓之, 白刃合, 流矢接, 涉血屬腸, 輿死扶傷, 流血千里, 暴骸盈場, 乃以決勝. 此用兵之下也. 今夫天下皆知事治其末, 而莫知務脩其本. 釋其根而樹其枝也.

夫兵之所以佐勝者衆, 而所以必勝者寡. 甲堅兵利, 車固馬良, 畜積給足, 士卒殷軫, 此軍之大資也. 而勝亡焉. 明於星辰日月之運, 刑德奇賌之數, 背鄉左右之便, 此戰之助也. 而全亡焉. 良將之所以必勝者, 恆有不原之智, 不道之道, 難以衆同也.

夫論除謹, 動靜時, 吏卒辨, 兵甲治, 正行伍, 連什伯, 明鼓旗, 此尉之官也. 營軍辨, 賦地極, 錯軍處, 此司馬之官也. 前後知險易, 見敵知難易, 發斥不忘遺, 此候之官也. 隧路亟, 行輜治, 賦丈均, 處軍輯, 井竈通, 此司空之官也. 收藏於後, 遷舍不離, 無淫輿, 無遺輜, 此輿之官也.

凡此五官之於將也, 猶身之有股肱手足也. 必擇其人. 技能其才, 使官勝其任, 人能其事. 告之以政, 申之以令, 使之若虎豹之有爪牙, 飛鳥之有六翮, 莫不爲用. 然皆佐勝之具也, 非所以必勝也.

註解　ο三詆(삼저)−'저(詆)'는 일반적으로는 비난하다, 꾸짖다란 의미인데 여기서는 '저(柢)'와 통하며 요체, 근저(根底) 등의 뜻이다. 삼저(三詆)를 본문에서 지적하면 '치국가(治國家)……색사수(塞邪隧)', '군신(羣臣)……군신동력(君臣同力)', '제후(諸侯)……향응(響應)'의 3절(節)이 될 것이다. ο邪隧(사수)−수(隧)는 도(道). ο拱揖指撝(공집지위)−'공(拱)'은 공수(拱手 : 두 손을 가슴 앞에서 포개는 것), '집(揖)'은 공수한 채란 뜻. 이런 자세로 상하 좌우하며 연설·명령 등으로 의사를 표시하는 것. 예용(禮容)의 한 가지이다. '지위(指撝)'는 지휘와 같은 뜻. 이 4자로 묘당(廟堂)에서 부드럽게 지시하는 것. ο錞(순)−악기의 일종. 형상은 종과 비슷하다. ο奇正之變(기정지변)−기습법과 정공법 등 두 가지 전법을 분별해서 사용하는 것. ο綰枹(관포)−포(枹)는 연결하다, 잇다란 뜻. 관(綰)은 북을 치는 북채. ο刑德奇賌(형덕기해)−음양오행설·점성술(占星術)에서 유래하는 일종의 점법(占法). 이것을 전략(戰略)에 적용하여 행동의 가부(可否)를 결정한다. 해(賌)는 해(胲)·해(咳)·해(賌)로 적기도 했다. 《한지(漢志)》〈수술략(數術略)〉에 '오음기해용병이십삼권(五音奇胲用兵二十三卷)', '오음기해형덕이십일권(五音奇胲刑德二十一卷)'이라고 되어있는데 술(術)의 구체적인 것은 불명(不明). ο背鄕(배향)−향(鄕)은 향(嚮)과 통하며 향(向)과 같다. 향배(向背). 그다음의 좌우(左右)와 합쳐서 자재(自在)로이 군사를 움직인다는 뜻으로 생각되는데 혹은 이것도 점성술에 관한 것으로서 특정한 별에 대하여 향배좌우(向背左右)할 것인지의 가부를 점치는 술(術)을 말하는 것인지도 모른다. ο行伍(행오)−행(行)은 25명의 대(隊), 오(伍)는 5명의 대(隊). ο什伯(십백)−십(什)은 10명의 대(隊), 백(伯 : 佰)은 100명의 대(隊). ο錯軍(착군)−착(錯)은 어지러워지다, 배반하다. ο發斥(발척)−적을 발견하고 후시(候視)하는 것. ο隧路(수로)−도로. ο行輜(행치)−치중(輜重)의 수송. ο賦丈均(부장균)−부(賦)는

할당하다. 각 부장(部將)들에게 성벽·군루(軍壘 : 요새)의 구축과 수비를
분담시키는 경우, 길이[丈數]를 균등하게 하는 것. ○遷舍(천사)─옮겨
가는 것과 멈추어 있는 것. 이동과 주둔. ○淫輿(음여)─음(淫)은 넘치는
모습, 많은 상태. 여(輿)는 중인(衆人), 또는 수레. ○遺輜(유치)─유(遺)
는 남기다, 치(輜)는 짐 또는 짐수레. ○五官(오관)─위(尉)·사마(司
馬)·후(候)·사공(司空)·여(輿). ○技能(기능)─여기서는 기(技)·능
(能) 모두 헤아리다란 의미이다. ○六翮(육핵)─날개가 달린 6개의 간골
(幹骨).

전쟁의 승패는 근본적으로는 치정(治政)에 있다. 치정이 그 백성에
게 이기고, 아래가 위에 따르면 병력은 강고(强固)하며 백성이 그 치
정에 이기고 아래가 위에 등을 돌리면 병력은 열약(劣弱)하다. 즉 덕
의(德義)가 천하의 백성을 충분히 회유하고, 시정(施政)이 천하의 위
급에 충분히 대처하며, 인재의 선발법이 현사(賢士)의 마음을 장악하
기에 충분하고 모려(謀慮)가 강약의 정세를 찰지하기에 충분해야 할
것, 이상이 필승을 가져다주는 근본이다.
  토지가 넓고 백성이 많다는 것은 강대하다는 조건으로 꼽기에 부족
하며, 견고한 투구라든가 예리한 무기는 승전의 조건이 되기에 부족
하며, 높은 성벽이나 깊은 도랑은 견고하다는 조건으로 꼽기에 부족
하며, 엄격한 정령(政令)이라든가 번잡한 형벌은 위복(威服)의 조건
으로는 부족하다. 존속하기에 마땅한 정치를 하는 나라는 아무리 소국
이더라도 반드시 존속되며, 멸망해야 마땅할 정치를 하는 나라는 아
무리 대국이더라도 반드시 멸망하는 것이다.
  옛날, 초(楚)나라의 영토는, 남쪽으로는 원수(沅水)·상수(湘水)를
사행(蛇行)시키고 북쪽은 영수(潁水)·시수(泗水)가 둘러쌌으며 서쪽

은 파(巴)·촉(蜀)을 포함하고, 동쪽은 담(郯)·비(邳)도 차지했었다. 영수(潁水)와 여수(汝水)를 외호(外濠)로 삼고, 장강(長江)과 한수(漢水)를 원지(苑池)로 삼았으며, 등림(鄧林)으로 울타리를 둘러치고 방성(方城)의 산으로 이어졌다. 산은 높아서 운예(雲霓)에 접하고, 계곡은 매우 깊어서 햇빛을 가리며 지형은 이점(利點)을 갖추고 있고, 병졸(兵卒)들은 용감했었다.

상어 가죽과 물소 뿔로 갑주(甲冑)를 만들고 장모(長矛)·소모(小矛)의 병사가 일렬로 전위(前衛)를 맡고, 적노(積弩)가 그 뒤에 서며, 초차(軺車)가 양 날개를 지키면서 질주하는 모습은 후시(鏃矢)와 같고, 집합하는 모습은 뇌전(雷電)과 같으며 해산하는 모습은 풍우(風雨)와 같았다.

하지만 그런데도 그 병중(兵衆)은 수사(垂沙) 땅에서 위태로움에 빠지고 백거(栢擧) 땅에서 패배했다. 초(楚)나라의 강대함은 그 영토도 인구도, 천하의 반을 차지할 정도였다. 그러나 회왕(懷王)은 북방(北方)의 맹상군(孟嘗君)으로부터 위협받았을 때 국가의 방위를 팽개치고 (秦나라로 들어가) 몸을 의지했는데 군사는 패했으며 땅도 깎이더니 몸마저 죽어 돌아올 수가 없었다.

이세황제(二世皇帝)는, 권세는 천자(天子)의 자리에 있었고 부(富)는 천하를 자기 것으로 만들었으며 인적이 미치는 곳, 배가 지나다니는 곳 모두에 군(郡)·현(縣)을 두어 지배하고 있었는데, 이목(耳目)이 욕망을 방자하게 채우고, 모든 사치를 하느라고 민중의 기근과 궁핍을 돌보지 않았다.

1만 대나 되는 수레를 동원해서 아방궁(阿房宮)을 쌓고, 촌리(村里)의 좌측(左側)을 국경 수비병으로 징발하고, 3분지 2의 부세(賦稅)를 부과했다. 체포당하여 극형에 처해졌고 수레의 가로대를 베고 도로에서 죽어가는 민중은 하루에도 수천, 수만 명 ―. 헤아릴 수가 없을 정도였다.

천하는 오연(敖然)과 문란으로 불타오르는 것 같고, 경연(傾然)하여 위태롭기가 열화(烈火)로 괴로움을 당하는 것과 같고, 위도 아래도 평안한 날이 없고, 관(官)도 민(民)도 의지할 바가 되지 않는 상태였다. 이런 때 수졸(戍卒)인 진승(陳勝)이 대택(大澤)에서 일어나 팔을 걷어붙이고, 오른쪽 어깨를 드러내고 봉기했다. 대초왕(大楚王)이라고 칭하자 천하는 소리가 퍼지듯 호응했다.

이때 견고한 갑옷과 날카로운 무기, 강인한 노(弩)와 강대한 병거(兵車) 등을 가지고 있었던 것은 아니다. 연조(櫟棗) 나무를 베어 모(矛)의 자루로 썼고, 송곳과 끌을 꽂아서 날로 썼으며, 대나무를 예리하게 깎고 괭이를 용감하게 둘러메고, 장창과 강한 노(弩)와 맞섰는데 성을 치고 땅을 빼앗아 모조리 항복하게 하였다.

이 때문에 천하는 죽이 끓고 개미가 우글대는 것처럼 소연해졌고 운산(雲散)시키고 석권하기 수천 리 사방에 이르렀다. 권세도 지위도 지극히 낮았고, 무기도 아주 불리했건만 한 사람이 창도(唱導)하여 천하 모두가 응한 것은 쌓이고 쌓인 원한이 백성들 마음속에 있었기 때문이다.

무왕(武王)이 주왕(紂王)을 토벌했을 때 동향(東向)으로서 대세(大歲)를 맞게 되는 흉방(凶方)이며, 사수(汜水)에 도달하자 홍수를 만났고 공두산(共頭山)까지 와서는 산사태가 일어났는데, 때마침 혜성이 나타났다. 그것은 은나라 사람에게 그 자루를 쥐어 주었다.

전투가 시작되자 10개의 태양(太陽)이 하늘 위에서 어지럽게 돌았고, 풍우(風雨)가 아래를 엄습했다. 더구나 자진하여 위난(危難)에 맞서더라도 포상(褒賞)이 기다리고 있던 것도 아니고, 물러나 도망을 치더라도 형벌(刑罰)이 기다리고 있었던 것도 아니다. 백도(白刀)를 뽑아내기도 전에 천하 사람들이 순종해 왔다.

그러므로 방어를 잘하는 자는 한패가 되어 방어를 굳히지 않았다. 전투에 뛰어난 자는 한패가 되어 싸우려 하지 않았다. 금사(禁舍)·개색(開塞)의 도(道)를 명찰(明察)하고 시세에 편승하며 백성의 욕구에 따르면 천하를 취하는 것이다.

한편 치정(治政)에 뛰어난 사람은 은덕(恩德)을 쌓고, 용병(用兵)에 빼어난 사람은 백성의 분노를 쌓는다. 은덕을 쌓아 나가야만 백성을 움직일 수가 있고, 분노를 쌓아야만 무위(武威)를 얻을 수 있는 것이다. 그러므로 문(文)을 더하는 정도가 작으면 군주가 제어하는 정도는 작고, 은덕을 베푸는 범위가 넓으면 무위(武威)가 제압하는 범위도 넓어진다. 무위가 제압하는 범위가 넓어지면 아군 쪽은 강해지고 적군 쪽은 약하게 된다.

그러기에 용병에 뛰어난 사람은 우선 적을 약하게 만든 연후에 전투를 시작한다. 그런 까닭에 소모는 반(半) 이하로 끝나되 효과는 자연히 배가(倍加)되는 것이다.

탕왕(湯王)이 그 영토는 사방 70리에 지나지 않았지만 왕자(王者)가 되었던 것은 덕을 닦았기 때문이다. 지백(智伯)이 사방 천리의 영토를 가지고 있으면서도 멸망한 것은 무력(武力)에만 의지했기 때문이다. 따라서 천승(千乘)의 나라라 하더라도 문덕(文德)을 행하면 왕자(王者)가 되고, 만승(萬乘)의 나라라 하더라도 오로지 무력행사만 하는 나라는 멸망하고 만다.

그러므로 완전한 전쟁은 우선 승리를 거둔 연후에 싸우고, 패배하는 전쟁은 먼저 싸운 연후에 승리를 구한다. 덕(德)이 같다면 많은 자가 적은 자에게 이길 것이고, 병력이 필적하는 경우에는 지혜 있는 자가 어리석은 자를 제압할 것이며, 지혜가 같다면 책략에 뛰어난 자가 책략이 없는 자를 포착할 것이다.

대저 병력을 움직이는 자는 앞서 반드시 조정에서 작전을 짠다. 군주는 어느 쪽이 현명한가, 장군은 어느 쪽이 유능한가, 백성은 어느 쪽에 붙을 것인가, 나라는 어느 쪽이 잘 다스려지고 있는가, 축적(蓄積)은 어느 쪽이 많은가, 사졸(士卒)은 어느 쪽이 정예부대인가, 무기는 어느 쪽이 예리한가, 기재(器材)는 어느 쪽이 편리한가에 대해서 작전을 짠다. 이처럼 계책을 묘당(廟堂) 위에서 짜고, 승리를 천리 밖에서 결정짓는 것이다.

原文　兵之勝敗, 本在於政. 政勝其民, 下附其上, 則兵强矣. 民勝其政, 下畔其上, 則兵弱矣. 故德義足以懷天下之民, 事業足以當天下之急, 選擧足以得賢士之心, 謀慮足以知强弱之勢, 此必勝之本也. 地廣人衆, 不足以爲强, 堅甲利兵, 不足以爲勝, 高城深池, 不足以爲固, 嚴令繁刑, 不足以爲威. 爲存政者, 雖小必存, 爲亡政者, 雖大必亡.

昔者楚之地, 南卷沅湘, 北繞潁泗, 西包巴蜀, 東裹郯邳, 潁汝以爲洫, 江漢以爲池, 垣之以鄧林, 縣之以方城. 山高尋雲霓, 谿深肆無景, 地利形便, 卒民勇敢. 鮫革犀兕, 以爲甲胄, 脩鎩短鏦, 齊爲前行, 積弩陪後, 銷車衛㫃, 疾如錐矢, 合如雷電, 解如風雨.

然而兵殆於垂沙, 衆破於栢擧. 楚國之强, 大地計衆, 中分天下. 然懷王北畏孟嘗君, 背社稷之守, 而委身强秦. 兵挫地削, 身死不還.

二世皇帝, 勢爲天子, 富有天下, 人迹所至, 舟檝所通, 莫不爲郡縣. 然縱耳目之欲, 窮侈靡之變, 不顧百姓之飢寒窮匱也. 興萬乘之駕而作阿房之宮, 發閭左之戍, 收太半之賦.

百姓之隨逮肆刑, 枕轑首路死者, 一旦不知千萬之數, 天下敖然若焦熱, 傾然若苦烈, 上下不相寧, 吏民不相憀. 戍卒陳勝, 興於大澤, 攘臂袒右, 稱爲大楚, 而天下響應. 當此之時, 非有牢甲·利兵·勁弩·强衝也.

伐樲棗而爲矜, 周鑽鑿而爲刃, 剡撕茶, 奮擔钁, 以當脩戟强弩, 攻城略地, 莫不降下. 天下爲之糜沸螘動, 雲徹席卷, 方數千里. 勢位至賤, 而器械甚不利. 然一人唱而天下應之者, 積怨在於民也. 武王伐紂, 東面而迎歲, 至氾而水, 至共頭而墜, 彗星出而授殷人其柄. 當戰之時, 十日亂於上, 風雨擊於下.

然而前無蹈難之賞, 而後無遁北之刑. 白刃不畢拔而天下傅矣. 是故善守者無與御而善戰者無與鬪. 明於禁舍開塞之道, 乘時勢, 因民欲而取天下.

故善爲政者積其德, 善用兵者, 畜其怒德積而民可用, 怒畜而威可立也. 故文之所加者淺, 則權之所服者小, 德之所施者博, 而威之所制者廣, 威之所制者廣, 則我强而敵弱矣. 故善用兵者, 先弱敵而後戰者也. 故費不半而功自倍也. 湯之地方七十里而王者, 修德也. 智伯有千里之地而亡者, 窮武也.

故千乘之國, 行文德者王. 萬乘之國, 好用兵者亡. 故全兵先勝而後戰. 敗兵先戰而後求勝. 德均則衆者勝寡, 力敵則智者制愚, 智侔則有數者禽無數.

凡用兵者, 必先自廟戰. 主孰賢, 將孰能, 民孰附, 國孰治, 蓄積孰多. 士卒孰精, 甲兵孰利, 器備孰便. 故運籌於廟堂之上, 而決勝乎千里之外矣.

註解 ○兵之勝敗(병지승패)……知强弱之勢(지강약지세)−중복문(重複文)이 《문자》〈상의편(上義篇)〉에 보인다. ○堅甲利兵(견갑리병)……高城深池(고성심지)……嚴令繁刑(엄령번형)−《순자(荀子)》〈의병편(議兵篇)〉의 구절. 또 《관자(管子)》〈목민편(牧民篇)〉,《손빈병법(孫臏兵法)》〈객주인편(客主人篇)〉에도 같은 취지의 글이 보인다. 한편 다음 구절인 '초지지(楚之地)' 이하도 글의 취지는 거의 일치하고 있으며, 또 동

일한 구절도 보인다. ○郯邳(담비)−담(郯)은 산동성(山東省) 남부. 비(邳)는 강소성(江蘇省) 북부. ○潁汝以爲洫(영여이위혁)……−이하 4구절은 《순자》에 근거하는데 거기서는 ‘혁(洫)’을 ‘험(險)’으로, ‘원(垣)’을 ‘한(限)’으로, ‘면(緜)’을 ‘연(緣)’으로 적고 있다. ○方城(방성)−하남성 성현(城縣) 동북쪽에서 섭현(葉縣)으로 이어지는 산. ○兕(시)−서(犀 : 물소의 일종). 자서(雌犀)라고도 한다. ○脩鎩短鏦(수쇄단종)−‘수(脩)’는 장(長)의 뜻. ‘쇄(鎩)’는 양날 모(矛). ‘종(鏦)’은 단모(短矛). ○積弩(적노)−연발식 석궁(石弓). ○銷車(초차)−양쪽에 칼이 설치된 병거(兵車). ○鍭矢(후시)−금속 살촉과 깃털을 단 화살. ○垂沙(수사)−초(楚)나라 회왕(懷王) 28년 진(秦)·제(齊)·한(韓)·위(魏)가 초나라를 공격했는데 초나라 장군 당매(唐昧)는 이 땅에서 전사했다. ○栢擧(백거)−호북성 마성현(麻城縣)의 땅. 채(蔡)·오(吳)나라 등이 초나라를 격파한 전쟁터. ○孟嘗君(맹상군)−전국시대 제(齊)나라의 왕족, 전문(田文)의 호(號). ○舟檝(주즙)−배와 노. ○莫不爲郡縣(막불위군현)−진(秦)나라는 중앙집권에 의한 군현제도(郡縣制度)를 채용했다. 여기서의 군현이란 진나라의 영토를 의미한다. ○萬乘之駕(만승지가)−승(乘)은 병거(兵車)를 세는 단위. 가(駕)는 병거. ○阿房之宮(아방지궁)−시황제(始皇帝)가 축조한 궁전. 섬서성 장안현(長安縣) 서북쪽에 있었다. ○閭左之戍(여좌지수)−여(閭)는 촌리(村里)의 문. 여좌(閭左)는 문 왼쪽의 주민. 당시 부유한 사람들은 오른쪽에 살고 왼쪽에는 빈궁한 사람들이 살고 있었다 한다. 수(戍)는 수역(戍役), 즉 국경수비를 하는 병역(兵役). ○隨逮肆刑(수체사형)−수체(隨逮)는 응소(應召). 사형(肆刑)은 주형(誅刑). 체포되고 극형에 처해진다는 의미이다. ○敖然(오연)−문란한 모습. ○傾然(경연)−위태로운 모습. ○戍卒(수졸)−변경 수비병의 수송을 담당하는 사람. ○陳勝(진승)−진(秦)나라 양성(陽成) 사람. 자(字)는 섭(涉). 진(秦)나라 이세황제(二世皇帝) 원년 7월, 여좌(閭左)의 백성 9백 명을 인솔하고 어양(漁陽 : 하북성) 수비를 위해 가던 중, 때마침 큰비가 쏟아져서 기일에 맞춰 도착하기란 절망

상태였으므로 동지인 오광(吳廣)과 함께 수졸(戍卒)들을 부추겨 반란을 일으켰다. 그런데 이에 호응하는 자가 천하에 많았으므로 진나라 말기 동란의 계기가 되었으며, 그는 초왕(楚王)이라고 자칭하다가 6개월 후 부하에게 사살당했다(《史記》〈陳涉世家〉). ○大澤(대택)―안휘성(安徽省) 북부의 지명. ○樵棗(연조)―대추나무의 일종. ○剡擱(염서)―깎아서 날카롭게 하다. ○筡(도)―잘라놓은 대나무. ○糜沸蟻動(미불의동)―미(糜)는 죽, 의(蟻)는 개미. 소연한 모습. ○雲徹席卷(운철석권)―운철(雲徹)은 구름이 사라지는 것처럼 흔적이 없는 상태. 석권(席卷 : 席捲)은 가마니를 말 듯이 영토를 접수하는 모습. ○武王伐紂(무왕벌주)……而墜(이추)―같은 취지의 글이 《순자》〈유효편(儒効篇)〉에 보인다. ○東面而迎歲(동면이영세)―세(歲)는 대세(大歲), 즉 목성(木星)으로서의 세성(歲星)은 아니다. 〈천문훈(天文訓)〉을 참조할 것. 거기서의 함지(咸池)란 원래는 별자리의 이름인데 술수가(術數家)는 그 설명처럼 선회(旋回)함을 관념적으로 설정하고 이 별자리가 가리키는 방향을 향하여 행동하는 것은 흉(凶), 등지고 행동하는 것은 길(吉)이라고 했다. 무왕의 벌주(伐紂)는 《사기》〈주본기(周本紀)〉에 2월 갑자(甲子)라고 되어있다. 따라서 대세(大歲)는 묘(卯 : 東)에 있다는 점에서, 이것을 향하고 행동하는 것은 흉(凶)하다는 것이 된다. ○氾(범)―범수(氾水). 하남성 고현(皐縣)에 있는 강. 황하의 지류. ○共頭(공두)―공두산(公頭山). 장소 불명. ○禁舍開塞(금사개색)―사(舍)는 용서하다. 개방과 폐(閉 : 禁)색이란 의미로서 군율·공방에 완급이 있어야 한다는 뜻. 전략에 있어 임기응변의 조치를 말한다. 개색(開塞)은 그 아래 글에도 보인다. ○智伯(지백)―지백(知伯). 춘추시대 진(晋)나라 육경(六卿) 중 한 사람. 한때는 진나라를 거의 독식했었지만 이윽고 한(韓)·위(魏)·조(趙)에 의해 멸망 당했다. ○全兵(전병)―완전한 병(兵), 즉 완전한 전쟁. 필승(必勝)의 전쟁을 뜻한다. 내용을 살펴보면 먼저 덕(德)에 의해 내외의 백성들을 심복시키고 그런 연후에 싸워야 한다는 것이다.

대저 형태를 가지는 것은 천하 누구나 모두 이것을 볼 수가 있고 서적(書籍)으로 남겨져 있는 것은 세상 사람 모두 이것을 전하여 배울 수가 있다. 이것은 모두 유형인 것에 의해 다른 것들에게 이겼기 때문이다. 뛰어난 사람은 법을 가지지 않는다. 도(道)가 귀하다는 것은 일정한 형태를 가지지 않은 것을 귀히 여기는 까닭이다. 무형이면 제압할 수도 없고, 짐작할 수도 없어서 사위(詐僞)·모략(謀略)을 할 수도 없는 것이다.

지(智)가 밖으로 나타나면 상대방은 이것에 대응하며 꾀를 내고, 형태가 밖으로 나타나면 상대방은 이것에 대응해서 일을 꾸민다. 부대가 밖으로 나타나면 상대방은 이것에 대응해서 복병(伏兵)을 두고 무기가 밖으로 나타나면 상대방은 이것에 대응하여 방비를 굳힌다. 동작진퇴(動作進退), 거조동작(擧措動作)에 있어 상대방에게 교사(巧詐)를 가능하게 하는 것은 뛰어난 자라고 할 수 없다.

뛰어난 사람의 행동은 신출귀몰하기 별이 빛나는 것과 같고 하늘이 운행하는 것과 같으며, 진퇴굴신(進退屈伸)은 조짐도 없고 흔적도 남기지 않는다. 난(鸞)의 춤과 인(麟)의 달리기, 봉(鳳)이 날고 용이 올라가는 것과도 흡사하여 발동하는 모습은 질풍과 같고 질주하는 모습은 번개와 같다.

항상 삶으로 죽음을 치고, 무성함으로 쇠약함에 덤비며, 빠름으로 더딘 것을 덮치고, 포만(飽滿)으로 기아(飢餓)를 제압하도록 하면 마치 물로 불을 끄고, 더운물을 눈[雪]에 붓는 것과 같아서 어디를 가든 이루지 못하는 바가 없다.

안으로는 정신을 허정(虛靜)하게 하고 밖으로는 심지(心志)의 발동을 억제하며 모양이 없는 것에 마음을 쏟고 뜻하지 않은 곳에서 행동을 일으키며 표표히 갔다가 홀연히 오되 어디로 가는지를 아는 사람도 없고, 큰길을 따라 나갔는가 하면 샛길로 접어들고 어디에서 멎을

지 아는 사람이란 없다. 그 돌연한 모습은 번개와 같고 신속한 모습은 풍우(風雨)와 같으며 땅에서 솟아나는 것 같기도 하고 하늘에서 내려오는 것과도 같다.

홀로 나가고 홀로 들어오는 듯하므로 이것에 응하여 막을 것이라고는 없으며 후시(鏃矢)와 같이 달리는 까닭에 그 누구도 이것과 나란히 할 수가 없다. 어두워지기도 하고 밝아지기도 하며 그 단서는 그 누구도 찾아내지 못한다. 그 출발하는 모습을 보지도 못하는 사이에 이미 도착해 있다는 형국이다.

이렇게 해서 용병에 뛰어난 사람은 적(敵)의 허(虛)를 보자마자 가차없이 그것에게 덤벼들고 어디까지나 추격하되 용서하는 일이 없으며 놓치는 일 없이 육박해 간다. 그 준순주저(逡巡躊躇)하는 적을 쳐서 평정하는 모습은 빠른 우레에 귀를 막을 틈도 없고 빠른 번개에 눈을 감을 틈도 없는 것과 같다. 교묘하게 용병하는 모습은 소리와 산울림과 같고 종(鐘)·탑(鞈)과 같으며, 눈에 먼지가 들어가도 비빌 사이가 없고 숨을 토해내도 들이마실 틈도 없을 정도로 신속하다.

이때는 우러러도 하늘을 보지 못하고 내려보아도 땅을 보지 못하는데, 손은 과(戈)를 잡을 틈도 없이 칼은 미처 뽑지 못하는 사이에, 빠르게도 쳐들어오는 것이 번개와 같고 적진에 육박하는 것이 바람과 같으며, 활활 타오르는 불길과 같고 엄습해오기 파도와 같다. 적진은 조용한 가운데 수비할 방도를 모르고, 전단(戰端)이 열렸을 때 해야 할 방도를 모른다.

그러므로 진지에 북소리가 울려 퍼지고 군기(軍旗)가 신호하면 상대방은 모조리 폐체(廢滯)하여 붕괴되고 만다. 천하에 어느 누가 무위(武威)를 떨치고 절의(節義)를 내세워, 그 앞에 대적할 자가 있으리오. 즉 사람을 능가하는 자는 이기고, 사람에게 의지하는 자는 패하며 사람의 표적이 되는 자는 죽음에 이르는 것이다.

原文   夫有形埒者, 天下訟見之, 有篇籍者, 世人傳學之. 此皆以形相勝者也. 善者弗法也. 所貴道者, 貴其無形也. 無形則不可制迫也, 不可度量也, 不可巧詐也, 不可規慮也. 智見者人爲之謀, 形見者人爲之功, 衆見者人爲之伏, 器見者人爲之備. 動作周還, 倨句詘伸, 可巧詐者, 皆非善者也.

善者之動也, 神出而鬼行, 星燿而玄運, 進退詘伸, 不見朕墊, 鸞擧麟振, 鳳飛龍騰, 發如焱風, 疾如駭電. 常以生擊死, 以盛乘衰, 以疾掩遲, 以飽制飢, 若以水滅火, 若以湯沃雪, 何往而不遂, 何之而不達.

在中虛神, 在外漠志, 運於無形, 出於不意, 與飄飄往, 與忽忽來, 莫知其所之, 與條出, 與閒入, 莫知其所集. 卒如雷霆, 疾如風雨, 若從地出, 若從天下, 獨出獨入, 莫能應圉. 疾如鏃矢, 何可勝偶. 一晦一明, 孰知其端緒. 未見其發, 固已至矣.

故善用兵者, 見敵之虛, 乘而勿假也, 追而勿舍也, 迫而勿去也. 擊其猶猶, 陵其與與, 疾雷不及塞耳, 疾霆不暇掩目. 善用兵, 若聲之與響, 若鏜之與鞈, 眒不給撫, 呼不給吸.

當此之時, 仰不見天, 俯不見地, 手不麾戈, 兵不盡拔, 擊之若雷, 薄之若風, 炎之若火, 凌之若波. 敵之靜, 不知其所守, 動不知其所爲. 故鼓鳴旗麾, 當者莫不廢滯崩阤, 天下孰敢厲威抗節, 而當其前者. 故凌人者勝, 待人者敗, 爲人的者死.

註解   ○形埒(형랄)—'랄(埒)'도 형(形)이란 뜻이다. ○以形相勝者也(이형상승자야)—은작산(銀雀山) 출토의 《손빈병법(孫臏兵法)》〈기정편(奇正篇)〉에 같은 글이 있다. ○度量(도량)—도(度)는 재다, 헤아리다란 의미. ○巧詐(교사)—남을 모함하는 모략과 거짓말. ○動作周還(동작주환)—환(還)은 선(旋)과 같다. 즉 동작진퇴. ○倨句詘伸(거구굴신)—구(句)는

구(佝)와 같다. 거구(倨句)는 뻗는 것과 웅크리는 것. 굴신(詘伸)도 같은 뜻으로서 요컨대 동작진퇴(動作進退)를 가리킨다. ○玄(현)―여기서는 하늘. ○朕埑(짐은)―짐(朕)은 조짐, 징조. 은(埑)은 은(垠)의 고자(古字). 형(形)의 뜻이다. 〈남명훈〉에서는 '짐은(朕垠)'이라고 적었다. 모두 조짐이란 의미이다. ○鸞(난)―봉(鳳)의 일종. ○焱風(표풍)―회오리바람. ○駭電(해전)―해(駭)는 놀라다. 전(電 : 번개)의 충격적인 상태를 가리킨다. ○雷霆(뇌정)―정(霆)은 천둥소리. 두 글자로 천둥 번개를 가리킨다. ○應圉(응어)―응(應)은 대응하다. 어(圉)는 어(禦)와 같다. 막아서 멈추게 하다. ○偶(우)―나란히 있다. 만나다. ○乘而勿假(승이물가)―가(假)는 가차(假借), 용서의 뜻. ○追而勿舍(추이물사)―사(舍)는 사(捨)로 두다란 의미. ○猶猶(유유)・與與(여여)―둘 모두 의심하는 모습. ○疾雷(질뢰)……疾霆(질정)―《육도(六韜)》〈용도(龍韜)〉의 '군세(軍勢)'에 같은 취지의 구절이 보인다. ○鼓鳴旗麾(고명기휘)―휘(麾)는 지시하다. 전투 개시 신호를 내리는 것. ○崩阤(붕치)―치(阤)는 무너지다. 붕괴(崩壞). ○抗節(항절)―항(抗)은 들다. 높게 하다. 절(節)은 조(操).

  병사(兵事)는 평정하면 강고(强固)해지고, 장사(將士)의 마음이 전일(專一)하면 위엄이 있으며, 역할이 정해지면 용감해지는데 장사의 마음에 의념(疑念)이 일어나면 패주(敗走)하고 병력이 분산되면 약체(弱體)가 된다. 그러므로 상대방의 병력을 분산시키고 상대방에게 의심이 생기도록 할 수 있으면 아주 적은 인원으로도 넉넉하다.
  그러나 상대방의 병력을 분산시킨다든가 의심을 생기게 할 수 없으면 몇 갑절이 있더라도 부족하다. 그 옛날 은(殷)나라 주왕(紂王)의 병력은 백만을 헤아렸는데 거기에는 또 백만의 마음이 있었다. 그것에 반하여 주(周)나라 무왕(武王)의 병력은 불과 3천 명, 그러나 그 전원이 마음을 하나로 하고 있었다.

따라서 천 명이 마음을 합치면 천 명의 힘이 얻어지고 한 명이더라도 마음이 통하지 않으면 한 명의 쓰임새도 안 된다. 장졸이민(將卒吏民), 모든 사람의 동정(動靜)이 한몸과 같아야만 적에게 대응해서 싸울 수 있는 것이다.

한편 계획이 정해지고 실행에 옮겨지며 역할이 결정되어 활동이 개시될 때, 장군에게는 의모(疑謀)가 없고 병졸에게는 두 마음이 없으며 동작에는 태만한 기색이 없고 말에는 거짓이 없으며 사물에는 시험 삼아서 해보는 일이 없을 경우, 적에게 대응하면 반드시 민속하고 발동하면 반드시 신속하다.

장군은 백성을 내 몸[肢體]처럼 여기고 병졸은 장군을 내 마음처럼 여긴다. 마음이 성실하면 지체는 서로 돕고 마음에 의심이 생기면 지체는 기가 꺾이어 패한다. 마음이 전일(專一)하지 않으면 지체는 움직임을 조절할 수가 없고 장군이 성심껏 실행하는 사람이 아니면 병졸은 용감해질 수 없다. 그러므로 양장(良將)의 병졸은 호랑이의 이빨, 시(兕)의 뿔, 새의 날개, 노래기의 발과 같은 것으로서 그것에 의해 나아가고 들어 올리고 물어뜯고 찌르고 하는 것이다.

아무리 강하더라도 서로 손상하는 일이 없고, 아무리 많더라도 서로 해치는 일이 없는 것은 장군이 전일(專一)한 마음으로 병졸을 쓰기 때문이다. 그런 까닭에 백성들이 마음속으로 명령에 따른다면 소수이더라도 두려울 것이 없고 백성들이 명령에 따르지 않게 되면 비록 다수더라도 누(累)가 될 뿐이다.

즉 아래가 위와 친하지 못하면 그러한 마음은 아무 소용도 없으며, 병졸이 장군에게 외복(畏服)하지 않는다면 그러한 태도로는 싸울 수가 없다. 방어는 반드시 견고히 하도록 마음쓰고, 공격은 반드시 승리를 기하도록 행동하면 병도(兵刀)를 접하기도 전에 존망(存亡)의 기미는 이미 나타나는 법이다.

原文 兵靜則固, 專一則威, 分決則勇, 心疑則北, 力分則弱. 故能分人之兵, 疑人之心, 則錙銖有餘. 不能分人之兵, 疑人之心, 則數倍不足. 故紂之卒百萬, 而有百萬之心. 武王之卒三千人, 皆專而爲一.

故千人同心, 則得千人之力, 萬人異心, 則無一人之用. 將卒吏民, 動靜如身, 乃可以應敵合戰. 故計定而發, 分決而動, 將無疑謀, 卒無二心, 動無墮容, 口無虛言, 事無嘗試, 應敵必敏, 發動必亟.

故將以民爲體, 而民以將爲心. 心誠則支體親刺, 心疑則支體撓北. 心不專一, 則體不節動. 將不誠必, 則卒不勇敢. 故良將之卒, 若虎之牙, 若兕之角, 若鳥之羽, 若蚈之足, 可以行, 可以擧, 可以噬, 可以觸. 强而不相敗, 衆而不相害. 一心以使之也. 故民誠從其令, 雖少無畏, 民不從令, 雖衆爲累.

故下不親上, 其心不用, 卒不畏將, 其形不戰. 守有必固, 而攻有心勝, 不待交兵接刃, 而存亡之機, 固以形矣.

註解 ○故能分人之兵(고능분인지병)……數倍不足(수배부족)－같은 취지의 글이 《손빈병법(孫臏兵法)》에 보인다. ○錙銖(치주)－두 글자 모두 아주 가벼운 무게의 단위. 전(轉)하여 미세한 것의 비유. 한편 〈천문훈〉에 '12속(粟)이 1푼(分), 12푼이 1주(銖)'라고 되어있으며, 또 〈설산훈〉에 '6주(銖)를 치(錙)라고 한다'라고 했다. ○誠必(성필)－정성껏 반드시 해내는 것. ○兕(시)－물소의 종류. ○蚈(견)－노래기.

병사(兵事)에는 삼세(三勢)가 있고 이권(二權)이 있다. 기세(氣勢)가 있고 지세(地勢)가 있으며 인세(因勢)가 있다. 장군은 용기에 충만하여 적을 가벼이 여기고 병졸은 과감하여 전쟁을 즐긴다. 삼군(三

軍)의 병중(兵衆)은 백만의 군단과 같고 지기(志氣)는 청운(靑雲)을 넘어서며 기력(氣力)은 돌풍처럼 몰아치고 웅장한 소리는 천둥처럼 울리며, 지성(至誠)은 쌓여 넘치는데 그 위세가 적병(敵兵)에게 가해진다. 이것을 기세(氣勢)라고 한다.

좁은 길의 관소(關所), 큰 산에 있는 유명한 험새(險塞), 용·뱀 등이 서린 것과 같은 땅, 삿갓을 엎어놓은 것 같은 곳, 양(羊)의 창자와 같이 구불구불한 길, 대나무 통발과 같이 출구(出口)가 없는 문 —. 천 명이라 할지라도 혼자서 지켜낼 수가 있다. 이런 것을 지세(地勢)라고 한다.

적군의 피로·권태·착란·기근·갈증·동한(凍寒)·염서(炎暑) 등의 곤고(困苦)에 의해 쓰러지려는 자를 밀어붙이고 우왕좌왕하는 자를 쳐부순다. 이것을 인세(因勢)라고 한다.

교묘하게 간자(間者)를 사용하고 상세한 책략을 세우며 숲속에 복병(伏兵)을 두되 그 모습을 숨기고 있다가 불의에 습격하여 적군에게 방비할 틈을 주지 않는다. 이것을 지권(知權)이라고 한다.

병렬(兵列)은 정돈된 선봉을 가려 뽑으며, 진퇴는 정연하고 10인 5인 대오(隊伍)를 짜서 공격하고, 전후(前後)는 서로 바꾸지 않고 좌우는 서로 범하지 않으면, 적군의 칼을 받는 자는 적고, 적병을 살상하는 자는 많다. 이것을 사권(事權)이라고 한다.

이상의 이권(二權)과 삼세(三勢)가 형태로서 나타나고, 이졸(吏卒)은 성심(誠心)을 다하며, 양사(良士)·재인(才人)을 뽑아서 쓰고, 관직(官職)에는 적재(適材)를 얻어 쓰며 계획 모략은 결정된 다음 바꾸지 않고 사생(死生)의 이치를 변별하며 일거일동에 시기를 잘못 택하지 않으면 놀라지 않을 수 없게 된다.

이렇게 해서 공격하면 충륭(衝隆)이나 운제(雲梯)를 쓸 필요도 없이 성시(城市)는 돌파할 수 있고, 싸우면 병도(兵刀)를 접할 것도 없이 적군은 패주한다. 싸우면 반드시 이기는 비결에 통하고 있기 때문이다.

한편 전쟁이란 반드시 이긴다고 할 수는 없는 것이므로 함부로 병도(兵刀)를 접해서는 안 된다. 공격하는 경우 반드시 탈취할 수 있는 것은 아니므로 함부로 도전해서는 안 된다. 승산이 선 다음에 전투를 시작하고 군략(軍略)이 정해진 연후에 출동해야 한다.

따라서 병중(兵衆)이 집결한 다음 아무것도 하지 않은 채 해산하는 일이란 없고 병단(兵團)이 출동한 다음 의미 없이 귀환하는 일이란 없다. 단 한 번이라도 함부로 출동하지는 않지만 막상 출동하면 하늘을 능가하고 땅을 흔들며 태산을 밀어붙이고 사해(四海)를 움직여, 귀신도 있던 곳을 옮기고 조수(鳥獸)도 기겁한다. 이쯤 되면 들에서 교전하는 병졸이 없고 나라에는 포위되어 수비하고 있는 성(城)은 없다.

原文 兵有三勢, 有二權. 有氣勢, 有地勢, 有因勢. 將充勇而輕敵, 卒果敢而樂戰, 三軍之衆, 百萬之師, 志厲靑雲, 氣如飄風, 聲如雷霆, 誠積精踰而威加敵人, 此謂氣勢. 硤路津關大山名塞, 龍蛇蟠, 却笠居, 羊腸道, 發筍門, 一人守隘, 而千人弗敢過也. 此謂地勢. 因其勞倦·怠亂·飢渴·凍喝, 推其搖搖, 擠其揭揭, 此謂因勢.

善用閒諜, 審錯規慮, 設蔚施伏, 隱匿其形, 出於不意, 使敵人之兵, 無所適備. 此謂知權. 陳卒正, 前行選, 進退俱, 什伍搏, 前後不相捘, 左右不相干, 受刃者少, 傷敵者衆. 此謂事權.

權勢必形, 吏卒專精, 選良用才, 官得其人, 計定謀決, 明於死生, 擧錯得時, 莫不振驚. 故攻不待衝隆·雲梯而城拔, 戰不至交兵接刃而敵破. 明於必勝之數也.

故兵不必勝, 不苟接刃, 攻不必取, 不爲苟發. 故勝定而後戰, 鈐
縣而後動. 故衆聚而不虛散, 兵出而不徒歸. 唯無一動, 動則凌天
振地, 抗泰山, 蕩四海, 鬼神移徙, 鳥獸驚駭. 如此則野無校兵, 國
無守城矣.

註解 ○權(권)―권모(權謀). 군략(軍略). ○三軍(삼군)―1군은 2만 2천
5백 명(《周禮》〈夏官〉). 삼군은 그 3배의 군대로서 대국이 보유하는 군
대. 또는 단지 대군이란 뜻으로도 쓴다. ○飄風(표풍)―회오리바람. ○羊
腸(양장)―양(羊)의 창자와 같이 구불구불한 모습. ○發笱門(발구문)―발
구(發笱)는 죽구(竹笱). 물고기를 잡는 데 그 문으로 들어갈 수는 있어도
나올 수가 없게 된 도구. ○搖搖(요요)―당장 쓰러질 것 같은 모습. ○揭
揭(게게)―당장에라도 빠져나갈 것 같은 모습. ○撚(연)―유도(蹂蹈 : 밟
아 뭉개다)이다. ○衝隆(충륭)―병거(兵車)의 이름. ○雲梯(운제)―구름에
닿을 정도로 높은 사닥다리. 공성(攻城) 무기. 〈수무훈(脩務訓)〉 참조. ○
鈐(검)―검(鈐)·권(權)은 같은 뜻으로서 모(謀)란 의미. ○校兵(교병)―교
(校)는 교(交)와 같다. 교전(交戰)하는 병사.

평정(平靜)을 가지고 망동하는 적을 당해내고, 정정(整正)을 가지
고 혼란에 빠진 적을 기다리며, 무형(無形)으로 유형(有形)을 제어하
고, 무위(無爲)로 변화에 응하는 것은 비록 이기지는 못하더라도 적
이 승리하지 못하도록 하는 방법이다. 적군이 아군보다 먼저 움직이
면 곧 적군은 그 형태를 나타내게 된다. 적군이 망동하고 아군은 평
정하게 있으면 곧 적군의 힘을 피로하게 만든다.
  적군의 형태가 나타나면 아군은 승리할 수가 있고 적군의 힘이 피
로해지면 아군은 위엄을 세울 수가 있다. 적군의 행동을 간시(看視)

하고 이에 대응해서 변화하고 적군의 정사(正邪)를 관찰하여 사명(死命)을 제어하며, 적군이 탐하는 것을 미끼로 하여 그 다리를 피로하게 만든다. 만약 적군에게 덤벼들 틈이 있으면 신속하게 그 틈을 치고 변화의 묘(妙)를 다해서 적군을 속박하며 순간적인 폭발력[節]을 다해서 적군을 타도한다.

적군이 평정을 되찾게 되면 그것에 대해서는 기책(奇策)을 짜내어 유혹하고, 적군이 아군 쪽에 응하지 않으면 오로지 조정에 힘쓰면서 대기한다. 혹 움직여 응해온다면 그들의 태도를 응시한다. 적군이 뒤에서 움직이려고 하면 그 움직임에 따라 움직인다. 적군이 병력을 집중하면 반드시 허술한 곳이 생기게 된다. 그때 적군의 정예가 좌측으로 옮겨가면 그 우측을 쳐서 무찌르고 적군이 궤멸하여 패주하는 경우는 반드시 그 배후로 옮겨가는 것이 좋다.

적군이 육박해 와도 움직이지 않는 것을 이름하여 엄지(掩遲)라고 한다. 천둥 치는 기세로 적군을 치고 풀을 베듯이 적군을 무찌르며 번개와 같이 적군을 몰아낸다. 그것은 빠를수록 좋다. 적군의 병사는 달아날 틈도 없고 병거(兵車)는 움직일 틈도 없다. 모(矛)는 나무처럼 서있을 뿐이고, 노(弩)는 양(羊)의 뿔처럼 정지(靜止)한 것이어서 아무 쓸모도 없다. 적군의 병사가 아무리 많다 해도 그 세(勢)는 아군에게 대응할 수 없게 된다.

형상이 있는 모든 것에게는 이길 수 있는 예가 없고 모양이 있는 모든 것에게는 대응할 수 없는 예라고는 없다. 그러기에 성인(聖人)은 모양을 무(無) 속에 숨기고 마음을 허(虛) 속에서 노닐게 한다. 비바람은 막을 수가 있지만, 추위와 더위를 막지 못하는 것은 추위와 더위가 무형(無形)이기 때문이다. 본디 유연하고 정미(精微)하되 금석(金石)을 뚫고 지원(至遠)의 땅에 이르며, 구천(九天) 위에 이르렀는가 하면 황천(黃泉) 아래에 몸을 웅크리는 것은, 단지 무형만이다.

용병(用兵)에 뛰어난 사람은 반드시 상대방이 문란해졌을 때 공격하고 정돈되어 있을 때는 치지 않는다. 즉 위풍당당한 외적(外敵)을 습격하는 일은 없고 질서정연한 군기(軍旗)를 공격하는 일은 없다. 적군의 모습이 보이지 않을 때는 책략을 쓰면서 수비를 굳히고, 적군에게 쇠(衰)한 모습이 보일 경우는 그것에 따라 제압에 나선다. 적군이 책모를 쓰며 움직이기 시작했을 때는 은밀하게 허동(虛動)에 의해 적군의 실동(實動)에 대응하면 적군은 아군에게 반드시 포착당하게 마련이다.

호표(虎豹)도 움직이지 않으면 함정에 빠지는 일이 없고, 고라니와 사슴도 움직이지 않으면 올무에 걸리지 않으며, 비조(飛鳥)도 움직이지 않으면 새그물에 걸리지 않고, 거북이나 자라도 움직이지 않으면 주둥이가 꿰는 일이 없다. 어떤 물체도 움직이지 않는데 제압당하는 일은 없는 것이다.

그러므로 성인은 정(靜)을 귀히 여긴다. 정(靜)하면 조(躁)에 잘 대응할 수가 있고 뒤에 서면 앞서가는 것에 잘 대응할 수가 있으며, 치밀하면 소략(疏略)에 잘 이기고 박(博)하면 흠(欠)을 잘 잡을 수 있는 것이다.

原文 靜以合躁, 治以待亂, 無形而制有形, 無爲而應變. 雖未能得勝於敵, 敵不可得勝之道也. 敵先我動, 則是見其形也. 彼躁我靜, 則是罷其力也. 形見則勝可制也. 力罷則威可立也. 視其所爲, 因與之化, 觀其邪正, 以制其命, 餌之以所欲, 以罷其足. 彼若有開, 急塡其隙, 極其變而束之, 盡其節而仆之.

敵若反靜, 爲之出奇, 彼不吾應, 獨盡其調. 若動而應, 有見所爲. 彼持後節, 與之推移. 彼有所積, 必有所虧. 精若轉左, 陷其右陂. 敵潰而走, 後必可移. 敵迫而不動, 名之曰奄遲. 擊之如雷霆,

斬之若草木, 燿之若火電. 欲疾以邀. 人不及步趨, 車不及轉轂, 兵
如植木, 弩如羊角, 人雖衆多, 勢莫敢格.

諸有象者, 莫不可勝也. 諸有形者莫不可應也. 是以聖人藏形於
無, 而遊心於虛. 風雨可障蔽, 而寒暑不可關閉. 以其無形故也. 夫
能滑淖精微, 貫金石窮至遠, 放乎九天之上, 蟠乎黃盧之下, 唯無
形者也.

善用兵者, 當擊其亂不攻其治, 是不襲堂堂之寇, 不擊塡塡之旗.
容未可見, 以數相持, 彼有死形, 因而制之. 敵人執數動, 則就陰,
以虛應實, 必爲之禽.

虎豹不動, 不入陷阱. 麋鹿不動, 不離罝罘. 飛鳥不動, 不絓網
羅. 魚鱉不動, 不摲蜃喙. 物未有不以動而制者也. 是故聖人貴靜.
靜則能應躁, 後則能應先, 數則能勝疏, 博則能禽缺.

註解 ○靜以合躁(정이합조), 治以待亂(치이대란)－《손자(孫子)》〈군쟁
편(軍爭篇)〉에는 '치(治)로서 난(亂)을 기다리고 정(靜)으로서 화(譁)를
기다린다'라고 되어있다. ○無形而制有形(무형이제유형)－무형이란 은밀하
게 행동하여 적군에게 모습을 드러내지 않는 것. ○無爲而應變(무위이응
변)－이쪽에서 나아가는 일 없이, 적군이 나오는 것을 보아 임기응변으로 대
처하는 것. 앞의 구절과 합치어 도가(道家)의 논법을 빌려 병법의 극의(極
意)를 나타내고 있다. ○若有閒(약유간), 急塡其隙(급전기극)－간(閒)은 극
(隙)과 같다. 간극(閒隙). 전(塡)은 간극을 찌르는 것. ○有所積(유소적)－
구체적으로는 병력을 집결시키는 것. ○右陂(우피)－서쪽. 피(陂)는 가장자
리란 뜻이다. ○奄遲(엄지)－엄(奄)은 엄(淹)과 통하며 머무른다는 의미.
지체하는 모습이다. ○轉轂(전곡)－곡(轂)은 바퀴통. 수레의 중심부에 있
으며 수레의 바퀴살을 모아 차축(車軸)을 통하는 부분. 여기서는 수레바퀴
가 회전하는 것을 뜻한다. ○兵如植木(병여식목), 弩如羊角(노여양각)－
《위료자(尉繚子)》〈병담편(兵談篇)〉에 '병(兵)은 총목(總木 : 다발로 묶

은 나무)과 같고 노(弩)는 양각(羊角)과 같다'라고 되어있다. 식목(植木)·총목(總木) 공히 창모(槍矛)가 고정된 채 움직이지 않는 모습을 가리키는 것. 양각(羊角)은 궁노(弓弩)에 대하여 같은 모습을 말하는 것이리라. 요컨대 뜻밖의 습격을 받아서 무기를 잡을 틈도 없음을 가리킴이다. ○寒暑不可關閉(한서불가관폐)—같은 취지의 글이《유자(劉子)》〈병술편(兵術篇)〉에 보인다. ○滑淖(활뇨)—매끄럽고 흐물흐물한 상태. ○放乎九天之上(방호구천지상), 蟠乎黃盧之下(반호황로지하)—《손자》〈지형편(地形篇)〉에 '선수자(善守者) 장어구지지하(藏於九地之下) 선공자(善功者) 동어구천지상(動於九天之上)'이라고 되어있는 것을 근거로 했다. 구천(九天)은 여기서는 구중천(九重天), 황로(黃盧)는 황천(黃泉). 하늘의 최상(最上)과 땅의 최심(最深). ○不襲堂堂之寇(불습당당지구), 不擊塡塡之旗(불격전전지기)—전전(塡塡)은 깃발이 정연한 모습.《손자》〈군쟁편(軍爭篇)〉에 '질서정연하게 깃발을 세우고 오는 적군은 맞아 싸우지 말아야 한다(勿邀正正之旗), 당당한 진형을 갖추고 있는 적군은 공격하지 말아야 한다(勿擊堂堂之陣)'라고 되어있는 것과 같다. ○罝罘(저부)—짐승을 잡는 그물. ○網羅(망라)—망(網)은 그물 전반을 가리키며 라(羅)는 새그물. 여기서는 글뜻으로 보아 새그물을 가리키는 것으로 생각된다. ○數則能勝疏(삭즉능승소)—《손빈병법(孫臏兵法)》〈적소(積疏)〉에 '적(積)은 소(疏)에게 이긴다'라고 되어있다.

그런데 양장(良將)이 병졸을 쓸 때는 그 마음을 같게 하고 그 힘을 하나로 합친다. 용감한 자라도 혼자서 돌진하는 것을 허락하지 않고 겁쟁이라도 혼자서 퇴각하는 것을 허락하지 않는다. 멈출 때는 구산(丘山)과 같고 출발할 때는 풍우(風雨)와 같아서, 습격하면 반드시 격파하고 멸망시키지 못하는 것이 없다. 움직일 때는 한몸과 같아서 이에 대응하여 방어할 자가 없다. 이리하여 적군에게 다대한 손상을 주는데 아군은 전투에 나서는 일이 적은 것이다.

본디 다섯 손가락을 바꿔가며 치는 것은 주먹으로 일격을 가하는 것에 미치지 못하고, 만인이 교대로 돌진하는 것은 백 사람이 한꺼번에 쇄도하는 것에 미치지 못한다. 대저 호표(虎豹)는 재빠르고 웅비(熊羆)는 힘이 세지만, 사람이 그 고기를 먹고 그 가죽을 깔개로 쓰는 것은 지혜를 함께하고 힘을 하나로 할 수가 없기 때문이다.

무릇 물의 세(勢)는 불에게 이기는데 장화(章華)의 고대(高臺)가 불타고 있을 때, 되라든가 국자로 물을 뿌려서 불을 끄려고 하면 우물물을 말리고 연못물을 다 써도 아무 소용이 없다. 항아리라든가 동이로 물을 떠다가 부으면 그 불을 끄는 것쯤은 서있는 채로 기다릴 만큼 빠르다. 그런데 사람과 사람 사이에는 물이 불에게 이기는 것과 같은 관계가 있는 것은 아니다. 더구나 소수(小數)로 다수(多數)에 대항하고자 해도 성과가 없을 것은 이 또한 명명백백하다.

병법가 중 어떤 사람은 '소수라 하더라도 다세(多勢)에게 대항할 수 있다'라고 하는데 그것은 거느리고 있는 병사들에게 하는 말이지, 싸우는 병사에게 할 말이 아니다. '거느리는 병사는 많은데 도움이 되는 병사는 적다'라는 것은 병사들의 손발이 맞지 않기 때문이며, '거느리는 병사는 적은데 도움이 되는 병사는 많다'라는 것은 일치 협력하여 싸우기 때문이다. 도대체 한 사람 한 사람이 자기의 재능을 다하고 자기의 힘을 발휘하며 소수로써 다수에게 이긴다는 말은 예로부터 지금까지 들은 바가 없다.

[原文] 故良將之用卒也, 同其心, 一其力. 勇者不得獨進, 怯者不得獨退. 止如丘山, 發如風雨, 所凌必破, 靡不毁沮. 動如一體, 莫之應圍. 是故傷敵者衆, 而手戰者寡矣.

夫五指之更彈, 不若捲手之一挃, 萬人之更進, 不如百人之俱至

也. 今夫虎豹便捷, 熊羆多力. 然而人食其肉而席其革者, 不能通其
知而壹其力也.

夫水勢勝火, 章華之臺燒, 以升勺沃而救之, 雖涸井而竭池, 無
奈之何也. 擧壺樏盆盎而以灌之, 其滅可立而待也. 今人之與人, 非
有水火之勝也. 而欲以少耦衆, 不能成其功, 亦明矣.

兵家或言曰, 少可以耦衆. 此言所將, 非言所戰也. 或將衆而用寡
者, 勢不齊也. 將寡而用衆者, 用力諧也. 若乃人盡其才, 悉用其
力, 以少勝衆者, 自古及今, 未嘗聞也.

註解 ○捲手(권수)－권(捲)은 권(卷)과 통한다. 주먹. ○一挃(일질)－찌
르다. 치다 등의 의미. ○章華之臺(장화지대)－예로부터 이 이름을 가진
대(臺)가 여러 개 있고 설(說)도 여러 가지 있는데 '장화(章華)는 초(楚)
나라 고대(高臺)이다'라고 되어있는 것에 따랐다. ○盆盎(분앙)－분(盆)은
배 부분이 크고 주둥이도 넓은 와기(瓦器). 앙(盎)은 배 부분이 크고 주둥
이가 좁은 와기. ○耦(우)－필적(匹敵)하다. 대항하다.

신령하다는 점에서는 천시(天時)만큼 귀한 것이 없고, 형세(形勢)
란 점에서는 지리(地利)만큼 편리한 것이 없으며, 행동이란 점에서는
시기(時機)만큼 긴급한 것이 없고, 효용이란 점에서는 인재(人材)만
큼 유리한 것이 없다. 이 네 가지는 용병(用兵)의 근간(根幹)이다. 그
런데 그것도 도(道)를 체득할 것을 전제로 해야 비로소 도움이 되는
것이다.

대저 지리는 천시보다 낮고, 사람의 교거(巧擧)는 지리보다 나은데,
세(勢)는 사람보다 낮다. 즉 천시에 의지하는 자는 미혹 당하기 쉽고,
지리에 의지하는 자는 구속받기 쉬우며, 시기에 의지하는 자는 쫓기

기 쉽고, 사람에 의지하는 자는 속기가 쉽다.

대저 인(仁)·용(勇)·신(信)·염(廉)은 사람이 지닌 훌륭한 재질이다. 그러나 용(勇)이 있는 자는 유혹할 수가 있고, 인(仁)이 있는 자에게서는 탈취할 수 있으며, 신(信)이 있는 자는 속이기 쉽고, 염(廉)한 자는 모사(謀事)에 빠지기 쉽다.

그러므로 용병에 있어 장수 된 사람은 조금이라도 드러내는 일이 있으면 남에게 포착당하고 만다. 이상과 같은 일에서 생각해 보면 전쟁은 도(道)의 이치[無形]에 의해 승리를 얻는 것이지, 사람의 현명한 재질에 의한 것이 아님은 명명백백하다.

즉 고라니와 사슴은 저부(罝罘)를 설치해 놓으면 되고, 거북이나 자라는 망고(網罟)로 잡으면 되며, 기러기와 고니는 증작(矰繳)을 쏘면 되는데, 단지 무형(無形)인 것은 어떻게 손쓸 수가 없다.

그러므로 성인(聖人)은 무원(無原)에 몸을 두는 까닭에 그 실정은 관찰할 수가 없고 무형의 모양으로 움직이므로 그 행장(行狀)은 미루어 헤아릴 수가 없다. 법칙도 없으려니와 의표(儀表)도 없으며 다가오면 그것에 적절히 대처한다. 명칭도 없는가 하면 형상도 없고, 변화하면 그것에 따라 형상을 취한다. 주주유유(瞜瞜悠悠)하여 그 얼마나 심원(深遠)하단 말인가?

겨울인가 하면 여름이고, 봄인가 하면 가을이며, 위로는 지고(至高)의 끝을 다하고 아래로는 지심(至深)의 바닥을 헤아리며, 갖가지로 변화해서 생기기도 하고 멸(滅)하기도 하여 잠시도 응체(凝滯)하는 일 등이 없다. 마음을 요명(窈冥)의 들에 두고, 뜻을 구선(九旋)의 연못에 감춰두므로 비록 혜안(慧眼)을 가진 자라 하더라도 누가 그 실정을 규명할 수 있겠는가?

原文 神莫貴於天, 勢莫便於地, 動莫急於時, 用莫利於人. 凡此四者兵之幹植也. 然必待道而後行, 可一用也.

夫地利勝天時, 巧擧勝地利, 勢勝人. 故任天者可迷也. 任地者可束也. 任時者可迫也. 任人者可惑也.

夫仁勇信廉, 人之美才也. 然勇者可誘也. 仁者可奪也. 信者易欺也. 廉者易謀也. 將衆者, 有一見焉, 則爲人禽矣. 由此觀之, 則兵以道理制勝, 而不以人才之賢亦自明矣.

是故爲麋鹿者, 則可以罝罘設也. 爲魚鼈者, 則可以網罟取也. 爲鴻鵠者, 則可以矰繳加也. 唯無形者, 無可奈也. 是故聖人藏於無原, 故其情不可得而觀. 運於無形, 故其陳不可得而經. 無法無儀, 來而爲之宜. 無名無狀, 變而爲之象. 深哉, 瞯瞯, 遠哉, 悠悠.

且冬且夏, 且春且秋. 上窮至高之末, 下測至深之底, 變化消息, 無所凝滯. 建心乎窈冥之野, 而藏志乎九旋之淵. 雖有明目, 孰能窺其情.

註解 ○神莫貴於天(신막귀어천)……用莫利於人(용막리어인)—여기서 말하는 천(天)·지(地)·인(人)은 그다음 글로 추리하건대 천시(天時)·지리(地利)·사람의 교거(巧擧)를 가리키는 것으로 생각된다. 그러나 이 한 절(節)은 전승(戰勝)의 요결(要訣)로서 천(天)·지(地)·시(時 : 시기)·사람 등 사자(四者)를 들고 있음과 동시에 또 사자(四者)의 근본에 '도(道)'가 있어야 함을 설명하고 있는 데 비하여, 뒷글은 천(天)·지(地)·인(人)의 삼자(三者)보다 나은 것으로 '세(勢)'를 들고 있다. 전후의 두 글은 어느 정도 맥락을 같이하면서도 별개의 두 절로 해석해야 할 것이다. ○幹植(간식)—식(植)은 주(柱)란 의미. ○地利勝天時(지리승천시), 巧擧勝地利(교거승지리), 勢勝人(세승인)—《맹자(孟子)》〈공손추장구(公孫丑章句)〉하(下)에, '천시(天時)는 지리만 못하고 지리는 인화(人和)만 못하다'라는 구절이 있으며 사람을 최고로 꼽는데 여기서는 그보다도 나은 것이 '세(勢)'라고 한다. '교거(巧擧)'의 교(巧)는 교묘한 인위(人爲). 거(擧)는 거동, 거

조(擧措). ○爲麋鹿者(위미록자)……爲魚鼈者(위어별자)……爲鴻鵠者(위홍곡자)……―저부(罝罘)는 짐승 잡는 그물이고, 망고(網罟)는 물고기 잡는 그물이다. 증작(矰繳)은 주살. 《사기(史記)》〈노자열전(老子列傳)〉에, 노자와의 회견을 끝낸 공자가 한 말, 즉 '새는 잘 날고 물고기는 헤엄을 잘 치며 짐승은 잘 달린다는 것은 나도 잘 알고 있다. 달리는 것은 그물을 쳐서 잡고, 헤엄치는 것은 낚시로 낚으며, 나는 것은 주살을 쏘아 맞혀서 떨어뜨릴 수가 있다. 그러나 용(龍)에 이르러서는……'을 참조. ○且冬且夏(차동차하)―'차(且)……차(且)……'는 '한편으로는……또 한편으로는……'이란 의미이다. ○窈冥(요명)―깊숙하고 다소 어두운 상태. ○九旋之淵(구선지연)―구(九)는 수(數)의 극(極)을 나타낸다. 선(旋)은 돌다, 소용돌이치다란 의미. 선연(旋淵)도 심연(深淵)과 같다. 아주 깊은 연못.

전쟁할 때는 천도(天道)에 대해서 은밀히 의논하고, 지형(地形)에 대해서 도모하며, 인사(人事)에 대하여 분명하게 명령한다. 그러나 승리를 결정하는 결정적인 것은 검(鈐)과 세(勢)이다. 그러므로 상등(上等) 장군의 용병은 위로는 천도를 얻고, 아래로는 지리를 얻으며 중간으로는 인심을 파악하고, 그 위에서 결행하는 데는 시기를 재고 발동하는 데는 세를 탄다. 그러므로 싸워서 패하는 일이 결코 없다.

중등(中等) 장군의 용병은 위로는 천도를 모르고 아래로는 지리를 모르며 오로지 사람과 세(勢)를 이용한다. 반드시 만전(萬全)이라고는 할 수 없지만 승기(勝機)는 반드시 많다. 하등(下等) 장군의 용병은 정보를 얻음에 따라 스스로 혼란을 일으키고 정세를 알게 됨에 따라 스스로 의심을 하며 멈추고는 두려워하고 출발하고는 우물쭈물한다. 이렇게 해서 행동을 일으키면 적군에게 포착당하고 마는 것이다.

지금 어떤 두 사람에게 칼날을 마주하는 경기를 시켰는데 그 기량의 정도가 우열을 가리기 어려운 경우, 용사(勇士)가 이기는 것은 왜일까? 그 행위가 성실하기 때문이다. 대저 큰 도끼로 오동나무 장작을 패려고 할 경우 양시(良時)·길일(吉日)을 기다렸다가 패는 사람은 없다. 오동나무 장작 위에 큰 도끼를 올려만 놓고, 사람의 힘을 가하지 않으면 비록 초요(招搖)에 적합하고 형덕(刑德)에 맞더라도 패지지 않는 것은 그 세(勢)가 없기 때문이다.

따라서 물은 격렬한 세가 붙으므로 빠르고 화살은 격렬한 세를 붙이기에 멀리까지 날아간다. 대저 기위(淇衛)라든가 균로(箘簬)로 시첨(矢栝)을 만들고 은(銀)이나 석(錫)으로 장식을 하더라도 박견(薄絹)의 막(幕), 또는 망가진 연엽대순(蓮葉大循)조차 자력(自力)으로 꿰뚫지 못한다. 이것에 근각(筋角)의 힘과 궁노(弓弩)의 세(勢)를 가하면 물소 투구도 꿰뚫고 가죽 방패도 꿰뚫는다.

무릇 바람이 세게 불면 지붕이 날아가고 수목을 부러뜨린다. 그러나 말이 끌지 않는 빈 수레는 자력으로 대로(大路)를 내려간다든가 높은 언덕에 올라갈 수 없다. 사람이 뒤에서 밀어야 하는 것이기 때문이다.

그러므로 용병에 교묘한 사람은 그 군세(軍勢)가 마치 천인(千仞)의 제방을 허물고 저수(貯水)를 방류(放流)하는 것과 같으며, 만장(萬丈)의 골짜기 바닥에 둥근 돌을 굴리는 것과 같다. 천하에 아군이 분명 유능하다는 것을 나타내면 누가 감히 아군과 싸우려 하는 자가 있겠는가?

본디 죽음을 두려워하지 않는 백 사람은, 틀림없이 패배하게 되는 만 명보다 낫다. 더군다나 물불에 들어가더라도 발길을 돌리지 않는 자들이라면 더 말할 나위도 없다. 갑자기 천하 대군과 칼을 마주하여도 누가 아군을 능가하겠는가?

原文 兵之所隱議者天道也. 所圖畫者地形也. 所明言者人事也. 所以決勝者鈴勢也. 故上將之用兵也, 上得天道, 下得地利, 中得人心, 乃行之以機, 發之以勢. 是以無破軍敗兵. 及至中將, 上不知天道, 下不知地利, 專用人與勢. 雖未必能萬全, 勝鈐必多矣. 下將之用兵也, 博聞而自亂, 多知而自疑, 居則恐懼, 發則猶豫. 是以動爲人禽矣.

今使兩人接刃, 巧拙不異, 而勇士必勝者何也. 其行之誠也. 夫以巨斧擊桐薪, 不待利時良日而後破之. 加巨斧於桐薪之, 上而無人力之奉, 雖順招搖挾刑德, 而弗能破者, 以其無勢也.

故水激則悍, 矢激則遠. 夫栝淇衛·箘簬載以銀錫, 雖有薄縞之幨·腐荷之櫓, 然猶不能獨穿也. 假之筋角之力·弓弩之勢, 則貫兕甲而徑於革盾矣. 夫風之疾, 至於飛屋折木. 虛犨不能自下大遝, 而上高丘. 人之有所推也.

是故善用兵者, 勢如決積水於千仞之隄, 若轉員石於萬丈之谿. 天下見吾兵之必用也, 則孰敢與我戰者. 故百人之必死也, 賢於萬人之必北也. 況以三軍之衆赴水火而不還踵乎. 雖詄合刃於天下, 誰敢在於上者.

<u>註解</u>　○鈐勢(검세)―검(鈐)은 권모(權謀), 즉 임기응변적 용병의 묘(妙)이고, 세(勢)는 세를 타는 것. ○勝鈐(승검)―불상(不詳). 전후의 문맥으로 미루어 보아 승기(勝機)란 뜻으로 풀이해 둔다. ○猶豫(유예)―우물쭈물하는 모습. ○利時(이시)―이(利)는 의(宜)와 같다. ○招搖(초요)―북두칠성 자루의 끝쪽 별. 또는 광의(廣義)로 자루 그 자체를 말하기도 한다. 북두칠성 자루는 하루에 하늘을 한 바퀴 돌고 1도(度)씩 이동하는데 그 방향에 따라 일시(日時)의 길흉(吉凶)을 정한다. ○挾刑德(협형덕)―형(刑)은 십이진(十二辰)이고 덕(德)은 10일(日). 간지(干支)를 덕형(德刑)에 배치하여 세(歲)의 길흉을 말하는 것은 〈천문훈(天文訓)〉에 보이는데 여기서는 일(日)의 길흉을 말하는 것이리라. 협(挾)은 옹(雍)한다는 의미일까? 결국 형(刑)과 덕(德)이 좋은 곳에 있는 것, 즉 좋은 시기라는 의미일 것이다. ○栝

(첨)—화살의 오늬(활의 弦과 닿는 곳). 여기서는 그것을 만드는 일. ○腐荷(부하)—부(腐)는 썩다. 하(荷)는 연(蓮), 여기서는 그 잎. ○虛罤不能自下大逵(허여불능자하대규), 而上高丘(이상고구)—허(虛)는 빈 것. 허공. 여(罤)는 여(輿), 규(逵)는 대로(大路). ○勢如決積水於千仞之隄(세여결적수어천인지제), 若轉員石於萬丈之谿(약전원석어만장지계)—《손자》〈군형편(軍形篇)〉에는 '승리하는 사람의 전쟁은 천 길[千仞]이나 되는 계곡에 가두어 두었던 물을 터뜨리는 듯한데 형세가 그러한 것이다(勝者之戰 若決積水於千仞之溪者 形也)'라고 했으며, 〈병세편(兵勢篇)〉에는 '그러므로 부하들을 잘 싸우게 하는 군대의 세(勢)는 마치 둥근 돌을 천 길이나 되는 산 위에서 굴리는 형세가 되는 것이다(故善戰人之勢 如轉圓石 於千仞之山者 勢也)'라고 했다. ○用(용)—유용(有用). 유능. ○三軍(삼군)—대군(大軍). ○誂(조)—졸(卒 : 갑자기, 돌연)인데 일반적으로는 도전한다는 의미.

이른바 천수(天數)란 좌측에 청룡(靑龍), 우측에 백호(白虎), 앞쪽에 주작(朱雀), 뒤쪽에 현무(玄武)가 배치된 것을 가리킨다. 지리(地利)란 뒤쪽에 생지(生地 : 높은 곳)를 끼고, 앞쪽에 사지(死地 : 낮은 곳)가 있으며 좌측에는 구릉이 있고 우측에는 계곡이 있는 것을 말함이다. 소위 인사(人事)란 은상(恩賞)의 약속은 지켜지고 형벌은 바르게 시행되며, 행동에는 시기를 잃지 아니하고 동작은 준민(俊敏)한 것을 가리킨다.

이상은 세세(世世)로 전해져서 의표(儀表)로 이어져 온 것이다. 그러나 그것은 의표를 낳은 것, 즉 도(道)는 아니다. 시세에 따라 변화되어 가는 것이기 때문이다. 즉 당하(堂下)의 그늘을 살펴보아도 일월(日月)의 운행은 알 수가 있고 병 속의 물이 어는 것을 보아도 천하의 추위는 알 수가 있다.

대저 물체가 각각 모양을 취하는 근원(根源), 즉 도(道)는 심오한 것이며 다만 성인(聖人)만이 그 지리(至理)에 도달해 있는 것이다.

본디 북은 오음(五音)의 어느 것에도 관여치 않으면서 오음을 주도하고, 물은 오미(五味)의 어느 것에도 관여하지 않으면서 오미를 조화시킨다. 장군은 오관(五官)의 직무 중 어느 것에도 관여하지 않으면서 오관을 감독한다. 즉 오음을 조정하는 것은 오음의 어느 것에도 관여하지 않는 것이며, 오미를 조화시키는 것은 오미의 어느 것에도 관여하지 않는 것이다. 오관의 직무를 통어하는 것은 촌탁(忖度)하지 않는 것이다.

그러므로 장군된 자의 마음은 이러하다. 도도하게 양기(陽氣)를 내는 모습은 봄과 같고, 광광(曠曠)하여 광대(廣大)한 모습은 여름과 같으며, 추료(湫漻)하여 선선하고 맑은 모습은 가을과 같고, 전응(典凝)하여 굳고 차가운 모습은 겨울과 같다. 형상에 순응해서 변화하고 형세에 순종하여 추이(推移)되어 가는 것이다.

[原文] 所謂天數者, 左靑龍, 右白虎, 前朱雀, 後玄武. 所謂地利者, 後生而前死, 左牡而右牝. 所謂人事者, 慶賞信而刑罰必, 動靜時, 擧錯疾. 此世傳之所以爲儀表者也. 然而非所以生儀表者, 因時而變化者也.

是故處堂下之陰而知日月之次序, 見甁中之氷而知天下之寒暑. 夫物之所以相形者微. 唯聖人達其至.

故鼓不與於五音而爲五音主. 水不與於五味而爲五味調. 將軍不與於五官之事而爲五官督. 故能調五音者, 不與五音者也. 能調五味者, 不與五味者也. 能治五官之事者, 不可揆度者也.

是故將軍之心, 滔滔如春, 曠曠如夏, 湫漻如秋, 典凝如冬, 因形而與之化, 隨時而與之移.

[註解] ○天數(천수)―여기서 수(數)는 법칙. 도리. ○左靑龍(좌청룡), 右

白虎(우백호), 前朱雀(전주작), 後玄武(후현무)―청룡·백호·주작·현무는 동서남북 성수(星宿)의 이름. 사신수(四神獸)라고 하며 사신(四神)은 천제(天帝)의 수호(守護)라고 한다.《오자(吳子)》〈치병편(治兵篇)〉에 "삼군(三軍)의 진지(進止)에도 기본원칙이 있소?"라고 위(魏)나라 무후(武侯)가 물은 데 대하여 오자가 대답하는 글에 같은 글이 보이며, 또《예기(禮記)》〈곡례(曲禮)〉상(上)에는 '행(行)할 때는(進軍할 때는) 주조(朱鳥)를 앞에 하고 현무(玄武)를 뒤에 하며 청룡을 좌(左)로 하고 백호를 우(右)로 하여……'라고 되어있다. 그리고 그 주(註)에 이 사수(四獸)를 군진(軍陳 : 軍陣)으로 하는 것은 하늘을 본뜬 것이다, 소(疏)에 '이 군행(軍行), 천문(天文)을 본뜨고 진법(陣法)을 이루는 데 분명히 하다'라고 되어 있다. 이상의 글에서 알 수 있듯이 이 기록은 전후좌우의 군대를 하늘의 성수(星宿)에 비유한 것임을 의미하는 것으로서 사군(四軍)은 각각 청룡·백호·주작·현무를 그린 깃발을 든 데서 이 네 가지는 깃발의 명칭도 되었다. ○後生而前死(후생이전사)―높이 있는 자는 살고 얕게 있는 자는 죽는다. 고소(高所)가 생지(生地), 저소(低所)가 사지(死地)라고 하는 것은 일반적으로 보아 저소가 위지(危地)인 점에 따른 것이리라. 이 구절은《손자》〈행군편(行軍篇)〉에 보인다. ○左牡而右牝(좌모이우빈)―구릉은 모(牡)이고 계곡은 빈(牝). 모빈(牡牝)의 성기(性器)에서 연상한 것이리라. ○五音(오음)―각(角)·치(徵)·상(商)·궁(宮)·우(羽). ○五味(오미)―산(酸)·고(苦)·감(甘)·신(辛)·함(鹹). ○五官(오관)―오관(五官)에 대해서는 여러 설이 있는데《예기》〈곡례〉하(下)는 사도(司徒)·사마(司馬)·사공(司空)·사사(司士)·사구(司寇)라고 했다.

대저 그림자는 구부러진 물체를 펴 보이는 일이 없고, 울림은 맑은 소리를 탁음(濁音)으로 들려주는 일이 없다. 상대방이 나오는 것을 관찰해서 각각 대응하여 이기는 수단을 강구한다. 즉 의(義)에 의해서 움직이고 이(理)를 헤아리어 행하며 집중력을 다해서 타격을 주고 있는 병력에 응하여 효과를 거두는 것이다.

상대방에게, 이쪽이 나가는 것은 알게 할지라도 들어가는 것은 알지 못하도록 하고, 이쪽이 움직이는 곳은 알게 할지라도 멎는 곳은 알지 못하도록 한다. 처음에는 호리(狐狸)처럼 보이게 하면 상대방은 가벼이 여기고 덤벼든다. 막상 마주치면 시호(兕虎)와 같이 변한다. 이렇게 해서 적은 패주하고 마는 것이다.

대저 비조(飛鳥)가 먹이를 습격할 때면 그 머리를 숙인다. 맹수가 먹이를 습격할 때는 그 발톱을 숨긴다. 호표(虎豹)는 그 어금니를 밖으로 드러내지 않으며 맹견(猛犬)은 이빨을 드러내지 않는다.

용병의 도(道)는 유(柔)하게 보이면서 강(剛)하게 이를 맞이하고, 약하게 보이면서 강(强)으로 이기며 축소[歙]해서 행하면서 확대[長]하게 대응하고, 서쪽으로 가려 할 때는 동쪽으로 가는 양 보이며, 처음에는 저어(齟齬)하는 것처럼 하다가 나중에는 합치하고, 처음에는 어두운 것처럼 하다가 나중에는 밝아진다. 나타나는 것은 책모(策謀)한 것이 아니다. 거조(擧措)와 동정을 분별하는 자는 없으므로 벼락 치는 것과 같아서 방비할 수가 없다. 한번 사용한 전술은 두 번 다시 반복하지 않는다.

이렇게 해서 승리는 만전하다고 할 수 있으며 현명(玄明)의 경지에 통하고, 그 문호(門戶)를 아는 자란 없다. 이것이야말로 지신(至神)이라고 하는 것이다.

原文 夫景不爲曲物直. 響不爲淸音濁. 觀彼之所以來, 各以其勝應之. 是故扶義而動, 推理而行, 掩節而斷割, 因資而成功. 使彼知吾所出, 而不知吾所入, 知吾所擧, 而不知吾所集. 始如狐狸, 彼故輕來. 合如兕虎, 敵故奔走.

夫飛鳥之摯也, 俛其首, 猛獸之攫也, 匿其爪. 虎豹不外其牙, 而噬犬不見齒.

故用兵之道, 示之以柔而迎之以剛, 示之以弱而乘之以强, 爲之以歛而應之以張, 將欲西而示之以東, 先忤而後合, 前冥而後明. 若鬼之無迹, 若水之無創. 故所鄕非所之也, 所見非所謀也. 擧措動靜莫能識也. 若雷之擊, 不可爲備. 所用不復.

故勝可百全, 與玄明通, 莫知其門. 是謂至神.

註解 ○扶義而動(부의이동) — 부(扶)는 연(緣 : 의하다)이란 뜻. ○合(합) — 여기서는 교전(交戰)이란 의미이다. ○飛鳥之摯也(비조지지야), 俛其首(면기수) — 지(摯)는 잡다, 치다란 뜻으로서 맹금(猛禽)이 날카로운 발톱과 부리로 먹잇감을 잡는 것. '면기수(俛其首)'는 난해한데 공격하는 무기를 상대방에게 보여주지 않는다는 취지에서 추리할 때 부리를 숨긴다는 의미일까? ○玄明(현명) — 현(玄)은 심원(深遠)한 모습. 도가(道家)에서 득도한 경지를 나타내는 말. '명(明)'은 그 경지에 도달함으로써 얻어지는 참된 지(智)를 가리킨다.

전쟁에 강해지는 근본은 백성[士卒]에게 있다. 백성이 필사적으로 되는 근본은 정의(正義)에 있다. 정의가 실행되는 근본은 위엄에 있다. 그러므로 문덕(文德)에 의해 하나로 하고, 무덕(武德)에 의해 숙정(肅正)하는 것, 이것을 필취(必取)라고 한다. 위엄과 정의가 함께 행해지는 것, 이것을 지강(至强)이라고 한다.

본디 사람이 즐기는 것은 삶이며 싫어하는 것은 죽음이다. 그럼에도 불구하고 높은 성벽과 깊은 도랑에서 화살과 돌이 비처럼 퍼붓는 와중을, 또는 평원이나 습원(濕原)에서 칼이 맞부딪는 와중을, 사졸이 앞다투어 교전하기를 원하는 것은 그들이 죽음을 경시하고 부상 당하는 것을 즐기기 때문은 아니다. 그 포상에는 분명한 규준이 있고 형벌이 분명하기 때문이다.

그러므로 윗사람이 아랫사람을 친자식처럼 돌보아주면 아랫사람은 윗사람을 친아버지처럼 사모하고, 윗사람이 아랫사람을 친동생처럼 보살피면 아랫사람은 윗사람을 친형처럼 따르게 될 것이다. 윗사람이 아랫사람을 친자식처럼 돌보아주면 사해(四海)의 왕(王)이 되며, 아랫사람이 윗사람을 친아버지처럼 사모하면 천하를 바르게 만들 것이다.

윗사람이 아랫사람을 친동생처럼 보살피면 아랫사람은 윗사람을 위해 죽는 것까지 개의치 않고, 아랫사람이 윗사람을 친형처럼 사모하면 윗사람은 아랫사람을 위해 멸망하는 것조차 개의치 않을 것이다.

그런 까닭에 부자(父子)라든가 형제간의 구적(寇敵)이 서로 싸우지 못하는 것은 먼저 쌓아놓은 은의(恩義)의 베풂이 있기 때문이다. 즉 네 마리의 말이 조화를 이루지 못하면 명어자(名御者)인 조보(造父)도 멀리까지 달릴 수가 없고, 활과 화살이 잘 조정되지 않으면 명사수(名射手)인 예(羿)도 반드시 명중시킬 수가 없다. 군신(君臣)의 마음이 괴리되어 있으면 손자(孫子)를 내세워도 적군과 응전할 수가 없는 것이다.

그러기에 안으로는 정사를 닦고 덕행을 쌓으며, 밖으로는 추문(醜聞)을 막고 위광(威光)에 복종시키고, 사졸들의 노고를 살피며 굶주리고 배부름을 변별해 둔다. 이렇게 하여 전쟁하는 날이 정해지면 죽음을 보기를 귀국하는 것과 같이 전쟁터로 나아가는 것이다.

장군 된 자는 반드시 사졸들과 고락을 함께하고 기한(飢寒)을 같이한다. 이렇게 할 때 사력을 다할 수가 있는 것이다. 옛날의 뛰어났던 장군은 반드시 솔선수범했다. 덥더라도 차양을 치지 않고 춥더라도 모피를 걸치지 않는데 이것은 더위와 추위를 헤아리기 위해서이다. 험협

(險狹)한 길에서는 수레에 타지 않고 구릉에서는 수레에서 내리는데 이것은 고락을 함께하기 위함이다.

전군(全軍)의 식사 준비가 다 된 다음에야 비로소 식사하고 전군의 우물이 완성된 다음에야 비로소 물을 마시는데, 이것은 기갈(飢渴)을 함께하기 위함이다. 교전이 시작되면 반드시 화살과 돌이 날아오는 와중에 몸을 두는데 이것은 안위(安危)를 함께하기 위함이다.

그리하여 양장(良將)의 용병(用兵)은 언제 어떤 경우에도 거듭 쌓아온 덕(德)에 의해 적원(積怨)의 적군을 공격하며, 거듭 쌓아온 사랑에 의해 적증(積憎)의 적군을 공격하는 것이므로 어찌 패하는 일이 있겠는가?

군주가 백성에게 바라는 것은 두 가지이다. 백성들이 자신을 위해 수고할 것을 바라며, 백성들이 자신을 위해 죽을 것을 바란다. 백성들이 군주에게 바라는 것은 세 가지이다. 굶주린 자에게는 충분히 먹여주고, 수고하는 자에게는 충분한 휴식을 주며, 공을 세운 자에게는 은덕을 충분히 베푸는 것이다.

백성들이 이 두 가지 책무를 다했는데도 위에서 그 세 가지의 요망을 저버린다면 나라가 아무리 크다 하더라도, 백성이 아무리 많다 하더라도 전쟁에는 역시 약할 수밖에 없다.

노고하는 자가 반드시 즐길 수 있고, 근로(勤勞)하는 자가 반드시 이익을 얻으며, 목을 베어온 공로에는 반드시 온전하게 보상받고, 전쟁으로 죽은 자의 자손에게는 반드시 은상(恩賞)이 주어진다.

이 네 가지를 백성들이 믿고 있다면 군주는 비록 구름 속의 새를 쏘고 깊은 연못의 고기를 낚으며, 교외에서 즐기고 금슬을 타며 종간(鐘竽)을 울리고 음악에 탐닉해도, 또 육박(六博)의 노름이나 투호(投壺) 놀이를 일삼아도 병사들은 강력하며 군령(軍令)은 그대로 실행될 것이다. 따라서 위가 우러르기에 족한 인물이라면 아래도 쓸모가 있게 되고, 그 덕이 사모하기에 족할 정도로 높다면 위엄도 확실하게 확립되는 것이다.

原文　兵之所以强者民也. 民之所以必死者義也. 義之所以能行者威也. 是故合之以文, 齊之以武. 是謂必取. 威義竝行, 是謂至强.

夫人之所樂者生也, 而所憎者死也. 然而高城深池, 矢石若雨, 平原廣澤, 白刃交接, 而卒爭先合者, 彼非輕死而樂傷也. 爲其賞信而罰明也.

是故上視下如子, 則下視上如父, 上視下如弟, 則下視上如兄. 上視下如子, 則必王四海, 下視上如父, 則必正天下. 上視下如弟, 則不難爲之死. 下視上如兄, 則不難爲之亡.

是故父子兄弟之寇, 不可與鬪者, 積恩先施也. 故四馬不調, 造父不能以致遠. 弓矢不調, 羿不能以必中. 君臣乖心, 則孫子不能以應敵. 是故內脩其政以積其德, 外塞其醜以服其威, 察其勞佚以知其飽飢. 故戰日有期, 視死若歸.

故將必與卒同甘苦, 侔飢寒. 故其死可得而盡也. 故古之善將者, 必以其身先之. 暑不張蓋, 寒不被裘. 所以程寒暑也. 險隘不乘, 丘陵必下. 所以齊勞佚也. 軍食孰然後敢食, 軍井通然後敢飲. 所以同飢渴也. 合戰必立矢石之所及. 所以共安危也. 故良將之用兵也, 常以積德擊積怨, 以積愛擊積憎. 何故而不勝.

主之所求於民者二. 求民爲之勞也, 欲民爲之死也. 民之所望於主者三. 飢者能食之, 勞者能息之, 有功者能德之. 民以償其二責, 而上失其三望, 國雖大, 人雖衆, 兵猶且弱也. 若苦者必得其樂, 勞者必得其利, 斬首之功必全, 死事之後必賞.

四者既信於民矣, 主雖射雲中之鳥, 而釣深淵之魚, 彈琴瑟, 聲鐘竽, 敦六博, 投高壺, 兵猶且强, 令猶且行也. 是故上足仰, 則下可用也. 德足慕, 則威可立也.

註解 ○必取(필취)―싸우면 반드시 취한다. ○高城深池(고성심지)……
爲其賞信而罰明也(위기상신이벌명야)―《육도(六韜)》〈용도(龍韜)〉여군
편(勵軍篇)에 비슷한 글이 보인다. ○故四馬不調(고사마부조)……不能以
應敵(불능이응적)―《한시외전(韓詩外傳)》 권 3,《순자(荀子)》〈의병편(議
兵篇)〉에 유사한 글이 보인다. ○四馬(사마)―네 마리 말이 끄는 수레의
네 마리 말. ○造父(조보)―고대의 전설적인 이름난 어자(御者).《회남
자》여러 편에 자주 나온다. 주(周)나라 목왕(穆王)이 서유(西遊)할 때
팔준(八駿)의 어가를 몰고 질주했다 한다. ○羿(예)―중국 고대 전설상의
명궁(名弓). ○孫子(손자)―고대 중국의 대표적 병법가(兵法家). 일반적
으로는 '그 이름은 무(武). 오왕(吳王) 합려(闔閭)를 섬겼다'라고 전해 온
다. ○是故內脩其政(시고내수기정)……視死若歸(시사약귀)―《문자》〈상
의편〉에서는 '내(內)'자 위에 '의군(義君)' 두 글자가, '귀(歸)'자 아래에
'은지가야(恩之加也)' 네 글자가 있어서 문의(文意)를 명백하게 하고
있다. 한편 '전일유기(戰日有期)'의 구절은《손빈병법(孫臏兵法)》〈연기
편(延期편)〉에도 보인다. ○故將必與卒同甘苦(고장필여졸동감고), 侔飢
寒(모기한)―《삼략(三略)》상(上)에 '무릇 장수는 반드시 사졸과 자미(滋
味)를 같이하고 안위(安危)를 함께한다'라는 글이 보인다. ○古之善將者
(고지선장자)……所以共安危也(소이공안위야)―유사한 글이《위료자(尉繚
子)》〈전위편(戰威篇)〉과《육도》〈용도〉여군편,《삼략》상(上)에 보인다.
○死事之後必賞(사사지후필상)―'사사(死事)'는 군사(軍事)로 죽는 것. 그
후의 자손에게 반드시 상을 준다는 의미. ○敦六博(돈육박)―돈(敦)은 던
지다. 육박(六博)은 쌍륙(雙六)의 일종. 박(博)은 노름. 육(六)은 육저(六
箸 : 6개의 計數器)를 던져 육기(六棊)를 하는 것. ○投高壺(투고호)―투
호(投壺)는 항아리에 화살을 던져 넣어, 승패를 겨루는 놀이. 이긴 자가
진 자에게 술을 마시게 했다 한다. ○是故上足仰(시고상족앙), 則下可用

也(즉하가용야)-《순자》〈의병편〉에 같은 글이 보인다.

　장군 된 자는 삼수(三隧)와 사의(四義), 오행(五行)과 십수(十守)를 가질 필요가 있다. 이른바 삼수(三隧)란 (1)위로는 천도(天道)를 분별하고, (2)아래로는 지형(地形)에 익숙하며, (3)중간으로는 인정을 살피는 것이다.

　이른바 사의(四義)란 (1)나라의 이익을 꾀하되 병졸의 많고 적음을 생각지 않고, (2)주군을 위해 힘쓰되 일신을 돌아보지 않으며, (3)간난(艱難)을 앞에 두고도 죽음을 두려워하지 않고, (4)의혹을 분명케 하여 남을 죄주는 것을 피하지 않는 것이다.

　이른바 오행(五行)이란 (1)유연하면서도 말려들지 않고, (2)강강(剛强)하면서도 부러지지 않으며, (3)인자하면서도 남에게 거스르지 않고, (4)스스로 믿음을 지키면서도 남에게 속지 않으며, (5)용기가 있으면서도 남을 능멸하지 않는 것이다.

　이른바 십수(十守)란 (1)정신은 어디까지나 맑아서 흐리지 않고, (2)책모(策謀)는 원대하여 남의 상도(想到)를 허락하지 않으며, (3)지조는 견고하여 유혹에 빠지지 않고, (4)지혜는 밝아서 가려지는 일이 없으며, (5)재화(財貨)를 탐내는 일이 없고, (6)외물(外物)에 빠져들지 않으며, (7)함부로 지껄이지 않고, (8)방술(方術)에 미혹 당하지 않으며, (9)함부로 기뻐하지 않으며, (10)함부로 노하지 않는 것이다.

　이것이야말로 지성(至誠)이라고 하는 것이다. 심오하고 아리송한즉 누가 그 모습을 알 수 있겠는가?

　이런 장수는 일을 일으킬 때는 반드시 법도에 맞고, 말을 할 때는 반드시 수(數 : 도리)에 합치하며, 행동할 때는 반드시 시의(時宜)에 따르고, 해명할 때는 반드시 조리에 적중한다. 동정(動靜)의 기미(機微)에 통하고, 개색(開塞)의 절도에 밝으며, 거조(擧措)의 이해(利害)에 자상하여 부절(符節)을 맞추는 것과 같다.

빠르기로는 노(弩)를 당겼다가 쏘는 것과 같고, 세(勢)는 화살을 쏘는 것과 같으며, 용으로 변하고 뱀으로 변하여 그 행동에는 상체(常體)가 없고, 어떤 것에 적중할지를 아는 자가 없으며, 어떤 것에 막히는지를 아는 자가 없다. 공격하면 지킬 수가 없고, 지키면 공격할 도리가 없는 것이다.

原文 將者必有三隱·四義·五行·十守. 所謂三隱者, 上知天道, 下習地形, 中察人情. 所謂四義者, 便國不員兵, 爲主不顧身, 見難不畏死, 決疑不辟罪.

所謂五行者, 柔而不可卷也, 剛而不可折也, 仁而不可犯也, 信而不可欺也, 勇而不可凌也. 所謂十守者, 神淸而不可濁也, 謀遠而不可慕也, 操固而不可遷也, 知明而不可蔽也, 不貪於貨, 不淫於物, 不嗑於辯, 不推於方, 不可喜也, 不可怒也. 是謂至旍. 窈窈冥冥, 孰知其情.

發必中銓, 言必合數, 動必順時, 解必中揍. 通動靜之機, 明開塞之節, 審擧措之利害, 若合符節. 疾如礦弩, 勢如發矢, 一龍一蛇, 動無常體, 莫見其所中, 莫知其所窮, 攻則不可守, 守則不可攻.

註解 ○三隱(삼수)—세 개의 도(道). ○不嗑於辯(불람어변)—'람(嗑)'은 탐내다, 매우 좋아하다. ○不推於方(불추어방)—'방(方)'은 방술(方術：占驗·卜筮·星相 등의 術), '불추(不推)'는 그것에 빠져들지 않는다는 뜻. ○至旍(지정)—정(旍)은 정(旌)으로서 정(精)과 통한다. ○窈窈冥冥(요요명명)—심오하고 아리송한 모습.《노자》제21장,《장자》〈재유편(在宥

篇)〉 등에 보인다. ㅇ詮(전)—저울. 여기서는 법도·준칙을 가리킨다. ㅇ揍
(주)—이(理). ㅇ通動靜之機(통동정지기), 明開塞之節(명개색지절), 審擧
措之利害(심거조지이해)—동정(動靜)·개색(開塞)·거조(擧措)는 모두 동
작을 일으키고 또 멈추는 것으로서 요컨대 사람의 행동을 가리킨다. 기(機)
는 기미(機微), 절(節)은 시절(時節 : 기회), 이해(利害)는 그런 것을 행하
는 데 있어서의 이해. 이 삼자(三者)는 행동의 시비를 판단하는 근거가 된
다. ㅇ若合符節(약합부절)—《맹자》〈이루장구(離婁章句)〉에 같은 글이
보인다. 부절은 할부(割符), 즉 대나무라든가 나무에 문자를 쓰고 둘로 쪼
개어 후일의 증거로 삼는 것. ㅇ疾如彍弩(질여광노), 勢如發矢(세여발시)
—《손자》〈병세편(兵勢篇)〉에 '세여광노(勢如彍弩) 절여발기(節如發機)'
라고 되어있는데 여기서 '절(節)'이란 '마디'로서 짧은 것을 의미하고 노
(弩 : 石弓)를 죄어 축적된 세(勢)를 순간적으로 발휘시키는 것. ㅇ一龍一
蛇(일룡일사)—변화하여 항상성이 없는 것의 비유.

들은 바에 의하면 용병(用兵)에 뛰어난 사람은 반드시 먼저 자기
나라를 가지런히 한 연후에 그것을 타국에 요구하고, 먼저 적이 승리
할 수 없도록 만든 다음에 승리를 찾는다고 한다. 자기 나라의 정비
(整備)를 타국에게 맡겨 적에게 승리하게 만들고, 자기 나라를 다스
릴 수 없는데도 타국의 혼란을 공격하고자 하는 것은 마치 불에 의해
불을 끄고, 물에 의해 물을 막으려는 것과 같다. 어찌 제압할 수가 있
겠는가?

지금 만약 도공(陶工)이 식(埴 : 陶土)으로 화성(化成)한다면 분(盆)
과 앙(盎)을 만들 수가 없고, 여공(女工)이 길쌈하는 실로 화성한다
면 무늬 있는 비단을 짤 수가 없다. 동종(同種)끼리는 상대방을 지배
하기에 부족하기 때문이다. 그러므로 이종(異種)의 것을 사용하여 기
(奇)로 삼는다. 두 마리의 참새가 서로 싸워도 죽음에 이르는 일은 없

는데, 매나 솔개가 나타나면 그것에 의해 결착이 나고 만다. 종류가 다르기 때문이다.

정(靜)은 조(操)에 있어 기(奇)에 해당하고, 치(治)는 난(亂)에 있어 기(奇)에 해당하며, 포식은 기아(飢餓)에 있어 기(奇)에 해당하고, 안일은 노고(勞苦)에 있어 기(奇)에 해당한다. 기(奇)와 정(正)이 서로 대응하는 모습은 수(水)·화(火)·금(金)·목(木)이 서로 이기거나 지거나 하는 것과 같은 것이다.

용병에 뛰어난 사람은 오살(五殺)의 법을 가지고 대처하므로 승리를 온전히 얻는다. 졸렬한 자는 오사(五死)에 안주(安住)하여 탐내기 때문에 행동을 일으키면 적군에게 포착당하고 만다. 전쟁은 모략이 추측(推測) 당하지 않고, 행동이 은닉되어, 의표를 찌르고 적군이 방비를 갖출 수 없게 하는 것을 귀히 여긴다. 모략이 드러나면 궁지에 서게 되고 행동이 드러나면 제압당하게 되는 것이다.

그러므로 용병에 교묘한 사람은, 위로는 그 모략과 행동을 하늘에 숨기고 아래로는 그것을 땅에 감추며, 중간으로는 그것을 사람에게 숨긴다. 그것을 하늘에 숨기는 자는 어떤 것이라도 제압할 수가 있다. 하늘에 숨긴다는 것은 어떤 것일까? 대한(大寒)이라든가 혹서(酷暑), 질풍이라든가 호우, 농무(濃霧)라든가 명회(冥晦) 등 각 기상에 순응해서 변화하는 것이다.

땅에 감춘다는 것은 어떤 것일까? 산악과 구릉, 삼림과 험준한 땅을 이용하여 잠복시킴으로써 형상을 드러내지 않는 것이다. 사람에게 숨기는 것은 어떤 것일까? 앞은 보이지 않도록 하고 뒤는 잘 보이게 하되, 전열(戰列) 사이로 기계(奇計)를 돌려서, 벼락처럼 격렬하게 출발하고 풍우처럼 잽싸게 공격하며, 대기(大旗)는 감아둔 채로 두고 북은 치지 않으며, 출입하는 모습은 드러내지 않고 그 단서조차 알아차리지 못하도록 하는 것이다.

原文　蓋聞, 善用兵者, 必先脩諸己而後求諸人, 先爲不可勝而後求勝. 脩己於人, 求勝於敵, 己未能治也, 而攻人之亂, 是猶以火救火, 以水應水也. 何所能制.

今使陶人化而爲埴, 則不能成盆盎, 工女化而爲絲, 則不能織文錦. 同莫足以相治也. 故以異爲奇. 兩爵相與鬪, 未有死者也. 鸇鷹至, 則爲之解. 以其異類也. 故靜爲躁奇, 治爲亂奇, 飽爲飢奇, 佚爲勞奇. 奇正之相應, 若水火金木之代爲雌雄也.

善用兵者, 持五殺以應, 故能全其勝. 拙者處五死以貪, 故動而爲人擒. 兵貴謀之不測也, 形之隱匿也, 出於不意, 不可以設備也. 謀見則窮, 形見則制.

故善用兵者, 上隱之天, 下隱之地, 中隱之人. 隱之天者無不制也. 何謂隱之天. 大寒·甚暑·疾風·暴雨·大霧·冥晦, 因此而爲變者也. 何謂隱之地. 山陵·丘阜·林叢·險阻, 可以伏匿而不見形者也. 何謂隱之人. 蔽之於前, 望之於後, 出奇行陳之間, 發如雷霆, 疾如風雨, 擧巨旗, 止鳴鼓, 而出入無形, 莫知其端緒者也.

註解　○先脩諸己而後求諸人(선수제기이후구제인)―여기서 말하는 ‘기(己)’와 ‘인(人)’은 그대로 풀이하면 자신과 남이란 뜻이 되는데 다음 글인 ‘기미능치야(己未能治也), 이공인지란(而攻人之亂)’이, 분명 자국(自國)과 타국(他國)의 뜻이므로 그렇게 해석했다. ○先爲不可勝而後求勝(선위불가승이후구승)―《손자》〈군형편(軍形篇)〉에 ‘옛날 전쟁을 잘하던 사람은 먼저 적이 자기를 이길 수 없도록 만들어 놓고, 적이 이길 수 있게 되도록 기다렸다(昔之善戰者 先爲不可勝 以待敵之可勝)’라고 되어있다. ‘위불가승(爲不可勝)’이란 나라 안의 민심을 파악하고 방비를 굳히어 불패(不敗)의 태세를 취하는 것을 의미한다. ○脩己於人(수기어인)―자국(自國)의 정비(整備)를 팽개쳐 놓고도 오로지 타국을 공격하는 일에 광분하는 모습을

가리키는 것인 듯하다. ○工女化而爲絲(공녀화이위사), 則不能織文錦(즉불능직문금)-《여씨춘추》〈불굴편(不屈篇)〉에 같은 취지의 글이 보인다. ○同莫足以相治也(동막족이상치야). 故以異爲奇(고이이위기)-《손빈병법(孫臏兵法)》〈기정편(奇正篇)〉에 같은 취지의 글이 보인다. 기(奇)는 정(正：正攻法)에 대응하는 말로 병가(兵家)의 상투어. 기책·기이·기교의 법.《노자》 제57장에는 '기(奇)로서 병(兵)을 쓴다'라고 되어있으며《손자》〈병세편(兵勢篇)〉에는 '정병(正兵)으로 맞붙고 기병(奇兵)으로 이긴다'라고 했다. ○故靜爲躁奇(고정위조기)……佚爲勞奇(일위로기)-《손빈병법》〈기정편〉에 '정(靜)을 동(動)으로, 일(佚：安靜)은 노(勞：勞苦)로, 포(飽)를 기(飢)로, 치(治)를 난(亂)으로, 중(衆)을 과(寡)로 전화(轉化)시키는 것이다'라고 되어있다. ○奇正之相應(기정지상응), 若水火金木之代爲雌雄(약수화금목지대위자웅)-《손자》〈병세편〉에 '기정(奇正)을 서로 낳게 하는 것은 끝없이 순환하는 것과 같다'라고 되어있다. 수화금목(水火金木)의 배열은 오행(五行) 상극(相剋：相勝)의 순서이다. 수(水)는 화(火)를 극(剋)하고 화(火)는 금(金)을 극하며, 금(金)은 목(木)을 극하고 목(木)은 수(水)를 극한다. 토(土)가 없는 것은 탈자(脫字)일까? ○持五殺以應(지오살이응)-오살(五殺)은 오행(五行). 앞의 설명으로 보면 오행은 오행상극을 가리킨다. 이 이론에 의해 적절하게 대응하는 것을 가리킴이다. ○五死(오사)-오살(五殺)의 역(逆). 오행상극의 이론에 반대되는 전술. ○爲人擒(위인금)-남에게 붙잡히는 것이라고 읽을 수도 있다. ○出於不意(출어불의), 不可以設備(불가이설비)-《손자》〈시계편(始計篇)〉,《손빈병법》〈위왕문편(威王問篇)〉에는, '그 방비가 없는 것을 공격하고 그 불의에 나아간다'라고 되어있다.《육도(六韜)》〈호도(虎韜)〉인경편(隣境篇)에도 비슷한 글이 보인다. ○冥晦(명회)-한낮에도 어두워지는 기후 현상. 그 원인으로는 농무(濃霧), 사진(砂塵), 일식(日蝕) 등을 생각할 수 있다. ○搴巨旗(건거기)-'건(搴)'은 말아두는 것. 거기(巨旗)는 장군의 대기(大旗)이리라.

그러므로 전진(戰陣)의 전후가 잘 정돈되어 있고 사방이 마치 새끼 줄을 쳐놓은 것과 같으며, 출입해속(出入解續)에는 각각 영분(領分)을 침범하는 일이 없고 양익(兩翼)은 가볍게 움직이고 사변(四邊)은 날카롭게 굳혀지며, 전진 혹은 후퇴하고, 이합(離合)하고 집산(集散)해도 대오(隊伍)가 흐트러지지 않는다. 이것이 부대 통솔에 숙달된 자이다.

기해(奇賚)와 음양, 형덕(刑德)과 오행(五行), 망기(望氣)와 점성(占星), 복서(卜筮)와 기상(禨祥)에 명통(明通)해 있다. 이것이 천도(天道)에 숙달한 자이다.

책략을 써서 풀숲에 복병(伏兵)을 두고 수화(水火)를 이용하여 진기한 계책을 짜낸다. 적군의 귀를 어지럽게 하기 위하여 전군에게 북을 시끄럽게 치도록 한다. 적군의 눈을 현혹하게 하려 나뭇가지를 끌고 땔나무를 끌며 먼지를 일으킨다. 이것이 사모(詐謀)에 숙달한 자이다.

병기(兵器)는 튼튼하며 단단히 꽂아두어 범하기 어렵고, 권세와 이익에도 유혹당하지 않으며 죽음에도 동요되지 않는다. 이것이 충간(充榦)에 숙달한 자이다.

병사들은 날쌔고도 사나우며 용감해서 적군쯤은 무시하고 빠르기는 멸몰(滅沒)하는 것과 같다. 이것이 경묘(輕妙)하게 병사를 움직이고 기계(奇計)를 반복하는 데 숙달한 자이다.

지형(地形)을 관찰하여 숙사(宿舍)를 정하고 벽루(壁壘)를 쌓으며 봉화(燧火)와 척후(斥候)에게 주의하고 고릉(高陵)에 진을 치며, 진퇴의 길을 만들어 놓는다. 이것이 지형의 이용에 숙달한 자이다.

적진의 기근과 갈증, 추위와 더위, 태만과 피로와 착란, 공포와 외축(畏縮)에 따라, 가려 뽑은 병졸로 어두운 밤에 기습한다. 이것이 때에 따라 응변하는 데 숙달된 자이다.

평지에서는 수레를 사용하고 험준한 땅에서는 기마(騎馬)를 사용한다. 하천을 건널 때는 활을 많이 사용하고 좁은 길에서는 노(弩)를 사용한다. 낮에는 기(旗)를 많이 나부끼고 밤중에는 횃불을 많이 켜며, 어두컴컴한 때는 북을 많이 친다. 이것이 설영(設營)에 숙달한 자이다.

이 여덟 가지는 모두 단 한 가지도 빼놓을 수 없는 것들이다. 그러나 전쟁을 함에 있어 귀중한 것은 아니다.

原文 故前後正齊, 四方如繩, 出入解續, 不相越淩, 翼輕邊利, 或前或後, 離合散聚, 不失行伍. 此善脩行陳者也.

明於奇賌·陰陽·刑德·五行·望氣·候星·龜策·禨祥, 此善爲天道者也.

設規慮, 施蔚伏, 用水火, 出珍怪. 鼓譟軍, 所以營其耳也. 曳梢肆柴, 揚塵起堨, 所以營其目者. 此善爲詐佯者也. 錞鈇牢重, 固植而難恐, 勢利不能誘, 死望不能動. 此善爲充榦者也.

剽疾輕悍, 勇敢輕敵, 疾若滅沒. 此善用輕出奇者也.

相地形, 處次舍, 治壁壘, 審煙斥, 居高陵, 舍出處. 此善爲地形者也.

因其飢渴·凍喝·勞倦·怠亂·恐懼·窘步, 乘之以選卒, 擊之以宵夜. 此善因時應變者也.

易則用車, 險則用騎, 涉水多弓, 隘則用弩, 晝則多旌, 夜則多火, 晦冥多鼓. 此善爲設施者也.

凡此八者不可一無也. 然而非兵之貴者也.

註解 ○翼輕邊利(익경변리)—기본적 진형(陣形) 중 하나라고 이해하면 될 것이다. 갖가지 진형에 대해서는 《손빈병법》〈십진편(十陣篇)〉,《문선(文選)》 이선주(李善註)의 잡병서(雜兵書) 등에 기록이 있다. ○行陳(행진)—행운(行運) 혹은 전진(戰陣)에 있어서의 대열(隊列). '수행진(脩行

陳)'이란 부대의 통제란 의미이다. ○望氣(망기)−운기(雲氣)를 보아 길흉을 아는 것. ○龜策(귀책)−점치는 도구. 귀(龜 : 거북)로 점치는 것을 복(卜), 책(策)으로 점치는 것이 서(筮)이다. 여기서는 이런 것들을 사용해서 점친다는 의미이다. ○禨祥(기상)−기(禨)는 기(機)와 같다. 앙화와 행운, 또는 길흉(吉凶)의 조짐. 여기서는 이것을 찰지(察知)하는 술(術)을 가리킨다. ○天道(천도)−천수(天數)를 아는 술(術). ○珍怪(진괴)−괴(怪)는 괴(怪)와 같다. ○鼓譟(고조)−조(譟)는 떠들다, 북을 치다란 뜻. ○曳梢肆柴(예초사시), 揚塵起堨(양진기애), 所以營其目者(소이영기목자)−초(梢)는 소시(小柴). 그렇다고 나무의 우듬지는 아니다. 애(堨)는 애(埃 : 먼지). 《육도(六韜)》〈호도(虎韜)〉 임경편(臨境篇)에 '시(柴)를 끌어 먼지를 일으킨다'라고 했다. ○詐佯(사양)−사(詐)도 양(佯)도 거짓, 속이다란 의미. 《오자(吳子)》〈논장편(論將篇)〉에 '작은북과 북, 그리고 징과 요령(搖鈴)은 병사들의 귀를 위압하는 수단이요, 여러 종류의 깃발들은 병사들의 눈을 위압하는 수단이다(夫鼙鼓金鐸 所以威耳 旌旗麾幟 所以威目)'라고 되어있다. ○錞鉞(순월)−순(錞)은 모(矛) 자루의 아래쪽 끝. 월(鉞)은 큰 도끼이다. 무기의 총칭이기도 하다. ○牢重(뇌중)−뇌(牢)는 견고하다는 의미이다. ○爲充榦(위충간)−간(榦)은 간(幹)과 같다. 충실하고 강간(強幹)한 모습을 적군에게 보여 위압한다는 뜻. ○剽疾(표질)−표(剽)도 질(疾)도 재빠르다. ○輕悍(경한)−몸이 가벼운 데다가 거칠게 행동하다. ○滅沒(멸몰)−멸(滅)에는 불이 꺼진다는 의미가 있다. ○次舍(차사)−차(次)에는 깃들인다는 의미가 있다. 숙사(宿舍). ○煙斥(연척)−〈병략훈〉에는 '상위척인 요차자(相爲斥閩要遮者)'란 구절이 있다. 이 경우는 적을 막고 적의 동태를 파악한다는 의미일까? ○凍喝(동갈)−갈(喝)은 열(熱)로 고통받는 것. ○窘步(군보)−군(窘)에는 괴로워한다는 의미가 있다. 보행이 곤란한 것. 정신이 외축(畏縮)된 결과이다. ○乘之以選卒(승지이선졸)−《손빈병법》〈팔진편(八陣篇)〉에 '가려 뽑은 정예부대를 선두에 배치하여 적을 유혹한다'라고 되어있다. ○晝則多旌(주즉다정), 夜則多火(야즉다화)−《손자》

〈군쟁편(軍爭篇)〉에 '그러므로 밤에 싸울 적에는 불과 북을 많이 쓰고, 낮에 싸울 때는 깃발을 많이 쓴다(故夜戰多火鼓 晝戰多旌旗)'라고 되어 있으며 《손빈병법》〈진기문루편(陳忌問壘篇)〉에는 '야간에는 군고(軍鼓)에 의해, 주간에는 깃발을 들어서 신호를 교환한다(夜則擧鼓 晝則擧旗)'라고 했다. ○晦冥(회명)─명회(冥晦)와 같다. 낮에도 어두컴컴해지는 것.

한편 장수가 된 자는 독견(獨見)하고 독지(獨知)할 필요가 있다. 독견이란 남에게는 보이지 않는 것이 보이는 것이며, 독지란 남으로서는 알 수 없는 것을 아는 것이다. 남에게 보이지 않는 것을 보는 것을 명(明)이라 하고 남은 알 수 없는 것을 아는 것을 신(神)이라고 한다. 신(神)하고 명(明)한 자야말로 승리를 먼저 하는 자이다. 승리를 먼저 하는 자는 지키면 쳐들어오지 못하고, 싸우면 적에게는 승산이 없으며, 공격하면 지킬 여지가 없다. 다음에서 말하는 '허실(虛實)'이 이것이다.

윗사람과 아랫사람 사이에 틈이 생기고 문관과 무관은 서로 뜻이 맞지 않으며 생각하는 것이 정직하지 못하고, 병졸의 마음에 불복(不服)이 쌓이는 것, 이것이 '허(虛)'이다. 명주(明主)와 양장(良將)을 받들고 있으면서 상하가 마음을 하나로 하고 기력과 의욕이 올라 있는 것, 이것이 이른바 '실(實)'이다.

물을 불에 쏟는 것과 같으면 당하는 쪽의 적군은 함락되고 쫓기는 쪽의 적군은 도주할 것이다. 그러나 강(剛)과 유(柔)가 서로 정반대이면서 서로 정기(正奇)를 반전(反轉)하는 것, 이것이 '허실'이다. 그러므로 전투에 뛰어난 자는 병사가 적은 것을 문제 삼지 않고, 수비에 뛰어난 자는 진지의 적은 것을 문제 삼지 않는다. 대저 '실(實)'한 상황에 있으면 싸우고 '허(虛)'한 상황에 있으면 도주하며, 의기가 성

(盛)하면 강하고 의기가 쇠해지면 망한다.

오왕(吳王) 부차(夫差)는 사방 2천 리의 영토와 70만의 무장 병사로 남방의 월(越)나라와 싸워 이를 회계산(會稽山)에 이전시켰고, 북방의 제(齊)나라와 싸워 애릉(艾陵)에서 격파했으며 서방(西方)의 진공(晉公)과 싸워 황지(黃池)에서 사로잡았다. 이것은 백성들의 ‘실(實)’한 기(氣)를 썼던 것이다.

그 후 지극히 교만해졌고 욕심을 부려 간언을 듣지 않고 아첨하는 말을 기뻐하며, 폭용(暴勇)을 휘두르면서 과실을 범했는데 바로잡아줄 수가 없었다. 중신들은 원한을 품게 되었고 백성들은 등을 돌렸다. 그것을 본 월왕은 가려 뽑은 병사 3천 명을 이끌고 그를 간수(干隊)에서 사로잡았다. 이것은 ‘허(虛)’를 제압한 것이다.

무릇 기(氣)에 ‘허’와 ‘실’이 있는 것은 밝은 곳에는 반드시 어두운 부분이 있는 것과 같다. 승리를 거둔 군세(軍勢)가 항상 ‘실’하다고 장담할 수는 없고 패배한 군세가 항상 ‘허’하다고만 볼 수는 없다. 뛰어난 사람은 백성들의 기(氣)를 ‘실(實)’로 만들어 두고 상대방의 ‘허(虛)’를 기다렸다가 칠 수 있는데, 그렇지 못한 사람은 백성들의 기를 ‘허’로 만들어 버리는 까닭에 상대방의 ‘실’을 기다리는 것이다. 이렇게 해서 ‘허’와 ‘실’의 ‘기’야말로 병사(兵事)에서 귀중히 생각하는 것이다.

原文 夫將者必獨見獨知. 獨見者見人所不見也. 獨知者知人所不知也. 見人所不見, 謂之明, 知人所不知, 謂之神. 神明者, 先勝者也. 先勝者, 守不可攻, 戰不可勝, 攻不可守. 虛實是也.

上下有隙, 將吏不相得, 所持不直, 卒心積不服, 所謂虛也. 主明將良, 上下同心, 氣意俱起, 所謂實也. 若以水投火, 所當者陷, 所薄者移. 牢柔不相通而勝相奇者, 虛實之謂也. 故善戰者不在少, 善

守者不在小. 勝在得威, 敗在失氣. 夫實則鬪, 虛則走, 盛則强, 衰
則北.

吳王夫差地方二千里帶甲七十萬, 南與越戰棲之會稽, 北與齊戰
破之艾陵, 西遇晉公擒之黃池. 此用民氣之實也. 其後, 驕溢縱欲,
拒諫喜諛, 憍悍遂過, 不可正喩. 大臣怨懟, 百姓不附. 越王選卒三
千人, 擒之干隧, 因制其虛也.

夫氣之有虛實也, 若明之必晦也. 故勝兵者非常實也. 敗兵者非
常虛也. 善者能實其民氣以待人之虛也. 不能者虛其民氣, 以待人
之實也. 故虛實之氣, 兵之貴者也.

註解 ○先勝(선승)―《손자》〈군형편(軍形篇)〉에서는 '그러므로 승리하
는 군대는 먼저 이기도록 해놓고서 뒤에 싸우려 든다(是故勝兵 先勝 而後
求戰)'라 했고 또 '그러므로 전쟁을 잘하는 사람은 패하지 않을 위치에 서
있으면서 적의 패배는 놓치지 않는 것이다(故善戰者 立於不敗之地 而不
失敵之敗也)'라고 했다. 싸워서 이기는 것이 아니라 이길 요인을 갖추어
놓은 후에 싸운다는 것. ○牢柔不相通而勝相奇者(뇌유불상통이승상기자),
虛實之謂也(허실지위야)―'실(實)'에 의해 '허(虛)'를 친다는 것은 병가(兵
家)의 요결(要訣)인데, 그러나 그 '허'와 '실'은 결코 고정된 것은 아니다.
싸움에 있어 아군의 기세를 최고로 충실하게 만드는 한편 적군의 기세가
쇠약해진 시기를 노리는 것이 중요하다는 취지이리라. ○帶甲(대갑)―갑
(甲 : 갑옷)을 걸친 자, 즉 무장한 사람. 병사 일반을 가리킨다. ○南與越戰
棲之會稽(남여월전서지회계)―와신상담(臥薪嘗膽)의 고사(故事)로 유명하
다. 월(越)나라와의 싸움에서 죽은 아버지 합려(闔閭)의 복수를 맹세하고
장작더미 위에서 잠을 자고 (짐승의) 쓸개를 핥으며 패전한 것을 잊지 않
다가 오왕 부차 2년(기원전 494년) 월나라를 무찔러 월왕(越王) 구천
(勾踐) 등 5천 명의 군사를 회계산(會稽山)에 몰아넣기에 이르렀다(《史
記》〈吳太白世家〉). ○北與齊戰破之艾陵(북여제전파지애릉)―오왕 부

차 7년, 제(齊)나라 군사를 애릉(艾陵 : 산동성 泰安)에서 무찔렀다. ○西遇晉公擒之黃池(서우진공금지황지)−진공(晉公)은 평후(平侯)를 가리키며, 그를 금(擒 : 사로잡았다)했다라는 것은 진(晉)나라를 복종케 한 것을 가리킴이다라고 주장하는 학자도 있다. 사실(史實)로는 오왕 부차 14년, 부차는 제후들을 황지(黃池 : 하남성 杞縣)에 모아 회맹(會盟)했는데 부차는 이때 진나라 정공(定公)과 회맹장(會盟長) 자리를 놓고 다투었다는 기록이 있을 뿐이다.(《史記》〈오태백세가〉) ○驕溢(교일)−교(驕)는 오만하다. 일(溢)은 도가 지나치다, 또는 교만하다. ○憢悍(요한)−'요(憢)'는 용급(勇急). 성질이 급하고 용감한 모습. 한(悍)은 거친 모습. ○怨懟(원대)−대(懟)는 원망하다. ○越王選卒三千人(월왕선졸삼천인), 擒之干隧(금지간수)−'회계지치(會稽之恥)를 설욕하다'란 고사로 유명하다. 오왕 부차 23년(기원전 473년)의 일이다. 간수(干隧)는 강소성 서북쪽(《戰國策》〈楚策〉). ○虛實(허실)−《손자》〈병세편(兵勢篇)〉에 '군대가 적을 공격하는 일을 돌로 달걀을 치는 것처럼 하는 것은 허실(虛實)을 이용하기에 달렸다(兵之所加 如以碫投卵者 虛實是也)'라고 했다.

　모든 국가에 난(難)이 일어나면 군주는 궁궐에 장군을 소집하고 이렇게 고한다. "국가의 운명은 장군의 몸에 달려 있소. 지금 나라에 난이 일어났소. 그대는 장군으로서 국가의 이 난을 평정해 주오." 장군은 군명(君命)을 받으면 축사(祝史)와 태복(太卜)에게 3일간 재계(齋戒)토록 한 다음, 태묘(太廟)에 들어가 영귀(靈龜)를 불태워 길일(吉日)을 점치게 하고 그곳에서 군고(軍鼓)와 군기(軍旗)를 받는다.
　군주는 묘문(廟門)으로 들어가 서쪽을 향하고 선다. 장군은 묘문으로 들어가 종종걸음으로 당(堂) 가장자리까지 와서 북쪽을 향하고 선다. 군주는 스스로 월(鉞)을 잡되 그 머리쪽을 잡고 장군에게는 자루쪽을 내밀면서 말한다. "이로부터 위로는 하늘에 이르기까지 장군은 제압하오." 또 도끼를 손에 들고 그 머리 쪽을 잡되 장군에게는 자루 쪽을 내밀면서 말한다. "이로부터 아래로는 연못에 이르기까지 장군은 제압하오."

장군은 월부(鉞斧)를 모두 받으면 대답한다. "국가는 밖에서 다스릴 수 없습니다. 군대는 안에서 다스릴 수 없사옵구요, 두 마음으로 주군을 섬길 수는 없습니다. 의심이 일면 적과 응전할 수가 없습니다. 신(臣)은 이미 어전에서 제령(制令)을 받았습니다. 고기(鼓旗)와 부월(斧鉞)의 위력에 대하여 신은 더 이상 우러러 청할 것이 없사옵니다. 전하께 바라옵기는 앞으로 단 한 말씀도 더 명령을 내리지 마십시오. 전하께서 허락하지 않으신다면 신은 아무래도 장군이 될 수 없습니다. 전하께서 만약 허락하신다면 신은 어전을 물러나서 향할 뿐입니다."

그리고 나서 손톱을 깎고 상복(喪服)을 입은 다음 흉문(凶門)을 열고 나가 장군용 병거(兵車)에 타고, 군기(軍旗)와 부월(斧鉞)을 싣고 그 중임(重任)을 감당하기 어렵다는 표정을 짓는다. 막상 적군과 마주하여 결전을 벌이게 되면 필사적으로 두 마음을 품게 될 여지가 없다.

이렇게 해서 위로는 하늘도 없고 아래로는 땅도 없으며, 앞에는 적도 없고 뒤에는 군주도 없다. 나아가서는 명성을 원치 않고 물러서서는 죄과(罪科)를 피하지 않으며, 오직 백성들을 온전히 보호하는 데 힘쓰고 이익은 군주에게 돌린다. 이것이야말로 국가의 보배이며 상장군(上將軍)의 도리이다.

이렇게 되면 지자(智者)는 장군을 위해 사려(思慮)를 다하고 용사(勇士)는 장군을 위해 분투하게 될 것이다. 지기(志氣)는 청운(靑雲)을 능가하고 진군(進軍)의 빠름은 말을 달리는 것과 같다. 그런 까닭에 아직 병사들이 접촉도 하기에 앞서 적군의 병사들은 공포에 떠는 것이다.

만약 전쟁에서 승리하고 적군이 도망치면 모두에게 공상(功賞)을 준다. 이(吏)는 관직을 높여주고 녹작(祿爵)을 더해주며 땅을 떼어 주는데 국외(國外)에서 결정짓는다. 병졸(兵卒)에게는 군중(軍中)에서 재판한다. 나라에 돌아가면 군기(軍旗)를 반납하고 부월(斧鉞)도 반납하면서 종결을 군주에게 보고한다. "군사에 있어 잔무(殘務)는 없습니다."

그런 다음 백장속(白裝束)을 걸치고 집에는 돌아가지 않고, 군주에게 죄과(罪科)를 청한다. 군주가 "그대를 용서하오"하고 말하면 내려와서 재복(齋服)한다. 대승리하면 3년이 지난 다음에야 집에 돌아간다. 중승리(中勝利) 때는 2년, 소승리(小勝利) 때는 1년이다.

군사가 치러 가는 곳은 반드시 무도(無道)한 나라이다. 따라서 싸워서 승리하더라도 보복당하는 일은 없고 토지를 빼앗더라도 반란을 일으키는 일은 없다. 백성들은 역병(疫病)에 걸리지 않고 장군은 요절(夭折)하는 일도 없다. 오곡은 풍성하게 익어가고 풍우(風雨)는 시의에 적절하다. 전쟁은 국외에서 승리를 거두고 복택(福澤)은 국내에서 생기는 것이다. 그러하기에 명성은 점점 올라가고 나중에 남는 폐해라고는 없는 것이다.

原文 凡國有難, 君自宮召將詔之曰, 社稷之命在將軍身. 今國有難. 願子, 將而應之. 將軍受命, 乃令祝史·太卜齋宿三日, 之太廟, 鑽靈龜, 卜吉日, 以受鼓旗. 君入廟門, 西面而立, 將入廟門, 趨至堂下, 北面而立. 註親操鉞, 持頭授將軍其柄曰, 從此上至天者, 將軍制之.

復操斧持頭, 授將軍其柄曰, 從此下至淵者, 將軍制之. 將已受斧鉞. 答曰, 國不可從外治也. 軍不可從中御也. 二心不可以事君. 疑志不可以應敵. 臣旣以受制於前矣. 鼓旗斧鉞之威, 臣無還請.

願君亦無垂一言之命於臣也. 君若不許, 臣不敢將. 君若許之, 臣辭而行.

乃爪鬌設明衣也, 鑿凶門而出, 乘將軍車, 載旌旗斧鉞, 累若不勝. 其臨敵決戰, 不顧必死, 無有二心. 是故無天於上, 無地於下, 無敵於前, 無主於後, 進不求名, 退不避罪, 唯民是保, 利合於主. 國之寶也, 上將之道也. 如此則智者爲之慮, 勇者爲之鬪. 氣厲靑雲, 疾如馳鶩. 是故兵未交接而敵人恐懼.

若戰勝敵奔, 畢受功賞, 吏遷官, 益爵祿, 割地而爲調, 決於封外. 卒論斷于軍中. 顧反於國, 放旗以入斧鉞, 報畢於君曰, 軍無後治. 乃縞素辟舍, 請罪於君. 君曰赦之, 退齋服. 大勝三年反舍, 中勝二年, 下勝期年.

兵之所加者, 必無道國也. 故能戰勝而不報, 取地而不反. 民不疾疫, 將不夭死. 五穀豐昌, 風雨時節. 戰勝於外, 福生於內. 是故名必成而後無餘害矣.

註解 ○凡國有難(범국유난)……—이 절(節)의 전문(全文)과 유사한 글이 《육도(六韜)》〈용도(龍韜)〉 입장편(立將篇)에 보인다. ○君自宮召將(군자궁소장)—'궁(宮)'을 단순히 궁궐이라고 해석하는 것은 너무 당연해서인지 다소 어색하다. 《육도》에는 '군(君), 정전(正殿)을 피하여 장군을 불러놓고 이에 말한다'라고 되어있다. 여기서 말하는 '궁(宮)'은 정전과는 다른 별도의 장소를 가리키는 것이리라. ○鑽靈龜(찬영귀)—찬(鑽)은 송곳으로 구멍을 뚫는 것. 거북의 등딱지에 구멍을 뚫고 쑥을 채운 다음 그것에 불을 붙이면 거북 등딱지에 금이 간다. 그 상태에 따라 길흉(吉凶)을 점치는 것이다. 점에 사용하는 거북은 특히 신령하다 하여 영귀(靈龜)라고 한다. ○以受鼓旗(이수고기)—장군이 고기(鼓旗)를 받는 것으로 해석해도 좋지만 '수(受)'는 '수(授)'와 통한다는 점에서 이렇게 풀이했다. 《육도》〈용도〉 입장편에는 '수(授)'로 적고 있다. ○臣旣以受制於前矣(신기이수제어전의)

……臣無還請(신무환청)—《육도》〈용도〉입장편에는 '신(臣)은 이미 명을 받아 부월(斧鉞)의 위엄을 모두 가졌습니다. 신은 감히 살아서 돌아오지 않겠습니다'라고 되어있다. ○爪翦(조전)—전(翦)은 전(剪)과 같다. 즉 깎다란 뜻. 손톱을 깎는다는 것은 만약에 장수가 전사(戰死)할 경우 시신이 돌아오지 못하면 손톱으로 예를 갖추어 장사지내주기 위함이라고 한다. ○設明衣(설명의)—명의(明衣)는 상의(喪衣). 이 명의는 상복으로 암흑(暗黑)의 세계에 있었던 것이 되므로 몸에 걸치는 것을, 반대로 명(明)이라고 했다는 것이다. 설(設)은 몸에 걸친다는 뜻이다. ○鑿凶門(착흉문)—흉문(凶門)은 북쪽의 출입문이다. 장군이 나가는 것은 상례(喪禮)로 한다. 이에 처하여 장군은 필사적 각오를 한다는 것이다. 앞의 두 주(註) 모두 사별(死別)의 예(禮)이다. 이런 것들은 적군에게 대처하는 장군의 필사적 각오를 나타내는 것이다. ○馳騖(치무)—치(馳)도 무(騖)도 달린다는 뜻. 말이나 수레를 빨리 달리게 하다. ○調(조)—서품(敍品)하다. 즉 위계(位階)라든가 관직을 주는 것. ○決於封外(결어봉외)—봉외(封外)는 봉토(封土) 밖, 즉 국외(國外). 시간으로는 귀국하기 전(前)을 의미한다. ○卒論斷于軍中(졸론단우군중)—죄가 있어서 주벌(誅罰)하는 것을 뜻한다. 이것에 따라 글을 이해하면 졸(卒)은 죄진 병졸, 논단(論斷)은 그 죄를 재판한다는 뜻이리라. 군중(軍中)은 넓은 의미로는 국외(國外). 시간으로는 귀국하기 전을 의미한다. ○顧反(고반)—고(顧)도 반(反)도 모두 돌아오다란 뜻. ○齋服(재복)—재명성복(齋明盛服 : 《中庸》)이란 뜻이리라. 예장(禮裝)하고 결재(潔齋)하다란 뜻. ○夭死(요사)—천수(天壽)를 누리지 못하고 죽는 것. 여기에서의 구체적 의미는 전사(戰死). ○五穀(오곡)—마(麻)·서(黍 : 수수)·직(稷 : 기장)·보리·콩, 또는 쌀·기장·조·보리·콩 등 곡물의 총칭.

新完譯　淮南子(中)

초판 발행 – 2013년 5월 16일
초판 2쇄 발행 – 2023년 12월 6일

編著者 – 劉　　安
編譯者 – 安 吉 煥
發行人 – 金 東 求
發行處 – 명 문 당(창립 1923년 10월 1일)
　　　　서울특별시 종로구 윤보선길 61(안국동)
　　　　우체국 010579-01-000682
　　　　전 화 (02) 733-3039, 734-4798
　　　　FAX (02) 734-9209
　　　　Homepage www.myungmundang.net
　　　　E-mail mmdbook1@hanmail.net
　　　　등록 1977.11.19. 제1-148호

ISBN 978-89-7270-111-8
ISBN 89-7270-052-5(세트)